LES

TROIS ROME.

I.

PROPRIÉTÉ.

CET OUVRAGE SE TROUVE AUSSI :

A Besançon,	chez Turbergue, libraire.
Lyon	— Girard et Josserand, libraires.
—	— Perisse frères, libraires.
—	— Bauchu, libraire.
Montpellier	— Séguin fils, libraire.
—	— Malavialle, libraire.
Angers	— Lainé frères, libraires.
—	— Barassé, libraire.
Nantes	— Mazeau frères, libraires.
Metz	— Rousseau-Pallez, libraire.
—	— Constant Lolez, libraire.
Lille	— Lefort, libraire.
Dijon	— Hémery, libraire.
Rouen	— Fleury fils aîné, libraire.
Arras	— Théry, libraire.
Nancy	— Thomas, libraire.
—	— Vagner, imp.-libraire.
Toulouse	— Léopold Cluzon, libraire.
Le Mans	— Gallienne, imp.-libraire.
Clermont-Ferrand	— Veysset, imp.-libraire.
Rome	— Merle, libraire.
Milan	— Dumolard, libraire.
—	— Boniardi-Poilani, libraire.
Turin	— Marietti-Hyacinthe, libraire.
Madrid	— Bailly-Baillière, libraire.
Londres	— Burns et Lambert, libraires, Portman street, Portman square.
Genève	— Marc Mehling, libraire.

TYPOGRAPHIE DE H. FIRMIN DIDOT. — MESNIL (EURE).

LES
TROIS ROME

JOURNAL

D'UN VOYAGE EN ITALIE,

ACCOMPAGNÉ

1° D'UN PLAN DE ROME ANCIENNE ET MODERNE;
2° D'UN PLAN DE ROME SOUTERRAINE OU DES CATACOMBES;

PAR MGR GAUME,

PROTONOTAIRE APOSTOLIQUE, DOCTEUR EN THÉOLOGIE,
VICAIRE GÉNÉRAL DE REIMS, DE MONTAUBAN ET D'AQUILA,
CHEVALIER DE L'ORDRE DE SAINT-SYLVESTRE,
MEMBRE DE L'ACADÉMIE DE LA RELIGION CATHOLIQUE DE ROME,
DE L'ACADÉMIE DES SCIENCES, ARTS ET BELLES-LETTRES DE BESANÇON, ETC.

Nec unquam (civitas) nec major nec sanctior.
Il n'y eut jamais de cité ni plus grande ni plus sainte.
TIT. LIV. *Hist.*, lib. I.

Deuxième Édition.

TOME PREMIER.

PARIS,

GAUME FRÈRES, LIBRAIRES-ÉDITEURS,

RUE CASSETTE, 4.

1856.

Les éditeurs se réservent le droit de traduction et de reproduction à l'étranger.

1857

AVANT-PROPOS.

De tous les voyages, le plus intéressant au point de vue de la religion, de la science et de l'art, c'est sans contredit le voyage de Rome. Par un privilége exclusif, la Ville éternelle, mystérieuse soudure des deux mondes, résume dans ses monuments toute l'histoire du genre humain sous la double influence du paganisme et du christianisme. De même que dans le firmament tous les astres gravitent vers le soleil ; de même que sur la terre tous les fleuves tendent à l'Océan : ainsi, dans l'ordre divin et dans l'ordre humain, tous les événements du monde ancien et du monde moderne aboutissent à Rome. Pour la future reine du paganisme, on vit naître et mourir, pendant neuf siècles, les petites républiques de l'Occident et les grandes monarchies de l'Orient qui, après avoir absorbé toutes les autres, devaient être à leur tour absorbées par l'empire dont Rome était la capitale. S'il est quelque chose d'instructif, c'est d'assister à cette longue formation de la Cité providentielle ; et s'il est quelque chose de saisissant, c'est de voir les monuments de sa puissance ; les lieux où naquirent les généraux, les orateurs, les grands hommes, soutiens et formateurs de son empire ; les champs de bataille où, par des victoires plus ou moins éclatantes contre ses voisins, la fille de Romulus préludait à la conquête du monde. De là, l'impression profonde, indéfinissable, que produit la vue de Rome païenne ; impression que ne produira jamais la vue de Londres, de Paris ou de Pétersbourg. Partout ailleurs une ruine est une ruine, monument d'un fait particulier ou national : à Rome, toute ruine est un monument de premier ordre, témoin vingt fois séculaire de quelqu'un de ces faits culminants dont se compose la trame générale de l'histoire.

Conduite par la main de la Providence, Rome, après sept cents ans de progrès, arrive à l'apogée de la puissance matérielle. Elle peut dire : le monde, c'est moi. Pourtant ses destinées ne sont pas accomplies ; pour elle une gloire plus grande se prépare, un empire plus étendu lui est réservé : toujours elle sera reine, seulement elle va changer de sceptre. A l'Aigle sera substituée la Croix ; la houlette pastorale remplacera les faisceaux consulaires, et la hache du licteur deviendra le glaive de la parole. Dans l'annonce de cette royauté nouvelle dont elle ne comprend ni la sublimité ni la puissance, Rome ne voit que la demande insolente d'une abdication. Elle frémit, elle s'arme, la lutte s'engage : lutte gigantesque, qui fait couler des fleuves de sang et qui dure trois siècles. Le champ de bataille est partout : au Vatican, au Colisée, au Cirque, au Forum. Pas un édifice, pas un site, pas une pierre qui ne redise quelqu'épisode du combat. Enfin, la victoire se décide : Jupiter descend du Capitole ; César se retire à Byzance ; la cité de Néron devient la cité de Pierre ; et Rome, renversée du trône de la force, monte sur le trône de l'amour, pour continuer d'être, après comme avant le combat, la tête du monde, le cœur d'où partira la vie, l'astre brillant autour duquel gravitera l'univers.

En présence des lieux et des monuments qui attestent ce fait, dénoûment miraculeux d'un drame de quatre mille ans, c'est-à-dire, la substitution de Rome à Rome dans l'empire éternel du monde, le voyageur reste frappé de stupeur. L'âme s'agrandit, la science s'oriente et se complète, la foi devient inébranlable : on adore, on aime, on prie ; car partout on voit de ses yeux le mystère de la Providence dans le gouvernement des siècles, et on touche de ses mains le plus grand des miracles, dont les preuves sont, à Rome, aussi nombreuses, aussi palpables que le sont les monuments et les ruines.

Métropole de la religion, Rome est aussi la patrie de la science. Les capitales de l'Europe étaient encore à naître, que la ville des Pontifes régnait déjà par l'intelligence et la civilisation. Antioche, Athènes, Alexandrie, les grandes cités de l'Orient tombaient dans la barbarie ; Constantinople elle-même ne jetait qu'une lueur douteuse : tandis que, d'une main ferme, Rome tenait élevé au-dessus du monde le brillant flambeau de la science, allumé à l'autel de la foi. Ses bibliothèques étaient les archives, et ses docteurs les oracles du monde civilisé ; ses Pontifes, les rois de la sagesse et de l'éloquence ; ses lois, le fondement de la législation ; et sa hiérarchie, le modèle de l'organisation sociale de l'Occident. Au moyen âge, elle sème les universités en Espagne, en France, en Angleterre, en Allemagne, comme Dieu lui-même sème les astres dans le ciel; son esprit anime ces grands corps, prévient leurs déviations, et, par sa puissante influence, les fait tous concourir à l'harmonie universelle et au progrès normal des lumières.

A cette mission scientifique qu'elle continue d'accomplir glorieusement, Rome en ajoute une autre : l'art devient son enfant et son pupille. Soit qu'il écrive ses pages pleines de grâce et de naïveté dans les églises de l'Ombrie, soit qu'il reproduise dans les mosaïques de Ravenne et des basiliques byzantines la puissante poésie du symbolisme chrétien, partout elle l'encourage. Quand s'annonce la grande révolution du quinzième siècle, elle est la première à la diriger de manière à sauver l'art de ses propres excès. D'une main également habile et généreuse elle s'efforce de le maintenir ce qu'il est par nature et par devoir, le prêtre et le coadjuteur du Verbe divin dans l'œuvre de l'instruction et de la sanctification du monde. Que Rome ait réussi et qu'elle soit encore le foyer des arts, la preuve en est, non-seulement dans les chefs-d'œuvre incomparables qui font sa gloire, mais encore dans l'obligation traditionnelle imposée à tous les artistes de venir s'inspirer de son esprit et lui demander des règles et des modèles : filial hommage rendu par l'intelligence humaine à la cité mère de la sagesse parce qu'elle est la reine de la foi, c'est-à-dire la cité *la plus grande et la plus sainte qui fût jamais.*

Tel est, ce nous semble, le véritable point de vue

sous lequel la Ville éternelle doit être considérée ; telle l'inspiration qui doit présider au voyage d'Italie. Ainsi l'avaient entendu, dès l'origine, les peuples chrétiens de l'Orient et de l'Occident. Pendant une longue suite de siècles, le voyage de Rome fut un pèlerinage. Convaincus de sa haute et salutaire influence sur l'esprit catholique, les souverains Pontifes l'encouragèrent de tous leurs efforts ; et le vœu de l'accomplir, qu'il fût émis par un monarque ou par un simple fidèle, est un de ceux dont ils se réservèrent et dont ils se réservent encore exclusivement la dispense. Les temps sont bien changés ! Depuis l'invasion de l'incrédulité au sein de la vieille Europe, le voyage de Rome n'est plus, pour le grand nombre, qu'une promenade mondaine, souvent inutile, quelquefois même dangereuse. Exclusivement préoccupés des souvenirs païens de leur éducation, dirigés par des *Guides* destinés à des voyageurs de toutes les sectes, et dont le moindre défaut est de laisser dans l'ombre le point de vue religieux, ils n'ont aperçu que la face artistique ou païenne des monuments et le côté purement humain des institutions romaines. Il en résulte que *l'Italie chrétienne est encore un pays à découvrir ;* et qu'à la honte des temps modernes, le catholique fait trop souvent le voyage de la Ville sainte avec moins de religion que le mahométan n'accomplit le pèlerinage de la Mecque.

Si, en thèse générale, c'est un devoir sacré de rendre à ce voyage décisif le caractère religieux qu'il n'aurait jamais dû perdre, les circonstances actuelles rendent ce devoir plus impérieux encore et plus pressant. D'une part, les tendances des gouvernements vont à relâcher, à rompre, si on l'osait, les liens salutaires qui rattachent à leur mère les églises nationales, pour en faire les servantes dégradées du pouvoir temporel ; d'autre part, l'esprit antichrétien qui souffle aujourd'hui, inspire chaque matin dans les journaux, dans les romans, dans les voyages, une foule de récits mensongers et perfides dont le but est d'appeler sur Rome, ses actes, ses lois, ses mœurs et sa puissance, l'odieux, le ridicule et le mépris. Pourtant, il ne faut pas l'oublier : plus que jamais Rome doit être environnée de respect et d'amour; car plus que jamais Rome est notre unique appui, l'appui de la foi, de la liberté, de la civilisation véritable de l'Europe et du monde. Faut-il ajouter que les chemins de fer, les bateaux à vapeur, le besoin de mouvement qui caractérise notre époque, rendent chaque jour le voyage de Rome plus facile et plus fréquent? Faut-il rappeler enfin, qu'avant trois ans, l'ouverture du grand Jubilé mettra des myriades de pèlerins sur toutes les routes de la Ville sainte? Toutes ces causes réunies montrent assez de quelle importance il est pour la religion et pour la société, de substituer à de funestes préventions des connaissances solides, à des appréciations frivoles et mesquines des aperçus plus élevés et des jugements plus sérieux.

Il est facile de comprendre qu'un ouvrage, un *Guide* vraiment religieux et scientifique serait un des meilleurs moyens d'atteindre ce but. Telle était la pensée du grand pape dont l'Église pleure la perte récente : de ses vœux plusieurs fois exprimés, Grégoire XVI appelait hautement une publication de ce genre. L'auteur des *Trois Rome* a-t-il rempli cette sainte et noble tâche? Ses prétentions ne vont pas jusque-là : il a fait un livre, afin de donner l'idée d'en faire un meilleur. Voici, du reste, le plan qu'il a suivi.

Après avoir parcouru la partie occidentale de l'Italie il vient à Rome ; là s'exécute un triple voyage. Rome *païenne* est d'abord étudiée dans ses monuments, dans ses usages, dans ses mœurs, dans ses arts, dans ses fêtes, dans sa religion et dans ses lois : la cité de Romulus et de Néron reparaît vivante et animée. Afin de rendre cette étude plus intéressante et plus facile, nous donnons un dictionnaire explicatif des principaux *sigles* employés dans les inscriptions, et les monuments parlent une langue intelligible à tous. Les personnes instruites qui ont visité l'Italie sentiront l'utilité d'un pareil travail, qu'on ne trouve dans aucun *Guide*.

Rome *chrétienne* est l'objet d'un second voyage. Après qu'ils ont raconté les faits de l'histoire profane dont ils furent témoins, les monuments, les cirques, les forum, les amphithéâtres, les sept collines sont interrogés de nouveau. Janus à double visage et à double voix, ils redisent alors les faits chrétiens qui se rattachent à leur existence. Ainsi, les deux Rome s'éclairant de mutuelles lumières, aucune partie du tableau ne reste dans l'ombre, et la Ville éternelle, fille aînée de la Providence, resplendit partout sous sa double couronne de reine de la force et de reine de l'amour. Les églises et les basiliques, avec leurs vénérables traditions, avec leurs richesses artistiques si variées et si nombreuses, avec leurs trésors de reliques et leur peuple de martyrs qui font de chaque sanctuaire de Rome un ciel sur la terre ; toutes ces choses si ravissantes de piété et de poésie, et néanmoins si parfaitement inconnues de la plupart des voyageurs, sont visitées et expliquées au point de vue de la science, de l'art et de la foi. Il en est de même des musées et des galeries, ainsi que des usages de la Cour romaine et des grandes cérémonies de la semaine sainte.

Mais la véritable gloire de Rome chrétienne n'est pas celle qui brille aux yeux du spectateur mondain ; il faut la chercher dans les œuvres de cette Église, mère, maîtresse et modèle de toutes les autres. Nulle part un système de charité plus maternel, plus complet, plus ancien ; nulle part des œuvres de piété qui réfléchissent mieux l'esprit essentiel du catholicisme. Mais Rome, contente d'opérer le bien, n'a pas de journaux chargés de le publier ; et le tableau religieux de ses institutions est encore à faire dans les *Guides d'Italie* : *Les Trois Rome* en esquissent les principaux traits.

Jusqu'ici le voyageur n'a point franchi les limites de la Cité. Cependant hors de Rome, et surtout dans les entrailles de la terre, se trouvent d'autres merveilles qu'il n'est pas permis d'oublier. Les lieux célèbres de l'antique Latium, les villas, les voies romaines, plusieurs basiliques, et surtout les immortelles Catacombes deviennent l'objet d'un dernier voyage. Descendu dans la Rome *souterraine*, nous étudions l'origine, la destination, les tombes, les chapelles, les rues, les places, les habitants de cette grande Cité des martyrs. A la différence des écrivains français qui n'en parlent pas ou qui n'en parlent qu'en archéologues, nous avons pour but de la faire connaître sous le triple rapport de l'histoire, de l'art et de la religion. Plus encore que les autres, cette partie du voyage, qui forme un volume entier, offre tout l'intérêt de la nouveauté.

Voilà pour Rome.

Après la Ville éternelle, Naples, la Campanie, l'Ombrie, les Marches, la Lombardie et le Piémont sont tour à tour visités. Or, bien que dans un degré inférieur, l'Italie participe à la grandeur providentielle de la reine du monde. Elle fut, dès l'origine, le plus brillant satellite de l'astre immense qui entraîne tous les autres dans son orbite. Il en résulte que ses monuments, ses hommes célèbres, ses apôtres, ses martyrs, ses champs de bataille, prennent aux yeux du voyageur des proportions plus imposantes que les monuments et les hommes des autres nations. C'est sous ce point de vue qu'elle est envisagée, en sorte que la marche suivie dans l'étude de Rome demeure partout la même. Les origines païennes et chrétiennes de chaque cité, ses grands hommes, ses martyrs, ses ruines, ses œuvres d'art, et surtout les institutions de charité, si touchantes et si variées en Italie, forment le panorama offert au spectateur.

Tel est, dans son esprit et dans son objet, le nouvel ouvrage que nous donnons au public. Sauf erreur il ressemble peu à une répétition de ce qui a été dit de nos jours sur l'Italie : c'est le seul jugement qu'il nous soit permis d'en porter.

Quant à la forme, un voyage ne doit être ni un grave recueil de dissertations philosophiques, ni une série plus ou moins monotone de descriptions géographiques ou de méditations pieuses, c'est un récit; et l'auteur raconte, décrit, jour par jour, ce qu'il voit, ce qu'il apprend, ce qu'il éprouve. Il nous semble que cette manière simple et variée, loin de fatiguer l'attention, l'excite et la soutient; d'autant mieux que les deux plans de Rome rendent les faits palpables, en mettant sous les yeux du lecteur les lieux et les monuments principaux dont il entend parler.

Terminons par la prière de saint Augustin, que nous avons mille fois plus de motifs de répéter que le saint docteur : « Si en lisant vous remarquez des incorrections et des fautes, même nombreuses, faites grâce à la parole en faveur du sujet : *Si quid incondite atque inculte dictum legeris, vel si totum ita esse perspexeris, doctrinæ da operam, linguæ veniam* (Epist. 205, ad Consent). »

LES
TROIS ROME.

2 Novembre.

Départ de Nevers. — Itinéraire. — Villars. — Saint-Parize. — Saint-Pierre-le-Moutier.

Vers deux heures après midi, la grande messagerie de Paris à Lyon s'arrêtait à Nevers. Elle y recrutait trois voyageurs partant pour l'Italie; c'étaient MM. H. de Ch... F. de Ch..., et moi. Mes jeunes compagnons de pèlerinage s'élancèrent gaiement dans la voiture où je prends place à mon tour; et le fouet retentissant du postillon faisant dresser la tête à nos cinq coursiers, la lourde voiture s'ébranle. De la portière nous envoyons un dernier salut à nos amis, en leur promettant d'être à Rome dans un mois. Nos montres marquaient trois heures moins vingt minutes : je tiens à noter cette date précise; plus tard on saura pourquoi.

Si jamais il vous est arrivé d'entreprendre un voyage lointain, vous conviendrez que le moment du départ a quelque chose de solennel et de saisissant. D'où cela vient-il? je l'ignore. Je sais du moins qu'au premier mouvement de cette diligence qui allait nous déposer successivement dans vingt autres dont la dernière ne devait s'arrêter qu'à l'extrémité orientale de l'Italie; à la vue de ces maisons, de ces rues, de ces places qui fuyaient et que nous ne devions peut-être plus revoir;

au souvenir de tant de personnes chéries qui nous accompagnaient de leurs inquiétudes et de leurs vœux, nos cœurs étaient loin d'être sans émotion. Le jour même où nous partions, jour des tristes pensées, les feuilles sèches que le vent roulait sur le chemin, la vague appréhension des dangers que peut courir le voyageur, toutes ces choses nous jetèrent dans une espèce de mélancolie qui se traduisit par un long silence. Pour nous en tirer, il ne fallut rien moins que la pensée bien réfléchie des utiles jouissances que nous nous promettions dans le voyage, jointe à l'espoir d'un heureux retour. Rome et l'Italie se représentèrent à nos yeux avec toute la magie de leur nom et la puissance de leurs souvenirs.

Rome! l'Italie! que de choses, en effet, dans ces deux mots! Pour le simple voyageur, l'Italie, c'est le pays du beau ciel et des riants paysages; pour le philosophe et le littérateur, c'est le théâtre des plus grands événements consignés dans l'histoire du monde antique. Là ont vécu, parlé, écrit, joué leur rôle et laissé les traces de leur passage, la plupart des hommes fameux au milieu desquels s'écoula notre longue enfance. Pour l'artiste, l'Italie, c'est la patrie des arts, et Rome une vaste galerie; pour l'archéologue, c'est un musée où se conserve écrite en pierre, en marbre et en bronze, toute l'histoire sacrée et profane. Pour le chrétien, pour le prêtre surtout, l'Italie est l'heureux rivage auquel le vaisseau de l'Église a fixé son ancre immortelle; et Rome, le centre de la foi dont il a le bonheur d'être l'enfant ou le ministre.

Parmi tant de titres, un seul suffisait pour faire d'un voyage en Italie notre rêve favori. Ce rêve commençait à devenir une réalité; pourtant nous interrogions nos pensées avec l'inquiétude de l'homme qui s'éveille, et nous nous demandâmes : « Est-il bien vrai que nous allons à Rome...? » Oui, Rome, mère et maîtresse de toutes les églises, cité providentielle, tour à tour l'objet de la terreur et de l'amour de l'univers; mystérieuse soudure des deux mondes, reine éternelle des nations, devenue la paisible demeure du père commun de la grande famille catholique, après avoir été la bruyante capitale des tyrans du genre humain, nous te verrons bientôt, non-seulement avec l'œil de la science profane, mais encore avec l'œil de la foi. Sol sacré que tant de saints et de martyrs, à la suite de Pierre et de Paul, ont foulé de leurs pieds, arrosé de leurs sueurs et détrempé de leur sang, bientôt tu recevras l'empreinte de nos pas. Encore un peu, et nous contemplerons les traits augustes de celui que tant d'autres moins heureux désirent de voir et qu'ils ne verront jamais. Il nous sera donné de ranimer notre foi au tombeau des Apôtres, aux catacombes de nos pères; puis, nous reviendrons au milieu de nos amis vivre de nos souvenirs.

Cet espoir du retour, le plus doux au cœur du voyageur, nous voulûmes sur-le-champ l'affermir. A peine avions-nous traversé le grand pont qui mettait la Loire entre la ville et nous, que j'eus recours à une recette dont l'emploi, également agréable et facile, procure infailliblement la confiance. Il faut savoir que dans sa maternelle sollicitude, l'Église a composé un *itinéraire* à l'usage des voyageurs : inimitable prière, où tous les besoins des pèlerins sont prévus. L'Église en fait le détail à son divin Époux, et le supplie de veiller pendant la route sur l'enfant de leur commune tendresse. Elle lui rappelle que lui aussi fut *pèlerin dans la vallée des larmes,* mais qu'il eut *un précurseur pour lui aplanir le chemin;* elle lui redit *ses antiques bontés pour les voya-*

geurs : et le *miraculeux passage d'Israël au travers de la mer Rouge*, et la *délivrance d'Abraham de la terre de Chaldée*, et surtout *le voyage du jeune Tobie sous la conduite de l'archange Raphaël*. Au souvenir de tant de merveilles, de puissance et d'amour, le cœur s'ouvre à la plus entière confiance, et l'on se prend à dire : Dans le fait, qu'ai-je à craindre? Celui à qui toute la terre appartient, à qui tous les éléments obéissent, veille sur moi comme sur la prunelle de ses yeux. Avec moi voyagent et mon ange tutélaire et ceux de mes compagnons ; puis sur toute la route sont échelonnés les esprits protecteurs des lieux où je vais passer. Ils ont ordre de mon Père céleste de prendre soin de moi ; et, j'en suis certain, ils accompliront leur devoir avec plus d'exactitude et de bonne grâce que les autorités civiles et militaires, invitées par mon passe-port à me prêter aide et protection. Bénie soyez-vous, religion sainte, qui associez à nos intérêts le ciel et la terre : où qu'il soit, votre enfant n'est jamais seul.

Au milieu de ces pensées, je m'apercevais à peine que nous nous éloignions rapidement. Déjà nous avions dépassé la *Chaume* fameuse, où l'impie Foucher, parodiant nos augustes mystères, *bénissait* en un jour, au nom de la nature, trois cents couples républicains. La montagne des *Brignons*, avec sa forêt mal famée ; *Magny*, avec ses souvenirs de Charles le Chauve et du saint prêtre Vincent, avaient disparu. Sur la droite, nous apercevions, à travers un rideau de peupliers, l'ancien château de *Villars*, dont les larges fossés servirent de tombeau à plus d'un chevalier au gantelet de fer. A gauche, nous laissions *Saint-Parize* et sa crypte romane, éternelle torture des archéologues. Il était nuit close lorsque nous arrivâmes à *Saint-Pierre-le-Moutier*.

Comme deux météores brillants, deux grandes figures semblent planer au-dessus de cette petite ville qui ne fut pas sans renom dans l'histoire. La première est celle du vénérable enfant de saint Benoît qui, au moyen âge, vint planter son bâton de pèlerin dans ce lieu solitaire. Autour du monastère la ville s'est formée : ici comme partout la religion précéda la civilisation. La seconde figure, qui rapprochée de la première, formait un groupe digne d'un habile pinceau, est celle de la miraculeuse Pucelle d'Orléans : Saint-Pierre-le-Moutier fut le théâtre de sa brillante valeur. En franchissant l'espace occupé jadis par les fossés, on croit entendre la voix douce et sonore de la jeune héroïne criant à ses gens : « Aux fagots et aux claies tout le monde, afin de faire le pont! » « lequel incontinent après fut fait et dressé, continue le chevalier d'Aulon, tesmoin oculaire, de laquelle chose iceluy desposant feust tout esmerveillé; car incontinent ladicte ville fut prinse d'assault sans y trouver pour lors trop grant résistance; et dict, il qui parle, que tous les faicts de ladicte Pucelle lui sembloient plus faicts divins et miraculeux que aultrement, et qu'il estoit impossible à une si jeune pucelle faire telles œuvres sans le vouloir et conduicte par notre Seigneur[1]. »

La prise de Saint-Pierre-le-Moutier fut un des derniers exploits de Jeanne d'Arc. L'année suivante, la libératrice de la France expiait sa gloire sur le bûcher allumé par la main des Anglais.

Depuis cinq heures que nous étions en voiture, on

---

[1] Déposition de Jean d'Aulon, chevalier, conseiller du roy et sénéchal de Beaucaire, faite à Lyon le vingt-huitième jour de mai mil quatre cent cinquante-six.

avait eu le temps de se mesurer, de s'interroger des yeux et de se reconnaître. On paraissait se convenir; d'ailleurs un calme solennel régnait dans la nature; à peine si le silence de la nuit était troublé par le passage de la lourde diligence qui imprimait lentement ses profondes ornières dans la route boueuse du Bourbonnais : c'était l'heure des contes au coin du feu pendant les veillées d'automne, et les langues se délièrent. Suivant sa très-louable habitude, la conversation sauta brusquement de sujets en sujets. Tour à tour sentencieuse, diffuse, grave, joyeuse, elle finit, en tombant sur l'éducation, par prendre une physionomie moitié enjouée, moitié sérieuse, qu'elle garda longtemps. L'éducation maternelle et paternelle, le collége, la pension, les qualités et les défauts, l'innocence et le bonheur du premier âge, tout fut passé en revue, et assaisonné de réflexions et d'anecdotes. Parmi ces dernières, il en est une que je demande la permission de rapporter.

Dans le fond de la voiture était un chirurgien-major, qui, sous ses cheveux grisonnants, conservait toute la vivacité de la jeunesse, homme du reste de très-bonne compagnie et fort aimable conteur. « Les enfants, dit-il, sont quelquefois d'une naïveté parfaite. Il y a quelques années, une de mes filles nommée Marie, alors âgée de sept ans, se trouvait sérieusement indisposée; je jugeai qu'elle avait besoin d'un vésicatoire, mais le difficile était de le faire accepter. Après avoir longtemps cherché une ruse de guerre, voilà qu'une idée lumineuse me traverse l'esprit; j'appelle Marie et sa sœur Mathilde, son aînée de dix-huit mois, et je leur dis gravement : « Je mettrai ce soir un vésicatoire à celle de vous deux qui sera la plus sage. — Ce sera moi, mon petit papa, ce sera moi, me répondirent-elles l'une et l'autre en se jetant à mon cou. » Je sortis ; leur mère entra, elles coururent à elle en disant : « Maman, maman, quel bonheur ! si nous sommes bien sages, papa nous a promis un vésicatoire pour ce soir. » La journée se passa en efforts soutenus pour le bien. De temps en temps je les entendais se demander à voix basse : « As-tu déjà vu un vésicatoire ? » Sur la réponse négative de sa sœur, Marie vient me dire : « Papa, comment est-ce fait, un vésicatoire ? ça se mange-t-il ? — Non, ma fille, un vésicatoire se met au bras. » Elle va porter ma réponse à Mathilde, et chacune de regarder son bras pour jouir d'avance du bel effet que doit produire le mystérieux ornement.

Enfin le soir arrive, et je prononce que Marie a été la plus sage. A ce mot, elle saute de joie et vient m'embrasser. Mathilde fond en larmes. — « Ne pleure pas, petite sœur, lui disait Marie ; si nous sommes encore sages demain, papa te donnera un vésicatoire comme à moi. — Sur quel bras, demande mon heureuse malade, met-on le vésicatoire ? — Sur le droit. » Aussitôt elle me découvre son bras jusqu'à l'épaule. « Mais, lui dis-je, il faut être au lit pour le recevoir ; » elle y court. Je lui place le vésicatoire ; Marie le regarde, me remercie, m'embrasse et s'endort heureuse comme une reine. Hélas ! comme celui de beaucoup de reines, son bonheur ne fut pas de longue durée. Il n'était pas jour qu'elle appelle tristement sa sœur, en lui disant : « Mathilde, Mathilde, veux-tu mon vésicatoire ? — Je veux bien ; prête-le-moi au moins un petit moment. » J'entends, j'accours ; et il fallut interposer mon autorité pour empêcher la concession. Alors Mathilde se mit à sangloter en disant : « C'est toujours à Marie qu'on donne tout, et moi je n'ai jamais rien. »

3 Novembre.

Moulins. — L'église du collége. — Souvenirs. — Un voyage en diligence et la vie humaine. — Le progrès. — Roanne. — Tarare. — Lyon.

Un temps superbe, une température de printemps avaient accompagné notre départ ; mais dans l'ordre physique aussi bien que dans l'ordre moral, les jours se suivent et ne se ressemblent pas. Minuit venait de sonner ; d'épais nuages couvraient la face du ciel, et une lune douteuse éclaira seule notre rapide passage à *Moulins*, la ville aux riantes promenades. Un de nos regrets fut de ne pas visiter de nouveau l'église du collége, autrefois de la Visitation. Intéressante par ses richesses artistiques, elle l'est bien davantage par ses souvenirs. Tant qu'une pierre en restera debout, elle redira les noms illustres et bénis de deux femmes fortes, le modèle de leur sexe et la gloire de leur siècle. C'est à l'ombre de ce sanctuaire qu'ont vécu longtemps, c'est sur ces dalles de marbre qu'ont versé leurs larmes et leurs prières, Jeanne-Françoise Frémiot, baronne de Chantal ; puis la noble et infortunée Marie-Félice des Ursins, duchesse de Montmorency. La première, digne fille de saint François de Sales, fonda, de concert avec lui, l'ordre illustre de la Visitation ; la seconde, née presque sur les marches du trône, sut trouver dans les consolations de la plus haute piété le secret de vivre douce et résignée, après le coup affreux qui, en tranchant sur l'échafaud la tête de son mari, avait à jamais brisé ses espérances et déchiré son cœur.

A la pointe du jour, nous ouvrîmes les portières chargées de vapeurs ; un brouillard épais obscurcissait l'horizon ; le froid était pénétrant, la route solitaire et monotone : tout portait à de graves pensées. Celle qui me saisit fut la parallèle de le vie humaine et d'un voyage en diligence.

En diligence, vous débutez avec des voyageurs dont les uns vous reviennent, les autres vous déplaisent; les uns vous quittent plus tôt, les autres plus tard; amis ou ennemis, il faut se séparer de tous. Les places vides sont promptement remplies; d'autres figures succèdent aux premières : nouvelles connaissances, nouvelles répugnances, nouveaux plaisirs, nouvelles idées, nouveau monde. Les partants sont vite oubliés. Ainsi de la vie humaine.

En diligence, l'équipage est casé dans des places différentes, vous-même les occupez souvent les unes après les autres : places de *banquette*, nid de l'étudiant en vacances et du soldat en semestre, où vous respirez la fumée du cigare, où vous grelottez quand il fait froid, où vous êtes mouillés quand il pleut; places de *coupé*, cabinet du beau monde, où vous avez en perspective le timon de la voiture et la *proue* des chevaux; places d'*intérieur*, salon du commerce, où vous étouffez quand il fait chaud, où l'on parle tour à tour représentatif, théâtre, gothique, chemins de fer, vins, flanelle et betteraves; places de *rotonde*, compartiment du prolétaire, où l'on vous assure, sans augmentation de prix, l'agrément d'être dévoré par la poussière et l'odoriférante compagnie des serins, des nourrices et des scieurs de long. De toutes ces places, la meilleure ne vaut rien : partout des secousses et de la fatigue. Ainsi de la vie humaine. Qui se trouve bien assis? Qui de nos jours peut répondre de ne pas occuper toutes les places de la voiture sociale? Combien sont au coupé qui étaient naguère à la rotonde, et *vice versa?*

En diligence, chacun voyage pour un intérêt particulier, qui pour le commerce, qui pour le plaisir, qui pour l'instruction, qui pour la santé, qui pour changer de place. Ainsi dans la vie humaine. Hélas! oui, dans ce voyage dont le but devrait être le même pour tous, autant de buts différents que de voyageurs.

En diligence, le voyage est rapide; en vain voudriez-vous quelquefois ralentir la marche. La voix rauque du conducteur répète à chaque repos : *En route, enlevez;* et les coups de fouet du postillon exécutent l'ordre impitoyable. Ainsi dans la vie humaine. Quels que soient vos désirs, il vous est défendu de faire halte un instant; la voix impérieuse du temps crie toujours : Marche! marche! et il faut marcher.

En diligence, le voyage est court : quelques heures, quelques jours, rarement quelques semaines ou quelques mois. Ainsi de la vie humaine : la plus longue est un rêve.

En diligence, le voyage est trompeur : la terre, les arbres, les maisons, les montagnes, les hommes, le ciel dont vous ne voyez qu'un point ne font que paraître et disparaître. Vous croyez que tout cela fuit, et c'est vous qui fuyez. Ainsi de la vie humaine : nous croyons que tout change autour de nous, et c'est nous qui changeons.

En diligence, vous trouvez de temps en temps des hôtelleries, les unes bonnes, les autres médiocres, les autres mauvaises; vous ne faites qu'y poser le pied; vous vous servez à la hâte de domestiques, de meubles, d'appartements qui ne sont point à vous. Ainsi de la vie humaine : chaumière du pauvre, maison du riche, palais du roi, abris passagers où l'on dort une nuit : le lendemain il faut partir.

Enfin, pour dernière conformité, en diligence, il n'est pas rare qu'il vous arrive des accidents. Même dans les voyages les plus agréables, qui ne sait que les inconvénients et les mécomptes tiennent une large place ? Ainsi, et toujours ainsi de la vie humaine.

La *Palisse* coupa le fil de mes réflexions; ce lieu nous rappela le sire de la Palisse et la chanson populaire. Au souvenir de l'illustre maréchal de France qui, après tant d'exploits, périt glorieusement à la bataille de Pavie, comment ne pas répéter avec M. de Maistre : Soyez donc un grand homme pour que le premier rimailleur vienne vous chansonner et attacher à votre nom un ridicule immortel!

La chanson, fredonnée par un voyageur, n'était pas finie qu'un spectacle inattendu vint provoquer l'hilarité de toute la voiture. On traversait un petit et sale village dont personne ne put dire le nom. Sur la porte entr'ouverte d'une chétive cabane aux murailles de boue et au toit de chaume, apparaissait une planche rouge avec ces mots fastueux en gros caractères noirs : *Cabinet de lecture*. Or, au moment de notre passage, un coq entrait fièrement dans ledit cabinet. La vue du bipède en pareil lieu amena une discussion fort sérieuse sur l'espèce à laquelle il appartenait : « C'est un coq d'Inde, disaient les uns; c'est un coq gaulois, répondaient les autres. — Vous n'y entendez rien, ajouta un commis voyageur; l'intelligent animal qui va prendre son feuilleton est évidemment un coq phalanstérien, un coq libre, un coq émancipé, comme vous en verrez des millions dans un prochain avenir. — Ça m'est égal à moi, s'écria un des voyageurs, qui avait combattu aux Pyramides, toujours est-il que v'là le progrès, v'là la civilisation; et d'une voix tantôt rauque, tantôt che-

2

vrotante, il se mit à nous régaler d'une chanson qui n'est pas sans mérite :

  Je som' devenus vieux sans rien savoir;
   Mais nos gamins, dam faudrait voir,
   Y sauront tous la rieuthorique,
    La matheumatique,
    La métalphysique,
  La chimilque et ben d'aut' s'crets.
  V'là ce que c'est que le progrès.

  Sur des chemins de fer, sans avoir peur,
   On court la poste à la vapeur.
   Avec ça lancé com' d'un' fronde,
    En queq's heur's de ronde,
    On fait l' tour du monde
  Sans enrichir les cabarets.
    V'là, etc.

  Supposé que cela saute en éclats,
   Et qu'en tombant tu te casses un bras
   Ou qu' tu t' démettes une omoplate,
    Vient un orméopate
    Qui t' casse l'aut' patte
  Pour te rend' mieux portant qu' jamais.
    V'là, etc.

. . . .
. . . .
. . . .

  Mais aussi quand on ne peut réussir
   On se défait de soi pour en finir :
   L'un se flanqu' du plomb dans la calotte,
    L'aut' se tire un' botte,
    L'aut' se serr' la glotte,
  Puis l'aut' dans l'eau va chercher l'frais.
    V'là, etc.

Pendant que le vieux soldat stigmatisait le charlatanisme et l'impiété, la diligence nous emportait rapidement. Nous traversions les dernières plaines du Bourbonnais, dans lesquelles Napoléon, revenant d'Égypte, désignait vingt places favorables à des champs de bataille : avant midi nous étions à Roanne. Là commence le rayonnement de l'activité lyonnaise; chemin de fer, port, boutiques plus nombreuses et plus élégantes, tout annonce le voisinage d'une grande ville. Cependant le pays change d'aspect; des ravins profonds, des forêts de chênes vous conduisent à la fameuse montagne de Tarare. Nous la traversâmes sans accident, ainsi que la ville du même nom, improvisée par l'industrie. A la lueur des reverbères, celle-ci nous montra avec l'orgueil d'un parvenu la façade uniforme de ses longs édifices, tous semblables à des casernes ou à des pénitenciers. On prétend que, sous le rapport moral et matériel, la manufacture tient un peu des unes et des autres. Le temps ne nous permit pas de vérifier l'observation, nous étions en retard. L'indolent conducteur eut beau s'en prendre aux chevaux, aux postillons, aux voyageurs, à tout le monde et à toute chose, excepté à lui-même, nous n'arrivâmes aux barrières de Lyon qu'à une heure après minuit.

Pourrons-nous partir par les bateaux ? Cette grave question nous occupait depuis longtemps. Chacun parlait selon ses craintes ou ses espérances. Les uns disaient oui, les autres, non. Tous ignoraient si le Rhône, récemment débordé, permettait le passage des ponts. Nous étions dans cette incertitude, lorsqu'il apparut à la portière une figure étrange, éclairée par une lanterne sourde, et à moitié couverte d'un large chapeau de feutre aux ailes rabattues. Cette figure parlait et disait : « Messieurs, des billets pour le *Papin* n° 2; c'est le seul bateau qui parte aujourd'hui. » Toutes les mains furent tendues pour prendre les heureux billets. Or, voyez combien est grande sur nos jugements l'influence des passions ! A la corne d'un bois, l'homme porteur d'une pareille figure nous aurait tous fait pâlir; eh bien ! croiriez-vous qu'ici, grâces à ses rassurantes paroles, le messager du *Papin* nous parut presque beau comme un ange ? Débarqués avec nos malles sur le pavé, grelottant, transis, nous suivîmes jusqu'au bord du fleuve le guide officieux. Le bateau était ouvert, nous descendîmes dans ce qu'on appelle le salon. A la lueur d'une lampe et à la chaleur d'un poêle vigoureusement chauffé par le machiniste, nous bivouaquâmes, étendus sur des canapés jusqu'à six heures du matin.

4 Novembre.

Départ de Lyon. — Vienne. — Tombeau de Pilate. — Tournon. — Valence. — Viviers. — Pont-Saint-Esprit. — Frères Pontifes. — Mornas et le baron des Adrets. — Avignon. — Aventure du soir.

Le pas des voyageurs qui arrivaient, le piétinement des chevaux qu'on embarquait, le bruit des tonneaux et des ballots qu'on roulait sur le pont mirent bon ordre à notre envie de dormir. Dès l'aurore, nous avions salué la Reine de Fourvières, et jeté un rapide coup d'œil sur les beaux quais de la seconde ville du royaume; le temps ne nous en permit pas davantage; mais nous nous promîmes de nous dédommager au retour.

Bientôt le bateau fut envahi, et nous nous vîmes entourés, pressés, coudoyés par une foule compacte de passagers qui allaient, qui venaient, qui jasaient, qui se cherchaient dans tout ce pêle-mêle sans pouvoir se trouver ni s'entendre. On leva l'ancre, et le silence s'établit; l'inquiétude avait lié toutes les langues. Des quais le peuple ne cessait de crier : « Vous ne passerez pas, l'eau est trop haute; vous allez vous briser. » La sinistre prédiction ne se vérifia pas; grâce à une habile manœuvre nous franchîmes heureusement le pont de la Guillotière, et le rapide courant du fleuve, se joignant à la puissance de notre machine qui fonctionnait de toute la force de sa vapeur, nous emporta avec une telle rapidité, qu'avant huit heures nous étions en vue de Vienne.

Une épaisse fumée de charbon de terre s'étendait en lourds nuages au-dessus de la vieille cité dauphinoise, et lui donnait la figure d'une matrone en habits de deuil. La cathédrale, avec ses deux tours élancées, se dessinait à peine dans ce noir paysage, et les larges proportions du gothique monument semblaient se confondre avec la chaîne dentelée des montagnes grisâtres qui le dominent. Pour trouver, ce jour-là, quelque chose d'intéressant à la ville celtique, il fallut interroger son histoire. Quelle moisson de glorieux souvenirs!

Dans les fastes sanglants de l'Église, quatre diacres brillent d'un éclat incomparable : Étienne à Jérusalem, Laurent à Rome, Vincent en Espagne, Sanctus dans les Gaules. Philanthropes, inclinez-vous à leur nom. De ces hommes et de leurs pareils, vous tenez tout ce que vous avez, tout ce que vous êtes : vos lumières, vos institutions, vos mœurs, vos libertés sont autant de fruits de l'arbre chrétien dont leur sang féconda les racines. Natif de Vienne, compagnon de supplice de Pothin et de Blandine, Sanctus désespéra ses juges, lassa ses bourreaux, et commanda un indéfinissable respect aux milliers de païens accourus à l'amphithéâtre de Lyon

2.

pour se repaître du spectacle de ses tortures. Que dirai-je de la lettre par laquelle les églises de Vienne et de Lyon racontent à leurs sœurs d'Orient les combats du héros? Amateurs de l'antiquité, voulez-vous connaître un monument inimitable de cette simplicité sublime qui vous charme dans Hérodote ou dans Homère? Lisez cette lettre; elle commence ainsi : « Les serviteurs de Jésus-Christ qui demeurent à Vienne et à Lyon, villes de la Gaule celtique, à leurs frères d'Asie et de Phrygie, qui ont la même foi et qui espèrent au même Rédempteur, la paix, la grâce et la gloire par la miséricorde de Dieu le Père et l'entremise de Jésus-Christ Notre-Seigneur [1]. »

Aux apôtres des lumières Vienne commande aussi la reconnaissance. C'est là que, au mois d'avril de l'an 1311, se réunissait le quinzième concile général. Dix-huit fois l'Église a tenu ces grandes assises où se discutèrent les plus hauts intérêts de l'humanité; et dix-huit fois l'épouse du Dieu des lumières encouragea solennellement les progrès de la raison, soit en redressant ses écarts, soit en posant des règles sûres à son développement. A Vienne, je vois le pape Clément V, entouré du sacré collége et de trois cents évêques. Sur un trône moins élevé que celui du pontife, est assis Philippe le Bel, accompagné de sa cour; il siége non comme juge de la foi, mais comme évêque du dehors, pour appuyer de son autorité les décrets du concile : c'est Constantin à Nicée, ou Marcien à Chalcédoine. Que va décider l'Église catholique réunie en plein moyen âge? Entre autres choses, elle décide, elle ordonne la création de chaires gratuites d'hébreu, d'arabe et de chaldéen,

---

[1] Euseb. *Hist. Eccl.*, liv. v, an 177.

dans les universités de Rome, de Paris, d'Oxford, de Bologne et de Salamanque.

Non loin de Vienne, on salue le tombeau de Pilate, espèce de monument pyramidal qui, suivant la tradition, marque le lieu d'où le juge inique, poursuivi par le remords, se précipita dans le Rhône [1].

Bientôt les rives du fleuve se resserrent et s'élèvent en rocs abrupts ou en collines dénudées, et deviennent de plus en plus sévères. Pour nous, elles contrastaient désagréablement avec les bords enchantés de la Loire. Toutefois, si des montagnes volcaniques, nues et déchirées, continuent de former sur la droite une digue monotone aux envahissements des eaux, en face des Serrières, les plaines du Dauphiné commencent à s'ouvrir et reposent agréablement l'œil fatigué.

A dix heures et demie, on découvrit dans le lointain une masse noire qui semblait s'élever du milieu du Rhône. C'était le célèbre château de Tournon, bâti sur un roc dont la base plonge dans le fleuve. Les tourelles découronnées de l'antique manoir, et surtout sa destination présente, attestent le triste passage des révolutions humaines : la noble demeure des preux sert aujourd'hui de prison. Aux brillants châtelains, aux douces et bonnes dames, aux élégantes *damoiselles* ont succédé de nouveaux hôtes, de figures et d'habitudes bien différentes. Comme nous passions, il en arrivait huit ou dix, la chaîne au cou, conduits par la gendarmerie. Près du château est le collége, ancienne maison de Jésuites, qui jouissait d'une réputation méritée. Sur la rive opposée du fleuve s'élèvent les côteaux de l'*Hermitage* et de *Côte-Rôtie,* si connus par leurs vins. Au nom des

[1] Euseb. *Chronic.* — Joseph., *lib.* XVIII.

amateurs, tout l'équipage leur envoya un rapide, mais gracieux salut.

Déjà Valence était devant nous. Jalouse de l'admiration des voyageurs, la jeune sœur de Vienne semble leur montrer avec orgueil sa caserne, autrefois l'ancien séminaire, son nouveau séminaire, son église Saint-Jean, sa redoutable citadelle, qui forment les points saillants du tableau dont elle-même fait partie. Puis si elle se prend à vous raconter son histoire ; que de choses n'a-t-elle pas à vous dire ? Aux jours de mon enfance, fille chérie des Gaulois je subis dans mon adolescence le sort de mes sœurs ; je devins colonie romaine. Plus tard je baissai ma tête sous le sceptre tour à tour si lourd et si léger des puissants ducs de Bourgogne, des valeureux comtes de Provence et des chevaleresques seigneurs de Toulouse. En 1449, je fus offerte à Louis XI et devins une nouvelle perle à la couronne de France. J'ai vu huit fois de nombreux et saints évêques réunis en concile ; mais il est un souvenir qui ne s'effacera jamais de ma mémoire. Il y a un demi-siècle, j'ai vu arriver, prisonnier, le plus haut personnage de l'univers. C'était un vieillard de quatre-vingts ans, trois fois vénérable par son âge, par ses vertus et par sa dignité : il s'appelait Pie VI. Il me semble encore apercevoir au sommet de ma citadelle, la majestueuse figure de ce pontife, uniquement coupable du crime d'être pape. Je l'ai vu souffrir, et il m'a paru plus grand dans les fers que sur le trône. Je l'ai vu mourir, et sa mort fut douce comme un doux sommeil, majestueuse comme le soleil qui se couche au sein des flots. Vous qui passez, dites-moi quelle a été la fin de ses persécuteurs, et qu'est devenue leur prédiction suivant laquelle Pie VI devait être le dernier des papes et moi le sépulcre éternel de la papauté ?

Le *Papin*, qui s'était arrêté devant Valence pour déposer et prendre quelques passagers, avait recommencé sa course rapide. Voici à la rive opposée du Rhône, sur une cime élancée, un ancien donjon, véritable nid de vautours, dont les habitants ont dû plus d'une fois faire trembler les populations assises sur le versant de la montagne. En général toutes ces crêtes de l'Ardèche, soulevées par des volcans, nues, déchirées, irrégulières, hérissées de vieux castels, sont d'un aspect tout ensemble menaçant, triste et sauvage. Viviers, avec son beau séminaire et sa cathédrale qu'on prendrait pour un château fort, ne change rien à ce coup d'œil.

J'étais sur l'avant du bateau, les regards fixés vers la côte, lorsque j'entendis près de moi une voix émue qui criait : *Voilà mon pays ! voilà mon pays !* je me retournai et j'aperçus un jeune soldat, qui montrait avec attendrissement une cime éloignée, couverte de neige. « Je le connais bien, disait-il, c'est le mont Ventous, département de Vaucluse. Je l'ai monté bien des fois avec M. le curé, lorsqu'il allait dire la messe dans la chapelle qui est là-haut. Ma mère est là !... » et du revers de la main l'intéressant jeune homme essuyait une grosse larme. Tout à coup les voyageurs s'écrièrent : le pont *Saint-Esprit !* et tous les regards, ceux du soldat excepté, se portèrent vers le célèbre monument. Comme nous en étions à plus d'une demi-lieue, il nous fut permis de considérer à notre aise le *Bourg-Saint-Andéol*, et les ruines bien conservées d'un temple gaulois, élevé, dit-on, à Mithras. La domination romaine avait sans doute introduit dans les Gaules ce culte oriental.

Cependant la machine laissait fuir sa vapeur, le bateau avait ralenti sa marche. Pourquoi ce retard ? Il fallait attendre l'embarcation qui amenait le pilote chargé de nous faire traverser le pont Saint-Esprit. Sans une manœuvre particulière dont lui seul a l'habitude, on court risque d'aller se briser contre les piles. Autrefois, avant de tenter le dangereux passage, nautoniers et voyageurs faisaient solennellement leur acte de contrition. Pour mon compte particulier, je suivis ce pieux exemple, et m'abandonnai avec confiance à l'habileté du pilote et aux soins paternels de celui qui donne à l'homme l'intelligence : nous passâmes sinon sans peine du moins sans accident. Grâces rendues à Dieu, nous admirâmes ce monument qui rappelle une des plus utiles institutions du moyen âge.

Le pont Saint-Esprit a 799 mètres de longueur, sur cinq mètres environ de largeur. Composé de vingt-trois arches, il présente au centre de chaque pile un grand œil-de-bœuf destiné à faciliter le passage du fleuve dans les fortes crues. L'opinion la plus accréditée en attribue la construction aux *frères Pontifes*, humbles moines dont le nom et les services, ignorés aujourd'hui, méritent la reconnaissance éternelle des amis de la civilisation [1]. Au douzième siècle, le beau pays de France n'était pas comme aujourd'hui percé de grandes routes parcourues nuit et jour par d'innombrables voitures ; nos fleuves et nos rivières n'étaient pas couverts d'embarcations de toute espèce, ou sillonnés par de

---

[1] Le passage suivant d'une bulle de Nicolas IV, datée de 1448, semble décisif en faveur de cette opinion : « Pastorque ipse, Spi- « ritus sancti gratia, et fidelium eleemosynis fretus, pontem in « loco indicato hujusmodi inchoavit. » — D'autres attribuent la construction du pont Saint-Esprit aux habitants de Saint-Saturnin-du-Port, aidés par les aumônes des religieux de Cluni et excités par l'exemple des frères Pontifes.

rapides bateaux à vapeur : les voyages étaient généralement difficiles et peu sûrs. La civilisation matérielle, résultat obligé des communications fréquentes entre les villes et les provinces, restait stationnaire ; à la religion était réservée la gloire de la développer. La main infatigable des religieux de Saint-Benoît et de Cîteaux, avait défriché les landes et abattu les vastes forêts qui couvraient le sol. Grâce aux frères Pontifes ou *faiseurs de ponts*, les rivières purent être traversées sans péril. Cet ordre utile dut sa fondation à saint Bénézet, dont j'aurai occasion de parler demain.

A partir du pont Saint-Esprit, les rives du Rhône s'élargissent tout à coup ; la vue s'étend à droite et à gauche sur les vastes campagnes de Vaucluse et du Gard. Le fleuve coule à pleins bords avec une rapidité toujours croissante : on dirait que le fils du Saint-Gothard a hâte de porter à la Méditerranée le tribut de ses eaux.

Presqu'en face du pont Saint-Esprit, sur la rive gauche du fleuve, vous apercevez le village de Mornas, et son pic ensanglanté. Si vous aviez passé par là vers la fin du seizième siècle, vous auriez pu voir errer dans ces parages un homme de haute stature, au regard farouche, au nez recourbé, au visage décharné, marqué de taches de sang noir, qui joignait à la rapidité du vautour la férocité du tigre ; c'était le Sylla du protestantisme, François de Beaumont, baron des Adrets. Vous auriez pu le voir, après la prise de Mornas, se donnant le barbare plaisir de faire sauter, l'un après l'autre, les soldats et les officiers de la garnison catholique, soit du haut des rochers voisins, soit de la plateforme des tours dans les fossés, où ses gens les recevaient sur leurs piques. Un de ces malheureux ayant pris deux fois son élan, et s'arrêtant chaque fois au bord du précipice : *Lâche, voilà deux fois que tu recules*, lui cria des Adrets. — *Et moi, je vous le donne en dix*, répliqua le soldat. Tant de force d'âme, dans un pareil moment, plut au tyran et obtint la grâce du proscrit.

J'éprouvai je ne sais quel saisissement lorsque, détachant mes regards du théâtre de tant de crimes, je saluai la petite ville de Roquemaure, où l'on croit qu'Annibal, marchant sur l'Italie, passa le Rhône avec son armée.

A cinq heures, on signala dans le lointain les tours d'Avignon. L'ancienne capitale des Cavares, tour à tour colonie romaine, conquête des Bourguignons, des Sarrasins, des Francs commandés par Charles Martel, république au treizième siècle, vendue dans le quatorzième par Jeanne de Naples au pape Clément VI, devint, à la révolution de 93, partie intégrante du territoire français.

J'allais faire je ne sais plus quelle méditation sur cette perpétuelle mobilité des choses humaines, lorsque nous arrivâmes au port. Il était nuit; notre premier soin fut de trouver un gîte, mais la chose n'était pas facile. Les bateaux et les voitures qui marchaient ce jour-là pour la première fois depuis le débordement du Rhône, avaient inondé la ville de voyageurs. Nous frappâmes à bien des portes, et partout on nous répondit : Il n'y a plus de place. Nous étions menacés de coucher à la belle étoile, ni plus ni moins. Vu la gravité des circonstances, il fut décidé que notre petite caravane se partagerait immédiatement; que chacun de nous se mettrait en quête pour le compte de la communauté, et qu'une demi-heure après on se réunirait au point de départ. Nous voilà donc tous les trois à la recherche d'un hôtel, d'une auberge, de n'importe quel gîte. Au temps marqué pour le rendez-vous, nous apportâmes, Henri et moi, pour résultat zéro. Francis, attendu avec impatience, Francis, le dernier espoir de l'État, ne revint point. Hélas! il ne devait pas revenir. N'allez pas croire qu'il avait trahi son mandat; que, content d'avoir fait ses affaires, il avait oublié celles du pays: non; seulement, comme beaucoup d'autres, il était allé trop loin et s'était égaré. Son absence, je dois l'avouer, compliquait singulièrement les affaires. De plaisante qu'elle avait pu paraître jusque-là, notre position devenait vraiment sérieuse : la nuit avançait; pas de connaissances, pas d'indications possibles à donner ou à demander pour nous mettre sur la trace de notre ami. Tout à coup une pensée nous vint, pensée lumineuse comme en ont toujours les gouvernements civilisés, lorsqu'il faut se tirer d'un mauvais pas ou se consoler d'un échec : Francis sera retourné au *Papin*. Cette fiche de consolation enfoncée bien avant dans notre âme, nous nous mîmes à travailler pour notre propre compte. Après de longues recherches, nous parvînmes à dénicher dans un sale carrefour, à l'extrémité d'un long et noir corridor, un soi-disant hôtel, où tout était provençal pur sang : ce qui, pour les habitants du Nord et du Centre, se traduit littéralement en ces termes : Payer cher, souper par cœur et dormir éveillés. Il fallut en passer par là.

Dès les cinq heures du matin nous quittâmes l'hôtel, et par le chemin le plus court nous nous rendîmes au bateau. Grande fut notre joie d'y trouver le membre égaré de notre petit État. Il nous raconta qu'après avoir circulé longtemps, il avait perdu le chemin du rendez-vous; qu'en désespoir de cause, il avait bien soupé et s'en était venu demander l'hospitalité au *Papin*. En ce moment le capitaine vint annoncer que le brouillard empêchait de lever l'ancre, et que le départ serait retardé de quelques heures. Ce contre-temps nous permit de jeter un coup d'œil sur Avignon : nous commençâmes par le Palais des Papes.

Cette masse imposante, assise sur un roc élevé qui domine le Rhône, est flanquée de quatre tours carrées d'une hauteur et d'une dimension gigantesques. Tandis que l'archéologue y contemple avec transport le génie savant, sérieux et sombre parfois du moyen âge, elle apparaît au chrétien comme une image de l'Église, qui, bâtie sur le rocher, voit couler le fleuve des siècles dont les vagues battent en vain ses fondements éternels. Une des tours est tristement célèbre dans nos fastes révolutionnaires. C'est dans la glacière qui est à la base que le féroce Camille Jourdan, surnommé *Coupe-Tête*, fit précipiter une multitude de victimes, coupables de noblesse, de richesses et de vertus. Pour reposer l'âme fatiguée d'un pareil souvenir, il ne faut rien moins que la gracieuse église de Notre-Dame des Dons, située dans le voisinage. Dans cet antique sanctuaire, si cher aux Avignonnais, la piété reconnaissante a prodigué, en l'honneur de l'auguste Vierge, les sculptures et les marbres précieux. La sacristie offre aux amateurs de l'art le tombeau gothique de Jean XXII, pontife si connu par sa dévotion envers Marie ; mais rien ne rappelle les deux célèbres conciles dont l'histoire remplit de si larges colonnes dans l'histoire religieuse et politique du moyen âge. Dans le premier, tenu en 1209, fut solennellement déposé l'empereur Othon IV ; le second, célébré en 1327, frappa d'excommunication l'antipape Pierre de Corbara. Grâce à l'obligeance des excellentes religieuses de Saint-Joseph, il nous fut permis d'admirer à l'hôpital le fameux christ en ivoire, le plus grand et peut-être le plus beau qu'on connaisse.

Regagnant le quai du Rhône, nous fûmes bientôt sur le pont de Saint-Bénézet, où nous appelait une merveilleuse légende. Un jour, je ne sais plus lequel, de l'an 1176, on vit descendre des montagnes où il gardait les moutons de sa mère, un petit berger âgé de douze ans. Touché des dangers qu'il avait vu courir aux pauvres voyageurs en passant le Rhône, il venait à Avignon, se disant inspiré de Dieu, pour bâtir un pont sur ce fleuve. Il entre dans l'église et fait part de sa mission à l'évêque; on le traite de visionnaire, en l'exhortant à retourner à la garde de son troupeau. Aux railleries succèdent les menaces, mais rien ne l'ébranle : il propose une épreuve, elle est accordée. A la vue de toute la ville, le jeune enfant place sur ses épaules une pierre énorme que trente hommes essayent vainement de soulever. Du mépris on passe à l'admiration, et le pont est décidé, au milieu d'applaudissements unanimes. Chacun contribua de son argent et de son travail à la construction du monument dont Bénézet eut la direction. Commencé en 1177, le pont ne fut achevé qu'en 1192. Sa solidité, ses dix-huit arches, ses treize cent quarante pieds de longueur le placèrent à juste titre parmi les merveilles du moyen âge, d'ailleurs si puissant et si merveilleux en monuments d'architecture. Avant d'avoir mis la dernière main à son œuvre, mais après en avoir aplani toutes les difficultés, Bénézet mourut, aussi respecté pour ses vertus que célèbre par ses miracles. Pénétrée de vénération et de reconnaissance, la ville fit bâtir, sur la treizième pile qui subsiste encore, une élégante chapelle où furent déposées les reliques du saint. En 1669, une grande partie du pont étant tombée, on les transporta solennellement dans l'église des Célestins.

Les différents quartiers de la ville que nous parcourûmes ensuite, ne nous offrirent rien qu'on ne trouve dans les autres cités ; nous vîmes sans peine le brouillard se fondre et hâter le moment du départ. Après vingt minutes de manœuvres difficiles et même périlleuses, on réussit à passer entre les arches étroites du pont de bateaux. Le *Papin* glissait rapidement sur les belles eaux du Rhône, qui, semblables à un vaste miroir, réfléchissaient, en nous les renvoyant, les premiers rayons du soleil provençal. Bientôt se déroula devant nous l'immense plaine où se tient la foire de Beaucaire ; au-dessus s'élançait le formidable donjon qui domine la ville ; enfin Beaucaire nous montra sa jeune et mobile figure avec le pont superbe qui l'unit à sa sœur aînée, l'antique cité de Tarascon.

Sur la berge du port attendait une nuée d'hommes étranges. Si leur veste de velours marron, leur grand chapeau de feutre gris, dont le bord postérieur descendait jusqu'au milieu du dos, leur ceinture bariolée, leur large pantalon de couleur incertaine, ne nous avaient prouvé que nous étions en pays civilisé, les gestes animés, les visages basanés, le langage incompris de ces personnages de toute taille, nous auraient fait croire que nous allions aborder à quelque plage africaine et tomber entre les mains d'une horde de Kabyles. Dans le fait, nous allions avoir affaire à des Arabes, et qui pis est à des Arabes patentés, les portefaix de Beaucaire. A peine sommes-nous à portée qu'ils s'élancent sur le bateau et se précipitent sur nos bagages : bon gré, mal gré, il faut subir leurs services, ils ont le monopole du déchargement. Nos effets, qui ne faisaient pas la charge de deux, ils se mettent quatre pour les enlever, et nous les suivons à l'hôtel, éloigné de quelques pas du rivage. Un voyageur crut se montrer généreux en offrant cinquante centimes à son portefaix pour le transport de sa mince valise, celui-ci refuse en disant qu'on lui doit le double; le voyageur tient bon, et le portefaix s'éloigne en murmurant. Pendant le déjeuner nous le vîmes revenir accompagné d'un prud'homme; il montrait un arrêté du maire, qui taxe les voyageurs, et leur impose l'obligation de payer un franc, quels que soient le volume de la malle et la distance parcourue. Peu empressé de faire une connaissance plus intime avec cet excellent administrateur, le voyageur s'exécuta de bonne grâce; mais M. le maire peut être certain que, s'il est le bien-aimé des portefaix, il n'est pas toujours l'objet des bénédictions des étrangers. Dieu vous garde des portefaix de Beaucaire!

Le déjeuner fini, nous traversâmes le pont moderne qui conduit à Tarascon. L'ancienne église de Sainte-Marthe, si remarquable par son architecture, attira d'abord nos regards; malheureusement la dernière crue du Rhône avait inondé la crypte, ce qui nous empêcha de voir à notre aise le tombeau de la sainte hôtesse du Fils du Dieu; nous fûmes dédommagés par le récit du miraculeux apostolat de sainte Marthe. Voici ce que racontait le cicérone :

« Arrivée dans le pays, disait-il, la sainte le trouva plongé dans l'idolâtrie; mais bientôt la Providence lui ménagea l'occasion de prouver la vérité du christianisme. Un monstre horrible, que nous appelons *Tarasque*, exerçait ses ravages et portait la consternation dans toute la contrée. Plusieurs fois les habitants s'étaient réunis pour lui donner la chasse, mais le monstre avait dévoré les plus courageux et échappé à toutes les attaques. Personne n'osait plus sortir ; c'est alors qu'on eut recours à la sainte étrangère, en la suppliant de délivrer le pays du fléau qui le désolait. La sainte s'étant recommandée à Dieu s'arme d'une petite croix et d'un cordon, et demande où est le monstre. On la conduit à l'entrée du bois appelé *Nerluc*, où l'effroyable animal avait coutume de se tenir quand il n'était pas sur les bords du Rhône, dans une autre caverne qui servait de tombeau à la plupart des voyageurs. L'héroïne entre dans le bois, s'avance jusqu'à l'ouverture de la caverne et d'une voix assurée elle dit au monstre : *Au nom de Jésus-Christ, je te commande de sortir !*

« A l'instant on voit paraître une bête si affreuse que sa vue seule était capable de faire mourir d'effroi. C'était un animal moitié quadrupède et moitié poisson, il avait le corps plus haut et plus long qu'un taureau, la tête d'un lion, les dents longues et tranchantes, le crin d'un cheval, les pieds d'un ours, et il en avait six, et la queue d'un serpent ; son corps était couvert d'écailles à l'épreuve des plus fortes armes ; sur son dos s'élevait une arête armée de pointes aiguës et dures comme du fer. A son aspect, les plus intrépides se sauvent, la sainte reste seule. Enchaînée par une puissance divine, la Tarasque s'approche en rampant et vient déposer à ses pieds les membres palpitants d'un malheureux voyageur qui devait être sa dernière victime. La sainte lui touche la tête avec la croix, et lui passant son cordon autour du cou, amène le monstre devenu doux comme un agneau : toute la ville accourt au bruit du miracle. Pour se venger des cruautés qu'elle leur avait fait souffrir, les habitants tuèrent la Tarasque après l'avoir frappée et déchirée sans plus la craindre qu'une bête de toile peinte. Des bénédictions unanimes furent donnée à Marthe, et la puissance du Dieu des chrétiens publiquement reconnue. En mémoire de cet événement, qui fut pour nos pays la fin de l'idolâtrie et le commencement de la foi, nous célébrons chaque année une fête superbe à laquelle vous seriez contents d'assister. »

Le brave homme allait nous raconter la fête de la Tarasque, dont personne n'ignore les détails; mais notre attention fut appelée sur d'autres objets. Le château de Tarascon nous montrait ses noires murailles, du haut desquelles furent précipités, après le 9 thermidor, un grand nombre de républicains forcenés. Ainsi, à quelques lieues de distance de ces théâtres sanglants de la révolution française, la glacière d'Avignon, pour les victimes; le château de Tarascon, pour les bourreaux : même genre de supplice; justice de Dieu !

Cependant l'heure de partir pour Nîmes était arrivée. Repasser le pont, saluer le vaste champ de foire, alors désert, le canal du Midi couvert de bâtiments, franchir Beaucaire dans toute sa longueur, fut l'affaire des dix minutes qui nous restaient à dépenser. La onzième expirait à peine que les brûlants véhicules de l'industrie nous emportaient avec la rapidité du vent, à travers une vaste campagne plantée d'oliviers. Ces arbres précieux, dont les feuilles petites et grisâtres sont loin de flatter la vue de l'étranger, réjouissaient alors le cœur du propriétaire; ils étaient chargés de fruits qui promettaient aux heureux Provençaux une année d'abondance. L'olivier veut être cultivé avec soin, taillé et fumé tous les trois ou quatre ans : à ce prix il paye largement les sueurs de l'homme. Le mûrier, qui l'accompagne presque toujours, n'est pas moins utile; son vert feuillage forme la bordure ordinaire des plants d'oliviers et donne au paysage un aspect moins monotone.

En moins d'une heure, sept lieues avaient été franchies : nous étions au débarcadère de Nîmes. La cathédrale, si riche de souvenirs, le puits de l'évêché, vivant tombeau d'une foule de catholiques pendant les guerres de religion, la fameuse fontaine avec son jardin, l'orgueil des Nîmois, tels furent les premiers objets de notre ardente curiosité. La source, qui forme rivière, sort du pied d'une montagne au sommet de laquelle s'élève la *Tour Magne*, ancien phare bâti par les Romains. Le versant qui regarde la ville est paré d'arbres verts, et présente l'aspect gracieux d'un jardin anglais avec ses allées en spirale, ses rocs saillants, ses accidents de terrain et ses échappées de vue d'un effet vraiment pittoresque. Dans le bassin même formé par la source de la fontaine, se trouvent des bains romains et un temple de Diane, dont le soubassement est très-bien conservé. Vingt-cinq pas plus loin, au pied d'un rocher, s'élève un temple druidique, si toutefois les druides avaient des temples. Les gros quartiers de pierres brutes qui le composent, contrastent d'une manière frappante avec les sculptures délicates du temple de Diane. Le génie des deux peuples se révèle dans ce double monument, et le paganisme s'y montre avec ses deux caractères distinctifs : la cruauté et la volupté. En suivant ces belles eaux dont la pureté et la transparence me rappelaient les rivières de la Suisse, nous parcourûmes tout le jardin de la Fontaine, véritable *Luxembourg* de Nîmes, et nous arrivâmes à la *Maison Carrée*.

Ce temple, qui par sa conservation tient le premier rang parmi nos ruines romaines, forme un parallélogramme appuyé sur trente colonnes cannelées d'une bonne architecture. Placé au milieu d'un *forum*, ce monument fut, selon toute apparence, bâti par Agrippa, et dédié à Auguste. Mais, après la mort du jeune Marcellus, Auguste ayant adopté les enfants d'Agrippa, son gendre, auxquels il donna le titre de *Césars*, on croit que ce temple leur fut consacré. Tel paraît être le sens de l'inscription suivante :

C. CAESARI AUGUSTI F. COS. LUCIO CAESARI AUGUSTI
F. COS. DESIGNATO, PRINCIPIBUS JUVENTUTIS.

« A C. César fils d'Auguste, consul. A Lucien César
« fils d'Auguste, consul désigné, princes de la jeu-
« nesse. »

La Maison Carrée, qui sert aujourd'hui de muséum et de galerie, offre une collection remarquable d'antiquités. Les bustes en marbre, les sarcophages en granit, les statuettes en bronze des divinités païennes y sont belles et nombreuses. Parmi les pierres tombales je remarquai celle dont l'inscription commence par ces mots : PAX AETERNA. Jusque sur les trophées de la mort les païens tenaient à graver le dogme social de l'immortalité. En tête des tableaux se montre *Cromwell ouvrant le tombeau de Charles I*er. Bientôt le spectacle du régicide, immortalisé sur la toile, fit place à un souvenir non moins affreux, gravé sur la pierre. Dans le voisinage de la Maison Carrée s'élève l'amphithéâtre où l'on versa des flots de sang humain pour l'amusement du peuple-roi. Mieux que tout ce que nous avons entrevu, les *arènes* de Nîmes attestent, par leur conservation parfaite et par leurs proportions colossales, la cruauté et la puissance romaines. Quand vous êtes là au milieu de cette vaste enceinte de murailles dix-sept fois séculaires, pour peu que vous imposiez silence à vos préoccupations du moment, quelle foule de souvenirs et d'images vous assiégent! Autour de vous, depuis le podium jusqu'à la galerie supérieure, il semble voir assis sur les gradins étagés ces trente mille spectateurs avides de sang ; entendre leurs applaudissements prolongés à la chute de chaque victime, les cris déchirants des blessés, le râle des mourants, les hurlements des lions et des tigres, le cliquetis des épées, ou le cor des gladiateurs introduisant dans l'arène un esclave malheureux, un chrétien peut-être, ou quelque nouvelle bête dont la taille et la fureur extraordinaires vont donner un instant de joie convulsive à ce peuple blasé; et votre cœur se serre, et la nuit suivante des songes affreux troubleraient votre sommeil, si un sentiment de reconnaissance pour le Dieu qui a délivré le monde de tant de barbarie ne venait dominer tous les autres.

L'ordre de nos courses nous fit passer des Arènes à la prison centrale, tenue par les frères de la Doctrine chrétienne : ce rapprochement nous plut beaucoup. Voir tout à coup en présence le paganisme et le christianisme dans leur esprit et dans leurs œuvres, quel meilleur moyen de les apprécier et d'arriver, sans un grand effort de logique, aux conclusions suivantes ! Sous l'empire du paganisme, mépris profond de l'humanité ; sous le règne du christianisme, respect religieux, même pour le coupable; aux Arènes, égoïsme et cruauté ; à la prison, dévouement et charité; là, meurtre de l'innocent par le coupable ; ici, soulagement du criminel par l'innocent; là, des cris de joie au spectacle de la douleur ; ici, larmes de compassion à la vue de la souffrance; là, le faible, le petit, le prisonnier, chargé de fers et immolé par le fort et le puissant ; ici, le fort et le puissant devenu le serviteur du petit et du pauvre ; là des gladiateurs, ici des frères. Quant à la raison de ce phénomène moral toujours subsistant, voulez-vous la connaître? levez les yeux : aux Arènes, Jupiter et Vénus, l'aigle et les faisceaux ; à la prison, Jésus et Marie, la colombe et la croix. Tout est là !...

6 Novembre.

Arles. — Saint-Trophime. — Les Cloîtres. — Saint-Césaire. — Le Théâtre. — L'Amphithéâtre. — Les Conciles. — Saint-Genès.

De retour à Beaucaire, il fallut en toute hâte gagner le port vers lequel se précipitait la foule des voyageurs. La cloche du *Papin* avait sonné, et sa cheminée lançait au loin une large colonne de fumée blanche, signe d'un prochain départ. A huit heures nous étions en pleine eau, le ciel était superbe et le Rhône tranquille, en sorte qu'à dix heures nous abordions à Arles, après avoir franchi une distance de six lieues. Les circonstances nous forcèrent à séjourner dans cette ville jusqu'au lendemain, et je m'en applaudis.

Le philosophe qui, sans sortir de France, voudrait faire un cours complet de méditations sur les révolutions des choses humaines, ne pourrait mieux faire que de fixer son séjour dans l'antique cité arlésienne. Les Grecs, les Romains, les Bourguignons, les Goths, les Sarrasins, les Francs, que sais-je? vingt peuples divers ont tour à tour remué de leurs mains et détrempé de leur sang ce sol couvert encore aujourd'hui des monuments de leur puissance. Autrefois, temples, édifices, palais, forum, amphithéâtres, citadelles, ces monuments sont devenus ce que deviennent à la longue tous les ouvrages de l'homme, des ruines : pour cela même, ils n'en sont, ce me semble, que plus éloquents. Ajoutez que le peuple, gardien de ce grand tombeau, est un peuple à part. L'Arlésien diffère de costume, de langage, de mœurs, avec les populations voisines : on dirait qu'il se souvient de sa gloire passée et qu'il veut rester soi.

Cependant, parmi tous ces pouvoirs brisés, il en est un qui survit, et qui a su imprimer là, comme ailleurs, un cachet d'immortalité à ses hommes et à ses monuments : c'est le christianisme. Après tant de siècles, Arles conserve un religieux souvenir de Trophime, de Césaire, de Genès. Le premier était un pauvre disciple d'un faiseur de tentes appelé Paul, qui, de la prison où il était enchaîné dans la grande Rome, bravait la puissance de Néron, ébranlait sur leurs autels les dieux du Capitole et envoyait des disciples à la conquête du monde. Arles échut à Trophime; et le jeune apôtre, secondant merveilleusement les desseins de son maître, réussit à courber sous l'empire de la croix une partie de la Gaule méridionale [1].

Logés dans un hôtel, bâti peut-être sur la basilique du forum, ainsi que semblent l'indiquer deux colonnes antiques placées à la façade, nous n'étions qu'à deux pas de la belle église de Saint-Trophime : elle reçut notre première visite. Le portail, du plus pur roman, nous aurait retenus longtemps si nous n'eussions été avides d'étudier les célèbres cloîtres renfermés dans l'ancienne maison des chanoines réguliers. Ces cloîtres en marbre sont d'un travail exquis. Le fouillé des gorges, la pureté des trèfles, la découpure des ogives, ne laissent rien à désirer; les colonnettes qui supportent les arcades affectent les formes les plus gracieuses et sont tour à tour enlacées de feuillages ou couvertes de sculptures

---

[1] Mamachi, *Origin. et antiquit. christian.*, t. II, lib. 2, p. 266.

sacrées. Parmi tant de richesses, on admire l'Adoration des Mages et la Fuite en Égypte.

Rentrés à l'église, nous vénérâmes les reliques de l'apôtre d'Arles, déposées dans un magnifique autel. Le glorieux disciple de saint Paul commence la longue chaîne des pontifes arlésiens dont un des plus brillants anneaux fut l'illustre Césaire. Admirateur de saint Augustin, et comme lui le fléau du pélagianisme, il devint aussi l'émule de son héroïque charité. En 507, à la suite d'un siége opiniâtre, Arles fut tellement inondé de prisonniers, qu'on en remplit les églises. Césaire, attendri sur le sort de ces malheureux qui manquaient des choses les plus nécessaires, épuisa pour les soulager, non pas son patrimoine, il était depuis longtemps la propriété des pauvres, mais le trésor de sa cathédrale. Il fait fondre les ornements d'argent qui étaient aux grilles et aux piliers, ainsi que les encensoirs, les calices et les patènes ; tout cela est vendu et le prix employé aux besoins des captifs. Aux yeux du saint homme ce dépouillement héroïque était une chose toute simple : « Notre-Seigneur, « disait-il, n'avait que des vases de terre pour faire la « dernière cène; n'ayons point de scrupule de donner « ces vases précieux pour la rançon de ceux qu'il a ra- « chetés de sa propre vie. »

Au sortir de l'église, où ces bonnes et suaves pensées dilatent le cœur, il est facile de passer dans une atmosphère bien différente. Vingt pas sont à peine franchis, que le paganisme grec et romain se dresse devant vous au milieu de ses ruines, comme un spectre souillé de sang et de débauche. Voici le théâtre, avec plusieurs colonnes de marbre encore debout, son avant-scène et son hémicycle bien marqués; puis l'amphithéâtre, plus grand, mais moins intact que celui de Nîmes, à l'exception du *podium*; enfin les Champs-Élysées, dont les sarcophages vides rappellent tristement que l'homme ne peut même pas se promettre l'immortalité de la tombe. Aux confins de cette plaine désolée s'élève, entourée d'arbres verts, la superbe église de la Majore, l'orgueil et l'amour des Arlésiens : on dirait un Paris au milieu du désert.

Parmi les grands souvenirs religieux que rappelle l'antique métropole de la Gaule Narbonnaise, il faut placer celui des quatre conciles dont elle fut témoin. Le premier, tenu en 314, remonte aux premiers jours de la paix donnée à l'Église, et prouve combien cette divine société était sûre d'elle-même, pour convoquer ses chefs en assemblée solennelle, aux mêmes lieux où fumait encore le sang de ses martyrs. A quelques pas de la ville, sur les bords du Rhône, nous vîmes le lieu où saint Genès avait souffert le martyre peu d'années avant la tenue du célèbre concile. Maximien Hercule vient à Arles, et son premier soin est de faire promulguer le sanglant édit de persécution affiché naguère sur les murs de Nicomédie et barbarement exécuté dans toute l'étendue de l'empire. Genès, greffier public, est appelé pour le transcrire. Il refuse, et cherche son salut dans la fuite. Atteint par les bourreaux, il meurt; mais il a vaincu, sa main n'a pas écrit, et quinze siècles de gloire sont la récompense commencée de son noble courage.

7 Novembre.

La Mer. — Notre-Dame de la Garde. — Lazare. — Marseille. — Le Port. — L'Hôtel d'Orient.

A cinq heures du matin, je me rendis à l'église de Saint-Trophime pour y célébrer la messe. Le sang divin avait à peine coulé sur l'autel du martyr, qu'il nous fallut courir au rivage et prendre place sur un bâtiment marchand, parmi les tonneaux, les ballots et les piles de cordages goudronnés. C'était, ce jour-là, le *Deux-Vapeurs* qui descendait à Marseille. A six heures on leva l'ancre; le froid était vif et l'atmosphère, imprégnée d'humidité, distillait une pluie fine qui nous pénétrait jusqu'aux os. Du reste, ni salon, ni cabine pour se mettre à l'abri. Quels agréments espérer d'un voyage commencé sous de pareils auspices? Nos craintes cependant n'étaient pas fondées; l'épais brouillard se fondit rapidement, le ciel se montra bientôt dans toute sa pureté, et la journée devint magnifique. Vers neuf heures nous entrâmes en mer, et pendant quelque temps on perdit la côte de vue. Quand pour la première fois l'immensité se montre à vos regards, elle produit dans l'âme je ne sais quel saisissement dont il est difficile de caractériser la nature. Fût-il le plus grand des monarques, l'homme se voit réduit aux proportions d'un atome imperceptible, perdu dans l'infini; le firmament au-dessus de sa tête, la mer sous ses pieds, abîmes également insondables, qui lui font vivement sentir et son propre néant et toute la grandeur de Dieu. Pour ajouter encore par le contraste à la solennité de la scène, une compagnie d'hirondelles de mer suivaient le bâtiment qui fendait la plaine liquide avec vitesse et majesté. Ces oiseaux pêcheurs, de la taille de nos perdrix, sont d'un blanc de neige qui tranche bien sur l'azur des flots; d'ailleurs rien de plus gracieux que leur vol. Tour à tour lent ou rapide, oblique ou vertical, il trace dans les airs une foule de labyrinthes, dont les savants contours occupent agréablement la vue et rompent la monotonie du voyage.

Cependant le roulis commençait à se faire sentir : le navire ressemblait à une balançoire agitée, et produisait la même sensation. Les têtes ne tardèrent pas à s'alourdir et les cœurs à se soulever : c'était le quart d'heure de Rabelais. Nous fîmes bonne contenance; tantôt nous promenant à grands pas, dans l'espace libre du pont, tantôt restant debout près de la cheminée, au centre du bâtiment où le mouvement est moins sensible. Grâce à ces précautions, mes jeunes amis et moi nous en fûmes quittes pour la peur. Moins heureuses étaient une dame allemande et sa petite fille. Les infortunées! nous les vîmes peu à peu pâlir, haleter, et enfin éprouver pendant plus d'une heure, en présence de tout l'équipage, les accidents connus du mal de mer. Voyageuses pour l'Afrique, quelle aura été leur longue traversée de Toulon à Gigelly?

Vers dix heures, on distingua dans le lointain, à travers une espèce de nuage diaphane, les montagnes arides qui entourent la baie de Marseille. A droite s'élevait le château d'If, près duquel les navires qui viennent du Levant accomplissent leur quarantaine. Du même côté, mais sur le continent, apparaissait, à la cime d'un mont élancé, Notre-Dame de la Garde, chapelle célèbre, dédiée à l'Étoile de la mer, gardienne des matelots. Comment ne pas la saluer avec amour et reconnaissance?

À l'exemple de tant d'autres, nos cœurs attendris trouvèrent pour elle une parole filiale ; car qui dira les vœux et les prières que les siècles passés ont vu offrir à Marie, dans ce religieux sanctuaire, par les mères, les sœurs, les épouses, les enfants des nautonniers? Aujourd'hui encore, Notre-Dame de la Garde est pour les Marseillais un pèlerinage pieux, auquel on monte par une jolie promenade, ombragée d'arbres verts, chose rare dans le beau pays de Provence.

Déjà nous étions dans les eaux de la commerçante cité. Or, parmi les innombrables embarcations qui les avaient sillonnées depuis deux ou trois mille ans; parmi tous les équipages si différents de religion, de mœurs, de costumes, de richesses, d'intérêts, descendus sur ces rivages célèbres, un petit bâtiment sans agrès, monté par un pauvre équipage, abordant péniblement, il y a dix-huit siècles, au port de la cité phocéenne, eut seul le privilége de fixer nos souvenirs. Quel était ce bâtiment? d'où venait-il? Quels passagers apportait-il sur ces bords? Écoutez l'histoire : Lazare ressuscité, aux portes mêmes de Jérusalem, par le Sauveur, peu de temps avant sa passion, devint pour les Juifs un témoin tellement importun de la divinité de son libérateur, qu'ils résolurent de le mettre à mort. La Providence fit échouer leur projet. Après l'ascension de l'Homme-Dieu, Lazare devint un des plus éloquents prédicateurs de sa doctrine, et la haine du peuple déicide se réveilla plus implacable que jamais. Le miraculeux apôtre, ses sœurs et quelques-uns de leurs amis furent jetés en prison, jugés et condamnés. Pour anéantir jusqu'à la mémoire de leur nom, le sanhédrin inventa un supplice plusieurs fois répété dans l'histoire des martyrs, on les conduisit au rivage de la mer, et on les exposa à la merci des flots, sur une embarcation à demi brisée, sans provisions, sans voile, sans mât et sans gouvernail. Mais celui pour l'amour duquel ils souffraient, qui nourrit les petits des corbeaux, et qui commande en maître aux vents et aux tempêtes, se chargea d'être tout à la fois le nourricier de l'équipage et le pilote du bâtiment. Sous sa paternelle conduite, la colonie de martyrs aborda heureusement aux côtes de Provence, et descendit à Marseille, dont Lazare fut en même temps le premier apôtre et le premier évêque [1].

Onze heures venaient de sonner, lorsque nous franchîmes l'étroite entrée du port, ayant à droite le fort Saint-Nicolas, à gauche le fort Saint-Jean avec l'esplanade de la Tourette et le Lazaret; mais on ne jouit de la vue du port, enfermé dans l'intérieur de la ville, qu'après y être entré. Il nous apparut littéralement comme une vaste forêt, dont les mâts et les cordages des navires formaient les arbres et les branches. On y comptait, le jour de notre arrivée, dix-huit cents vaisseaux de toutes les nations. Entre ces masses immobiles, glissent rapidement et en tous sens de légères embarcations, garnies de banquettes élégantes, couvertes de baldaquins aux couleurs variées et montées par des curieux, ou par les marins de la place, qui se disputent à grands cris l'honneur de vous prendre à leur bord. Nous n'eûmes que l'embarras du choix; je dis mal, on ne nous laissa pas la liberté de choisir. Quatre ou cinq *fiacres d'eau*, aux bras nerveux, au teint basané, nous enlevèrent de vive force et nous placèrent dans leur nacelle. Moyen-

---

[1] Cette belle tradition est revêtue de tous les genres de preuves qu'une critique impartiale est en droit d'exiger. Voyez les *Bollandistes*, t. V, Julii.

nant *un franc* par tête, nous étions déposés, quelques minutes plus tard, bagages et voyageurs, au bureau de la douane. La visite eut lieu pour la forme, et nous nous dirigeâmes vers l'hôtel d'Orient.

L'hôtel d'Orient! c'est tout ce que qu'on peut imaginer de plus élégant, de mieux servi, et, pour employer le jargon moderne, de plus confortable et de plus fashionable. Je ne sais combien de domestiques en livrée sont à vos ordres et ensuite à vos trousses. Aussi, vous comprenez, c'est là que descendent tous les grands personnages. Marie-Christine d'Espagne y avait passé trois semaines, faisant une dépense de 1,700 fr. par jour. Kaïd-Pacha, ambassadeur de la Porte à Londres, y était *avec nous*, ou, pour parler moins turc, nous y étions *avec lui*. Deux heures après notre arrivée, on vint nous prier, aussi poliment que possible, de céder nos chambres pour la suite de Reschid-Pacha, ambassadeur ottoman à Paris. Cela ne doit pas étonner. Dans les hôtels, comme dans le monde, grâce à la prospérité toujours croissante de la morale publique, toutes les distinctions de religion et de caractère s'effacent devant la fortune. On ne demande plus combien vaut un homme, mais combien il rapporte.

8 Novembre.

Marseille. — Église. — Établissements de la charité. — Anecdote. — Capucins.

En visitant Marseille, on remarque avec étonnement que la plupart des églises sont loin de répondre à l'opulence de la cité et à la piété des habitants. Toutefois on ne peut entrer dans aucune sans éprouver je ne sais quel sentiment extraordinaire, éveillé par le souvenir de l'héroïque Belzunce, dont chaque sanctuaire redit à sa manière le nom et les vertus. Presqu'à son insu, l'étranger se trouve favorablement disposé en faveur d'une population qui conserve ainsi la mémoire du cœur; d'autant que le saint évêque semble avoir légué à sa ville chérie une partie de sa tendre compassion pour les malheureux. En effet, aux yeux de l'observateur chrétien, la véritable gloire de Marseille, le gage le plus assuré de son bonheur; ce n'est ni sa richesse, ni son activité commerciale doublée depuis la conquête de l'Algérie, mais la charité vraiment chrétienne, qui accueille et qui multiplie dans son sein les établissements utiles. Préserver de la contagion la partie de la génération qui est encore vierge; guérir celle qui a déjà reçu le germe du mal; combiner la double loi du travail et de la charité, afin de tuer la paresse et l'égoïsme : tel est, dans sa plus simple expression, le grand problème qui tourmente notre époque. Honneur à Marseille qui en demande la solution au christianisme, le seul économiste capable de la donner efficace et complète! Honneur à l'homme éclairé [1] qui poursuit ce noble but avec un dévouement digne de tout éloge; puisse-t-il avoir en France beaucoup d'imitateurs! A quiconque se sent le désir consciencieux de cicatriser quelques-unes des plaies de la société, les écoles d'enfants et d'adultes, l'hospice des orphelines, l'œuvre de la jeunesse chrétienne, les pénitenciers de Marseille, peuvent servir d'encouragements et de modèle.

En venant de visiter un de ces précieux établissements, je traversai les principales rues de la riante

---

[1] M. l'abbé Fissiaux.

cité, et notamment la *Cannebière*, l'orgueil des Marseillais. Cette fameuse rue n'a cependant de remarquable que son extrême largeur. Dans la même course, je reçus un petit échantillon de la gloriole méridionale. Aux différentes questions que je lui adressais, mon cocher s'aperçut que j'étais étranger; il se promit sans doute de *me couler* quelques réponses de sa façon. Entre autres choses je lui demandai quelle était la population de la ville. Ses lèvres pincées s'ouvrirent subitement comme deux ressorts d'acier et me lancèrent la statistique suivante : *Quinzé cent mille âmés ! ! !* Je faillis lui répondre en riant aux éclats, comme Lafleur à son maître : *Pour celle-là, monsieur, elle est trop forte*. Je me contins cependant, et lorsque je me sentis assez maître de moi, je lui dis d'un air étonné : *Pas davantage?* On ne vit jamais homme plus interloqué; il se hâta de me répondre du bout des lèvres : *Non, mozieu;* puis donna un grand coup de fouet à son cheval et ne desserra plus les dents.

J'étais encore sous la conduite de ce digne phaéton, lorsque ma vue se reposa avec bonheur sur deux pères capucins dans toute la magnificence de leur barbe et de leur costume. Voir en 1841, sur la terre de France, dans une de nos plus grandes villes, des capucins, et des capucins occupés à bâtir une jolie église, ce qui annonce de leur part l'intention de prendre racine parmi nous, cela me parut vraiment fabuleux. Je me rappelai alors la prédiction d'un de leurs pères, que nous avions rencontré à Lucerne en 1833, et qui nous disait : « *Nous avons déjà gagné en France la cause de notre barbe, vous verrez que nous gagnerons un jour celle de notre froc.* » Puisse-t-il être prophète ! Ce vœu est dans l'intérêt de tous. Plus encore par son exemple que par sa parole, le capucin, ami du peuple et pauvre comme lui, apprend au malheureux à aimer, ou du moins à supporter sans murmure ses privations et sa pauvreté. Qui peut dire toutes les ambitions que les humbles enfants de saint François ont éteintes dans les classes inférieures? Puis, vous tous, qui avez quelque chose à perdre, convenez que souvent vous dormiriez plus tranquilles dans vos appartements dorés, si les bons pères, répandus, comme autrefois, dans nos villes et dans nos campagnes, enseignaient encore à vos ouvriers et à vos laboureurs qu'ils doivent chérir leurs maîtres, respecter la propriété d'autrui et se contenter de la condition que Dieu leur a faite!

9 Novembre.

Route de Marseille à Toulon.

A dix heures du matin, par une chaleur de juin, nous partîmes pour Toulon, en compagnie d'un officier supérieur, appartenant à l'armée d'Afrique. Son visage ouvert, la douceur de ses yeux, la brusque franchise de ses manières, nous prévinrent d'abord en sa faveur; cette première impression ne nous trompa point. La conversation vive, variée, pittoresque de ce brave militaire, vieux soldat de l'Empire et type du genre, ne contribua pas peu à nous sauver de l'ennuyeuse monotonie de la route. Figurez-vous un chemin couvert de poussière, tracé habituellement entre deux chaînes de montagnes privées de toute végétation, à l'exception de quelques pins rabougris épars çà et là sur des crêtes rocailleuses, comme pour mieux faire ressortir la stérile nudité du sol; de distance en distance, au pied de ces hautes collines, quelques petites langues de terre plantées de vignes, dont les feuilles flétries venaient en tourbillonnant se faire broyer sous les pieds des chevaux ; ajoutez à cela quelques câpriers recouverts de monceaux de terre semblables à de gros pains de sucre ; je vous le répète, figurez-vous bien ce paysage, et pensez qu'au bout est Toulon, la ville des forçats ; puis défendez-vous, si vous pouvez, d'une indéfinissable mélancolie.

Deux lieues en deçà de Toulon, la route traverse les gorges d'Oullioul, fameuses par de nombreux assassinats. Elles tiennent à la chaîne de montagnes qui, abritant cette partie de la Provence contre les vents du nord, en font l'Italie et le Portugal du royaume. Aussi, on ne tarde pas à longer des jardins superbes, les premiers où nous ayons vu des orangers en plein vent avec des oranges en parfaite maturité. Admirer sans réserve ces beaux fruits dont la couleur aurore se détache si nettement du vert feuillage de l'arbre qui les porte, tel fut notre premier sentiment. Le second, je dois le confesser, était moins honorable : la caravane, sans exception, commit le péché d'envie. De n'avoir pas un peu cédé à l'attrait du fruit défendu, je n'oserais le dire ; toutefois n'allez pas croire que notre descendance d'Ève était la cause première de nos ardents désirs. La soif dévorante causée par la chaleur et la poussière y entrait pour beaucoup.

Du reste, nous ne tardâmes pas à revenir à de meilleurs sentiments. Le tourment que nous éprouvions nous fit adresser des actions de grâces bien senties à la Providence, qui a placé dans les divers climats les fruits les plus convenables aux habitants. Plus rafraîchissante et moins substantielle que la pomme ou la poire, l'orange est le fruit des pays chauds; on peut en manger souvent et beaucoup sans être rassasié. Et voilà qu'elle s'offre en abondance à l'habitant du midi, constamment échauffé par les rayons d'un soleil brûlant, réfléchis par des sables plus brûlants encore. « Mais d'où vient, demanda le brave commandant, qu'à côté de l'orange, du citron, de la mangue, de la grenade, etc., les pays chauds produisent tout ce qu'il y a de plus échauffant : le poivre, la cannelle, le piment? Ces denrées-là ne devraient se trouver qu'en Sibérie. — Le problème, lui fut-il répondu, n'est pas difficile à résoudre. D'abord vous sentez comme nous, commandant, que la chaleur énerve, accable et produit des sueurs abondantes, qui amènent une continuelle déperdition de forces. De plus, elle diminue l'appétit; et il est connu que les peuples méridionaux sont généralement plus sobres de nourriture que les habitants du nord. Pour rétablir l'équilibre et donner du ressort aux organes, il faut des toniques; c'est la première raison pour laquelle ils abondent sous les zones tropicales. — Mais enfin ils échauffent? — C'est par erreur, commandant, que nous accusons le poivre et le piment d'un semblable méfait. Dans les pays pour lesquels ils sont créés, loin d'échauffer, ils rafraîchissent beaucoup mieux que nos glaces et nos sirops. — Bah! — Bien qu'elle vous paraisse absurde, la chose est vraie. » Et on lui donna de ce fait les explications connues [1].

[1] Je les ai retrouvées plus tard dans ce curieux passage d'une lettre écrite de l'Inde par un de nos missionnaires français : « Peut-être vous imaginez-vous que sous les feux brûlants du tropique, nous sommes certainement dévorés par la soif? Point du tout; hors des repas il ne m'arrive presque jamais de boire. Nous le devons en bonne partie à notre régime alimentaire. Il est

La nuit tombait lorsque nous entrâmes à Toulon. Malgré l'heure avancée, notre premier soin fut de porter les lettres qui nous recommandaient à M. le capitaine de vaisseau J...... Déception ! amers regrets ! Cet officier distingué était en mission sur les côtes de Toscane. En son absence, nous fûmes accueillis par son excellente famille, avec une cordialité qui nous fit oublier toutes les fatigues de la route. Un déjeuner gracieusement offert pour le lendemain fut accepté avec reconnaissance : il nous ménageait là précieuse occasion de parler une seconde fois de tout ce qui nous était cher.

donc bien rafraîchissant? m'allez-vous dire. C'est au contraire, d'après vos idées, la nourriture la plus irritante : le riz qui en fait le fond est toujours accompagné d'une sauce composée de piment, de poivre, du fruit de tamarin et autres épices, toutes plus fortes les unes que les autres. Au commencement, une cuillerée de ce mélange vous brûle le palais; mais bientôt on s'y habitue à tel point, que, sans cet étrange assaisonnement, on ne mangerait qu'avec dégoût, et la digestion ne se ferait pas. Ici quand on veut bien se rafraîchir ou prendre une potion bienfaisante, telle, par exemple, que vous en donneriez à un convalescent, on boit une tasse d'eau dans laquelle on fait bouillir une grosse poignée de poivre. Quand j'étais en France, je pensais quelquefois en m'abreuvant à une claire fontaine : Si je trouvais de pareilles sources dans l'Inde! Eh bien, nous en trouverions à chaque pas, nous ne les goûterions point. L'eau fraîche serait mortelle; la bonne eau, celle qui vraiment désaltère, est celle des étangs ou des rivières constamment exposées à l'ardeur du soleil *.

* Annales de la Propagation de la Foi, — n° 107, pag. 337.

10 Novembre.

Vue du Port. — Visite sur *l'Océan*. — Le Bagne. — Anecdote. — Réflexions. — Retour à Marseille.

En l'absence du capitaine qui devait nous piloter, nous eûmes recours, pour voir Toulon avec intérêt, au digne commandant que nous avions rencontré la veille, et qui logeait dans le même hôtel que nous. Afin d'avoir ses entrées partout il revêtit son grand uniforme, et avant midi nous étions sur la rade. Le temps était superbe, et un magnifique spectacle se déroulait à nos regards. Toute cette mer d'azur, toutes ces embarcations élégantes si habilement dirigées par l'école des mousses; toutes ces puissantes machines pour la mâture des vaisseaux; tous ces forçats, avec leur sinistre habit rouge, faisant mouvoir les cabestans ou traversant le golfe, accompagné de leur *ange gardien*, la carabine sur l'épaule; tous ces objets, si imposants et si variés, formaient en quelque sorte le premier plan du tableau. Les vaisseaux de haut bord, composant l'escadre de l'amiral Hugon, et qui se dessinaient au loin comme des masses immobiles, formaient le second plan.

Nous étions là en admiration devant ce magnifique panorama, lorsqu'un batelier génois, vieil Ésope de la mer, vint nous offrir ses services. Sa double bosse, ses cheveux déjà grisonnants, son *chasse-marée* de mince apparence, autant de motifs qui l'auraient fait refuser par d'autres, devinrent, grâce à la bonté d'âme de notre commandant, des titres à notre préférence. « Pauvre « diable, dit l'excellent homme, il a plus besoin qu'un « autre de gagner de l'argent. » Et il s'élança dans son embarcation. Nous le suivîmes pour cingler vers *l'Océan*, mouillé à trois quarts de lieue en mer. Ce géant de la marine française était commandé par le capitaine H., pour qui nous avions une lettre. Les grosses épaulettes de notre guide nous valurent la distinction flatteuse de monter sur le navire par bâbord, c'est-à-dire par le flanc droit, où se trouve l'escalier d'honneur.

J'avais ouï dire que nulle part le génie de l'homme ne se montre avec plus d'éclat que dans un vaisseau de haut bord; il me tardait de vérifier cette opinion sur *l'Océan*. Figurez-vous une citadelle flottante qui, sans autre appui que son centre de gravité, repose sur une base mobile, brave la fureur du plus redoutable des éléments, renverse en quelques heures les plus fortes murailles, porte une armée dans ses flancs, et, malgré sa masse prodigieuse, obéit à l'homme presque avec la même docilité que la mer elle-même obéit à Dieu. Entrés dans l'édifice, vous trouvez une espèce de cathédrale aux proportions gigantesques avec trois ou quatre longues nefs étagées les unes au-dessus des autres; au lieu de croisées, cent vingt sabords, c'est-à-dire cent vingt embrasures où se montrent à vos regards non pas cent vingt gracieuses figures de saints, mais cent vingt fois la bouche béante d'un énorme canon. Autour de vous règne un ordre parfait; dans l'ensemble comme dans le détail, tout est tenu avec un luxe de propreté, je dirais presque de coquetterie sans égale. Là cependant vivent onze cents hommes, depuis l'âge de huit à neuf ans jusqu'à celui de trente ou quarante : tous obéissent au moindre signe et manœuvrent avec une précision qui ne souffre ni hésitation ni retard. A la vue d'un pareil spectacle, il ne vous sera, je pense, pas plus difficile qu'à moi de convenir qu'un bâtiment de guerre est une merveille : or tel était *l'Océan.* Pilotés par le capitaine H., nous visitâmes avec admiration toutes les parties du superbe navire. Pendant que nous étions à bord, l'amiral descendit dans son canot. Son absence nous permit d'entrer dans son habitation, et nous trouvâmes qu'elle ne le cédait en rien, pour l'élégance, aux appartements les plus soignés de nos grandes villes.

L'Océan portait 1,080 hommes d'équipage. C'est beaucoup; et pourtant je fus vivement affligé de n'en pas voir un de plus; oui, un homme manquait; hélas! il manque à tous nos autres bâtiments : cet homme que vous trouvez sur les navires de tous les peuples du monde; cet homme dont les familles déplorent l'absence; cet homme que les marins eux-mêmes réclament à grands cris; cet homme que le gouvernement aurait tant d'intérêt et de facilité à replacer sur nos vaisseaux, c'est un aumônier!... Mon cœur se serra, surtout à la vue de ces jeunes mousses de huit à neuf ans, séparés de leur famille, et jetés au milieu des dangers de la mer, sans secours religieux, ni pour la vie, ni pour la mort. Pauvres enfants! pauvres mères! pauvre société!

Pénétrés d'un double sentiment de regret et d'admiration, nous descendîmes du royal vaisseau dans notre humble nacelle. Le vieux Génois eut l'attention de nous faire passer en face de deux bâtiments que l'œil ne peut voir sans que l'esprit se remplisse aussitôt de graves pensées. Le premier que nous aperçûmes porte à la proue le nom et l'inscription suivante :

LE MUIRON.

Cette Frégate, prise a Venise en 1797, est celle qui a ramené Bonaparte d'Égypte en 1799.

Le second, beaucoup plus petit, est la goëlette *l'É-toile*, qui transporta Napoléon de l'île d'Elbe à Fréjus en 1815. Pour représenter les principales vicissitudes de cette grande existence, il ne manquait que *le Northumberland*, sur lequel s'accomplit le voyage de Sainte-Hélène.

Vers les trois heures du soir, nous étions à l'entrée de l'arsenal, glorieuse fondation de Louis XIV : là est le bagne. Suivant l'usage, un gendarme nous fut donné pour nous accompagner et nous servir de cicérone. Le bagne se compose de longs corps de bâtiments en pierre, avec des croisées garnies de forts barreaux de fer, ouvrant d'un côté sur la vaste enceinte de l'arsenal, de l'autre sur la mer. Dans toute leur longueur règnent, à trois pieds au-dessus du sol, deux planchers obliques, terminés à la partie inférieure par une barre de fer qui s'étend d'un bout à l'autre : c'est le lit des condamnés. Séparés en brigades pendant le jour, les forçats sont astreints aux travaux les plus pénibles : scier du bois et de la pierre, mâter les navires, transporter des fardeaux, etc. A la moindre faute les coups de bâton ou de plat de sabre leur pleuvent sur les épaules. Si la faute est plus grave, on les renferme dans des cachots; s'ils se montrent récalcitrants, on les met à la double chaîne, dans des prisons obscures, où ils n'ont pour lit que la dalle humide. Là était, quand nous passâmes, le fameux *Tragine*, ce redoutable bandit qui, nous dit-on, ne soupirait après sa liberté que pour assassiner le courageux magistrat qui s'était emparé de sa personne. Enfin, lorsque la faute est vraiment sérieuse, un conseil de guerre maritime juge le coupable et prononce sans appel l'arrêt de mort, qui s'exécute dans les trois heures. Tous les forçats sont amenés autour de l'échafaud, rangés sur deux files, le genou en terre et le bonnet à la main. En tête de chaque file est une pièce de canon, chargée à mitraille, prête à faire feu au moindre signe de révolte.

Ainsi la force brute est la seule loi du bagne. Ne vous étonnez pas si les galériens usent leur activité intellectuelle à trouver les moyens de s'évader ; ils y parviennent quelquefois, malgré toute la surveillance dont ils sont l'objet le jour et la nuit. Il nous fut rapporté qu'ils y parviendraient bien plus souvent s'ils ne se vendaient pas les uns les autres. Comme s'il n'existait pas assez de corruption parmi ces êtres dégradés, on encourage, si on n'établit pas entre eux, une espèce de police secrète, ou plutôt d'espionnage, dont ils sont les agents. Très-peu de temps avant notre arrivée, deux vieillards septuagénaires étaient parvenus à se tenir cachés pendant quinze jours dans un coin de l'arsenal, attendant, au milieu de toutes sortes de privations, qu'une nuit assez obscure leur permît de tenter une évasion. Elle arriva : pendant les plus épaisses ténèbres, ils s'avancent, marchant à quatre pattes, jusqu'à la porte de sortie. La sentinelle les prend pour des chiens et les laisse passer. Ils se glissent dans une espèce de parloir, et brisent les carreaux d'une fenêtre. Le verre en tombant donne l'éveil. Un des deux est arrêté, l'autre avait déjà gagné le large. Dès le matin, le drapeau bleu fut hissé : c'est le signal de l'évasion d'un forçat. Les habitants des campagnes le connaissent et se tiennent sur leurs gardes. La gendarmerie se met à la recherche dans toutes les directions : rarement le malheureux parvient à jouir longtemps de sa liberté. Une prime est donnée à celui qui ramène le fugitif ; elle est de 25 francs quand on retrouve le forçat dans l'intérieur de l'arsenal ;

de 50 francs dans l'enceinte de Toulon ; de 100 francs hors de la ville. Le jour même de notre arrivée, les paysans des environs ramenaient le vieillard échappé depuis quarante-huit heures. Chaque tentative d'évasion est suivie d'une aggravation de peine. « Il y a six mois,
« nous dit la personne qui nous servait de guide,
« qu'un condamné nous arriva pour cinq ans. Il a si
« bien manœuvré qu'il en a aujourd'hui pour cent treize
« ans. »

Nous étions à examiner en détail l'enfer de la justice humaine, lorsqu'un grand bruit de chaînes se fit entendre. C'étaient les forçats qui revenaient du travail. Hideux spectacle ! je ne l'oublierai de ma vie. Devant nous défilèrent, accouplés deux à deux, plusieurs milliers de malheureux chargés de fers. Jeunes hommes au pas assuré, à la tête haute ; vieillards à cheveux blancs, à la démarche traînante, la plupart ont dans la figure deux traits qui se ressemblent : le cynisme et la ruse. Leur habillement a quelque chose de sinistre et d'ignoble. Un haut bonnet de laine, rouge pour les condamnés à temps, vert pour les condamnés à perpétuité ; une large veste ou casaque rouge, descendant plus bas que la ceinture, avec des manches vertes pour les récidifs, rouges pour tous les autres ; enfin, un pantalon de grosse toile grisâtre, sous lequel passe une chaîne d'environ quinze ou vingt livres, attachée autour des reins, et venant se fixer à un anneau qui prend le pied au-dessus de la cheville. Tel est l'ignominieux costume du bagne.

Nous suivîmes les galériens jusqu'à l'entrée des vastes pièces qui leur servent en même temps de dortoir et de salle à manger. Lorsqu'ils furent étendus sur leur dure couche, un garde-chiourme passa la barre de fer dans les anneaux de leur chaîne, et tout mouvement du pied devint impossible. Puis, comme si ce n'était pas assez de précaution et de rigueur, on amena sur la porte de chaque salle une pièce de canon chargée à mitraille, la bouche tournée vers l'intérieur du bagne. C'est ainsi qu'au dix-neuvième siècle la société croit devoir veiller à sa propre sûreté.

Loin de nous la pensée de prendre ici le rôle facile d'accusateur; mais, en présence de l'horrible spectacle, on ne peut s'empêcher de se demander à soi-même si la société actuelle remplit dignement l'importante mission que Dieu lui impose pour le maintien de l'ordre moral. Arrêter le mal dans la pensée même qui l'enfante, intimider le méchant et réhabiliter le coupable : tels sont ses imprescriptibles devoirs. Que la société s'examine sur ces trois chefs, et qu'elle voie si elle n'a point quelque reproche à s'adresser.

A-t-elle employé tous les moyens qui sont en son pouvoir pour prévenir le crime qui conduit au bagne? N'a-t-elle jamais encouragé ou toléré les doctrines immorales qui tôt ou tard font de l'homme un scélérat? Par son exemple, n'a-t-elle jamais enseigné le mépris de la loi divine, base de toutes les lois, frein de tous les penchants et règle de toutes les actions?

Que fait-elle pour intimider le méchant, arrêter la main qui prépare le poison, qui aiguise le poignard ou qui allume dans l'ombre la torche incendiaire? Sans doute, elle lui montre en perspective le déshonneur, le bagne et l'échafaud. Mais elle ne lui montre plus le remords implacable, déchirant son cœur, empoisonnant ses plaisirs du jour et troublant le sommeil de ses nuits; ni le bagne éternel de l'enfer, auquel ni la fuite, ni l'erreur des juges mortels, ni leur faiblesse ne saurait soustraire le coupable. Ainsi, en laissant répéter aux hommes, et cela tous les jours, sur tous les tons et par de nombreux organes, que Dieu n'est qu'un mot et l'enfer une chimère, la société a rendu impuissant son système d'intimidation.

Le crime une fois commis, que fait-elle pour en prévenir le retour en réhabilitant le coupable ? Sait-elle bien que, lorsqu'elle laisse vivre le malfaiteur, le châtiment qu'elle lui inflige doit avoir pour but l'expiation de la faute et l'amendement du coupable, autrement il est immoral ? L'homme est ravalé au niveau de la brute ; le châtiment n'est plus que le coup de bâton donné au chien qui vous a mordu ; et la prison, la cage de la hyène en furie. Au lieu d'être une *correction*, la peine devient une vengeance dépourvue de moralité, qui exaspère le coupable et établit entre lui et la société un duel à mort. N'est-ce pas là, dans la pratique du bagne, la théorie du code pénal ? Aussi quels résultats ? On affirme que, sur cent forçats libérés, quatre-vingts retournent au bagne ou montent à l'échafaud. Il est pénible de l'avouer, mais on conçoit qu'il doit en être ainsi : *Tout homme flétri et non réhabilité sera toujours un être inutile ou dangereux*. Or, à la flétrissure civile que les arrêts de la justice impriment au coupable, le séjour du bagne ajoute une flétrissure morale, plus odieuse encore et surtout plus ineffaçable. *Le condamné sort du bagne plus pervers qu'il n'y est entré :* telle est l'inexorable sentence de l'opinion publique. Cette sentence, que l'expérience justifie, fait du *libéré* un objet de crainte et de défiance universelle. Repoussé de tous les honnêtes gens, il s'abandonne de nouveau à ses mauvais instincts, recherche la société de ses pareils et devient avec eux le fléau de nos villes et de nos campagnes. A moins de soutenir que le méchant est incorrigible, ce résultat n'est-il pas la condamnation sans appel du système pénal suivi de nos jours? Système matérialiste, et par conséquent absurde ; qui, à force d'humiliation et de rigueur, peut bien éteindre dans l'homme le sens moral et abrutir le coupable ; mais le corriger, jamais ; le réhabiliter, encore moins. Pourtant corriger le malfaiteur, afin de le réhabiliter, tel est le devoir de la société, et tel doit être le but de toute législation *humaine*, dès qu'elle laisse la vie au coupable.

Entre le jour où je prenais ces notes à Toulon et celui où je les rédige, il s'est manifesté sur le système pénal un heureux changement dans les esprits. Le gouvernement semble vouloir sérieusement atteindre le but moralisateur dont nous parlons ; le système cellulaire prend faveur ; on appelle la religion pour adoucir, en les sanctifiant, les rigueurs de la justice. Ainsi, on veut que l'opinion publique modifie la sévère, mais juste sentence qu'elle a stéréotypée contre l'affranchi du bagne ; on veut que celui-ci cesse d'être un objet de répulsion. Or, il cessera de l'être lorsqu'on cessera de le mépriser et de le craindre, et on cessera de le mépriser et de le craindre lorsqu'on saura qu'il n'est plus le même, qu'il est *converti* et qu'il en a donné des gages certains. Tout cela est juste, moral, digne d'une nation civilisée ; seulement nous dirons qu'il faut se garder de détruire d'une main ce qu'on veut édifier de l'autre, et que s'il importe de réhabiliter le coupable, il importe beaucoup plus d'empêcher l'homme de le devenir. Quand donc la société aura fait ce qui lui est possible, dans les limites de son organisation et sous l'influence des circonstances, pour prévenir le mal et intimider le méchant, elle avisera, de concert avec la religion, aux moyens de réhabiliter le coupable ; alors le système pénal sera vraiment efficace, parce qu'il sera complet et moral. Jusque-là, il faudra s'attendre à bien des mécomptes.

Relativement au système pénitentiaire qu'on veut substituer au bagne, nous dirons encore avec un homme non suspect [1] : « N'oubliez pas que le régime pénitentiaire est né catholique et qu'il ne peut produire d'heureux fruits qu'en restant fidèle à son origine. » C'est qu'en effet le changement des cœurs est le privilége exclusif de la religion. Si vous gênez son action réparatrice, tous vos efforts seront vains. Au contraire, laissez-vous parfaitement libre d'instruire, de consoler et de guérir, on peut compter sur le succès. Et pourquoi ne changerait-elle pas le cœur de vos galériens? Elle a bien changé celui du genre humain, ce grand forçat qui s'était dégradé pendant deux mille ans au bagne de l'idolâtrie! Appelez donc franchement la religion à votre aide avec ses prêtres, ses frères, ses sœurs, ses sociétés de charité, et nous verrons bientôt qu'elle a aujourd'hui, comme autrefois, le pouvoir de faire des pierres les plus brutes des hommes inoffensifs, des citoyens utiles à la terre et même des candidats du Ciel.

Sortis de l'arsenal à cinq heures, nous repartîmes pour Marseille la nuit suivante; et le lendemain, avant midi, nous étions de retour à l'hôtel d'Orient.

11 Novembre.

Le reste de la journée fut donné à notre correspondance et à nos préparatifs de départ. Sous peine de nous brouiller avec nos amis, il fallait bien leur écrire avant

---

[1] M. Cerfbeer.

de quitter la France. Le lendemain, nous allions faire voile pour l'Italie. Nos places étaient retenues sur le pyroscaphe toscan *le Lombardo*.

12 Novembre.

Navigation. — Anglais. — Cabine. — Conversation.

Par un temps magnifique nous quittâmes, en nombreuse compagnie, le port de Marseille vers le milieu du jour. Un dernier salut fut envoyé à Notre-Dame de la Garde, dont le sanctuaire domine au loin la vaste mer que nous allions parcourir. L'équipage la pria de nous préserver du coup *de vent des morts*, dangereuse tourmente qui se fait régulièrement sentir au commencement de novembre dans le golfe de Gênes et de Lyon. Placé sur l'arrière du bâtiment, les regards tournés vers la colline sainte, le passager catholique sent une grande confiance descendre dans son âme. Que pouvons-nous craindre? se demande-t-il à lui-même : là-haut règne une douce Vierge qui tient en ses mains le sceptre des mers. Et, par un privilége qui n'appartient qu'à elle, cette Vierge, ma mère et ma sœur, a le droit de dire, en pressant sur son cœur Dieu et l'homme : Mes fils !

A peine détachés de la côte, nos regards se portèrent sur l'équipage, et tout nous annonça que nous avions quitté la France. Quatre ou cinq langues frappaient nos oreilles de leurs sons incompris. Des physionomies étrangères passaient et repassaient sous nos yeux. A côté des figures larges et rebondies de nos marins génois et toscans, hâlées par le soleil, ombragées par une épaisse barbe noire, apparaissaient en grand nombre des visages pâles et allongés, couronnés la plupart d'une chevelure *au blond suspect*. Impossible de s'y méprendre : c'étaient des visages anglais. Où ne rencontre-t-on pas les fils et les filles d'Albion ? Ce peuple nomade, véritable juif errant de la civilisation, se trouve partout. Promenades, hôtels, monuments, bateaux à vapeur, sites pittoresques en Suisse, en France, en Italie, il envahit tout, promenant partout son ennui, et semant ses guinées sur tous les chemins du monde, tandis que ses ouvriers meurent de faim à la porte de ses manufactures fermées, ou sur le seuil de ses châteaux solitaires.

Jusqu'à cinq heures la traversée se fit à merveille. En ce moment bon nombre de passagers commencèrent à ressentir les premières atteintes du mal de mer. Plus heureux, j'en fus quitte pour un malaise général qui n'entraîna aucun des accidents connus. Pendant que la plupart de mes compagnons de voyage représentaient gratuitement sur le tillac la scène tragi-comique, je récitais tranquillement mon bréviaire dans la cabine qui nous était destinée, et dont la description peut n'être pas sans intérêt. Autour du grand salon, tout brillant de glaces et d'incrustations en palissandre, régnaient des panneaux à coulisse servant de portes aux cabines, ou petites chambres à coucher ; sept pieds de hauteur, cinq et demi de longueur, trois de largeur, voilà les dimensions géométriques de chaque pièce. Si on vous disait : Dans ce petit espace doivent tenir de rigueur une chaise, trois lits, trois porte-manteaux, trois hommes auxquels vous ménagerez un corridor, comment résoudriez-vous le problème ? Pour vous épargner la peine de deviner la chose, ce qui pourrait être un peu long, je vais vous l'expliquer. Sur la partie extérieure de la cabine sont fixées trois planches larges d'un pied et demi, et étagées les unes au-dessus des autres à deux pieds environ de distance ; chaque planche porte un matelas de deux pouces d'épaisseur, recouvert d'un drap et terminé par un petit oreiller auquel on peut comparer, pour la mollesse, la pierre nue sur laquelle Jacob reposa sa tête au désert. A la tête du premier lit, élevé d'un pied au dehors du parquet, est la chaise qui sert d'escabeau pour monter aux lits supérieurs. Les porte-manteaux sont au bout du corridor, qui, déduction faite de la mesure des lits, conserve une largeur de quarante-cinq centimètres. Quant aux fenêtres, il faut être couché pour les voir. Donc, à côté de votre oreille, s'ouvre un sabord qui vous procure le triple agrément de respirer la brise rafraîchissante, de voir la vague qui bat les flancs du navire, et, si vous êtes atteint du mal de mer, de vous soulager sans incommoder le voisinage. Cette miniature d'appartement ne manque pas d'élégance ; mais de confortable, c'est une autre question. Du reste, pourquoi s'en plaindre ? Sur mer comme sur terre, aux jours de notre brillante civilisation comme aux temps plus simples des patriarches, l'homme n'est-il pas toujours un pèlerin, et n'est-il pas bon qu'il s'en souvienne ? Et puis, exerçons notre corps au travail, soyons sobres, ayons la conscience tranquille, et le sommeil viendra nous visiter sur le hamac balancé par les vagues, plus sûrement peut-être que dans les lits moelleux de nos appartements dorés.

Aussi, malgré la lame qui venait se briser à notre oreille, peu d'instants suffirent pour nous endormir profondément. Vers les quatre heures du matin, je m'aperçus, au roulis du bâtiment, que la mer était fortement agitée ; je montai sur le pont, afin de jouir de ce spectacle si imposant en lui-même et si nouveau pour moi. Les étoiles brillaient au firmament, un grand silence régnait parmi l'équipage : les passagers dormaient; le pilote seul veillait au gouvernail, l'œil fixé sur sa boussole; près de la proue étaient assis deux personnages qu'à leur langue je reconnus pour Espagnols. L'un était un religieux hiéronymite, vieillard vénérable par ses cheveux blancs, par son costume antique, par sa belle barbe qui lui descendait jusqu'à la poitrine, et surtout par le calme et la dignité de sa noble figure; l'autre était un jeune militaire, aux cheveux noirs, à l'œil vif, aux allures brusques, à la parole saccadée : tous les deux, bannis de leur patrie, s'en allaient attendre des jours meilleurs à Rome, l'asile de toutes les infortunes. La conversation, empruntant successivement le caractère de chaque interlocuteur, était tour à tour grave et animée. « C'est à tort, disait le vieillard à son jeune ami, que vous murmurez contre la Providence. Sa conduite est pour vous un mystère, je le sais; mais vous devez savoir que les événements politiques dont nous sommes les victimes, les désordres apparents qui vous choquent dans les œuvres du Créateur, ne sont que les agents dociles de son infaillible sagesse. J'avais votre âge lorsque je partis pour le Mexique. Avant de m'embarquer, je n'avais vu l'Océan, les vaisseaux, les marins et leurs manœuvres que dans mes livres. On leva l'ancre à la tombée de la nuit. Aussitôt, voilà tous les hommes de l'équipage dans un mouvement perpétuel; leurs opérations, si variées, si extraordinaires; le navire lui-même, qui allait tantôt à droite, tantôt à gauche, suivant l'impulsion d'une force qui m'était inconnue; tout ce spectacle, auquel je ne comprenais rien, me jeta dans un étonnement et une frayeur vraiment risibles. Ce fut bien pis lorsqu'au point du jour nous fûmes accueillis par un gros temps. Le navire, battu par les flots ou soulevé par les vagues, chancelait comme un homme ivre, et retombait tantôt sur le flanc, tantôt sur la quille ; je me crus mort. Les manœuvres de l'équipage, qui auraient dû me donner un peu de confiance, achevaient de me désespérer ; je voyais tous ces hommes allant et venant comme des maniaques : les uns descendaient à la cale, les autres grimpaient aux cordages, se mettaient à califourchon sur les vergues, haussaient, baissaient, tournaient les voiles en tous sens ; ceux-là fermaient les écoutilles, bouchaient les sabords ; ceux-ci travaillaient à la pompe, et tout cela se faisait au milieu d'un échange continuel de cris, de mots, de signes auxquels je ne comprenais rien : je crus voir l'image du chaos ; à mes yeux l'équipage avait perdu la tête et agissait complétement au hasard.

« Tremblant et déconcerté, je descendis machinalement dans la chambre du pilote ; là je trouvai un vieillard à la tête chauve, à la physionomie méditative ; il était seul, recueilli et pensif, la main appuyée au gouvernail, et l'œil fixé sur une carte marine : tantôt je le voyais mesurer avec le cadran la hauteur du soleil, et marquer avec précision les degrés du méridien ; tantôt examiner sur la boussole la déviation polaire. Tout autour de sa chambre je voyais suspendus des astrolabes, des montres marines, des télescopes ; je m'aperçus qu'il se servait de toutes ces choses, dont j'ignorais l'usage, pour la direction du navire ; je m'aperçus encore que de sa cabine il envoyait tous les ordres à l'équipage, qui les recevait dans un respectueux silence et courait les exécuter. Je compris alors que toutes les opérations, inintelligibles pour moi, qui s'accomplissaient dans les diverses parties du bâtiment, étaient préparées, ordonnées, calculées avec sagesse pour le salut du vaisseau. Je ne les comprenais pas mieux pour cela. Néanmoins, la haute idée que j'avais de la science et de l'habileté du pilote suffit pour me rassurer pleinement jusqu'au terme de notre navigation.

« Jeune homme, le monde est un océan, la société un navire que Dieu conduit; les hommes, leurs passions, les créatures, les événements divers sont les cordages, les mâts, les voiles, les ancres, les astrolabes et les matelots de la Providence. Vous ne comprenez rien au jeu combiné de tous ces instruments, et vous tremblez, et vous vous récriez! Mon ami, faites comme moi, entrez dans la chambre du pilote. En voyant la sagesse infinie, la main sur le gouvernail, l'œil fixé sur le but, l'univers entier soumis à ses lois, vos frayeurs s'évanouiront, vous rougirez de vos murmures, et votre cœur reposera doucement dans la confiance et la paix. » Le jeune militaire leva les yeux au ciel, inclina la tête et approcha de ses lèvres la main du vieillard qu'il mouilla de ses larmes; puis il se tut et s'enveloppa dans son manteau.

Cette conversation, dont je n'avais pu saisir que la fin, me frappa si vivement que j'en fus préoccupé pendant le reste de la traversée.

13 Novembre.

Cuisine italienne. — Vue intérieure de Gênes. — Influence française. — Esprit religieux. — Anecdote.

Il était onze heures du matin, le soleil brillait de tout son éclat, lorsque nous saluâmes Gênes *la superbe*. Vue du côté de la mer, cette ville de marbre offre un aspect magnifique. Assise sur un plan incliné, la seconde reine du moyen âge, la patrie de Colomb, baigne ses deux pieds dans la mer et appuie gracieusement sa tête à des montagnes couvertes d'une riante verdure et couronnées par d'importantes fortifications. Avant de franchir les rayons de l'octroi maritime, on jeta l'ancre; aussitôt voici venir une flotte entière d'embarcations légères, destinées à transporter les voyageurs au bureau de la police. Sur la rive, près de cet antre de Plutus, antre étroit, sombre et enfumé, vous attendent des nuées de harpies et de vautours appelés *facchini* qui sautent dans votre nacelle, s'emparent de vos effets et vont les jeter aux pieds de l'argus en uniforme, qui, il faut le dire à sa louange, bouleverse impitoyablement vos bagages, sans demander de rétribution. Sa visite achevée, les portefaix se précipitent de nouveau sur vos malles et vos valises, et, moyennant finance, les portent aux hôtels de leur choix. A cette cohue ajoutez les valets de restaurants, les garçons d'hôtels, les ciceroni, les voiturins qui se disputent vos personnes et l'honneur de vous servir, et tout cela en même temps, et dans un langage qui n'est celui d'aucun peuple civilisé. C'est à ne savoir de quel côté donner de la tête, et le malheureux voyageur se laisse faire. Précédés, suivis, entourés par je ne sais combien de ces figures inhumaines, nous arrivâmes à *l'hôtel des Étrangers*.

Nous venions de subir un jeûne d'environ vingt-quatre heures : l'air de la mer ouvre l'appétit, nous étions pressés de faire connaissance avec la cuisine génoise. Notre première séance gastronomique en pays étranger mérite une mention, si ce n'est honorable, du moins détaillée. Au centre d'une grande pièce carrée, nue, grisâtre, tapissée d'une vieille armoire, s'élevait une table couverte d'un tapis de laine rouge, bleu et jaune, sur laquelle une nappe jadis blanche, ornée de trois œufs frais, ou soi-disant tels, de dix pains de la grosseur du pouce, et de quatre petits vases en verre que nous prîmes pour des salières. A la vue de cet étrange couvert, nous nous aperçûmes que nous avions décidément passé les frontières de la Gaule transalpine : la nature des mets et leur préparation achevèrent de nous apprendre que nous étions en pays étranger. Avec la pointe de son couteau, un de nos jeunes amis, ennemi juré du sucre de canne ou de betterave, prend un peu de cette poudre blanche contenue dans les vases de verre, la dépose dans son œuf, croyant y mettre du sel, et mange avidement. Tout à coup une grimace modèle, accompagnée d'un rire homérique, trahit une méprise : le sel était du sucre.

L'expérience nous servit, mais ne corrigea pas notre affamé. On venait d'apporter dans une large soucoupe cinq ou six légumes, dont la physionomie douteuse les fit confondre avec des radis. Francis saisit le plus gros, dans lequel il plongea vivement les incisives; le malheureux ! il avait mordu dans un *peperonne*, espèce de poivre-long ou de piment à brûler le palais. Sa bouche se fendit jusqu'aux oreilles, et ses lèvres et sa langue, comme trois ressorts qui se détendent à la fois, donnèrent à la plante maudite le congé, sinon le plus poli, du moins le plus prompt qui se puisse imaginer. Nous comptions, pour nous dédommager, sur une soupe que nous avions demandée en bon italien, mais dont nous avions omis d'indiquer la nature. Voici donc venir en grande cérémonie un plat long, chargé de *maccaroni* tout imprégnés de beurre chaud, et d'une telle dimension que nous aurions pu les manger d'un étage à l'autre : qu'on juge de notre désappointement. Enfin on servit un merlan cuit à l'eau; pour en corriger la fadeur, il était accompagné d'un citron raccorni dont la meilleure presse hydraulique n'aurait pas fait sortir une goutte de jus. Tel fut, avec des poires *culotte de Suisse*, notre premier repas sur la terre étrangère. Comme toutes les autres, la médaille des voyages a aussi son revers.

La beauté de Gênes nous fit oublier sa mauvaise cuisine. La *via Novissima*, pavée ou plutôt parquetée en larges dalles disposées en queue d'aigle, bordée de larges trottoirs et embellie par de magnifiques palais, justifie ce qu'on a dit de Gênes, qu'elle semble avoir été bâtie par un congrès de rois. Au portail de différentes églises vous voyez suspendus plusieurs anneaux des chaînes qui fermaient le port de Pise, et que les Génois parvinrent à rompre pendant la nuit. Ils sont là comme des trophées de cette glorieuse victoire, et comme un hommage rendu par les vainqueurs au Dieu des batailles. Le matelot-serrurier qui trouva le secret de briser l'obstacle est en grande estime dans sa patrie. Honneur au peuple fidèle à la reconnaissance! Le souvenir, les louanges et les récompenses nationales encouragent les belles actions, et chez les nations chrétiennes la religion les immortalise en les consacrant. Suivant l'usage à la fois touchant et sublime, chaque année, depuis tant de siècles, la population génoise s'assemble au tombeau de l'humble marin, et on dit une messe pour le repos de son âme.

En parcourant les divers quartiers de la ville au milieu d'une foule nombreuse de promeneurs élégants et d'équipages superbes, deux choses frappent l'étranger : l'influence de l'esprit français, et la présence de l'esprit religieux. Nos modes règnent en souveraines sur les classes élevées de la société cisalpine. Je ne fus pas médiocrement étonné de retrouver nos *jeunes frances*, avec le bouquet de barbe, les cheveux longs, le pantalon à sous-pieds, le cigare à la bouche, les habits suivant la coupe et les couleurs du dernier goût parisien. J'entendais parler français tant bien que mal : je lisais notre langue sur les enseignes des magasins; j'en étais fier, et je me disais tout bas : Pourquoi, hélas ! doit-on redouter que nos chers voisins nous copient en toutes choses? Pourquoi doit-on craindre pour eux l'envahissement de l'esprit français? Copiez nos modes, étudiez notre langue, rien de mieux; mais gardez-vous d'accepter nos doctrines autrement que sous bénéfice d'inventaire; sans cela elles verseraient le poison dans vos entrailles. Votre société, à tout prendre, si heureuse et si paisible, serait bientôt en proie à d'horribles convulsions; et qui sait si une crise ne l'emporterait pas? Combien de fois cette première remarque, ces vœux, ces craintes, se sont renouvelés dans le cours de mon voyage !

La présence de l'esprit religieux au sein de cette active population se révélait de plusieurs manières. Tous ces jeunes élégants dont j'ai parlé se promenaient et causaient familièrement avec des ecclésiastiques, à qui ils donnaient le bras. Cette heureuse fusion du clergé et du peuple me causa une bien douce émotion. La société m'apparaissait dans son état normal, tandis que je ne l'avais vue jusqu'alors que dans un état violent et maladif : le prêtre d'un côté, le laïque de l'autre; entre eux un abîme.

Non-seulement on ne craint pas le contact du prêtre; mais chaque famille tient à honneur de compter parmi ses membres un ministre des autels. Ainsi, dans l'estime générale, la religion occupe encore le rang élevé qui lui convient, ses intérêts sont ceux de tous; et pour tous ils sont sacrés. Une circonstance particulière témoigna, pendant notre séjour, de cette précieuse disposition. Le roi de Sardaigne, qui se montre plein de bienveillance pour les Génois, venait d'ordonner de grands travaux d'embellissements sur le quai : un superbe portique en marbre blanc doit s'étendre sur les bords de la mer, et servir de promenade et de magasins : or, le plan tracé par les architectes supprimait plusieurs *madones* auxquelles les Génois avaient de temps immémorial une grande confiance. Ce projet avait mis toute la ville en rumeur, les principaux habitants s'étaient assemblés, et l'affaire avait été soumise au roi lui-même qui se trouvait alors à Gênes. Contrairement au vœu des architectes, ce prince ordonna que les madones seraient respectées : « Je ne permettrai jamais, ajouta-t-il, qu'on sacrifie une idée religieuse à une ligne droite. » Connaissez-vous quelque chose de plus royal que cette parole ?

14 Novembre.

Saint-Laurent. — Le Sacro Catino. — Le Disco. — Villa Negroni. — Palais ducal et Sara. — Mœurs italiennes. — Le coup de vent des morts.

C'était le dimanche : nous nous rendîmes de bonne heure à la cathédrale, où je désirais célébrer les saints mystères. Le portail et le chœur, d'un travail soigné, sont en marbre blanc et noir; au-dessus de la grande porte est un bas-relief représentant le martyre de saint Laurent. C'est une éloquente prédication, et pour le prêtre qui vient offrir l'auguste sacrifice, et pour le fidèle qui vient y assister; seize colonnes d'ordre composite, en marbre blanc et noir de Paros, ornent la grande nef. Les yeux sont éblouis par les richesses de tout genre qui décorent les différentes parties de ce majestueux édifice; mais un spectacle plus agréable vint fixer mon attention : une foule nombreuse d'hommes et de femmes de tout rang priait agenouillée et recueillie, dans la nef et dans les chapelles, entourait la table sainte ou se pressait auprès des tribunaux sacrés. Entré à la sacristie, je présentai ma *pagella* [1], et la permission de dire la messe me fut gracieusement accordée.

Dans le trésor de Saint-Laurent se conservent deux des monuments les plus précieux que l'on connaisse; le premier est le vase d'émeraude connu dans toute la chrétienté sous le nom de *sacro catino*, trouvé à la prise de Césarée en Palestine. Une tradition vénérable prétend que ce vase servit à Notre-Seigneur pour manger l'agneau pascal avec ses disciples. La grandeur de ce vase est de quarante centimètres, son pourtour a un peu plus d'un mètre; il est de forme hexagone et orné de deux anses, dont l'une est polie et l'autre ébauchée. Le second est un plat d'agate, avec la représentation de la tête de saint Jean-Baptiste. Une vive émotion se fait sentir, lorsqu'en le regardant on songe que c'est le même plat sur lequel fut apportée à l'impudique Hérodiade la tête du saint Précurseur. Afin de nourrir dans la femme le double sentiment de l'humilité et de la reconnaissance, le christianisme, qui a tout fait pour elle, n'oublie pas de lui rappeler de temps à autre ses iniquités; c'est ainsi qu'en punition du crime d'Hérodiade, la chapelle de saint Jean-Baptiste, à Saint-Laurent de Gênes, est interdite à toutes les personnes du sexe.

Avant de rentrer à l'hôtel, nous visitâmes la *villa Negroni*, doublement intéressante par sa position qui permet de jouir du panorama de Gênes, et par sa col-

---

[1] C'est le nom donné en Italie aux lettres épiscopales qui autorisent le prêtre à dire la messe.

lection d'antiquités, dont le propriétaire lui-même fait les honneurs aux étrangers. Néanmoins cette villa, je vous prie de ne pas l'oublier, n'offre qu'un intérêt très-secondaire. Le palais ducal, ancienne résidence des doges, par ses imposants souvenirs, avec sa façade décorée de corniches et de balustrades en marbre, avec ses grandes voûtes et sa toiture sans charpente ni ferrements; le palais *Sarra*, dans la *via Nuova*, avec son salon, l'un des plus beaux qu'il y ait en Italie par l'élégance de ses proportions, la richesse de ses ornements, son pavé en mosaïque et ses portes plaquées en lapis-lazzuli, nous rappelèrent au milieu du monde et nous y retinrent jusqu'à midi.

Vers une heure, nous admirions, dans l'église de *Saint-Ambroise*, la *Circoncision de Notre-Seigneur*, par Rubens, et l'*Assomption de la sainte Vierge*, par le Guide, enfin *saint Ignace* délivrant un possédé et ressuscitant des enfants, belle et forte composition de Rubens. Il serait long et peut-être fastidieux de passer en revue tous les tableaux remarquables qui décorent les différentes églises de Gênes. A la vue des œuvres multipliées du génie moderne, le voyageur comprend qu'il est entré dans le pays des arts, et l'observateur commence les études qui doivent former son jugement sur l'esprit et les effets de la *renaissance;* il peut aussi recueillir de précieux détails sur les mœurs, diversement appréciées, des populations italiennes.

Dans ce but nous nous rendîmes à la belle église de l'*Annunziata*, où réside un religieux français. Le père G......, homme d'un âge mûr, doué d'un remarquable talent d'observation, fixé à Gênes depuis douze ans et très-occupé au ministère des âmes, était dans les conditions les plus favorables pour nous instruire. Or, de ses conversations intimes, il résulte pour nous que, sous le rapport moral, l'Italie, considérée *dans les masses*, est, *sauf quelques différences, le moyen âge au dix-neuvième siècle*. Là, se trouvent encore dans toute leur vigueur les deux principes qui depuis la chute originelle se combattent au sein de l'humanité. La victoire est tantôt à l'un, tantôt à l'autre ; mais, au milieu des ruines de la vertu, ordinairement la foi reste debout. Or, cette foi salutaire guérit tôt ou tard les blessures du cœur, et remet les armes aux mains du vaincu, presque toujours victorieux dans le dernier combat. Quant aux *classes élevées*, elles subissent plus ou moins l'influence de ce qu'on appelle au delà des monts les idées françaises. Les preuves de tout genre se pressent à l'appui de cette double observation ; et je dois dire qu'on les retrouve sur les différents points de l'Italie, depuis Gênes jusqu'à Naples.

Quarante-huit heures à peine s'étaient écoulées depuis notre départ de France, et il nous semblait, en écoutant les détails fournis par l'excellent religieux, avoir rétrogradé de cinq siècles et nous retrouver au temps des Paul de Laraze et de Guillaume d'Aquitaine. Nous nous promenions avec lui dans la vaste sacristie qui sépare l'église du couvent : « Remarquez, nous disait-il, cette porte dérobée qui donne sur la ruelle ; tous les jours elle reste ouverte jusqu'à dix heures du soir. Lorsque la nuit est close, les nombreux confessionnaux que vous voyez ici sont occupés par nos pères : les hommes viennent nous y trouver. Croiriez-vous qu'il nous arrive quelquefois des brigands, pressés par le remords, et dont la tête est à prix ? Pendant les ténèbres, ils descendent des montagnes, et viennent chercher ici quelques consolations ? Dieu seul connaît tous les désordres que nous empêchons et que nous faisons réparer. Comme notre maison, les couvents des Capucins restent ouverts toutes les nuits; et les bons pères vous diront, ainsi que moi, qu'il s'accomplit alors au saint tribunal d'ineffables mystères de repentir et de miséricorde. » Voilà bien l'homme avec sa double tendance : d'un côté les vicieux penchants qu'il tient du premier Adam, et de l'autre la force de résistance déposée dans son âme par la grâce du second Adam. Or, tant qu'il y a lutte, l'action du christianisme se fait sentir, la foi vit et l'espérance demeure. Mais les Italiens commettent le mal! dites-vous. — Eh! sous quel climat les fils d'Ève sont-ils impeccables? On péchait au moyen âge, on péchait même dans les premiers siècles de l'Église; mais en général on ne pouvait pas vivre avec le remords. Tel est encore, sauf les exceptions, le peuple de la Péninsule. — Il se repent, il se confesse, ajoutez-vous, puis il retombe! Dans les pays où l'on ne se repent plus, où l'on ne se confesse plus, les hommes sont-ils confirmés en grâce? vivent-ils comme des anges? meurent-ils comme des saints? Plus tard nous étudierons certaines statistiques et nous saurons à quoi nous en tenir.

Vers la fin de notre conversation, un grand bruit se fit entendre dans un escalier voisin. « Voici, dit le père, nos jeunes gens qui arrivent : c'est l'heure de la dominicale. » En effet, l'élite de la jeunesse, formée en association pieuse, se réunit chaque dimanche pour vaquer à de saintes pratiques, s'exercer à la charité et placer sous la double égide de la prière et de la parole divine la plus délicate des vertus. Après avoir pris congé de notre aimable compatriote, qui devait lui-même présider l'intéressante assemblée, nous rentrâmes à l'hôtel; il était quatre heures.

La réunion des jeunes Génois nous en rappelait une autre bien chère à notre cœur et qui se tenait en France dans le même moment. La pensée qu'on y priait pour les voyageurs nous vint comme un doux parfum. Et qui sait? au pieux souvenir de ces âmes ferventes, nous devions peut-être de nous trouver à l'abri de l'horrible tempête qui agitait sous nos yeux le golfe de Gênes. Du balcon de l'hôtel, nous embrassions du regard la vaste étendue des flots. Le temps était froid, le vent violent et l'horizon couvert de sombres nuages. Les éclairs se succédaient avec rapidité, et le bruit du tonnerre, répété par les échos des montagnes, se prolongeait en roulements majestueux qui allaient expirer dans la profonde vallée de la Polcevera. La mer mugissait au loin, et la lame, qui venait se briser avec violence contre les rochers, rebondissait, en écumant, à plus de vingt-cinq pieds au-dessus du môle. Les navires agités inclinaient leurs mâts en tous sens, tous les marins étaient à leurs bords, carguant les voiles, jetant de nouvelles ancres, et fermant les écoutilles ; une foule inquiète se pressait sur le quai : *Le coup de vent des morts* passait. La tourmente dura plus de deux heures ; mais, grâce à l'activité des équipages, on n'eut aucun sinistre à déplorer. Heureux d'être débarqués à Gênes, nous avions pu jouir sans danger du spectacle imposant d'une tempête; tandis que les passagers qui, la veille, avaient continué leur route sur *le Lombard*, furent pendant six jours retenus en mer, exposés à périr.

15 Novembre.

Hôpital général. — Chambre de sainte Catherine de Gênes. — Église de Sainte-Marie-di-Carignano. — Départ de Gênes. — Novi.

Comme dans toutes les grandes villes, on rencontre à Gênes beaucoup de pauvres. Leur misère contraste péniblement avec l'extrême opulence des riches. Les fortunes de cent mille francs de rente ne sont pas rares dans la patrie des Doria. Cette richesse vient, en général, de l'ancien commerce de la république, et même du commerce moderne : les Génois sont encore avec leurs navires dans toutes les échelles du Levant. Mais à Gênes, comme dans les villes catholiques, la charité s'efforce de combler la distance qui sépare les deux extrêmes, en sorte que l'abondance des uns supplée à l'indigence des autres.

A dix heures, nous entrions à l'hôpital général, magnifique édifice qui peut être justement nommé le *palais royal de la Charité*. Je ne sais si l'on peut rien voir de plus imposant ; le grand escalier, les rampes, le pavé des immenses salles, tout est en marbre blanc de Carrare, d'un grain fin et d'une pureté tout à fait remarquable. Là, sont soignés, nourris, veillés la nuit et le jour par des *anges* venus de France, plusieurs milliers de malades, depuis le berceau jusqu'à la tombe. Au milieu de la salle principale est une chambre vitrée, c'est la demeure du *bon père*. Digne fils de saint François, vieillard à barbe blanche, il est là, nuit et jour, comme la sentinelle à son poste, lisant, écrivant, priant toujours, prêt à recevoir et à consoler ceux qui *entrent et qui sortent de ce royaume de douleurs*. L'hôpital élève à ses frais mille filles exposées. Jusqu'à l'âge de douze ans, elles sont placées à la campagne : ce terme expiré, si les nourriciers ne les gardent pas, elles entrent à l'*albergo* des pauvres où elles passent quelque temps, puis reviennent à l'hôpital général qui s'en charge pour le reste de leur vie. Seule capable de concevoir le bien sur une si vaste échelle, la charité trouve dans ses inépuisables ressources le moyen de l'accomplir. L'hôpital général est entretenu par les fondations des nobles Génois ; chaque bienfaiteur y est représenté d'une manière différente, suivant la grandeur de ces dons. Moins de cent mille francs donnent droit à une inscription ; pour avoir une statue en pied, il faut avoir donné au moins cent mille francs ; pour être assis, plus de cent mille.

Cette longue file de statues en marbre blanc, placées dans des niches pratiquées au-dessus des lits des malades, ne produit pas seulement un agréable coup d'œil, elle éveille encore dans l'âme un sentiment délicieux. Le paganisme plaçait les statues de ses grands hommes dans les thermes et dans les amphithéâtres, pour présider aux plaisirs et à la cruauté ; le christianisme place les images des siens dans l'asile de la pauvreté et de la douleur. N'est-ce pas une ravissante idée que de rapprocher ainsi la richesse qui protége et qui donne, de la pauvreté qui reçoit et qui bénit ! Comme elle traduit bien la parole si éminemment sociale du divin Législateur : *Vous êtes tous frères : on reconnaîtra que vous êtes mes enfants si vous vous aimez les uns les autres !*

Je ne parle pas de la propreté qui règne dans ce bel établissement, elle est exquise ; mais elle n'étonne pas quand on a vu nos hôpitaux de France. Nous étions conduits par la supérieure, digne fille de Saint-Vincent de Paul, qui nous montra successivement la pharmacie, la lingerie, les salles, avec la même grâce et le même bonheur que la dame du monde fait les honneurs de son salon. « Je vais maintenant, nous dit-elle, vous faire voir notre trésor; c'est la chambre et le corps de sainte Catherine de Gênes. » Sur ses pas nous entrâmes avec respect dans une étroite cellule, pavée en briques, éclairée par une petite fenêtre, et dont les murs noirâtres sont couverts de fresques représentant diverses scènes de la Passion. D'un œil avide le voyageur chrétien considère toutes les parties de ce pauvre réduit, et l'homme du monde ne peut s'empêcher de s'écrier : « Quoi! c'est donc là que vécut pendant trente ans une noble fille, née sur les marches du trône, et qui comptait dans sa lignée toutes les gloires humaines : des vicaires perpétuels de l'empire en Italie, des généraux célèbres, plusieurs cardinaux et deux papes, Innocent IV et Adrien V! C'est là qu'au pied d'un crucifix elle se délassait pendant la nuit des fatigues du jour et nourrissait ce zèle actif dont les miracles furent si nombreux pendant la terrible peste de 1497! C'est là enfin que mourut, inondée de chastes délices, l'héroïne de la charité! » Faut-il s'étonner qu'un sanctuaire, plein de pareils souvenirs, soit un *trésor* pour les filles de Saint-Vincent de Paul? De la chambre de la sainte nous passâmes à l'église. Son corps, préservé de la corruption du tombeau, repose dans une magnifique châsse, placée sur le maître-autel.

Les exemples de sainte Catherine n'ont pas été perdus pour sa patrie. Outre l'hôpital, Gênes possède un asile justement renommé par sa magnificence, sous le nom d'*Albergo de' Poveri*. Cet établissement, dont la fondation remonte à 1539, est un atelier du travail libre, qui réunit environ 2,000 indigents valides : 500 hommes et 1,500 femmes. Les pauvres qui manquent d'ouvrage sont toujours sûrs d'en trouver à l'*Albergo*. On les emploie à tisser la laine, le coton, le fil de chanvre, et à fabriquer des tapis, des bas, des rubans de soie, etc. La maison fournit les objets nécessaires à sa propre consommation, à celle des hôpitaux et hospices, ainsi qu'une partie des objets fabriqués; elle tient un magasin ouvert pour la vente de ses produits. L'organisation, la tenue, l'ordre, l'esprit de ce précieux établissement offrent un sujet d'utiles études et un beau modèle à imiter. Les revenus s'élèvent à 300,000 livres, dont plus de la moitié provient de fondations pieuses [1].

De l'*Albergo* nous montâmes à la coupole de Sainte-Marie *di Carignano*, pour jouir du panorama de Gênes. Aux rayons du soleil, qui brillait de tout son éclat, sous un ciel sans nuage, la superbe cité étalait devant nous ses charmes et sa magnificence. Ses grands édifices et ses palais de marbre resplendissaient comme une rivière de diamants sur la tête d'une femme: de l'aveu de tout le monde, c'est un des plus beaux coups d'œil qu'on puisse désirer. Les tableaux et les statues qui ornent l'Église appelèrent ensuite notre attention. Aux quatre piliers qui soutiennent la coupole, sont quatre statues de marbre blanc d'environ douze pieds de hauteur. Celles de saint Sébastien et du bienheureux Alexandre *Pauli* sont du célèbre Puget : la première passe pour un chef-d'œuvre.

Le musée de Gênes nous offrit une proue de galère romaine, la seule, dit-on, qui existe.

Comme nous avions résolu de visiter rapidement le centre de l'Italie, avant d'arriver à Rome, nous prîmes, sur le soir, la route d'Alexandrie. Elle s'engage dans la

---

[1] Voir M. de Gérando, *Traité de la Bienf.*, t. III, p. 516-539.

fertile vallée de la *Polcevera*, laissant à gauche, du côté de la mer, le bourg de San-Remo, habité par la famille Bresca, dont je parlerai plus tard. Quatre heures suffisent pour arriver à Novi, petite ville célèbre dans le commerce par ses soies blanches, et dans nos fastes militaires par la bataille où périt, en l'an VII de la République, le jeune et brillant général Joubert.

16 Novembre.

Alexandrie. — Une sœur grise. — Souvenir. — Champ de bataille de Marengo. — Voghera. — Le Rizotto alla Milanese. — Rencontre d'un père capucin.

Le plus profond silence régnait dans Alexandrie lorsque nous y arrivâmes ; il était trois heures du matin. Rien ne ressemble plus à un vaste cimetière qu'une ville endormie. Il y avait quelque chose de solennel dans ce calme absolu, que troublait à peine le pas de la sentinelle veillant sur le rempart, ou le bruit de la porte en roulant pesamment sur ses gonds pour nous laisser passer. En attendant le jour et la voiture de Turin qui devait nous conduire à Plaisance, nous bivaquâmes, suivant l'usage, dans le bureau des Célérifères. Au milieu de la pièce était un poêle, que les premiers descendus s'empressèrent de prendre sous leur protection très-immédiate. Plus timide, une religieuse, venue de Gênes avec nous, mais dans un compartiment différent, occupait un coin de la salle. Son costume, qui ne m'était pas inconnu, piquait vivement ma curiosité ; je m'approchai et me hasardai à lui dire en italien : — « Madame, si nous étions en France, je dirais : Voilà une *Sœur grise*. — Et vous ne vous tromperiez pas, me répondit-elle en très-bon français. — Comment vous trouvez-vous dans

un pays qui n'est pas le vôtre ? Elle me dit en souriant :
— Les Sœurs de charité sont de tous les pays. — Mais encore, comment vous trouvez-vous ici ? — Par la volonté de Dieu. » Tout à coup je me rappelai l'histoire de la fondation Bisontine des Sœurs grises. Je prononçai le nom de la mère Th..., et nous fûmes en plein pays de connaissance.

Comme Français et comme Comtois, j'appris avec l'intérêt le plus vif que la branche détachée de l'arbre si vivace de l'ordre de Saint-Vincent avait poussé de nombreux rameaux ; que les Sœurs grises étaient répandues en Savoie, en Piémont, dans le Montferrat, dans le duché de Modène, à Naples, en Calabre ; qu'elles étaient chargées de l'hôpital maritime de Gênes. Cette bonne religieuse allait elle-même à Verceil, pour y remplir une des nombreuses fonctions de son institut. Le soin des malades et l'éducation des enfants du peuple forment, en France, la double tâche des Sœurs de Saint-Vincent; en Italie, elles y joignent la tenue des salles d'asile et l'instruction des jeunes personnes. Ce dernier ministère leur est commun avec les Clarisses et les Ursulines. De ces trois ordres réunis, la classe aisée reçoit une éducation simple, mais solide. Dans un pays où tout le monde est artiste, on sait pourtant se renfermer dans de justes limites, et mettre le principal avant l'accessoire. La folie de la musique et des arts d'agrément n'a point encore passé les Alpes ; Dieu veuille qu'elle ne les franchisse jamais !... si ce n'est pour nous quitter.

La conversation s'était prolongée plus d'une heure, lorsqu'au son d'une petite cloche, qui tintait l'*Angelus*, la sœur se leva et sortit. Tout dormait encore; mais déjà les anges de la charité et de la prière avaient recommencé leur sainte et utile journée.

Je sortis à mon tour et visitai une partie de la ville. A l'exception du Palais-Royal, des églises de Saint-Alexandre, de Saint-Laurent et de l'hôtel de ville, l'ancienne *Alexandria stelliatorum* n'offre rien de remarquable. Toutefois, en parcourant ces rues, cette place d'armes, où arrivait, au bruit du tambour, une partie de la garnison, un souvenir bien cher me faisait prendre un intérêt aux choses les plus communes. » En 1841, me disais-je, était ici, dans cette ville alors française, un frère bien-aimé : il a vu ces mêmes palais, parcouru ces mêmes rues, protégé ces mêmes remparts. Où est-il ? où sont ces nombreux compagnons d'armes, vieilles gloires d'un empire qui n'est plus? Je vois bien des drapeaux et des uniformes ; j'entends bien le bruit du tambour, mais rien de tout cela n'est français ! » La longue succession des événements se déroulant avec rapidité ouvrait un vaste champ aux réflexions ; mais il fallut briser là : le signal du départ était donné.

Vers les huit heures du matin, nous quittâmes Alexandrie. En promenant les regards sur la vaste plaine qui entoure la ville, on comprend que les souverains alliés aient fait raser les immenses travaux accomplis par les Français. Cette formidable enceinte de fossés et de murailles rendait Alexandrie le boulevard de la France du côté de l'Italie et une des plus fortes places de l'Europe. Le Tanaro passé, nous nous trouvâmes, en quelques instants, sur les rives élevés de la Bormida, dont le nom revient souvent dans nos fastes militaires. En franchissant cette espèce de torrent au large lit et aux bords escarpés, un grand souvenir nous préoccupait. Tout à coup le conducteur arrête ses chevaux, et nous crie : « Voilà le champ de bataille de Marengo ! » A ce mot, nous fûmes debout, le cœur nous battit fortement ;

et, du regard, nous embrassâmes le théâtre du combat mémorable qui vint changer la face de l'Europe, illustrer le consulat et préparer l'empire.

Sans être du métier, on ne peut s'empêcher d'admirer le génie du grand capitaine qui gagna la victoire. Il était impossible de calculer avec plus de précision et de mettre plus complétement de son côté les chances favorables du temps et du lieu. Quelle armée de pensées, de souvenirs, de réflexions, d'enseignements, se dresse devant vous quand vous traversez ce champ de bataille! Je le passai rapidement en revue; et puis, le cœur ému, je récitai, pour tout ce peuple de morts, un fervent *De profundis :* c'est la fleur que le chrétien dépose en passant sur la tombe de ses frères.

Cependant nous pûmes voir l'élévation couverte de vignes, où le brave Desaix succomba dans son triomphe; puis le plateau d'où Kellermann lança au galop sa grosse cavalerie contre les colonnes autrichiennes, qu'il réussit à éblanler et à mettre en déroute. Deux traits qui peignent bien le caractère, français, me revinrent alors à la mémoire. Le général Bessières, à la tête des grenadiers et des chasseurs de la garde consulaire s'élançait sur l'ennemi; les fers des Français et des Autrichiens allaient se croiser, lorsqu'un cavalier hongrois, qui venait d'être renversé, étendit les mains vers nos braves en les priant de ne point le fouler sous les pieds de leurs chevaux. Bessières l'aperçoit : *Mes amis,* s'écrie-t-il, *ouvrez vos rangs, épargnons ce malheureux.* Au plus fort de la mêlée, le lieutenant d'artillerie Conrad eut la jambe emportée par un boulet; à peine tombé, il se soulève pour observer le tir de sa batterie. Les canonniers veulent l'emporter; il s'y oppose : *Servez votre batterie,* leur dit-il, *et ayez soin de pointer un peu plus bas.*

La plaine de Marengo et de toute la Lombardie n'est, comme on l'a dit, belle que pour des batailles. Point de bois, point de vergers, point de haies vives, peu de vignes, mais, de tous côtés, des champs à perte de vue, qui se prolongent jusqu'à Stradella, petit bourg à l'entrée du duché de Parme. Avant d'y arriver, on passe à Voghera, dernière ville du royaume de Sardaigne. L'état-major de l'armée française y avait dîné la veille de la journée de Marengo. Quoique nous n'eussions pas de bataille à livrer, nous voulûmes imiter ce *noble* exemple. Sous les yeux de Napoléon et de ses généraux, dont les portraits ornaient une vaste salle à manger, nous nous mîmes à table en compagnie de quelques Lombards venus des Apennins. Nous débutâmes en faisant connaissance avec un mets du pays, qui, je le crois fermement, ne peut être que le résultat des combinaisons longtemps élaborées d'un congrès œcuménique d'alchimistes, d'apothicaires et d'empoisonneurs. Du riz bouilli, du fromage, du vermicelle, des truffes piémontaises coupées en tranches minces comme des feuilles de tabac, et aromatisées comme des clous de girofle, de l'huile, du sel et du safran en abondance ; telle est l'infernale composition qu'on nous servit en guise de soupe. Je vais vous dire son nom, afin que si jamais, passant à Voghera, vous vous entendiez menacer de cette médecine, vous ne perdiez pas une minute pour faire mettre vos chevaux à la voiture et partir au galop. Cette *minestra* s'appelle *rizotto alla milanese*. Du reste, rassurez-vous, ce plat ne sera point perdu : les Lombards en font leurs délices, nous pouvons l'affirmer.

Le dîner fini, nous continuâmes notre route à travers ces champs de l'Italie, tout remplis de souvenirs français. Conquise par les soldats de Brennus, la Gaule cisalpine a revu bien souvent les fils des anciens Francs. Pas un tertre, pas un buisson, pas un torrent, pas un village de cette terre si bien nommée par Montaigne *l'amusoir de nos rois et le tombeau de nos armées*, qui ne rappelle quelque fait d'armes, quelque nom fameux dans nos annales militaires. Et cependant nous n'avons jamais pu y établir solidement notre domination ; aujourd'hui même, nous n'y possédons pas un pouce de terrain ; et cela, malgré les sympathies des populations qui furent toujours pour nous, et non pour l'Autriche. Ce fait extraordinaire tient sans doute à la communauté d'origine ; mais ne semble-t-il pas indiquer à la France qu'elle est appelée à régner sur l'Italie autrement que par ses armes ? Qu'elle devienne franchement catholique, et bientôt elle aura reconquis en Italie, comme en Orient, comme partout, l'empire le plus honorable, l'empire moral. Tel est, ne l'oublions pas, le glorieux privilége que le Prince des nations semble avoir réservé à la fille aînée de son Église.

Les *souvenirs militaires* continuaient d'occuper nos esprits, lorsqu'une rencontre imprévue vint nous appeler à un autre ordre d'idées. Sur le flanc d'une petite colline ombragée par des ormes et des mûriers, nous aperçûmes, descendant un étroit sentier, un religieux de Saint-François. A sa robe de bure couleur marron, à sa longue barbe grise, à sa tête rasée, à ses jambes nues, nous le reconnûmes de suite pour un capucin. L'humble père marchait silencieux et recueilli. D'une main il retenait la besace qui pesait sur son épaule déjà voûtée, et de l'autre s'appuyait sur une branche d'arbre en guise de bâton. Pauvre volontaire, il venait de demander l'aumône à ses frères, les pauvres habitants des campagnes. Il n'avait point prié en vain ; son fardeau l'annonçait. Et en échange du pain qu'il avait reçu, il avait donné, par sa seule présence, un salutaire exemple, quelques bonnes paroles à la famille, quelques consolations aux malades et quelques caresses aux petits enfants. Touchant commerce, où celui qui semble se dépouiller, reçoit plus qu'il ne donne ; délicieuse harmonie, où l'homme de travail et l'homme de prière se prêtent un mutuel secours pour arriver au même terme. Vivants souvenirs des siècles de foi, saintes visions d'un autre âge, que vous êtes douces au cœur chrétien ! Cependant, malgré la rapidité de notre marche, la nuit approchait : elle était close lorsque nous arrivâmes à *Stradella*.

17 Novembre.

Aventure de Stradella. — La Douane. — Passage de la Trébie. — Inscriptions. — Plaisance. — Aspect de la ville.— Souvenirs. — Hôpital.

Il était convenu que nous coucherions le 16 à Plaisance. Mais le conducteur vint nous annoncer que la douane, dont nous devions subir la visite avant de passer la Trébie, fermait à cinq heures du soir ; qu'ainsi le passage devenait impossible ce jour-là, et que, si nous nous obstinions, le moindre inconvénient était de bivaquer toute la nuit sur la grande route. Force nous fut de trouver ces raisons bonnes. Seulement nous nous promîmes de prier humblement Sa Majesté Impériale Marie-Louise, aujourd'hui duchesse de Parme et de Plaisance, de vouloir bien ordonner à ses douaniers de se coucher un peu plus tard.

Descendus au *Real Albergo* de Stradella, nous priâmes le maître d'hôtel de nous éveiller à quatre heures du matin, afin de partir à cinq. Exact comme le soldat du guet, le camérier entrait dans la chambre de mes jeunes amis, à l'heure indiquée. On lui dit de m'apporter de la lumière dans la pièce voisine ; mais l'ordre ne fut pas compris, le vieux serviteur n'entendait pas un mot de français. De là grand embarras de part et d'autre. Henri se met à crier : *Porta*, mot qui veut dire également *porte* et *apporte*. L'Italien s'empresse de satisfaire le désir présumé de mon jeune ami et lui présente la première chose qui lui tombe sous la main : c'était la cuvette. Francis, de son côté, riant aux éclats, crie plus fort : *Porta, porta*. L'Italien redouble de zèle, et *apporte* les pantalons et les bottes. Nouveaux rires et nouveaux cris : *Porta, porta*. Le pauvre homme s'évertue, et, croyant avoir deviné, il *apporte* le meuble indispensable d'une chambre à coucher : ce fut à n'y plus tenir. — Quoique déconcerté, le *camérier* participe à l'hilarité de mes amis, et s'en va, tournant par la chambre, cherchant partout ce qu'on peut lui demander, et répétant à chaque pas : *Ma che diavolo?* Tout le mobilier allait passer par ses mains, lorsqu'il entendit rire dans la pièce voisine. *Capito! capito!* s'écrie-t-il, compris, compris ; puis il ouvre ma *porte*, et allume ma chandelle en répétant d'un air moitié fâché, moitié souriant : *Ma che diavolo !*

Cette petite répétition de la tour de Babel nous égayait encore, lorsque nous touchâmes aux frontières du duché de Parme. Pendant cinq quarts d'heure, nous attendîmes sur la route, grelottant de froid, qu'il plût à messieurs les douaniers d'accomplir leur devoir. A peine si la visite dura le temps que je mets à l'écrire ; car ce fut la chose du monde la plus simple. Un vieux douanier s'approcha de nous, et tirant de dessous sa capote grise, lisérée de vert, une main amaigrie, armée de cinq doigts normands, il nous dit à mi-voix : *Signori*. Nous comprîmes. La *buona mancia* tomba dans le récipient, merveilleusement prompt à se refermer, et tout fut dit. Un instant après, nous étions en voiture, blancs comme neige et faisant maintes réflexions au sujet de ce qui venait d'avoir lieu.

Vers neuf heures, on découvrit les rives fameuses de la Trébie. Torrent plutôt que rivière, la Trébie, comme la Bormida, coule dans un lit de cailloux, dont l'extrême largeur nous fit comprendre quel redoutable obstacle elle peut présenter à une armée, au moment des crues. Annibal, que nous avions trouvé sur les bords du Rhône, nous apparut ici avec ses éléphants et ses troupes africaines, espagnoles et gauloises. Le consul Sempronius, avec ses Romains, se montrait sur la rive opposée. Encore un peu nous aurions entendu les cliquetis des armes, tant notre classique imagination était montée. Mais l'écho répète un autre bruit à peine expirant, c'est celui de l'artillerie allemande et française, qui naguère ébranla ces lieux et ces ondes tant de fois rougies de sang humain. Sur ce même terrain, où, deux mille ans auparavant, les Romains avaient été vaincus par les Carthaginois, Macdonald livra, le 19 juin 1799, au redoutable Sowarow, le sanglant combat qui dura trois jours. De part et d'autre, on brûla cinq millions de cartouches et l'on tira soixante-dix mille coups de canon : quinze mille hommes y périrent, et les armées couchèrent sur le champ de bataille.

Bientôt nous arrivâmes au pont magnifique bâti par Marie-Louise. En face même de la colonne qui est au milieu, nous transcrivîmes l'inscription *passablement autrichienne* qui consacre tous les souvenirs militaires, dont je viens de parler :

MARIA LUDOVICA
IMP. FRANCISCI I CÆS. FILIA
ARCHIDUX AUSTRIÆ
DUX PARM. PLAC. VAST.
TREBIÆ
QUAM ANNIBAL AN. U. C. DXXXV
LICTENSTEINUS AN. CHR. M. DCCXXXXVI
SOWAROFIUS ET MELAS AN. CHR. M. DCCXCIX
BELLO VICTORES
ILLUSTRAVERUNT ;
PRINCEPS BENEFICENTISSIMA
FACTA PONTIS COMMODITATE
GLORIAM FELICIOREM
ADJUNXIT.
ANNO M. DCCCXX [1].

Un peu plus loin, aux limites sanglantes de tous ces champs de bataille, nous lûmes une inscription d'un genre bien différent. Sur le portail d'une gracieuse maisonnette, fraîchement badigeonnée, on voyait une madone, au pied de laquelle étaient agenouillés deux pèlerins. Au bas de cette jolie fresque étaient écrites les paroles suivantes, qui semblaient s'adresser à nous :

*Figli d'Eva che per le vie andate
Di salutar Maria non vi scordate* [2].

[1] En voici la traduction littérale : « Marie-Louise, fille de l'empereur-césar François Ier, archiduchesse d'Autriche, duchesse de Parme, Plaisance, Guastalla, à la Trébie qu'Annibal l'an de Rome 535, Lichteinstein l'an de J. C. 1746, Sowarow et Mélas l'an de J. C. 1799, illustrèrent par leurs victoires ; cette princesse bienfaisante a ajouté une gloire plus heureuse par la construction d'un pont, l'an 1820. »

[2] « Fils d'Ève qui vous en allez par les chemins, n'oubliez pas de saluer Marie. »

L'Italie est, par excellence, le pays de la dévotion envers la sainte Vierge. Sa douce image apparaît partout aux yeux du voyageur, et le pauvre pèlerin de la vie est sans cesse averti qu'en traversant la vallée des larmes il a dans le ciel une Mère qui veille sur ses pas.

Nous entrâmes à Plaisance vers les dix heures du matin. Murailles, maisons, palais, églises, tout est en briques; les rues sont larges, longues et peu fréquentées : c'est assez dire combien l'aspect général de cette grande ville est triste et sévère. Veuve de sa gloire et de sa nombreuse population, Plaisance ne s'est jamais relevée de l'affreux pillage que lui fit subir, en 1448, le terrible François Sforce. Les églises, surchargées d'ornements, n'offrent rien de remarquable, à l'exception de la cathédrale, belle construction gothique du treizième siècle. La coupole est ornée de fresques très-estimées, du Guerchin et de Louis Carrache [1]. A l'extérieur du clocher, on voit la fameuse cage de fer dans laquelle, dit-on, furent enfermées, pour les y laisser mourir, quelques-unes des plus illustres victimes des nombreuses révolutions italiennes. Plaisance rappelle au voyageur chrétien le souvenir de deux conciles mémorables. Le premier, tenu par le pape Urbain II en 1095, cassa le mariage que Philippe Ier, roi de France, avait contracté avec Bertrade, après avoir répudié Berthe, fille du comte de Hollande; le second, tenu par Innocent II en 1132, condamna l'antipape Anaclet.

La stérilité de nos premières excursions fut compensée par une visite que je conseille à tous les voyageurs ; c'est l'inspection détaillée de l'hôpital général. Comme à Gênes,

---

[1] Le premier né à Cento, en 1590; le second à Bologne, en 1555.

nous y trouvâmes les Filles de Saint-Vincent de Paul. Appelées par Marie-Louise, elles n'étaient là que depuis le mois de juillet. Néanmoins tout avait changé de face dans ce bel établissement, où régnait, avant leur arrivée, un pillage odieux et un indicible gâchis. Avec les bonnes sœurs, tous les abus ont cessé. Aussi l'administration leur laisse-t-elle pleine liberté d'agir et de régler tous les détails comme bon leur semble. Je me rappelai avoir vu la même chose à Lucerne et à Neufchâtel. Quel humiliant contraste pour les hommes qui gouvernent la France! Tracassière, minutieuse, défiante, notre bureaucratie tient les sœurs dans un odieux état de suspicion et de gêne, tandis que l'Italie et la Suisse, même protestante, heureuses de se décharger sur nos hospitalières du soin des pauvres et des malades, leur accordent une confiance illimitée. Le simple bon sens leur dit assez que les Filles de Saint-Vincent, devenues mères par la charité, ne dissiperont point le patrimoine de leurs enfants adoptifs.

La supérieure, qui parut charmée de voir des compatriotes, nous conduisit partout. Elle nous dit avec un accent de bonheur : « Ici le tour n'est point supprimé. Nos petites filles sont envoyées à la campagne jusqu'à l'âge de douze ans. Si elles reviennent à l'hôpital, elles sont libres d'y rester toute leur vie, à moins qu'elles n'aiment mieux se marier ou entrer en service. Dans ce dernier cas, le maître s'oblige, par un acte public, à s'en charger le reste de leur vie, ou à ne les placer que dans les maisons qui offrent toutes les garanties désirables. » Il faut convenir qu'un semblable système atteint merveilleusement le but de la charité. Il assure tout à la fois la vie physique, l'éducation chrétienne et le sort de l'orpheline jusqu'à la fin de ses jours. En France, la charité, sous ce rapport, est incomplète. Abandonnée une première fois à sa naissance, la jeune fille l'est de nouveau au sortir de l'hospice : l'adoption sociale cesse en ce moment. Entrée dans le monde sans protection, elle y reste avec danger, et trop souvent d'affligeants désordres viennent rendre inutiles les soins coûteux prodigués à son enfance. Que notre philanthropie ne se vante donc pas trop : il y a plus d'une lacune dans ses théories, et tout ce qu'elle fait de bien, la charité l'a fait avant elle et mieux qu'elle.

18 Novembre.

Borgo San-Donino. — Casa di Lavoro. — Pont du Taro. — Dames du Sacré-Cœur. — Études cléricales. — Vue de Parme.

A sept heures du matin, par un temps froid et brumeux, nous prenions la route de Parme en compagnie de quatre Italiens. Après avoir traversé de vastes plaines, dont aucun accident de terrain ne coupe la monotonie, on arrive promptement à Borgo San-Donino. Cette petite ville, élégamment bâtie, forme avec sa banlieue le quatrième évêché des États de Parme. La vue de son bel hôpital fit tomber le discours sur les institutions de charité. On nous apprit qu'il y avait à Parme, comme à Gênes, un ouvroir public, où les pauvres valides allaient travailler à volonté. Faire gagner la vie à l'homme qui le peut, secourir à domicile celui qui en est incapable, c'est résoudre le difficile problème de concilier la loi du travail et de la charité. L'ouvroir italien n'a pas le caractère odieux de nos dépôts; il ne prive pas le pauvre du seul bien qui lui reste, la liberté; et, néanmoins, il atteint le but que nous cherchons : l'extinction de la mendicité. Nous aurons lieu de revenir sur cette institution,

PONT DU TARO. — DAMES DU SACRÉ-CŒUR. 105

A quelque distance de Parme on passe le Taro sur un pont qui n'a de remarquable que sa longueur : elle est de cinq cents mètres. Arrivé dans la capitale de notre ancienne impératrice, le voyageur français apprend avec bonheur qu'il compte ici de nobles compatriotes, et une de ses premières visites fut pour les *Dames du Sacré-Cœur*. Institutrices de la classe pauvre et de la classe élevée, elles donnent à l'une et à l'autre une éducation éminemment chrétienne; de plus, leurs pensionnaires reçoivent une instruction toute française. Pour leur apprendre notre langue, la seule qu'elles étudient avec l'italien, les classes se font en français. Ainsi, grâce à Marie-Louise, notre nom est béni à Parme et à Plaisance, où notre influence se fait sentir à tous les âges et à toutes les conditions. Si la France voulait se souvenir de sa mission providentielle, et, cordialement soumise à l'Église, dont elle est la fille aînée, mettre ses soins et sa gloire à propager les idées de sa mère, l'empire des peuples lui appartiendrait et ne lui serait pas contesté. Voyez ce que font dans l'intérêt de notre nom les *Dames du Sacré-Cœur* en Italie, nos *Sœurs de Saint-Vincent* dans le même pays, ainsi qu'en Orient et en Afrique. Que serait-ce si leur action salutaire était secondée par ceux qui sont chargés de veiller aux destinées du royaume très-chrétien ? Que serait-ce surtout si, à côté des enseignements vivifiants et des soins maternels de nos religieuses, les peuples étrangers ne voyaient pas sortir de France d'autres doctrines, que l'instinct de la conservation les oblige à repousser de toute leur énergie ? Honte éternelle à ceux qui ont fait mettre la pensée française au ban des nations, et enrôlé dans la propagande de l'impiété le peuple missionnaire de la charité et de la foi !

La supérieure du *Sacré-Cœur* eut l'obligeance de

nous faire visiter sa maison, et de nous mettre en rapport avec l'aumônier, jeune prêtre qui me parut joindre aux manières les plus polies un sens droit et un esprit cultivé. Il m'apprit que l'organisation des études ecclésiastiques est à Parme ce qu'elle est à Gênes et dans presque toute l'Italie. Le grand et le petit séminaire ne forment qu'un établissement, et les conditions rigoureusement exigées pour les ordres sont l'examen et la retraite de dix jours.

L'heure avancée nous permit à peine de jeter un rapide coup d'œil sur l'ensemble de la ville. Située dans une vaste plaine, Parme est beaucoup plus animée, et comme nous disons, je ne sais pourquoi, beaucoup plus *vivante* que Plaisance : nous la verrons demain.

19 Novembre.

Cathédrale de Parme. — Baptistère. — Musée. — Galerie. — Bibliothèque. — Intérieur de la ville. — Église Saint-Quentin.

La température, qui, la veille, était assez froide pour entretenir une légère couche de neige sur les plaines du Parmesan, s'était radoucie. Plus de frimas sur les arbres, plus de brouillards dans l'atmosphère ; mais un brillant soleil à l'horizon, un air tiède et presque chaud, enfin une belle journée d'Italie que nous commençâmes par la visite du *duomo* ou de la cathédrale. C'est un vaste édifice de style gothique, dont les détails ne manquent ni de finesse, ni d'élégance, mais dont l'ensemble est un peu lourd. La coupole est surtout remarquable par son élévation et par les fresques dont elle est ornée. Ces peintures passent pour le meilleur ouvrage du Corrége [1], et représentent *l'Assomption de la Sainte Vierge*

---

[1] Né à Correggio, en 1494.

au milieu des anges. On admire surtout la hardiesse des *raccourcis*. En entrant dans l'église, on voit à droite, au fond d'une chapelle latérale, le monument, d'assez mince apparence, consacré à la mémoire de Pétrarque : on sait que le célèbre poëte fut longtemps archidiacre de Parme. Je ne m'arrêterai point à décrire ni à juger les nombreux tableaux qui garnissent le sombre *duomo*, ainsi que la brillante église des Bénédictins.

Cette profusion de tableaux, de statues et de dorures répandus dans toutes les églises d'Italie, donne lieu à une observation qui ne doit point échapper au voyageur attentif. Plus qu'aucun autre, le peuple italien semble avoir besoin des arts pour s'élever à la méditation des choses spirituelles. Otez-lui sa musique, sa peinture, sa sculpture, ses fêtes religieuses, le luxe de ses temples, et ce peuple tombera promptement dans le sensualisme; la vivacité de son sang, la mobilité de son caractère, la chaleur de son tempérament, l'ardeur de son imagination, la douceur un peu molle et les grâces efféminées de la langue qu'il parle, les charmes et la richesse du pays qu'il habite, la beauté du ciel sous lequel il respire, ne laissent, sur ce point, aucun doute à l'observateur réfléchi. Qu'au milieu des peuples du Nord la religion revête des formes sévères, je le conçois : mais je conçois aussi qu'en Italie, et chez toutes les nations méridionales, elle doit s'environner d'harmonie, se parer de grâces et se parfumer d'encens : elle le fait. Et voilà un nouveau rapport sous lequel elle se montre vraiment catholique. Admirable *instinct* que nulle secte étrangère ne posséda jamais ! A la seule véritable Église de pouvoir, sans compromettre ni son existence, ni sa dignité, ni son autorité sainte, se mettre en harmonie avec le caractère, les mœurs et les besoins des habitants de tous les climats; en un mot, de se faire toute à tous, pour les gagner tous au spiritualisme, à Dieu, à la vertu, au ciel.

La visite des églises de Parme conduit à une autre observation dont le sujet se reproduit partout en Italie. Sous la table de l'autel, supportée par quatre colonnes, repose la châsse qui contient les reliques des martyrs. On est vivement touché de cet usage invariable qui rappelle le souvenir triste et glorieux des catacombes et perpétue en faveur des dernières générations catholiques un grand mystère et un sublime enseignement.

De la cathédrale nous passâmes au *Baptistère*, qui n'en est séparé que par la largeur d'une rue. Cet autre monument de notre vénérable antiquité est un édifice gothique, de forme octogone, dont toutes les parties, convergeant au même centre, vous donnent une coupole d'une élévation merveilleuse. Il est tout en marbre véronais et date de 1196. Autour de la vaste coupole règnent des galeries, d'où les nombreux assistants pouvaient jouir des magnifiques cérémonies du baptême solennel. Tout le pourtour est orné de peintures antiques; les plus saillantes sont : *Saint Octave tombant de cheval* et le *Baptême de Constantin*. Le milieu du Baptistère est occupé par la grande cuve dans laquelle on descendait les catéchumènes; elle est octogone et d'un seul morceau de marbre rouge. Au centre du vaste bassin, s'ouvre l'espace quadrangulaire où se plaçaient l'évêque et ses assistants pour accomplir la double cérémonie de l'immersion et de l'onction. Que de souvenirs, que d'impressions à la vue de toutes ces choses tant de fois vénérables! La pensée se reportant à ces nuits brillantes et solennelles où le Baptistère était illuminé par des milliers de flambeaux, on voit aux galeries ce peuple de chrétiens, qui assistaient à la renaissance d'un autre peuple; auprès du vaste bassin, le pontife, avec ses riches ornements, suivi d'une tribu de lévites; puis ces nombreux catéchumènes, avec leurs vêtements blancs et leurs cierges à la main : on entend le chant des cantiques saints, les prières et les paroles sacramentelles, et l'on s'associe à tous ces mystères d'amour et de bonheur, avec une ivresse délicieuse, que le cœur peut bien sentir, mais que la plume moins encore que la bouche ne rendra jamais.

Quoique la discipline de l'Église ait changé, on n'a pas abandonné le vénérable Baptistère. Près de la cuve antique sont placés les fonts sacrés; en sorte que tous les enfants de la ville de Parme viennent puiser la vie divine au même lieu où leurs pères la recevaient. Sur les fonts actuels vous lisez la simple et sublime inscription que voici :

Hic renascimur
Ad immortalitatem [1].

Encore tout embaumés des religieux parfums du Baptistère, nous entrâmes dans un palais où l'on respire une atmosphère bien différente. La *Pilotta*, ou palais Farnèse, renferme le musée, l'académie et la bibliothèque. Au musée, d'ailleurs très-riche, notre attention se porta presque exclusivement sur la fameuse *Table Trajane*, dont voici l'histoire. Non loin de Parme était *Velleja*, petite ville qui est devenue, par les nombreuses antiquités trouvées dans ses ruines, la Pompéi de l'Italie centrale. Au dernier siècle, quatre paysans creusaient dans ce champ fertile. Ils trouvèrent la table dont nous par-

---

[1] « C'est ici que nous renaissons à l'immortalité. »

lons, la brisèrent en quatre morceaux et la vendirent à un fondeur de cloches. La destruction totale de ce monument curieux allait se consommer, lorsqu'un antiquaire l'acheta, en rapprocha les morceaux et le fit placer au musée. On sait que les Romains gravaient leurs lois sur des tables de bronze, afin, sans doute, d'assurer l'intégrité du texte, d'en montrer la durée et peut-être l'inflexible rigueur. Or, la table trajane réunit toutes ces conditions. C'est une longue et large plaque de bronze, couverte de caractères gravés ou burinés. La loi dont elle présente la teneur est un contrat hypothécaire sur les fonds de Velleja, sous la garantie impériale de Trajan. Les donateurs affectent une somme de 10,040 sesterces pour la nourriture des enfants pauvres, légitimes ou illégitimes. C'est un document précieux pour l'histoire de l'administration romaine [1]. Près de cette table en est une autre également en bronze, et d'une plus haute antiquité. C'est la quatrième feuille d'un *senatus-consulte* réglant les intérêts de la Gaule-Cisalpine, cent ans avant Jésus-Christ.

Après avoir donné nos *bonnes grâces* au cicerone du musée, nous entrâmes à l'académie, conduits par un nouveau démonstrateur. Les deux statues colossales d'*Hercule* et de *Bacchus*, en basalte ou granit égyptien, frappèrent d'abord nos regards, mais ne les fixèrent point; elles comptent parmi tant d'objets d'art qu'il faut voir sans les *regarder*. D'un travail et d'une conservation remarquables, ces statues furent trouvées dans les ruines du palais de Néron, et envoyées par Paul III, de la famille Farnèse, à Parme, sa patrie. Mais ce qui ab-

---

[1] Voir ce que nous en avons dit dans notre *Histoire de la Famille*.

sorba notre attention fut le *Saint Jérôme du désert*, chef-d'œuvre du Corrége. Le saint docteur est debout, et tient à la main un rouleau à moitié développé, contenant une partie de ses œuvres ; devant lui un petit ange présente l'autre partie à l'enfant Jésus. Le Sauveur, assis sur les genoux de la sainte Vierge, étend la main pour recevoir les ouvrages du saint anachorète. Au-dessous de la sainte Vierge est agenouillée sainte Madeleine, regardant ce qui se passe ; derrière, sur le bord du tableau, un petit ange approche de son nez le vase des parfums de l'illustre pénitente. Je ne sais s'il est possible d'imaginer quelque chose de plus doux, de plus gracieux, de plus naturel et de plus fini que toutes ces figures prises chacune en particulier. Considérées dans leurs rapports, elles forment un ensemble plein de charme et d'harmonie : vous êtes ravi, ému, la parole vous manque, vous ne pouvez qu'admirer. L'impression si vive et si calme que produisait sur nous la vue de ce chef-d'œuvre chrétien, révèle une vérité qu'il est bon d'exprimer tout haut : *La foi qui inspire l'artiste donne à celui qui ne l'est pas le sentiment du beau.*

A la bibliothèque, très-nombreuse et très-bien tenue, nous examinâmes, avec une avide curiosité, les *Heures* d'Henri II, roi de France, avec son croissant et la devise, qui serait mieux placée ailleurs, de Diane de Poitiers : *Donec totum impleat orbem ;* le *Coran* de Kara-Mustapha, trouvé dans sa tente après la levée du siége de Vienne ; un *Psautier* en hébreu, contenant des notes interlinéaires de la main de Luther : le père de la réforme écrivait fort peu lisiblement.

Après avoir visité, dans tous ses détails, l'antique demeure de la maison Farnèse, veuve aujourd'hui de ses illustres maîtres, nous passâmes et repassâmes dans la cour du palais silencieux, habité par Marie-Louise. De Paris à Parme, des Tuileries au palais ducal, quelle distance ! Quel nouvelle preuve de l'instabilité des choses humaines ! Le reste du jour fut employé à parcourir la cité dans tous ses quartiers. Or, la patrie de *Cassius* et de *Macrobe* n'offre rien qu'on ne trouve dans nos villes modernes. Il faut excepter un spectacle qui intéresse vivement le voyageur chrétien, parce qu'il est une manifestation publique de la piété des Parmésans. Vers le centre de la ville s'élève une jolie petite église dont le frontispice et les murailles sont tapissées extérieurement d'armoiries et de marbres funèbres : cette église est dédiée à *saint Quentin*. Les emblèmes de la mort sont ainsi placés pour rappeler aux passants ceux qui ne sont plus et les inviter à prier pour eux. Après un temps déterminé, de nouveaux emblèmes succèdent aux premiers; en sorte que l'église en est toujours couverte, *tant la mort est prompte à remplir ses places!* Mais la charité des habitants ne s'en tient pas là. Tous les jours le sang rédempteur est publiquement offert en faveur de toutes les âmes souffrantes. Dans le cours de l'année, chaque paroisse de la ville se rend à Saint-Quentin, où elle célèbre une neuvaine de messes et de prières solennelles pour les défunts qui lui appartiennent. Ce touchant usage, que la France doit envier à l'Italie, n'est pas digne d'éloges seulement parce qu'il est très-religieux, mais encore parce qu'il est très-social : tout ce qui favorise la piété envers les morts est éminemment utile aux vivants.

20 Novembre.

Départ de Parme. — Douanier. — Reggio. — Modène. — Muratori. — Tiraboschi. — Triumvirat. — Bologne. — Sainte Vierge. — Procession du Saint-Sacrement.

A quatre heures du matin, un homme chantait dans la rue, en frappant à coups redoublés à la porte de la *Locanda Tedesca*, où nous étions descendus. Cet homme était notre voiturin, honnête vampire auquel nous nous étions livrés de Parme à Modène. Il venait nous réveiller et charger nos bagages. Une heure après, nous étions en route par un temps froid et brumeux. A la porte de la ville, veillait l'agent de la police, qui voulut bien nous permettre de sortir, moyennant la remise de nos cartes de sûreté. Dix minutes après, le *Legno* touchait aux frontières du duché de Modène. Là nous attendait l'inévitable douane. L'employé de garde était un homme d'environ cinquante ans. Au bruit de la voiture, il s'élance de sa cabine, et appliquant à la portière sa maigre face, précédée d'un nez gigantesque, il nous demande, suivant la formule, à voir nos passe-ports et à visiter nos effets. Les passe-ports sont exhibés, en disant que nos malles ne contiennent pas de contrebande. — *Lo credo, ma...* Je le crois, mais... — Mais de grâce, laissez-nous en paix, lui dit un Italien, notre compagnon de route, et *je vous toucherai la main : e ti toccherò la mano*. Le douanier nous parut fort sensible à cette charmante expression. Néanmoins, il secoua la tête en disant : — Je ne puis; mes ordres sont formels. — Allons, mon brave, reprend notre Italien, que crains-tu ? — Je crains le lieutenant. — Je réponds de lui. — Vous m'assurez que vous n'avez rien de prohibé ? — Rien. — Alors, il détourne la tête, regarde aux fenêtres du corps de garde ; puis, faisant avec la lèvre inférieure une petite moue fort gracieuse, il glisse furtivement à travers la portière sa main enveloppée d'un manchon. Nous nous empressons de *la toucher*, vous comprenez de quelle manière. Aussitôt, d'une voix tonnante, il s'écrie : *Vetturino, avanti :* voiturin, en avant ; ces messieurs sont en règle. Pour notre agrément, la même scène se renouvela *neuf* fois, avec quelques légères variantes, pendant cette mémorable journée.

Malgré toutes ces tracasseries fiscales, nous arrivâmes à Reggio vers les neuf heures du matin. Reggio est une petite ville charmante, à laquelle un nombreux marché donnait alors une physionomie très-animée. Le temps nous permit de voir ce qu'elle offre de plus remarquable : c'est le groupe d'*Adam* et d'*Ève*, au portail de la cathédrale ; Notre-Dame *della Ghiara*, très-belle église, miniature de Saint-Pierre de Rome, avec des fresques et un *Christ* du Guerchin ; enfin la maison où une tradition, que je crois douteuse, fait naître l'Arioste : elle est située sur la place de la Cathédrale.

A midi, nous étions à Modène. L'ancienne *Mutina*, célèbre colonie des Romains, est une ville importante située dans une plaine agréable, entre la *Secchia* et le *Panaro*. De larges portiques règnent le long des rues et mettent les gens de pied à l'abri de la pluie et du soleil. Modène, dont la population n'excède pas 30,000 âmes, compte cinquante églises. La cathédrale, de style lombard, avec son clocher carré, isolé et tout en marbre, présente un ensemble qui manque d'harmonie. Au bas de cette tour, on conserve le vieux seau de sapin que les Modenais enlevèrent aux Bolonais, et qui a donné lieu au poëme héroï-comique de Tassoni, intitulé : la

Secchia rapita. Dans la cathédrale est l'humble tombeau de Muratori, curé de Sainte-Marie *de Pomposa;* cet homme, un des plus savants de l'Europe, mourut en 1750. Tout le monde connaît ou doit connaître son ouvrage, intitulé : *Il cristianesimo felice nelle missioni del Paraguay;* c'est un tableau fidèle de ces jeunes chrétientés de l'Amérique méridionale, qui réalisèrent les merveilles fabuleuses de l'âge d'or, et dont les philosophes eux-mêmes ont parlé comme d'une des gloires exclusives de la religion. La bibliothèque de Modène compte plus de quatre-vingt-dix mille volumes et trois mille manuscrits. Elle nous rappela le célèbre Tiraboschi, qu'elle s'honore d'avoir eu pour conservateur. Ce savant jésuite, mort en 1794, est auteur de l'intéressante *Histoire de la littérature italienne*. L'espèce d'idolâtrie que manifesta le seizième siècle pour les classiques païens d'Athènes et de Rome, a été l'objet de sa juste critique. Avec autant d'esprit que de raison, il plaisante surtout le P. Maffeï, qui *demanda au pape la permission de dire son bréviaire en grec, afin de ne pas se gâter le style en lisant le latin de la Vulgate!*

Il était déjà tard lorsque nous nous mîmes en marche pour Bologne, à travers les vastes campagnes qui avaient vu les derniers efforts de la liberté romaine. Vaincu à Modène par le consul Pansa, Antoine se sauva dans les Gaules et reparut bientôt en Italie à la tête de vingt-trois légions et de dix mille chevaux. Nous ne quittâmes le camp occupé jadis par cette armée *liberticide*, comme on disait en 94, que pour traverser le *Reno*, l'ancien *Labinius*, marqué par un monstrueux souvenir. C'est dans une petite île formée par ce fleuve que s'établit le triumvirat entre Octave, Antoine et Lépide. Les triumvirs se donnèrent l'un à l'autre la vie de leurs amis et de leurs ennemis; leur délirante cruauté ordonna même, sous peine de mort, que chacun eût à se réjouir de leurs proscriptions; enfin, la tête de Cicéron, marchandée pendant deux jours, devint le gage de leur alliance. Ce pacte sanglant, qui remplissait notre esprit de tristes pensées, rendait nécessaires des impressions d'un autre ordre : elles nous attendaient à Bologne.

A sept heures du soir nous stationnions à la porte; les formalités d'usage accomplies et nos passe-ports déposés, nous entrâmes en ville. C'était le samedi, veille de la fête de la *Présentation de la sainte Vierge*. Bologne était illuminée par la piété de ses habitants. Sous les grands portiques dont les rues sont bordées, apparaissaient de nombreuses madones de toutes grandeurs et de toutes formes, éclairées de flambeaux et ornées de fleurs. Ce n'était point là une vaine démonstration à laquelle les cœurs demeuraient étrangers; de distance en distance des fidèles agenouillés priaient aux pieds des saintes images. Pour la première fois de ma vie, j'étais témoin d'un pareil spectacle. Je ne saurais rendre quelle délicieuse impression produit sur le cœur le témoignage public et spontané de la piété de tout un peuple envers la plus aimable des créatures, la Mère de Dieu et la Sœur du genre humain.

Je crus aussi remarquer un grand nombre de maisons fraîchement restaurées, aux façades *jaune clair ou rouge de tuile*. Nous étions loin de soupçonner que nous étions encore redevables de ce joli coup d'œil à la foi vive des Bolonais. Notre ignorance fut bientôt dissipée. Descendus chez un Français, fixé à Bologne depuis trente-deux ans, homme instruit et bon chrétien, nous nous empressâmes de lui demander l'explication de ce que nous avions vu. « Bologne, nous dit-il, compte 75,000 habitants et vingt-deux paroisses. Chaque année la procession solennelle de la Fête-Dieu se fait dans deux paroisses seulement, et à tour de rôle. Il est d'usage immémorial que les habitants des rues qui doivent être honorées par le passage du Saint-Sacrement, remettent à neuf l'intérieur et l'extérieur de leurs maisons. Les propriétaires de toute classe montrent un zèle égal. Si, malgré sa bonne volonté, le pauvre ne peut faire ce que son cœur désire, il ne craint pas d'emprunter pour subvenir à une dépense qu'il regarde comme sacrée. Vous voyez, continua-t-il, que l'intérieur de mes appartements n'est pas fini, cela tient à ce que tous les ouvriers ont été occupés dans les paroisses qui ont eu la procession cette année ; et je ne serais pas étonné que les travaux fussent déjà commencés dans les quartiers où elle doit passer l'année prochaine. Voilà ce qui vous explique et l'air jeune de nos vieux édifices et la propreté coquette de nos vieilles rues. »

Pendant ce récit, j'étais en France, appelant toutes les oreilles françaises pour l'entendre. O mon Dieu ! que ces témoignages de foi sont loin de nos mœurs actuelles ! Ils sont bien coupables ceux dont les doctrines et les exemples ont glacé nos cœurs naturellement si ardents et si généreux. Voilà ce qui ce passe à Bologne ; et, dans la capitale du royaume très-chrétien, le Fils de Dieu en est réduit à ne plus sortir ostensiblement de ses temples !

21 Novembre.

Sérénade. — Image d'une ville chrétienne. — Éducation. — Tours des *Asinelli* et de la *Garizenda*. — Université.

Hier nous avions été réveillés d'une manière fort peu harmonieuse par la voix rauque du voiturin ; il en fut tout autrement le jour de la *Présentation*. En France nous donnons aux autorités, aux personnes vénérées et chéries, des sérénades la nuit qui précède leur fête; le même usage a lieu en Italie. Seulement, parmi les autorités ou les parents auxquels on y rend cet honneur, la piété filiale, éclairée par la foi, en compte une de plus : c'est Marie. A quatre heures du matin, nous fûmes tirés de notre sommeil par le brillant carillon de je ne sais combien de cloches, qui, frappées en mesure, formaient au-dessus de la ville comme une mer d'harmonie. On aurait dit un concert des anges, auxquels répondirent bientôt mille voix de la terre. Entrés de bonne heure dans l'église voisine, nous la trouvâmes remplie d'hommes, de femmes et d'enfants de toutes les conditions. Il nous fut doux d'associer notre prière à la prière de la foule recueillie qui, pressée autour des autels de la Reine du ciel, offrait à cette mère bien-aimée ses *compliments* et ses *bouquets*. Le chant simple des *Litanies*, répété en chœur par tout le peuple, nous causa le plus vif plaisir.

Midi venait de sonner, lorsque nous nous lançâmes dans l'intérieur de la grave et studieuse Bologne. Ce fut avec bonheur que nous contemplâmes une seconde fois le spectacle d'une ville chrétienne, aux jours de dimanche et de fête. Pas de magasins ouverts, pas de travaux, pas de bruit; le départ même des ouvriers est suspendu : silence et repos universels. Les portiques étaient animés par les promeneurs de tout rang qui prenaient l'air, et les églises remplies de fidèles qui priaient. Vers le centre de la ville, nous rencontrâmes un petit garçon, d'une douzaine d'années, tenant de la main droite un grand crucifix, et de la gauche une clochette qu'il agitait continuellement. C'était un enfant du catéchisme. Il parcourait ainsi toutes les rues de la paroisse, appelant ses camarades à la réunion. Et vous auriez vu tous les *ragazzi* quitter leurs jeux et se rendre docilement à leur chapelle. Voilà un de ces traits de mœurs qui nous séparent de l'Italie par une barrière plus haute que les Alpes. A Bologne, le peuple est généralement instruit. Il en est de même dans le reste des États pontificaux, où les illettrés sont dans une proportion beaucoup moindre qu'en France. M. de Tournon avait déjà fait la même remarque : « L'instruc« tion primaire, dit-il, est offerte au peuple, dans le « domaine pontifical, avec une libéralité dont peu de « gouvernements donnent l'exemple. Dans les villes et « moindres villages, des maîtres, payés par le public, « enseignent à lire, à écrire et à calculer ; de sorte qu'il « n'y a pas un seul enfant qui ne puisse recevoir le « bienfait de l'instruction élémentaire[1] ; et de fait, les « enfants qui fréquentent les écoles sont dans la pro« portion de 1 sur 11 habitants. En Angleterre, la « moyenne, par rapport à la population, est aussi de « 1 sur 11 ; en France, de 1 sur 20. Elle est, aux « États-Unis, de 1 sur 4 ; dans le duché de Bade et le « Wurtemberg, de 1 sur 6 ; en Prusse, de 1 sur 7 ; en « Bavière, de 1 sur 10 ; en Autriche, de 1 sur 13 ; en « Irlande, de 1 sur 19 ; en Pologne, de 1 sur 78 ; en « Portugal, de 1 sur 88 ; et en Russie, de 1 sur 378. « On voit que les États pontificaux se classent parmi les « nations chez qui l'instruction primaire est le plus « répandue[2]. »

A Bologne, l'éducation des filles est confiée à des

---

[1] Voyez Préface aux Instit. de Bienf. de Rome, p. 99.
[2] Études statistiques, t. II, p. 87.

maîtresses d'une vertu éprouvée, ou à des religieuses. Tous les moyens d'avancer dans la carrière des sciences sont offerts aux jeunes gens, et tous ces moyens sont gratuits. Que dirai-je du bien-être matériel? A Bologne comme à Parme, il y a un ouvroir pour les pauvres. Notre longue série d'impôts sur les portes, les fenêtres, les patentes y est inconnue ; en résumé, ce peuple, soumis à la puissance temporelle du Saint-Père, est, en beaucoup de choses, plus avancé que certaine nation qui se flatte d'être à la tête du progrès universel : il est surtout plus heureux que nous, et cela à moins de frais.

Au milieu de notre course, il fallut bien nous arrêter devant les deux fameuses tours, inévitable objet des récits et de l'admiration des voyageurs. Elles sont en briques et de forme carrée. La tour des *Asinelli*, la plus haute de l'Italie, dépasse de quelques pieds la flèche du dôme des Invalides. De temps en temps, elle sert à des observations astronomiques. La *Garizenda* n'a que quarante-huit mètres d'élévation. Ce qui les rend l'une et l'autre fort curieuses, je dirais presque effrayantes, c'est leur inclinaison. La première surplombe de trois pieds et demi ; la seconde de huit pieds deux pouces. On se rassure toutefois en pensant qu'elles étaient dans le même état il y a plusieurs siècles : le Dante ne laisse là-dessus aucun doute[1]. Est-ce à l'affaissement du terrain, est-ce à la vanité rivale des anciens nobles Bolonais qu'il faut attribuer l'inclinaison extraordinaire de

---

[1] Qual pare a riguardar la *Garisenda*
Sotto'l chinato, quand'un nuvol vada
Sovr'essa si, ch'ella in contrario penda ;
   Tal parve Anteo.
Enfer, XXXI.

ces deux monuments? Malgré les magasins d'encre et de papier qu'elle a fait user, la question est encore indécise; je la trouve bien ainsi : continuons.

L'Université de Bologne, la plus ancienne de l'Italie et une des plus célèbres du monde, attira bientôt notre curiosité. Fondée en 425 par l'empereur Théodose, elle mérita d'avoir pour protecteur Charlemagne lui-même, qui lui donna un nouveau lustre. Il serait long de nommer tous les grands hommes qu'elle a produits. Les parois et les voûtes des immenses cloîtres sont ornées d'une multitude d'écussons qui rappellent les savants de tout genre et les nobles personnages, élèves et maîtres de cette glorieuse Université. Leurs noms, montrés avec orgueil aux étrangers, est un encouragement perpétuel pour les jeunes générations, appelées aux labeurs de l'intelligence sous de semblables témoins. Dans les temps modernes, l'Université compte parmi ses membres Benoît XIV, Galvani, le cardinal Mezzofanti, qui suffisent pour rendre sa gloire immortelle. La bibliothèque possède quatre-vingt mille volumes et quatre mille manuscrits, dont quelques-uns du sixième et même du cinquième siècle. Entre ces derniers, nous parcourûmes avec attendrissement les *Images de Philostrate :* cet ouvrage rappelle de touchantes infortunes; il est de la main de Michel Apostolius, un des Grecs fugitifs de Constantinople au quinzième siècle, et porte cette inscription : *Le roi des pauvres de ce monde a écrit ce livre pour vivre.* On ne peut faire un pas en Italie sans rencontrer quelques grandes dérisions de la fortune.

22 Novembre.

Madone de *san Luca*. — Sa fête. — Campo santo.

Si, du haut de la *Garizenda*, vous tournez vos regards vers l'occident, vous apercevez une verte colline, située à une lieue de Bologne. Sur la cime élancée de ce mont solitaire, s'élève une riche église, dont le svelte clocher et la brillante coupole appellent au loin l'attention du voyageur : c'est Notre-Dame-*de-la-Garde*, ou la madone de *san Luca*. Là, on vénère une image merveilleuse de la sainte Vierge, peinte par saint Luc. Suivant une ancienne tradition [1], ce portrait aurait été apporté de Constantinople à Bologne, en 1160, par un pieux ermite, qui le déposa dans une chapelle solitaire,

---

[1] Au dire du P. Lanzy, dans son *Histoire de la Peinture*, ceux qui ont examiné les tableaux attribués à saint Luc conviennent qu'ils ne peuvent réellement lui appartenir, au moins dans l'état où ils sont. Il faudrait supposer une série de retouches qui auraient fini par faire des tableaux tout à fait différents de l'œuvre primitive. Aucun, tel qu'il est, ne dépasse l'époque de la peinture dite bysantine. Selon Mazzolari, il faut certainement excepter la madone de Sainte-Marie-Majeure, à Rome. Cependant la tradition qui attribue des tableaux au saint Évangéliste est tellement répandue en Orient et en Occident, qu'il reste probable qu'il en a réellement existé. Plusieurs de ceux qu'on donne pour tels sont peut-être même les premiers bois sur lesquels s'exerça le pinceau du compagnon de saint Paul. Mais Rome elle-même est loin de l'affirmer. En indiquant les jours où l'on découvre les vierges, le *Diario romano* se contente de dire : *Dipinte, come dicesi, da san Luca*. C'est au sens de cette note qu'il faudra ramener toutes les expressions dont je me servirai dans la suite du voyage, en parlant des vierges peintes par saint Luc.

près de laquelle habitait une sainte fille, nommée Angela.

La Reine du ciel ne tarda pas à signaler sa *présence* par des faveurs multipliées, auxquelles Bologne répondit par des témoignages non équivoques de reconnaissance. La piété de ses habitants remplaça la modeste chapelle par une magnifique église, et, dans ces derniers temps, elle a voulu rendre agréable et commode la route qui conduit à la *source des grâces*. Un chemin merveilleux, dont vous ne trouvez le type qu'en Italie; un chemin qui atteste la puissance de la foi et de la charité, unit la ville au sommet de la sainte montagne. C'est un portique en maçonnerie, composé de six cent trente-cinq arcades, la plupart ornées de peintures et d'inscriptions pieuses. Formé par deux murailles d'environ vingt-cinq pieds d'élévation, surmontées d'une voûte élégante, il présente un chemin d'environ douze pieds de largeur. Une des parois est pleine; l'autre, composée d'arcades soutenues par des colonnes ou des pilastres, vous permet de jouir du paysage. Ce superbe portique se déroule avec grâce dans la plaine, puis il s'élève en serpentant sur le flanc de la colline, et vous introduit doucement au temple de Marie. Nous ne lûmes pas sans émotion les noms des personnes dont la libéralité a construit ces superbes arceaux. Ici, ce sont les tailleurs, les tailleuses, les tapissiers; là, les domestiques de la ville; un peu plus loin, les bûcherons, les maçons, qui ont réuni leurs épargnes pour élever une, deux et même trois arcades.

Nous gravîmes lentement cette rampe sanctifiée par les prières et par les larmes de tant de pieux pèlerins qui l'avaient montée avant nous et qui la montent encore chaque jour. Combien de fois, pendant le voyage, le cœur attendri demande un peu de cette confiance filiale qui enfante les consolants miracles, dont vous voyez les preuves aussi touchantes que variées dans les nombreux *ex voto* suspendus à l'autel de Marie ! Nous exprimâmes au sacristain le désir de vénérer la sainte image. Notre demande fut transmise au prêtre préposé à la garde de la madone, et qui seul a le droit de la découvrir. Des flambeaux furent allumés ; le prêtre se revêtit du rochet et de l'étole, et nous le suivîmes derrière le maître-autel. Arrivés avec lui au-dessus d'un escalier à double rampe, nous nous mîmes à genoux, et trois fois nous saluâmes, par la prière angélique, la Mère des hommes et la Reine des anges. Une porte en bronze tourna sur ses gonds roulants, et nous fûmes appelés, l'un après l'autre, à contempler les traits à jamais vénérables de l'auguste Vierge. Que le portrait soit d'après nature, comme on le prétend, ou que ce soit un type traditionnel, il est certain qu'il répond à l'idée que les siècles chrétiens nous ont transmise de la figure de la Mère du Sauveur. Un ovale d'une grande pureté, des yeux parfaitement fendus, des sourcils gracieusement arqués, une admirable proportion des parties, une teinte de froment, quelque chose de grandiose dans les traits, et une douceur indéfinissable répandue sur l'ensemble : voilà ce que je pus remarquer dans cette peinture saisissante, à laquelle le temps a nécessairement fait perdre une partie de son expression.

Chaque année la Reine de la montagne descend dans la ville ; elle y passe trois jours. Sa marche est un triomphe ; les habitants de Bologne et ceux de toute la province, accourus à la fête, composent le cortége. Le cardinal-archevêque attend l'aimable princesse à la porte de la ville, dont il lui présente les clefs. Après l'avoir reçue avec tous les honneurs dus aux têtes couronnées, il la porte lui-même à l'église de *Saint-Pierre*. Elle reste quarante-huit heures environnée, nuit et jour, des hommages empressés d'un peuple immense. Le troisième jour elle visite la cathédrale, où elle donne sa bénédiction. De là elle reprend le chemin de son palais aérien, pour protéger l'heureuse cité qu'elle voit à ses pieds. Son retour n'est pas moins pompeux que sa venue ; il a lieu dans les premiers jours de mai. Or, il faut avoir vu l'Italie, pour comprendre tout ce qu'ajoutent de charmes et de splendeurs à cette fête brillante, et les beautés du printemps et la pureté du ciel. Cette vision d'un monde supérieur a passé ; et tout ce peuple italien est heureux ; et ces imaginations si vives, et ces cœurs si inflammables, sont de nouveau sanctifiés par de chastes images, par de pieuses émotions ; et *l'esprit* a remporté une victoire de plus sur les *sens*. A l'Italie surtout le culte de la Reine des vierges est nécessaire ; de là, sans aucun doute, les fêtes, les symboles, les inscriptions, les usages variés et nombreux, qui vous y rendent Marie présente à tous. Que le touriste léger ou impie ne voie dans ce fait universel qu'une superstition misérable, cela étonne peu : celui qui doute de tout, ne se doute ordinairement de rien. Quant à l'observateur judicieux, il y découvre avec admiration une des plus belles harmonies du Christianisme.

Après avoir confié à Marie nos vœux et ceux de nos amis, nous déposâmes à ses pieds, comme souvenir de notre fugitif passage, l'obole des pèlerins. Reprenant ensuite, heureux et contents, le chemin de la cité, nous descendîmes lentement la montagne sainte, pour jouir du beau spectacle que nous avions sous les yeux. Devant nous se déroulait une vaste plaine bordée par les

Apennins et sillonnée par le Reno, dont les eaux limpides laissent entrevoir les larges couches de gravier blanc qui lui servent de lit. Sur ce paysage riant et sévère, paraît la cité savante, avec ses vieux remparts, ses terres nombreuses et ses blanches villas, disséminées sur les crêtes environnantes.

Au pied de la montagne s'ouvre, sur la gauche, un nouveau portique, composé d'environ cent cinquante arcades : c'est le chemin du *Campo santo*. Tel est le nom vraiment chrétien qu'en Italie on donne aux cimetières, et les cimetières sont dignes de leur nom. Là, se réunissent aux monuments de la plus touchante piété envers les morts, tous les témoignages de la foi la plus ardente à la résurrection future. Si, comme celui de Pise, le *Campo santo* de Bologne n'est pas formé de la *terre sainte* de Jérusalem, il n'en est pas moins un des plus vénérables et des plus beaux de l'Italie. Qu'on se représente un vaste carré entouré de grands arbres verts et de superbes portiques, avec de riches chapelles de distance en distance, et des tombeaux plus riches encore; puis des monuments plus modestes et de simples tombes, avec une multitude d'inscriptions dont l'esprit chrétien et l'allure antique font le plus grand honneur à la piété et au talent du savant abbé Schiassi; et l'on aura une légère idée de ce magnifique cimetière. Un voyageur janséniste y trouverait peut-être un peu trop de richesse mondaine, et un peu moins de cette gravité religieuse qui convient au silencieux séjour de la mort.

23 Novembre.

Prison du roi Enzius. — Église Saint-Paul. — Saint-Pétrone. — Saint-Dominique. — Sainte-Catherine de Bologne. — Saint-Étienne. — Anecdote sur Benoît XIV. — Galerie.

Au lever du soleil, la ville était sillonnée par une multitude de voitures venant de la campagne. Elles amenaient au marché le *canepa*, chanvre superbe, dont Bologne fait un immense commerce. Nous traversâmes la foule agitée et un peu criarde, pour nous rendre au palais du podestat, autrefois la prison du roi Enzius, dont je vais conter l'histoire. Au XIIIe siècle, vivait un empereur d'Allemagne, nommé Frédéric II ; il s'en allait de par le monde, guerroyant et respectant peu les lois de la justice. Son fils aîné, Enzius, marchait à ses côtés. Jeune et vaillant, il porta le fer et le feu dans les marches d'Ancône, et battit sur mer la puissante flotte des Génois. Entré en Lombardie, il rencontra les Bolonais qui taillèrent en pièces son armée dans les plaines de Fossalto, et le firent lui-même prisonnier ; c'était au mois de mai de l'an 1247. Les vainqueurs le conduisirent en triomphe dans leur ville, et le condamnèrent à une prison perpétuelle. Il n'avait que vingt-cinq ans et il en vécut cinquante. Pour charmer ses ennuis il chanta ses infortunes, et le nom du barde prisonnier est encore populaire à Bologne. Nous vîmes la tour construite pour le surveiller, et la salle où il mourut. Cette salle, appelée encore aujourd'hui *sala d'Enzio*, servit au conclave qui, en 1410, élut le pape Jean XXII.

En face de ce même palais se trouve la fontaine du *Géant*, ouvrage de Jean de Bologne. Je me réserve à en parler après avoir visité les galeries de Florence. Entre toutes les églises nous remarquâmes :

1° *Saint-Paul*, où se trouve le tombeau de la princesse Éliza Bacciochi, sœur de Napoléon ; dans une des chapelles, on admire le tableau du Guerchin, représentant *les âmes du Purgatoire*.

2° *Saint-Pétrone*, plus digne que la métropole d'être la première église de Bologne. Quoique commencée à la fin du xive siècle, cette basilique n'est pas finie. Deux objets d'art attirent surtout l'attention : les *Sibylles* des portes, et les magnifiques vitraux de la chapelle de *Saint-Antoine*. Dans la nef de Saint-Pétrone, Cassini établit sa première méridienne, le monde savant ne l'a pas oublié ; mais ce qu'il a oublié, ce que peut-être il n'a jamais su, c'est l'histoire de saint Pétrone lui-même. Toutefois, n'en déplaise à ceux qui ont des yeux pour voir et qui ne voient pas, la vie d'un saint a pour le moins autant de droit à rester dans la mémoire des hommes, qu'un calcul astronomique, fût-il de Newton ou de Cassini.

Donc, vers la fin du ive siècle, il naquit à Pétrone, préfet du Prétoire, un fils longtemps désiré. Les soins les plus tendres et les plus éclairés environnèrent son enfance. Digne de son père par ses talents, le noble jeune homme voulut devenir digne de son Dieu par ses vertus. Il partit afin de voir de ses yeux les grands modèles qui peuplaient les solitudes de l'Orient. Comme Moïse appelé au buisson ardent, il comprit qu'il marchait sur une terre sainte, et il parcourut nu-pieds tous ces vastes déserts. Riche des dons surnaturels, il revint à Rome. Le pape Célestin plaça sur le chandelier cette lampe ardente et luisante ; c'est-à-dire, Bologne eut pour évêque un saint, un restaurateur et un père, qui répara ses ruines spirituelles et matérielles, double tombeau où l'avaient enfermée toute vive l'hérésie et la cruauté des barbares. Et l'on croira que les reliques de saint Pétrone, déposées dans l'église bâtie en son honneur, ne méritent pas une visite, sa vie un souvenir? On s'amuse à regarder, à critiquer, à louer, avec plus ou moins de bon goût, les objets d'art qui décorent son temple, et on ne songe même pas à s'agenouiller sur son glorieux tombeau! Quand donc les voyages en Italie cesseront-ils d'être une promenade mondaine, inutile et souvent dangereuse? En revêtant le caractère religieux qui leur convient, ils ouvriront un nouvel horizon aux regards de l'intelligence et compléteront, en les sanctifiant, les impressions du cœur.

3° L'église *Saint-Dominique*. Le curieux tombeau du roi Enzius, qui s'y trouve, fixerait toute l'attention du voyageur, s'il n'était éclipsé par un autre tombeau tout rayonnant de gloire et de majesté; c'est celui de saint Dominique. Là repose, dans un magnifique autel en marbre blanc, d'un travail exquis, l'illustre rejeton des Gusman, le sauveur de l'Europe méridionale, et, avec saint François d'Assise, la colonne de l'Église au XIII° siècle. Demandez à voir, dans une des chapelles, la *madona del velluto;* et vous serez dans le ravissement. Ce chef-d'œuvre est de Lippo Dalmasio, le plus remarquable modèle du sentiment religieux apporté dans l'art. Par dévotion, ce pieux artiste ne voulut jamais peindre que des madones. L'histoire nous apprend qu'il était tellement pénétré de la sainteté de son œuvre et de la pureté de cœur avec laquelle il fallait l'aborder, qu'il s'imposait la veille un jeûne sévère, et s'approchait le matin du sacrement de l'autel. Aussi le Guide a-t-il reconnu qu'aucun peintre, sans en excepter le divin Raphaël, avec toutes les ressources de l'art moderne, n'a pu arriver à ce caractère de sainteté, de modestie et de pureté, que Dalmasio a su donner à toutes ses figures [1].

4° L'église *del corpus Domini*, ou *della Santa*, pour désigner sainte Catherine de Bologne. Si belles qu'elles soient, les peintures de Louis Carrache, de Joseph Mazza et de Zanoti, qui ornent le chœur, les voûtes et la sacristie, ne purent nous retenir qu'un instant. Nous avions hâte de contempler une merveille bien supérieure à tous les chefs-d'œuvre de l'art. La terre qu'on foule ici est une terre sainte, foulée, il y a quatre cents ans, par une noble vierge de Bologne; la maison où vous êtes lui servit de demeure; toutes les voûtes de ce cloître ont vu ses larmes et ses souffrances; les murailles de ces petites cellules ont entendu sa voix; elles restent embaumées du parfum de ses prières et de ses vertus. De son vivant, cette vierge s'appelait Catherine. Dieu l'a glorifiée, et son nom est aujourd'hui sainte Catherine de Bologne. Ayant obtenu la permission de visiter son corps, miraculeusement conservé, nous entrâmes dans une petite chapelle ronde entièrement tendue de velours rouge cramoisi, relevé d'or et de broderies. Au milieu est un trône surmonté d'un baldaquin, dont la grâce égale la richesse. La sainte est assise sur ce trône, le visage découvert; les mains, également découvertes, reposent sur les genoux, et les pieds se voient au travers d'un cristal. Les membres ont conservé leur souplesse, mais la carnation générale est noirâtre [2], excepté à la partie inférieure de la joue droite, où

[1] Voyez *Conférences sur les cérémonies de la Semaine sainte à Rome*, par Mgr Wiseman.

[2] Cela tient à une circonstance qu'il serait trop long de rapporter ici. Voyez *la Vie de la Sainte*, vers la fin.

elle est d'une blancheur éclatante ; c'est la place sur laquelle la sainte mérita de recevoir un baiser de l'enfant Jésus.

Combien je m'estimai heureux d'être prêtre ! car, en cette qualité, il me fut permis non-seulement d'embrasser les pieds, mais les mains de la sainte, et de voir de près les objets vénérables sanctifiés par les mains de la thaumaturge ! Les premiers chrétiens enterraient, avec le corps des martyrs, tout ce qui pouvait rappeler leur souvenir et les faire un jour reconnaître. Fidèles héritiers de cette pieuse coutume, les Italiens ont un soin admirable de conserver et de réunir autour des saints tous les objets qui furent à leur usage. Ainsi, dans cette chambre, vous voyez le scapulaire de la sainte, son mouchoir, ses *heures*, écrites de sa main, son violoncelle, une tête de l'enfant Jésus, peinte par elle-même, enfin le crucifix miraculeux qui lui parla. Ils furent bien sincères les vœux que nous fîmes pour avoir auprès de nous, dans ces heureux instants, toutes les personnes qui nous sont chères ; du moins, nous les recommandâmes de notre mieux à la puissante protectrice de Bologne, et nous sortîmes pour visiter Saint-Étienne.

5° Monument curieux à tous égards, l'église Saint-Étienne est composée de sept églises réunies, dont la première, qui remonte au IV° siècle, fut bâtie par saint Pétrone. Si je connaissais un archéologue admirateur sincère et désintéressé de notre art chrétien, je lui conseillerais d'aller s'établir à Bologne et d'étudier chaque jour, pendant une année entière, l'église Saint-Étienne. *Atrium*, fontaines sacrées, architecture de tous les styles, chapelles de toutes les formes, vieilles fresques du XII° et du XIII° siècle, peintures naïves, pleines de vie et de mouvement, madones, *ex-voto*, tombeaux de saints ; il trouverait là un véritable musée, dont chaque objet forme une page de l'histoire de l'art depuis l'origine du Christianisme jusqu'à nos jours. En sortant de ce monument, que je crois unique au monde, il verrait encore, suspendue au mur extérieur, l'antique chaire à prêcher, d'où l'on annonçait l'Évangile au peuple assemblé sur la place publique.

Avant d'arriver à l'Académie, nous passâmes près du palais habité par Benoît XIV, alors que ce grand pape était archevêque de Bologne. Cette demeure, illustrée par tant de souvenirs, me rappela une anecdote qui caractérise tout à la fois l'homme d'esprit et l'homme supérieur. Je ne sais quel mauvais poëte se permit de publier une satire amère contre le digne archevêque. Le prélat voulut la voir, et la lut avec beaucoup d'attention. Sans rien retrancher des injures dont il était l'objet, il retoucha plusieurs vers de sa main ; puis renvoya la pièce à l'auteur en lui disant : « Ainsi corrigée je pense qu'elle se vendra mieux. »

La galerie de Bologne, pour laquelle nous allions à l'Académie, se distingue par le choix des tableaux. L'attention se fixe principalement sur le *Martyre de sainte Agnès*, du Dominiquin[1] ; la *Madone della pieta*, du Guide ; la *Sainte Vierge in gloria*, de Pérugin[2], et la *Sainte Cécile* de Raphaël[3]. Ces compositions magnifiques sont placées dans la rotonde où l'on arrive par un vaste couloir tapissé de tableaux antérieurs à la renaissance. Ce rapprochement jette un grand jour sur l'histoire de l'art, et fait toucher au doigt la différence *d'esprit* et *de faire*, entre l'école *catholique* et l'école *païenne*.

---

[1] Né à Bologne, en 1561.
[2] Né à Pérouse, en 1446.
[3] Né à Urbin, en 1485.

Pour expliquer ma pensée, je vous donne rendez-vous à Florence, où nous serons dans peu de jours.

24 Novembre.

Les Apennins. — Costume. — La marquise Pepoli.

Qui n'a pas entendu raconter dans son enfance, ou qui n'a pas lu dans sa vie, quelque histoire de brigands de la Forêt-Noire ou des Apennins? N'est-ce pas l'épisode obligé de la plupart des voyages anciens et modernes en Allemagne et surtout en Italie? Or, l'imagination conserve si fidèlement les premières impressions, que la nôtre se remplit d'images effrayantes, dès qu'il fut décidé que nous traverserions les fameuses montagnes. A trois heures du matin, lorsqu'on nous tira du sommeil, la pensée des *sgrazzatori* fut, après celle de Dieu, la première qui se présenta. Le temps était en harmonie avec nos dispositions. Une nuit noire, un froid vif, un brouillard épais qui distillait de larges flocons de neige, accompagnèrent notre silencieux départ : Bologne dormait. Aux portes de la ville, le conducteur fit monter derrière la voiture un homme vigoureux, qui, couché sur le magasin, devait veiller à la garde de nos bagages, attachés déjà par deux grosses chaînes de fer. Dans l'intérieur avaient lieu des récits éminemment propres à égayer nos pensées. On racontait des assassinats qui venaient d'être commis, l'un depuis dix jours, l'autre depuis deux jours seulement.

Bientôt nous nous vîmes engagés dans une vallée profonde, véritable coupe-gorge, terminé par une montagne longue et aride : nous étions dans les Apennins. Là, quatre bœufs gris, aux cornes élancées, nous attendaient;

de distance en distance nous étions relayés par une ou deux paires de ces utiles, mais lents quadrupèdes. Le jour commençait; mais, hélas! point de brigands, point de rencontre, partant point d'épisode; je me dédommageai de cette privation en examinant le paysage. Rien de plus triste que la vue des Apennins, du moins dans la partie qui sépare Bologne de Florence. Vous ne trouvez ici, ni les montagnes majestueuses de la Suisse, ni ses pics élevés, ni ses vallées gracieuses, animées par la chute des cascades ou par le bruit des torrents. Des montagnes inachevées, des crêtes semées çà et là, sans ordre, sans grâce, la plupart nues et sillonnées par de larges ravins; d'autres couvertes de chênes rabougris : telle est l'esquisse du tableau qu'attristent bien plus qu'elles n'égayent des chaumières isolées, chétives demeures des rares habitants de ces lieux sauvages. Pendant dix-huit heures, nous restâmes engagés dans ces montagnes, suivant une route bordée de précipices et de croix rouges ou noires qui marquaient la place où des événements funestes s'étaient accomplis. Grâce à Dieu, nous voyageâmes sans éprouver d'accident et sans rencontrer le brigand des Apennins; nous ne vîmes que son type et son classique costume porté par les inoffensifs montagnards.

Représentez-vous un homme aux traits mâles, aux cheveux noirs, au teint cuivré, la tête surmontée d'un chapeau à la *Robinson*, entouré d'un large ruban de velours noir, fixé sur le devant par une boucle oblongue; les épaules couvertes d'un demi-manteau et d'une veste ronde couleur marron, un gilet rouge, une culotte verte, des bas formant corps avec la semelle des souliers, et vous aurez, moins les pistolets à la ceinture et la carabine sur l'épaule, le *sgrazzatore* des Apennins. Si, lorsque vous passerez, quelque montagnard vous accompagne, vous aurez, comme nous, ce type redoutable sous les yeux. Si vous lui demandez à voir son couteau, il vous montrera froidement une arme dont la vue vous fera frisonner : c'est un poignard, dont la lame mince, effilée, a neuf pouces de longueur. Enfin, si, comme nous encore, vous l'interrogez, il vous parlera de ses rencontres dans la forêt, ainsi que du courage et de la présence d'esprit dont il a eu besoin pour échapper aux brigands. Gardez-vous de laisser paraître quelque signe d'incrédulité ; vous fermeriez la bouche à l'historien et vous auriez lieu de vous en repentir ; adieu les aventures très-bien trouvées et racontées avec une pantomime vraiment divertissante. Libre à vous toutefois de ne pas croire à ses récits ; car, à dire vrai, je crois les *sgraszatori* des Apennins beaucoup plus rares qu'on a bien voulu le raconter, *rara avis in terris*, etc.

Pour faire diversion aux histoires de brigands, nous parlâmes tour à tour de la France et de nos amis. A son tour, un voyageur, fixé depuis longtemps à Bologne, nous intéressa vivement en nous entretenant de la marquise Pepoli. « Vous ne connaissez pas, nous dit-il, cette marquise-là ? Quand je l'aurai nommée vous serez tout surpris de retrouver, sous cette enveloppe italienne, un nom français, un nom illustre et cher aux vieux soldats de l'empire. La marquise Pepoli est mademoiselle Murat, fille du roi de Naples. Mariée à Bologne, elle jouit d'une fortune considérable ; mais ce n'est pas pour cela que je vous en parle. Son titre de gloire est d'être le modèle des maîtresses de maison, et des mères qui entendent l'éducation de leurs filles. Cette dame a la simplicité de croire que l'éducation est l'apprentissage de la vie. Une piété éclairée, douce et soutenue, cette piété utile à tout et qui est comme la pudique beauté de la vertu, forme la base de l'instruction et de la conduite de sa fille. Sous l'aile maternelle, la jeune enfant grandit en science, dirigée par d'habiles maîtres. Les leçons finies, Mademoiselle, conduite par sa mère, entre dans tous les détails de l'économie domestique, soigne le linge, apprend à faire et à raccommoder les vêtements, tient note de la dépense ; en un mot, s'initie, peu à peu, à la tenue d'une maison. La noble fille ne rougit d'aucun de ces soins ; car sa mère lui a dit qu'il n'y a pas de sot métier, il n'y a que de sottes gens; qu'aux yeux de l'homme raisonnable on s'honore en pratiquant avec intelligence et fidélité les devoirs de son état, et que le royaume d'une femme est sa maison, ses grandes affaires les détails domestiques.

« Ainsi élevée, la petite-fille de l'ancien roi de Naples sera, il est vrai, douce, pieuse, instruite, simple, modeste, courageuse, bonne épouse, bonne maîtresse et bonne ménagère; elle saura mettre l'ordre dans sa maison, surveiller les domestiques, passer au bleu les collerettes de ses enfants, tricoter des bas à son mari; elle sera, elle saura, elle fera tout cela, et, ce qui vaut mieux, elle n'en rougira point. Mais elle ne sera jamais une *merveilleuse*, habile à nager, à monter à cheval ou à faire des armes, ardente à fumer le cigare, à lire des romans; elle n'aura ni une loge au théâtre, ni une place réservée sur les banquettes des cours d'assises, pour se procurer des émotions et varier ses plaisirs. En d'autres termes, conclut le voyageur, la marquise menace le dix-neuvième siècle de lui donner une *bonne femme* de plus et une *lionne* de moins. »

Cette intéressante causerie nous fit oublier l'ennui du voyage, qui se prolongea outre mesure : nous n'arrivâmes à Florence qu'à deux heures après minuit.

25 Novembre.

Florence. — Jardin de Boboli. — Coup d'œil sur l'histoire de Florence.

Quelle fut notre surprise lorsque, ouvrant les yeux à la lumière, nous vîmes un ciel clair et transparent comme nous l'avons dans l'intérieur de la France, aux beaux jours de l'été, de sentir une température aussi douce, et de voir une verdure aussi fraîche qu'au mois de mai! Afin de juger la ville dans son ensemble, nous nous rendîmes immédiatement au jardin *impérial et royal de Boboli*. C'est le jardin du célèbre palais Pitti, demeure actuelle du souverain. Il s'élève en amphithéâtre, et, du haut de la terrasse, nous pûmes contempler à notre aise la *cité des fleurs*. Assise dans une plaine environnée de montagnes couvertes jusqu'à mi-côte d'une riante végétation, Florence ressemble à une perle dans le calice d'une fleur, dont les pétales, fraîches à la base, seraient flétries au sommet. La capitale de la Toscane, traversée par l'Arno, compte cent mille habitants. Elle est bien bâtie, passablement pavée, et si cela peut vous plaire, remplie, en automne, des inévitables enfants d'Albion. Nous y rencontrâmes aussi quelques Français. Le soir, *à table d'hôte*, on ne parla guère que notre langue. J'en étais heureux et fier, lorsqu'une surprise bien agréable vint mettre le comble à ma joie. Au milieu du repas, je m'entendis demander par mon vis-à-vis, en bon français et à haute voix, des nouvelles de Nevers et de plusieurs de mes amis. L'aimable inconnu, qui savait si bien qui nous étions et d'où nous venions, était M. le comte Th... W... C'est un de ces hommes rares, qui, par un heureux privilége, réunissent aux manières distinguées

8.

de notre ancienne noblesse, l'esprit supérieur du littérateur exercé et le cœur du fervent chrétien.

Je reviens à Boboli. A l'entrée s'élèvent, sur leurs larges piédestaux, deux bonnes statues antiques, de porphyre oriental, représentant deux prisonniers daces. Plus loin apparaît la statue colossale de Cérès et bien d'autres encore que je ne peux ou ne veux pas nommer. Les sculpteurs dont les ouvrages décorent ce jardin ont eu le triste talent de vous faire baisser les yeux à chaque pas. De la hauteur où nous étions placés nos regards embrassaient la ville entière; à nos pieds coulait l'Arno, dont les ondes agitées semblent offrir une image exacte de l'histoire de Florence. Me rappelant que j'étais dans la terre natale du *classique*, je crus pouvoir me permettre une prosopopée.

Adressant donc la parole au fleuve, je lui dis : « Antique témoin des événements accomplis en ces lieux, raconte-moi ce que tu as vu? » Il me répondit : « Longtemps avant les Romains, les Étrusques, colonie de Phéniciens, habitaient sur mes rives; l'accent guttural des Florentins prouve leur descendance [1]; je vis arriver l'élite de l'armée de César qui transforma la vieille ville en une ville nouvelle; Florence subit le joug de Rome, à qui elle fut unie par une large voie nommée *Via caspia*, dont tu peux encore reconnaître les ruines. Sous Néron elle fut traversée par un apôtre, nommé Frontinus [2], que le chef des pêcheurs galiléens envoyait dans les Gaules : il y laissa tomber une étincelle du feu divin qu'il portait ailleurs : Florence devint chrétienne. Ravagée

---

[1] Des inscriptions, des médailles trouvées à Florence, semblent établir le même fait, selon le docteur *Lami*.

[2] Voyez *Foggínio, De itinere et episcopatu romano divi Petri*.

par les Barbares, elle fut rétablie par Charlemagne, ce grand restaurateur de l'Occident. En 1125 elle était assez puissante pour subjuguer l'antique Fiésole sa rivale. Deux siècles après, elle avait rempli le monde du bruit de son nom. Aux voûtes du *Palazzo Vecchio*, un tableau te rappellera ce fait unique peut-être, et si honorable pour la civilisation de Florence. Il t'offre la réception des douze ambassadeurs envoyés par diverses puissances au pontife romain Boniface VIII, pour le célèbre jubilé de l'an 1300, ambassadeurs qui tous se trouvèrent Florentins. Aussi le Pape, frappé d'une telle rencontre et de cette réunion de Florentins gouvernant l'univers, leur dit : *Vous êtes un cinquième élément*. La liste des puissances dont ces Florentins étaient ministres ne te paraîtra pas moins extraordinaire que le fait lui-même ; la voici : la France, l'Angleterre, le roi de Bohême, l'empereur d'Allemagne, la république de Raguse, le seigneur de Vérone, le grand kan de Tartarie, le roi de Naples, le roi de Sicile, la république de Pise, le seigneur de Camérino, le grand-maître de Saint-Jean de Jérusalem [1].

« Tour à tour aristocratique et démocratique, Florence acquit par son commerce avec l'Asie d'immenses richesses qui amenèrent sa ruine. Mes eaux furent souvent rougies du sang de ses plus nobles citoyens. Détourne les yeux de ce triste spectacle, et porte-les sur les grands hommes que cette terre a produits. Sans parler de beaucoup d'autres, c'est ici qu'ont vu le jour le Dante, le prince des poëtes et le créateur de la langue italienne ; Machiavel, qui déshonora son génie en se faisant l'apôtre de l'astuce ; Michel-Ange, qui immortalisa le sien comme peintre, comme sculpteur et comme architecte ; Bru-

---

[1] Voyez *Valery*, t. II, 171.

nelleschi, dont la coupole de Florence redit la gloire sans souillure ; Fra Bartolomeo, qui ne fut jamais plus grand que lorsqu'il brûla les ouvrages licencieux de son habile pinceau ; Cimabuë, dont la renommée grandit à mesure que l'art redevient catholique; saint Antonin, la perle des évêques du quinzième siècle ; Léon X, qui sut tenir tête aux terribles orages du siècle suivant ; saint Philippe de Néri, le modèle des prêtres ; le bienheureux Hippolyte Galantini, dont les pauvres et les enfants bénissent la mémoire pendant que le Ciel couronne ses vertus ; saint Philippe Benizzi, l'honneur des *Servites* et l'apôtre de la paix entre les Guelfes et les Gibelins ; enfin sainte Madeleine de Pazzi, la Thérèse de l'Italie. »

C'est ainsi que les fastes de Florence passaient sous mes yeux avec les ondes du fleuve qui s'en allait porter le tribut monotone de ses eaux à la mer d'Étrurie; comme les hommes, jadis vivant sur ses bords, avaient porté celui de leur vie pure ou souillée au grand océan de l'éternité. Après cette leçon d'histoire, nous rentrâmes à l'hôtel avec l'espérance d'une riche moisson pour le lendemain.

26 Novembre.

Baptistère. — Cathédrale. — Monuments du Dante, de Giotto, de Marcile Ficin. — Statues de saint Miniat, de saint Antonin. — Bénitiers. — Saint Zénobe. — Souvenir du Concile général. — Campanile. — Église Saint-Laurent. — Chapelle des Médicis. — L'Annunziata. — Sainte-Madeleine de Pazzi. — Inscription d'Arnolfo. — Allumettes chimiques. — Trait de mœurs.

Notre première visite fut pour le Baptistère. La fondation de cet édifice, due à la pieuse Théodelinde, reine des Lombards, remonte au sixième siècle. Il est de forme octogone et tout revêtu de marbre; mais, à part les trois fameuses portes en bronze, je préfère le Baptistère de Parme. La plus ancienne, placée au midi, fut exécutée en 1330, par André de Pise. Elle offre, en vingt compartiments, l'histoire de saint Jean et diverses vertus. Dans la *Visitation* et la *Présentation*, les figures de femmes ont une grâce, une décence, une sorte d'embarras timide rempli de charmes. Il ne faut pas oublier la date de ces compositions simples et de bon goût, chefs-d'œuvre de Ghiberti ; les deux autres portes remontent au quatorzième siècle. Celle du milieu est si belle que Michel-Ange prétendait qu'elle mériterait d'être la porte du Paradis. Entre tous les bas-reliefs qui décorent les panneaux, on admire surtout les sujets de l'Ancien Testament. A côté de la porte principale sont deux colonnes de porphyre prises sur les Sarrasins ; et les chaînes de fer qui y sont attachées perpétuent le souvenir d'une célèbre victoire remportée par les Florentins sur les Pisans.

Du Baptistère nous passâmes à la cathédrale *Santa-Maria del Fiore*. Cette immense église a 467 pieds de longueur ; la largeur de la coupole surpasse de sept pieds deux pouces celle de Saint-Pierre de Rome. Tout l'extérieur, à l'exception de la façade, est incrusté de marbres de diverses couleurs. A la hauteur des nefs règne une terrasse dont la balustrade, tout en marbre, est découpée comme une dentelle ; vous en avez une seconde à la base de la coupole, qui entoure cette partie aérienne de l'édifice comme une guirlande de fleurs. Les fenêtres sont ornées de sculptures, de colonnes en spirale, de mosaïques et de pyramides, ainsi que les quatre portes latérales. L'intérieur de l'église est riche de monuments, de statues et de tombeaux. A côté d'une porte latérale est une peinture sur bois, représentant le Dante, vêtu en bourgeois de Florence et couronné de lauriers. Près de lui on voit une image de la *Divine Comédie* et une vue de Florence. C'est le seul monument que l'ingrate république ait consacré à son illustre poëte, qui mourut exilé à Ravenne, où nous visiterons plus tard son superbe tombeau. Vous remarquez ensuite les monuments de Giotto et de Marcile Ficin.

Au premier rang des statues figure celle de saint Miniat, martyr; elle est de grandeur colossale. Pour honorer des vertus et un courage surnaturel, je conçois que l'art excède les proportions ordinaires. Miniat, soldat romain, était en garnison à Florence lorsque Dèce ralluma le feu de la persécution contre les chrétiens. Le vétéran, sommé de sacrifier aux idoles, montra qu'il savait braver pour son Dieu la mort qu'il avait tant de fois bravée pour son prince; il la reçut au milieu des tourments; son triomphe prépara celui de la légion Thébéenne, et Florence a conservé religieusement un nom que le Ciel écrivit dans ses fastes immortels. Les reliques du glorieux martyr et de ses compagnons reposent dans une église dédiée en son honneur, hors la porte *di San Miniato*. Ce vénérable sanctuaire, soutenu par trente-six colonnes de marbre d'une élégance remarquable, mérite l'attention particulière du voyageur. Une autre statue colossale est celle de saint Antonin, archevêque de Florence, dont les reliques enrichissent la cathédrale. Heureuses les villes qui trouvent dans leur propre sein les modèles et les maîtres de toutes les vertus! plus heureuses celles qui ont le bon esprit de perpétuer par des monuments leur précieuse mémoire! Je ne connais pas de *patriotisme* mieux entendu.

Noble enfant de Florence et père de sa patrie, Antonin naquit en 1389. Doué des qualités les plus rares, il dut à un prodigieux tour de force intellectuelle son entrée dans l'ordre de Saint-Dominique. A l'âge de quinze ans, il se présente au prieur de Fiesole et le conjure de l'admettre parmi ses novices. Le prieur, qui voulait éprouver une vocation si précoce, lui dit : « Vous serez reçu, mon fils, lorsque vous aurez appris par cœur le *Décret de Gratien.* » Quiconque connaît un peu le corps du droit canon, avouera sans peine qu'une semblable condition pouvait passer pour un véritable refus. Antonin n'y voit qu'une difficulté; il se met au travail, et douze mois après il revient se présenter au prieur. Interrogé, le jeune prodige récite, répond, discute avec tant d'assurance et de supériorité qu'il est reçu par acclamation. C'est lui qui, plus tard, répondait à Eugène IV, décidé à le faire archevêque : « Voudriez-vous, Très-Saint-Père, traiter en ennemi un homme à qui vous avez donné tant de marques de bonté? » Le pape fut inflexible. Antonin, archevêque, visitait régulièrement son diocèse. Une mule composait tout son équipage. Quand il n'avait plus rien à donner, il la vendait pour assister les pauvres. Des personnes riches demandaient alors à l'acheter, pour avoir occasion de la rendre au Saint en forme de présent : ce pieux trafic dura longtemps ; et n'était la conscience de certains personnages qu'il ne faut pas nommer, aucune marchandise n'aurait été vendue plus souvent que la mule de saint Antonin ou la couverture de laine de saint Jean l'Aumônier.

Aux deux premiers piliers de la grande nef sont deux anciens bénitiers, dont l'un est remarquable par ses sculptures, et l'autre en grande vénération pour avoir contenu les os de *saint Zénobe.* Comme Antonin, enfant, protecteur, patron, apôtre de Florence, Zénobe, descendant de Zénobie, la reine de Palmyre, naquit au quatrième siècle. Pêché dans le gouffre de l'idolâtrie, il devint à son tour pêcheur d'hommes. Ses premières conquêtes furent son père et sa mère. Ami de saint Ambroise et du pape Damase, il mourut sous le règne d'Honorius, et fut déposé dans la cathédrale, où il continue de veiller sur la famille qu'il engendra à J. C.

Santa-Maria del Fiore rappelle un autre fait qui tient une large place dans l'histoire. Elle vit, en 1438, le célèbre concile œcuménique où fut signée, entre l'Orient et l'Occident, l'union si longtemps désirée, tant de fois rompue, et qui, cette fois encore, devait être bientôt foulée aux pieds par les Grecs, pour le malheur de leur nation. Les conférences préparatoires se tenaient au couvent des dominicains, et les conclusions ou séances publiques à la cathédrale.

Voilà une faible partie des souvenirs qui assiégent le voyageur lorsqu'il visite ce monument tant de fois vénérable. Vous tous, qui cherchez des inspirations dans cette belle terre d'Italie, s'il m'était permis de vous donner un conseil, je vous dirais : Ne négligez pas ces souvenirs; croyez-moi, ils servent merveilleusement à éveiller, à développer le *sens* religieux, que j'appellerai sans crainte la seconde vue de l'artiste.

A Florence, le clocher est isolé de la cathédrale ; cette anomalie se rencontre souvent en Italie, surtout dans la Romagne, où domina longtemps le goût bysantin. De forme quadrangulaire et revêtu, de la base au sommet, de marbre précieux, le clocher de *Santa-Maria del Fiore* est bien le plus élégant et le plus gracieux *campanile* que nous ayons vu et, je crois, qu'on puisse voir. Les amateurs voudront bien ne pas oublier qu'il est l'ouvrage de Giotto ; ce qui prouve que le père de la peinture moderne, le roi de l'art chrétien, n'avait pas eu besoin des classiques modèles d'Athènes et de Rome pour créer des chefs-d'œuvre.

En sortant du *Duomo*, nous trouvâmes les rues encombrées de Toscans et de Toscanes venus au marché. Toute cette foule, en costume pittoresque, présentait un spectacle très-animé et un coup d'œil fort curieux; il nous fut permis d'en jouir à notre aise en nous rendant à l'église *Saint-Laurent*.

Ici se trouve la chapelle des Médicis, qui rappelle la magnificence de celle de Versailles. On y voit de plus les tombeaux de cette illustre famille, d'abord marchande, puis princière, puis alliée avec la plus noble maison de l'univers, la maison de Bourbon, puis éteinte ! ! ! ! Et là, tout près, est une autre chapelle, destinée à la sépulture des princes autrichiens qui règnent aujourd'hui à Florence. Ainsi passent les couronnes d'une tête à l'autre; ainsi passent les hommes; ainsi passent les dynasties; une chose seule ne passe pas, la mort! qui réduit au même néant les princes de la terre, à quelque nation qu'ils appartiennent.

Notre pèlerinage se termina par la visite des deux églises de l'*Annunziata* et de Sainte-Madeleine de Pazzi. Dans la première on conserve une image miraculeuse de la sainte Vierge, en grande vénération parmi les Florentins. Après avoir salué la Reine du temple, on admire plusieurs tableaux d'Andrea del Sarto[1], représentant les principaux traits de la vie de saint Philippe Benizzi. Pour en comprendre un des plus remarquables, il faut se rappeler que le saint, étant à l'agonie, mit tous ses frères en émoi, en leur demandant son livre.

[1] Né à Florence en 1488.

Les bons religieux ne pouvaient réussir à le trouver, bien qu'ils lui en eussent présenté un grand nombre. Enfin, on lui apporta son *crucifix* : « Oui, voilà mon *livre*, » dit le saint moribond ; et l'étudiant une dernière fois avec amour, il mourut au milieu de sa ravissante lecture. La chapelle qui renferme l'image miraculeuse est d'une richesse incroyable : le pavé est de porphyre et de granit égyptien ; les murs du petit oratoire sont incrustés d'agate, de jaspe et d'autres pierres précieuses ; il possède toutes les magnificences de la nature et du génie. L'église Sainte-Madeleine nous offre un ornement qui surpasse tous les chefs-d'œuvre de l'art : ce sont les reliques de la sainte. Qu'on aime à vénérer, sous ces voûtes étincelantes de dorures, le corps virginal de l'illustre amante du Sauveur ! Qu'on aime à se rappeler, en présence de son glorieux tombeau, et ses chants inspirés pour le bien-aimé de son âme, et cet amour brûlant qui lui faisait dire : « Pour communier, je n'hésiterais pas, s'il le fallait, à entrer dans la caverne d'un lion ! »

En repassant auprès de la cathédrale, nous nous arrêtâmes devant le monument élevé à la gloire d'Arnolfo di Lapo, qui fut l'architecte du célèbre édifice ; au bas du buste on lit l'inscription suivante :

Ille hic est Arnulphus
Qui facere jussus
Ædis metropolitanæ
Tanta ex decreto communis Florentinorum
Magnificentia extruendæ
Quantam nulla hominum
Superare posset industria
Ingenti civium auso

Ob actem animi ingentem
Parem se præbuit ¹.

L'exagération italienne est devenue proverbiale chez nous autres enfants du Nord. De ce reproche que nous adressons à tous les peuples méridionaux, il nous semblait en avoir la preuve dans l'emphatique éloge d'Arnolfo. Toutefois, la grandeur et la beauté du monument peuvent excuser la poétique licence de l'inscription ; notre sentence fut donc suspendue jusqu'à plus ample informé. Mais voilà qu'une nouvelle pièce de conviction nous attendait deux pas plus loin. Comme la première, celle-ci n'était pas, il est vrai, gravée sur le marbre par ordre des magistrats de la cité ; elle était simplement écrite sur une boîte de carton, par je ne sais quel prolétaire inconnu. Cette circonstance ne lui ôtait rien de sa force ; au contraire elle fortifiait, en l'élargissant, la base du raisonnement suivant : Puisque l'exagération se trouve à tous les degrés de l'échelle sociale, le reproche adressé à ce peuple n'est pas sans fondement. Étudiant la nouvelle preuve qui venait de nous tomber sous la main, il ne faut pas oublier qu'on peut lire le caractère d'un peuple sur des plaques de marbre ou sur des boîtes de carton :

> La nature, féconde en bizarres portraits,
> Dans chaque âme est marquée à de différents traits :
> Un geste la découvre, un rien la fait paraître;
> Mais tout esprit n'a pas des yeux pour la connaître.

« Celui-ci est Arnolfo, qui, ayant reçu de la commune de Florence l'ordre de bâtir une cathédrale d'une telle magnificence que jamais l'industrie humaine ne pût la surpasser, se montra, par la hauteur de son génie, au niveau du gigantesque projet de ses concitoyens. »

Un de mes jeunes amis avait acheté une boîte d'allumettes chimiques, de la composition de *Philippe Barrier, d'Empoli en Toscane*. Après avoir allumé ma bougie, je fus curieux de lire les vers italiens écrits sur ladite *scatola* de papier gris ; prêtez l'oreille aux accents de cette muse ignorée :

> Qual è causa del Giubbilo
> Che m'empie tutto il seno
> Che quasi vengo meno
> Per questo gran piacer?
> Ah! sol la causa è questa,
> Aver su tutti l'impero,
> Poter schernire altero
> Il mio nemico ognor ;
> E dirgli sorridendo :
> Ascolta risuonare
> D'all' uno all' altro mare
> Il nome di Barrier [1].

M. Philippe Barrier, d'Empoli en Toscane, qui, vous, chantez sur ce ton pour avoir découvert des allumettes, permettez-moi de vous demander quels vers vous vous seriez adressés si, nouveau Colomb, vous aviez trouvé l'Amérique ?

27 Novembre.

Une surprise. — Galerie du palais Pitti. — Jugement sur la Renaissance.

Cette journée, où le ciel se montrait aussi pur que la veille, commença par une surprise. Je vous la donnerais

---

[1] « Quelle est la cause de la joie qui inonde mon âme, et me donne un plaisir si grand que j'en tombe presque en défaillance? »

en mille que vous ne la devineriez pas. Quarante-huit heures auparavant, nous avions rencontré des Français à table d'hôte ; aujourd'hui nous apprenons que nous sommes logés chez un... Nivernais ! Il est ainsi. Dès le matin, le maître d'hôtel, qui avait vu et enregistré nos passe-ports, vint me trouver, et me dit : « Je suis heureux, monsieur l'abbé, de voir un ecclésiastique de mon pays. — Vous êtes Français? — Mieux que cela : je suis Nivernais. Mon père et ma mère étaient de Nevers ; j'ai encore un oncle dans cette ville ; il est prêtre ; vit-il encore? — Son nom, je vous prie? — M. B... — Je le connais beaucoup. Quoique fort âgé, il se portait bien, il y a un mois, à l'époque de mon départ. » Et les larmes vinrent aux yeux de l'excellent homme ; et nous fûmes en plein pays de connaissance ; et nous voilà parlant et reparlant de Nevers et du Nivernais. Le digne M. B... me raconta son intéressante histoire ; et, depuis ce moment, nous fûmes les enfants gâtés de l'hôtel de *Porta Rossa*.

Presque aussi heureux de notre rencontre que M. Philippe Barrier de sa découverte, nous nous mîmes en course. La vieille Florence *religieuse* avait reçu notre visite ; c'était aujourd'hui le tour de Florence *artistique*. La mère avant la fille : voilà ce qui s'appelle observer les convenances.

Les galeries du palais Pitti, les Uffizj, le Palazzo Vecchio, l'Académie, nous virent successivement. Ces brillants sanctuaires de l'art durent être bien étonnés,

---

Ah ! la seule cause, c'est de l'avoir emporté sur tous, c'est de pouvoir toujours me moquer de mes rivaux et de leur dire en souriant : Entendez retentir d'une mer à l'autre le nom de Barrier. »

eux accoutumés à tant de sourires approbateurs, à tant d'exclamations admiratives, de la mine habituellement sévère que nous leur fîmes. Pour nous justifier, il suffira, je crois, de nous expliquer.

Nous étions dans les lieux de triste mémoire où, trois siècles et demi auparavant, l'art devenu sensuel et libertin avait répudié sa chaste épouse, la religion catholique, pour épouser l'impure mythologie de la Grèce et de Rome. De toutes parts, nos yeux apercevaient les fruits dégradés de ce commerce adultère : déplorable divorce dont il faut rappeler la cause et les effets. Le Christianisme, qui avait purifié le monde des infamies païennes, qui l'avait sauvé de la barbarie des peuples du Nord, qui avait élevé les sociétés modernes à une si grande supériorité de mœurs et de lumières, avait aussi inspiré le génie des arts. Au feu toujours pur de ses autels, aux clartés toujours divines de ses mystères, le peintre, le sculpteur, l'architecte, le poëte, l'orateur avaient allumé leur flambeau, puisé leurs inspirations; et le monde étonné avait vu leurs pensées se traduire en monuments de tout genre, d'une élévation, d'une grâce, d'une chasteté, d'une majesté, d'un spiritualisme inconnu de l'antiquité. C'était un admirable reflet du principe surnaturel qui était devenu l'âme des nations régénérées.

Le quinzième siècle arrivait à son milieu. Fille de la foi, l'Europe artistique marchait d'un pas rapide dans la voie d'un progrès qui lui était propre, car il était le développement naturel de sa religion, de ses mœurs, de ses idées, fondues, comme elle, au moule du Christianisme. Déjà saint Bernard avait parlé; le Dante avait chanté; Cimabuë, Giotto et bien d'autres avaient écrit avec leur immortel pinceau les pages sublimes de l'art chrétien aux églises de Florence, de Bologne, d'Assise et de Padoue; mille cathédrales, avec leurs myriades d'aiguilles élancées, portaient jusqu'aux nues la gloire de l'architecture catholique et la puissance du génie inspiré par la foi. Quel jour brillant annonçait une si brillante aurore !

Mais voilà que des Grecs, tristes débris d'une nation dispersée aux quatre vents pour avoir trahi la foi de ses pères, arrivent à Florence. Dans leur bagage de proscrits, ils portent les œuvres des philosophes, des poëtes, des orateurs, des artistes païens, dont ils sont les admirateurs fanatiques. Accueillis par les Médicis, ils payent leur bienvenue en expliquant les ouvrages de leurs anciens compatriotes. A les entendre, l'Europe jusque-là n'a rien connu à la philosophie, à l'éloquence, à la poésie, aux beaux-arts. « Barbare, instruis-toi, ne cherche plus tes modèles ni tes inspirations dans tes grands hommes, dans tes annales, dans ta religion. Rome païenne, la Grèce païenne, surtout, peuvent seules t'offrir, en tous les genres, des chefs-d'œuvre dignes de tes méditations. Là, fut le monopole du génie, du savoir et de l'éloquence; là, furent des hommes que tu dois imiter, mais que tu n'égaleras jamais : ta gloire sera d'en approcher; ne te flatte pas d'aller plus loin : ils ont posé les colonnes d'Hercule de l'intelligence humaine. »

Voilà ce qui fut dit et redit sur tous les tons, par les nouveaux venus et par leurs disciples. Et on se laissa prendre à leurs discours, et on brisa violemment avec le passé, et on ne vit plus que les païens d'Athènes et de Rome, et autant qu'il fut en elle, l'Europe savante s'efforça de se faire à leur image. Des fouilles activement suivies amenèrent la découverte de quelques statues des habitants de l'Olympe ; tous les arts accoururent pour s'inspirer à la contemplation des nouveaux modèles : la révolution fut consommée. Telle est en quelques mots l'histoire de la Renaissance. Quant à son influence sur la société en général, et spécialement sur les beaux-arts, elle a été le sujet des jugements les plus contradictoires. Puisque nous sommes à Florence et que nous allons visiter la galerie Pitti, les principales pièces du procès vont passer sous nos yeux ; il importe de les bien étudier. C'est le meilleur moyen d'apprécier avec justice le grand mouvement du quinzième siècle, et de distribuer consciencieusement le blâme ou l'éloge.

La Renaissance, tout le monde en convient, fut surtout le culte de la forme, plus ou moins négligé par l'école catholique. Cet amour de la forme est bon, il est nécessaire même pour la perfection des objets d'art. De là les magnifiques encouragements que Rome la première s'empressa de lui donner. Mais il doit rester dans de justes limites. D'abord, il ne doit pas l'emporter sur l'inspiration, en ce sens que l'artiste, absorbé par le désir de rendre la beauté matérielle, néglige la pensée qui doit animer la toile ou le marbre, et, dans les sujets religieux, faire de l'art un véritable sacerdoce. Ensuite, cet amour de la forme ne doit pas aller jusqu'à la rechercher et à la rendre dans certains détails que la morale publique ne permet point d'étaler aux yeux. Enfin, l'amour de la forme ne doit point faire oublier à l'artiste que la beauté matérielle ne peut et ne doit être que le reflet de la beauté idéale, dont le type se trouve dans l'humanité ennoblie par le Christianisme. Les glorieux habitants du ciel, l'Homme-Dieu, son auguste Mère, les anges, les saints et les saintes, étudiés dans le silence de la méditation, et contemplés avec cette seconde vue que donnent la pureté du cœur et la piété, telle est la source de l'inspiration chrétienne et le véritable type du beau. Entre cette inspiration et l'inspiration mythologique il y a, on le conçoit, la même distance qu'entre le ciel et la terre. Rendre les qualités divines, les vertus, les sentiments célestes de ces types augustes, en y joignant la beauté de la forme, c'est élever l'art à sa plus haute puissance.

Ces principes une fois rappelés, nous dirons que la Renaissance mérite de justes éloges pour avoir cultivé la forme, et nous lui en payons volontiers le tribut. Mais, si elle a sacrifié l'inspiration à la forme; si elle l'a peinte dans des détails dont la vue outrage les mœurs publiques; si, au lieu de chercher le type du beau dans le ciel, elle l'a trop habituellement cherché sur la terre ou dans l'Olympe, alors elle mérite un blâme sévère : car elle a matérialisé le génie et rendu l'art infidèle à sa noble et sainte mission. Voyons s'il en est ainsi et entrons dans la célèbre galerie.

Nous voici au bas du grand escalier dont nous montons les superbes marches, entre deux haies de Vénus, d'Hercules, de Faunes, de Bacchus, de Mercures, de Satyres, d'Hygies, de Pallas et d'Esculapes. A l'escalier succède le vestibule appelé *sala delle Nicchie;* ce nom lui vient des niches pratiquées dans les murailles et destinées à recevoir des statues : on y trouve Vénus, Flore, une Muse, Appollon-Musagète, Marc-Aurèle, Antonin, Commode; enfin nous sommes sur le seuil de la galerie. Ce temple de la peinture, où la Renaissance expose à l'admiration la plupart de ses ouvrages, se divise en quinze *chapelles* ou salons. Aucun n'a reçu une dénomination chrétienne. *Trois* ont des noms insignifiants : salons *della Stuffa*, des *Enfants*, de *Poccetti*. Les *douze* autres portent le nom d'une divinité païenne ou d'un demi-dieu ; salon de *Vénus;* salon d'*Apollon;* salon de *Mars;* salon de *Jupiter;* salon de *Saturne;* salon de l'*Iliade;* salon de l'*Éducation de Jupiter;* salon d'*Ulysse retournant à Ithaque;* salon de *Prométhée;* salon de la *Justice;* salon de *Flore;* salon de la *Musique.*

Afin de ne pas se méprendre sur la pensée qui a présidé à cet arrangement et à ces dénominations, il faut noter : que ces derniers salons sont les plus riches et les plus magnifiques, que le salon de Vénus est le premier; que chaque divinité tutélaire est peinte à la voûte de son salon, avec ses chastes attributs ou dans l'accomplissement de quelques faits mythologiques, tous plus propres les uns que les autres à inspirer de célestes pensées. Au-dessous, sur les quatre parois du sanctuaire, vous voyez les tableaux des grands maîtres de la Renaissance. On dirait des *ex voto*, qui témoignent de la reconnaissance des artistes pour le dieu ou la déesse, à l'inspiration desquels ils semblent se déclarer redevables des œuvres de leur pinceau.

Qu'en pensez-vous ? Tout ce spectacle si parfaitement païen ne semble-t-il pas la traduction littérale de la pensée artistique moderne, et le témoignage irrécusable de l'alliance adultère accomplie à la fin du quinzième siècle ? La galerie de Florence ne semble-t-elle pas dire au jeune artiste : « Lève les yeux à la voûte de mes salons; voilà les dieux de la Peinture et des Arts; voilà ceux qui ont inspiré les chefs-d'œuvre qui brillent à leurs pieds; tu n'as que faire de chercher dans le ciel des chrétiens des inspirations et des modèles : l'Olympe te suffit; la route t'est frayée par les traces lumineuses des grands maîtres; travaille, imite, espère. »

Étudions maintenant les résultats du principe païen, inspirateur de la Renaissance.

Les tableaux de la galerie se divisent en deux grandes classes : les sujets profanes et les sujets religieux.

Les premiers sont traités par les maîtres avec une grande perfection. On voit qu'ils ont été écrits de verve et de l'abondance du cœur. Il est telle figure devant laquelle le chirurgien peut faire un cours d'anatomie. La douceur, la force, l'éclat, les plus délicates nuances de la carnation; la souplesse des chairs; les fibres, les nerfs, les muscles, les moindres tendons; le jeu complexe des organes, leur dilatation ou leur contraction, suivant les plaisirs ou les douleurs, ou les impressions *naturelles* de l'âme; rien n'y manque. A toutes ces qualités se joignent la régularité des proportions, l'irréprochable naturel des poses, la beauté ravissante du coloris, et la forme matérielle et la sensation physique se trouvent rendues avec une perfection désespérante : cela devait être.

Avec le même plaisir et le même succès, le botaniste peut étudier certain vase de fleurs. Les pistils et les pétales avec leurs nuances si variées et si délicates; les feuilles, avec leur moëlleux ou leur poli, que sais-je? la pose de la tige, son diamètre, son élévation : on est sûr de trouver là tout ce qui se trouve dans la nature, imité et rendu avec une exactitude admirable : cela devait être encore. Ainsi, détails anatomiques, précision de dessin, beauté matérielle, pureté, vivacité, grâce de coloris; en un mot, tout ce qui est du domaine des sens est reproduit avec un rare bonheur : voilà pour les sujets *profanes*.

Quant aux sujets *religieux*, on devine ce qu'ils peuvent être : le peintre les a faits à son image, comme lui-même s'était fait à l'image des modèles païens et profanes. La forme matérielle ne laisse rien ou presque rien à désirer. Vous avez de beaux hommes et de belles femmes, des Grâces même et des Déesses; mais des saints et des saintes, peu ou point. On cherche le ciel, on ne trouve que l'Olympe; l'*œil* admire, mais le *cœur* ne prie pas. Tout un ordre de sentiments, d'idées, d'images, déposé en nous par le catholicisme, et qui compose comme le fond de notre être *surnaturel*, reste sans traduction. Le peintre ne nous comprend pas; son idiome n'est pas le nôtre : il parle *chair*, et nous parlons *esprit*.

De là les incorrections et les contre-sens qu'il commet lorsqu'il veut bégayer notre langue. Exemples : nous nous rappelions les madones de Giotto, de Lippo Dalmasio, du bienheureux Angelico da Fiesole, et nous cherchions, dans celles qui sont suspendues aux salons de Mars ou de Jupiter, les naïfs attraits, la grâce pudique, la douce sérénité, la sainteté, en un mot ce reflet divin qui brille dans les premières et auquel seul notre foi consent à reconnaître la Vierge Mère de Dieu; hélas! nous ne le retrouvions plus, excepté peut-être dans la *Madone du duc d'Albe*, par Raphaël. Nous regardions encore, et nous découvrions, malgré nous, dans les Saints, les Saintes, les Martyrs, les Anges, un air de famille avec Apollon, Jupiter, les Grâces, les Muses, les Héros et les Héroïnes de l'antiquité, qui nous rendait palpable l'inspiration sensuelle qui les a dictés. C'est ni plus ni moins ce qui doit être. Les *grands maîtres de la Renaissance* sont peintres *vraiment religieux*, comme ils furent *vraiment chrétiens*, momentanément et par exception. De bonne foi, à qui espère-t-on faire accroire qu'en menant une vie toute sensuelle, en remplissant son esprit, sa mémoire, son cœur, de pensées, d'images et d'affections grossières, il suffit de savoir dessiner, d'avoir à la main un pinceau et devant les yeux la première Fornarina, douée de quelques attraits, pour faire une sainte, une Vierge, la plus pure des vierges ? Oh ! cela, voyez-vous, je ne le croirai jamais ; car jamais je ne croirai que le flambeau *divin* du génie s'allume dans la boue des passions ! Cependant l'histoire est là pour nous dire que tels furent les *modèles* et la recette trop ordinaire des peintres du seizième siècle et de leurs successeurs. Et on voudrait que nous eussions foi à l'inspiration religieuse de tous ces ouvriers-là? *Credat Judæus Apollo...*

Avoir trop sacrifié à la forme matérielle, et négligé l'inspiration chrétienne, voilà, je crois, les deux premiers reproches qu'on peut justement faire à la Renaissance. La galerie du palais Pitti nous apprend qu'elle en mérite un autre beaucoup plus grave. Avant la Renaissance on ne peignait pas le nu, et cela pour deux raisons : la première, parce que la religion chrétienne, essentiellement spiritualiste et morale, le défend. L'art était pris au sérieux et regardé comme un sacerdoce, comme une langue surnaturelle destinée à traduire un ordre d'idées, de sentiments et de beautés supérieurs aux sens. Témoin, à diverses époques, la vie et les travaux de Cimabuë, de Giotto, de Lippo Dalmasio, du B. Angelico da Fiesole, de son disciple chéri Benozzo Gozzoli; de Gentle Fabriano, de Thaddeo Bartolo; enfin des deux religieux Vital et Lorenzo, qui, peignant les cloîtres de Bologne, travaillaient ensemble comme deux frères, excepté quand il s'agissait de la mise en croix. Alors Vital se trouvait tellement anéanti par le sujet qu'il l'abandonnait tout à fait à son ami. Je pourrais citer d'autres exemples non moins remarquables de ce profond sentiment religieux apporté dans l'art par les peintres vraiment chrétiens.

La seconde raison pour laquelle on ne peignait pas le nu, c'est que cela n'était pas nécessaire à la perfection de l'art catholique. On cherchait à rendre exclusivement la beauté *spirituelle*, la seule dont la vue élève au-dessus des sens. Or, cette beauté se réfléchit uniquement dans les yeux et dans les traits du visage. De là l'incomparable pureté des figures et le type vraiment divin qui distinguent les ouvrages des grands maîtres antérieurs au mouvement du quinzième siècle. On voit que cette partie absorbait leurs soins et leur talent; tout le reste, regardé comme accessoire, est traité avec une certaine négligence, devenue le sujet éternel de reproches poussés jusqu'à l'injustice sur les parties visibles des anciennes peintures. Cette dignité, cette sainte mission de l'art fut méconnue par les artistes nouveaux. Formés à l'école du paganisme, ils n'ont vu habituellement que la beauté matérielle, et, pour la faire ressortir, ils ont peint le nu; et, ils l'ont peint, les malheureux, avec une abondance et une effronterie qui font baisser les yeux à la vertu, et qui doivent couvrir de rougeur le front le moins pudique. Est-ce donc là, nous le demandons, le légitime usage ou l'abus de l'art? Peut-on croire que Dieu a donné à l'homme le génie pour corrompre plus habilement?

Si, dans les sujets profanes, le nu dont je parle est un scandale, n'est-il pas dans les sujets religieux un contresens sacrilége? Le sens chrétien n'est-il pas révolté, lorsqu'on nous donne pour des saintes, des figures déshabillées et agaçantes comme des nymphes ou des sirènes? et pour l'auguste Mère de Dieu, une femme montrant à tous les regards un enfant complétement nu? Non, non, vous avez beau dire et beau faire, jamais on ne persuadera à aucun catholique que nos saintes avaient la désinvolture des déesses, et que la plus réservée de toutes les mères, la plus saintement pudique de toutes les vierges, Marie enfin, ait jamais donné au public un spectacle comme celui dont je viens de parler.

Toutefois, il nous fut doux de le reconnaître, et il nous est consolant de le proclamer, à ces contre-sens étranges, pour ne pas dire sacriléges, la galerie de Florence offre d'honorables exceptions. Raphaël, le Titien, Murillo, le Guide, le Tintoret, Jules Romain, et d'autres encore, ont écrit des pages vraiment chrétiennes, c'est-à-dire vraiment sublimes. Mais, ces exceptions admises, il est difficile de ne pas sanctionner les graves reproches adressés à la Renaissance. Elle a mis en honneur le culte de la forme jusqu'à le rendre idolâtrique; l'art a cessé d'être la langue du spiritualisme, pour devenir la langue du sensualisme; au lieu de rester un sacerdoce catholique, il a été trop souvent un sacerdoce dégradant et corrupteur. Pour le fond, il a donc perdu plus qu'il n'a gagné à la révolution du quinzième siècle. Quant à la forme, pourrait-on prouver qu'en demeurant catholique il n'eût pas atteint à cette correction de dessin, à cette régularité de traits, à toute cette perfection de poses, de draperies et autres accessoires dont la Renaissance se glorifie justement? Celui qui peut plus, peut moins. L'art catholique s'était élevé jusqu'à la beauté idéale et spiritualiste : un peu de pratique lui eût donné le secret de la beauté sensible, dont les modèles sont palpables; mais il les avait négligés pour les raisons énoncées plus haut. On pourrait citer en preuve les chefs-d'œuvre du Giotto et du B. Angelico, de Gaddi, etc. La chapelle des Espagnols, à Rome, possède plusieurs figures aussi belles de style et d'expression que celles de Raphaël, et les pensées sont plus profondes, les conceptions plus vastes. La madone de Sainte-Marie *in Cosmedin*, et Notre-Seigneur, à l'église des SS. Côme et Damien, sont admirables ; les figures sont d'une grandeur que Michel-Ange, Raphaël et tous les peintres qui les ont suivis n'ont jamais atteinte.

Nous sortîmes de la galerie de Florence les yeux éblouis, mais le cœur très-peu satisfait. A la vue de tant de génie si tristement dépensé, on gémit amèrement, et on ne trouve de consolation que dans l'espérance d'un retour à l'ordre, retour ardemment désiré aujourd'hui et dont chacun doit promettre de hâter le salutaire progrès de toute la puissance de sa faiblesse. Tel est le motif des réflexions qui précèdent ; puisse-t-il en être la justification !

28 Novembre

Anecdote. — Le Palazzo-Vecchio. — Les Uffizj. — Visite à M. le chanoine B...... — État moral de Florence. — Confrérie de la Miséricorde. — Catéchisme de persévérance.

Hier nous avions quitté la galerie pour nous rendre aux *Uffizj*, mais l'heure avancée nous obligea de remettre cette visite au lendemain. Pendant la nuit, l'âpre climat du nord avait remplacé la douce température de l'Italie. Le frileux Toscan, pris à l'improviste, ne savait comment s'emmaillotter dans son manteau. Son embarras nous apprêtait à rire, car le froid nous paraissait très-supportable. Il est vrai qu'avant de commencer notre belle et longue promenade sur les rives pittoresques de l'Arno, nous avions eu soin de déjeuner avec un appétit qu'avait singulièrement favorisé la piquante conversation d'un voyageur anglais.

Cet aimable conteur était un petit vieillard, grand expert en fait de voyages. Dans sa vie nomade, il avait visité plusieurs fois l'Europe entière. Rien d'important ne lui avait échappé, et il parlait de tout avec une exactitude et un à-propos qui donnaient à ses récits un charme et un intérêt toujours soutenus. Par un privilége bien rare parmi ses compatriotes, il s'exprimait dans notre langue avec élégance et sans accent. A des connaissances très-variées il joignait, ce qui est plus rare encore, une parfaite modestie. Donc, nous étions cinq ou six seulement dans la salle à manger; la conversation était générale. On se demandait mutuellement ce qu'on avait remarqué dans les différentes villes d'Italie.

Au nombre des convives se trouvait un touriste fort enthousiaste de ce qu'il avait vu. Mais ses éloges montaient au delà du superlatif, si, par hasard, l'objet de son admiration, ne fût-ce qu'une bagatelle, vous avait échappé. S'adressant donc au vieillard : « Monsieur, lui dit-il, avez-vous été à Gênes? — Oui, monsieur, j'y ai même fait un assez long séjour : je crois connaître cette ville. » Et il se mit à nous raconter en détail ce qu'il avait vu : églises, monuments, tableaux, palais, institutions, gloires nombreuses de la superbe cité, tout fut passé en revue. Après cette longue nomenclature, le touriste ajouta : « Avez-vous vu la villa Negroni? — Non, monsieur. — Comment! vous n'avez pas vu la villa Negroni! mais vous n'avez rien vu. » Et le voyageur de s'extasier sur les beautés, les curiosités, les richesses de la villa, et de s'applaudir de l'avoir visitée, et de plaindre le vieillard de l'avoir oubliée. « Or, je vous le disais, à Gênes, la villa Negroni ne renferme rien qu'on ne trouve vingt fois en Italie. Elle n'a guère pour elle que l'avantage de sa position. Du jardin on jouit du panorama de la ville; mais ce même coup d'œil vous l'avez plus grand et plus complet de plusieurs autres points; tel, par exemple, que la coupole de Sainte-Marie *di Carignano.* — Monsieur, répondit le modeste Anglais, je vous remercie de votre indication; dans un mois je serai de retour à Gênes, et je me promets de ne pas oublier la villa Negroni. » Et sur-le-champ il écrivit sur son carnet : *Villa Negroni, à Gênes.*

La conversation continua, s'étendit, sauta de sujets en sujets, et le vieillard la laissa courir. Il continuait toutefois d'y prendre part, jetant çà et là quelques mots qui avaient l'air de dire : Je te ramènerai à mon point. En effet, tout en mangeant son *beefsteack*, et sans avoir l'air de garder une arrière-pensée, il se mit à nous conter plusieurs anecdotes. « Je me rappelle, entre autres, nous dit-il, une circonstance de mon premier voyage à Paris, que je n'ai jamais oubliée. J'étais jeune, curieux, comme on l'est à vingt ans, et grand amateur de monuments et de chefs-d'œuvre. Six mois entiers ne m'avaient pas paru trop longs pour étudier Paris. De cette ville je vins m'installer à Versailles. Un jour que je visitais le château, je fus rencontré par une compagnie de voyageurs français. Une dame de très-bon ton, m'ayant reconnu pour étranger, me demanda si j'avais vu Paris. — Oui, madame. — Avez-vous vu les Tuileries? — Oui, madame. — Avez-vous vu les galeries du Louvre? — Oui, madame; je suis amateur de peinture, c'est par là que j'ai commencé. — Avez-vous vu Notre-Dame, Sainte-Geneviève, Saint-Étienne-du-Mont? — Oui, madame. — Elle me promena dans tout Paris. A toutes ses questions je faisais la même réponse, et ma réponse

était véritable. Tout à coup elle se retourna et me dit :
— Avez-vous vu le canal de l'Ourcq? — Non, madame.
— Comment ! vous n'avez pas vu le canal de l'Ourcq, mais vous n'avez rien vu. »

A ce dernier trait qui allait à l'adresse de notre voyageur français comme une flèche à son but, tout le monde partit d'un éclat de rire, sans excepter le charitable indicateur de la *villa Negroni*.

Rentrés de la promenade, où nous avions pu jouir des sites enchantés qui avoisinent Florence, nous nous rendîmes aux *Uffizj*. Avant d'arriver dans le nouveau temple des arts, voici la place Ducale, avec son *Enlèvement des Sabines* et je ne sais combien d'autres statues, dont le nu rappelle tristement la fontaine de Neptune, à Bologne. Devant se dresse le Palazzo-Vecchio. Sévère, solide, pittoresque, élevé à la fin du treizème siècle, dominé par son haut et hardi beffroi, l'antique manoir des Médicis vous transporte en plein moyen âge. Il redit tout à la fois, et la magnificence de ses anciens maîtres, et les tragiques événements dont il fut l'impassible témoin. En montant le grand escalier, on s'attend à rencontrer le frère Savonarole, l'ardent tribun, qui paya de sa tête ses prédications démocratiques ; on passe au lieu même où il fut dépouillé de sa robe de dominicain, avant de monter sur le gibet. La tour appelée *Barberia* rappelle Côme de Médicis, le père de la patrie. Enfermé dans ce cachot aérien par le fougueux Renaud des Albizzi, il eut pour gardien Frédéric Malavotti, surnommé le plus honorable et le plus délicat des geôliers.

A travers un peuple de statues on arrive aux Uffizj ; ce nom célèbre dans l'histoire des arts désigne un nouveau palais rempli de tableaux et de statues antiques et modernes. Là, vous voyez, dans le cabinet des peintres, tous les portraits des *grands artistes*, faits par eux-mêmes: cette collection est unique au monde. Les différentes écoles de peinture, italienne, flamande, française, allemande, espagnole, ont chacune leur salon particulier. Nous y trouvâmes avec bonheur les ouvrages des artistes catholiques placés au premier rang : il en est de même à l'*Académie*, où Florence conserve en grand nombre les chefs-d'œuvre du B. Angelico et des autres peintres, ses contemporains. La visite de l'Académie et des Uffizj, tout en vous réconciliant un peu avec la ville de la Renaissance, fait plus vivement regretter la déviation du quinzième siècle. Entre une foule d'objets composant la galerie des bronzes au palais des Uffizj, il en est deux qui excitèrent vivement notre curiosité. Le premier est une aigle romaine, l'aigle de la *vingt-quatrième* légion; le second est un casque de fer, avec une inscription en lettres inconnues : l'un et l'autre proviennent du champ de bataille de Cannes.

Comme étude de mœurs, la collection des bustes antiques de tous les empereurs romains, à partir d'Auguste jusqu'à Dioclétien, offre un grand intérêt. La société de sang et de boue, dont les Césars furent la personnification, se reflète dans leurs traits avec une effrayante vérité. Des fronts la plupart déprimés, des chairs pendantes, la partie inférieure du *facies* très-développée, un cou de taureau, des yeux durs et saillants, ou petits et renfoncés, séparés par un nez proéminent, donnent aux uns la figure de bêtes immondes et féroces; aux autres, celle des grands oiseaux de proie. Entre les bustes impériaux, rangés sur deux lignes, sont intercalées les statues des habitants de l'Olympe. Les dieux et les Césars, reliés par des fragments de pierres sépulcrales, avec des inscriptions aux dieux mânes, occupent les deux côtés d'une immense galerie : on dirait une hideuse catacombe, où le monde antique, immobile et glacé, se résume en trois mots : cruauté, volupté, mort. Malgré les honteuses nudités dont il fatigue vos regards, ce spectacle n'est pas sans utilité pour l'observateur chrétien. En lui apparaissant tel qu'il fut, le paganisme a placé sur ses lèvres plus d'une bénédiction vivement sentie pour le Dieu de miséricorde qui fit rentrer dans l'ombre tout cet horrible univers.

Cependant l'heure était venue de me trouver à un rendez-vous vivement désiré. On m'avait procuré l'adresse d'un chanoine de la cathédrale, homme fort distingué et très-capable de me donner, sur l'état moral de Florence, tous les renseignements désirables. Mon attente ne fut pas vaine. Je trouvai un vieillard aux cheveux blancs, ancien missionnaire d'Amérique, sincère ami de la France, et joignant à de rares connaissances beaucoup de candeur et d'affabilité.

Aux questions que je lui adressai il me répondit en ces termes : « Le Jansénisme dogmatique est éteint parmi nous, mais les maux qu'il a faits ne sont pas entièrement réparés. Jusqu'ici on a suivi dans l'enseignement les auteurs *sévères :* on commence à leur substituer saint Alphonse. La théologie de l'illustre évêque, adoptée et pratiquée en Toscane, est un fait que vous pouvez regarder comme très-significatif. Notre clergé est nombreux; jugez-en par celui de la cathédrale, qui compte trente-six chanoines, soixante-cinq chapelains et cent clercs, appelés *Eugeniani,* en mémoire d'Eugène IV. Au concile de Florence, ce pape, notre compatriote, voulut bien accorder à cent jeunes ecclésiastiques de notre ville le privilége d'être admis aux ordres sans bénéfice ni patrimoine, à la condition de neuf années de service à la cathédrale. Une chose nous manque, c'est l'organisation de vos séminaires. Personne chez vous n'est admis aux ordres sans que sa vocation n'ait été deux fois éprouvée : la première au petit séminaire, la seconde au grand. Nous avons bien des séminaires, mais le vice de ces établissements est de n'être pas séparés.

« Néanmoins le clergé fait le bien ; il le ferait mieux et plus facilement si l'esprit de Joseph II ne régnait encore en Toscane. Le pouvoir civil envahit tant qu'il peut les droits de l'Église, et il ne cesse de se plaindre de l'envahissement du clergé. — C'est, lui dis-je, mon vénérable confrère, la tactique un peu usée d'un personnage appelé chez nous *Robert-Macaire*, qui, après avoir volé son voisin, est toujours le premier à crier au voleur.

« Les mœurs, continua-t-il, seraient généralement bonnes, car il y a de la foi et même de la piété à Florence ; mais les étrangers nous font beaucoup de mal : on en compte habituellement de quinze à vingt mille. Cependant le devoir pascal est généralement accompli par les hommes aussi bien que par les femmes. Nous le savons d'une manière certaine ; car, quoiqu'on ne soit pas obligé de se confesser à Pâques à son curé, on est obligé de recevoir l'Eucharistie dans sa paroisse et de remettre au pasteur un billet de communion.

« Malgré les mauvaises doctrines apportées par les étrangers ; malgré vos livres impies dont les contrefacteurs belges nous inondent ; malgré les poisons versés dans les entrailles de notre peuple par les nudités scandaleuses exposés dans nos galeries et sur nos places publiques, comme dans beaucoup d'autres villes d'Italie, nous avons, outre le bien que je vous ai dit, une institution admirable, qui est la gloire exclusive de Florence et de notre sainte religion : c'est la *confrérie de la Miséricorde*. Elle fut fondée, vers le milieu du treizième siècle, par de nobles Florentins, lors des pestes qui ravageaient notre patrie : elle compte environ mille confrères. Le prince régnant, le cardinal-archevêque, les hommes les plus distingués en font partie, et ne peuvent être que de simples confrères : les règlements les excluent de toutes les dignités. La confrérie a pour but de secourir les blessés, de les transporter à l'hôpital et de les soigner, jusqu'à ce qu'ils soient guéris ou appelés à une vie meilleure. Cette institution si respectable surprend et édifie les étrangers. Vous voyez quelquefois s'échapper des cercles les plus brillants un de ces confrères averti de quelque accident par la cloche du dôme. A ce rappel de la charité, il court revêtir son uniforme religieux, espèce de robe noire avec capuchon, costume monastique qui dissimule l'inégalité des rangs et auquel un chapelet est suspendu. Cet homme du monde, né au milieu des jouissances de la vie, saisit de lui-même un des bouts du brancard; il chemine lentement à travers les rues de la ville, chargé de son frère souffrant, et il passe, sans regret, sans surprise, du salon à l'hôpital [1].

« Parmi les confrères de semaine il y a toujours un prêtre muni de l'extrême-onction. Faut-il transporter à l'hôpital un malade quel qu'il soit, blessé ou non? l'honneur en appartient encore exclusivement à la confrérie. Si le malade est pauvre, elle ne manque jamais de laisser dans sa maison des marques de la plus géné-

---

[1] Un voyageur moderne exprime le même fait dans les mêmes termes.

reuse charité. Les dames font aussi partie de l'œuvre de la Miséricorde, au bien de laquelle elles contribuent par leurs aumônes et leurs prières. La confrérie est divisée par quartiers, et chaque mois un des membres fait la quête.

« Quant à nos hôpitaux, ils laissent à désirer : les salles d'hommes sont administrées et soignées par des domestiques, lesquels, avec les employés, dépensent une grande partie des revenus. Des religieuses surveillent les salles de femmes; mais la plupart des soins sont donnés par des servantes. » Et le bon vieillard se mit à me faire l'éloge de nos sœurs de saint Vincent-de-Paul, en exprimant son ardent désir de les voir établies à Florence. « Il existe encore, me dit en finissant le vénérable chanoine, plusieurs institutions de charité et de piété que vous visiterez avec intérêt. Telles sont la *pia casa di Lavoro*, l'hospice *Bigallo*, et la *casa pia* de Saint-Philippe-de-Néri. Je ne dois pas non plus oublier nos catéchismes de persévérance. »

A ces mots, il tira sa montre et me dit : « Celui de la *Sainte-Trinité* se fait en ce moment; si vous tenez à le voir, il n'y a pas de temps à perdre; mais avant de partir promettez-moi de revenir demain. »

Je promis, je remerciai et me rendis en toute hâte à l'église indiquée. Le clergé paroissial, caché derrière l'autel, psalmodiait les vêpres à demi-voix, tandis qu'au milieu de la nef commençait le catéchisme de persévérance. Il était nombreux, recueilli et composé d'enfants de douze à vingt ans. Retrouver en Italie l'institution à laquelle j'avais consacré dix années de mon existence; me voir dans une de ces intéressantes réunions, à la même heure où d'autres enfants, bien chers à mon cœur, participaient au même exercice, recevaient la même instruction, fut pour moi, je l'avoue, une très-agréable surprise. J'en étais à recommander au Dieu des enfants et le catéchisme italien et le catéchisme français, lorsque je m'aperçus que la nuit allait me surprendre. Sous peine de ne pas retrouver mon chemin, il fallut partir afin de regagner la *Porta-Rossa*.

29 Novembre.

Demi-fête de Saint-André. — Pia casa di Lavoro. — Hospice Bigallo. — Pia casa de Saint-Philippe. — Hospice des Innocents. — Sasso di Dante. — Bibliothèque Laurentienne. — Pandectes Pisanes. — Tombeau de Michel-Ange, de Galilée, de Machiavel, de Pic de la Mirandole. — Anecdote.

Aujourd'hui encore en Italie, comme autrefois en France, il y a des demi-fêtes. Ces jours-là le travail est permis, mais il y a obligation d'entendre la messe. La Saint-André est une demi-fête : elle devait être célébrée le lendemain. Comme je traversais la place du marché, un jeune garçon d'environ douze ans vint en courant se jeter dans ma soutane, et me dit : « *Padre, c'è obbligo di messa oggi?* Père y a-t-il obligation d'entendre la messe aujourd'hui? » — Aujourd'hui, non; mais demain, oui. Après m'avoir baisé la main, il s'en alla joyeux garder sa petite boutique. Le lendemain il était au pied de l'autel, assistant avec une multitude de peuple au saint sacrifice. Vertueux enfant, que Dieu te bénisse ! ta conduite m'édifia, et je fus heureux de pouvoir me dire en continuant mon chemin : Ici, on prend donc encore au sérieux les lois de l'Église, même celles dont l'obligation paraît moins rigoureuse et que la distraction du travail peut plus facilement faire oblier. O France ! jusques à quand feras-tu pleurer ta mère et rougir tes enfants?

Profitant des indications qui nous avaient été données la veille, nous nous rendîmes à la *pia casa di Lavoro*. Cet établissement, un des plus beaux d'Italie, reçoit à la fois des valides et des invalides, des mendiants envoyés par l'autorité et des indigents qui y viennent volontairement chercher du travail. Le nombre total varie de 600 à 900. La classification et les séparations qui doivent en être la conséquence, y sont établies. On y fait apprendre divers états. Il y a des ateliers pour des tisserands, des tailleurs, des cordonniers, des cardeurs de laine, soie, coton, pour des fabricants de tapis en laine, d'étoffes de soie, de rubans, de bonnets rouges pour le Levant. Une partie des produits est vendue pour le compte de la maison; une autre partie est exécutée sur la demande des marchands. Les deux tiers de la valeur sont réservés à l'établissement, l'autre tiers est réservé aux travailleurs. La discipline y est douce et sévère.

Non loin de là, nous admirâmes la charité catholique sur deux autres théâtres. L'hospice *Bigallo*, fondé par Côme Ier, est l'asile des enfants que la misère de leurs parents laisse sans éducation; tandis que la *pia casa* de Saint-Philippe-de-Néri recueille les enfants errants dans les rues et les arrache aux dangers qui naissent de l'oisiveté. La charité va plus loin encore, et les enfants au berceau sont l'objet de son intelligente sollicitude. C'est avec bonheur que nous visitâmes l'hospice, si bien nommé des *Innocents*. Fondé en 1421, et construit sur les dessins du célèbre Brunellesco, il réunit la maison d'accouchement au service des enfants trouvés, entretient 4,000 de ces petites créatures et pourvoit aux frais de leur éducation jusqu'à 10 ans, pour les garçons, et 18 pour les filles.

La Toscane compte douze grands hospices, placés

dans les principales villes et destinés à recueillir les enfants abandonnés. Le tour existe ; mais il est défendu d'y déposer l'enfant légitime. Il ne peut être admis à l'hospice que dans le cas d'une extrême urgence : par exemple, si la mère est dans l'impossibilité de le nourrir, ou s'il a perdu son père, unique soutien de la famille. Ces circonstances doivent être accompagnées d'une misère positive, attestée par le curé, le médecin, le juge, dans la province ; par le commissaire du quartier, dans la capitale, et par le gonfalonier de la commune, chacun suivant sa compétence. Les petits garçons délaissés sont à la charge de la charité publique jusqu'à 14 ans, les filles jusqu'à 18. Tous restent sous la tutelle des administrateurs ; pour les filles elle ne finit qu'à l'âge de 25 ans. La famille à qui a été confié un enfant délaissé, qui l'a gardé et soigné, si c'est un garçon, jusqu'à 14 ans, si c'est une fille, jusqu'à 18, en l'instruisant dans une profession utile, reçoit une gratification de 70 livres. Les filles dont la conduite est sans reproche touchent une dot à l'époque de leur mariage [1].

Nos intéressantes visites nous avaient ramenés auprès de la cathédrale, où nous considérâmes en passant le *Sasso di Dante*. C'est un marbre qui indique la place où l'illustre poëte venait s'asseoir pour prendre le frais et s'inspirer à la vue du sublime *Duomo*. Le premier homme du peuple vous montre le *Sasso di Dante*, et vous en redit l'origine, tant le Dante est populaire en Italie, mais surtout à Florence ! Voilà une bonne leçon pour nos auteurs classiques. Tandis que les chantres modernes de l'Olympe et du Panthéon sont inconnus de la foule dans

[1] Voir M. de Gérando, *Bienf. publ.*, t. II, p. 173-404 ; t. III, p. 541.

leur propre pays, le poëte catholique se survit à lui-même depuis quatre cents ans; et les facchini de Florence, et les lazzaroni de Naples, et les gondoliers de Venise redisent encore ses chants populaires. La belle église de *Santa-Maria Novella*, si riche de souvenirs, ne nous retint qu'un instant, pressés que nous étions de revoir l'excellent chanoine B....... Il nous donna, sur le sujet qui nous avait occupés la veille, de nouveaux détails confirmés par un grand nombre de faits. Son jugement répondit parfaitement à l'opinion que nous nous étions formée à Gênes de l'état actuel de l'Italie. A Florence existe, vive et acharnée, la lutte du bien et du mal. Au-dessous des classes lettrées, que travaille le carbonarisme antichrétien et antisocial, vous avez des populations en qui la séve de la foi coule encore pure de tout mélange; des désordres de mœurs, comme partout, mais des remords et des conversions : on n'y connaît encore que par exception le respect humain et l'impénitence finale.

Ayant pris un dernier congé de notre vénérable *ami*, nous entrâmes à la bibliothèque Laurentienne. Elle montre à la curiosité du bibliophile les fameuses *Pandectes* Pisanes, manuscrit du sixième siècle, d'une conservation parfaite; un *Virgile*, manuscrit du quatrième siècle; enfin un *Horace* qui appartint à Pétrarque, et sur lequel le célèbre poëte a mis un mot de sa main, désignant celui de ses héritiers auquel il lègue cet ouvrage. La plupart des manuscrits sont attachés sur leurs pupitres avec des chaînes de fer : antique usage dont on est redevable aux Bénédictins, et qui assura la conservation de plus d'un chef-d'œuvre. Une autre chaîne, plus forte que la première, fixait l'ouvrage au pupitre du moine laborieux; c'était l'excommunication. Oui, dans ces temps anciens qui suivirent l'invasion des Barbares, l'*excommunication* était lancée contre quiconque aurait déplacé un manuscrit : tant était vive la sollicitude de l'Église pour prévenir la mutilation ou la perte des œuvres du génie antique, dont alors il n'existait peut-être qu'une copie. Et l'on dit de nos jours : L'Église est ennemie des lumières !

Traversant une partie de la ville, nous arrivâmes à la belle église de *Sainte-Croix*. On y trouve d'illustres tombeaux : celui de Michel-Ange ; celui de Galilée, un sarcophage élevé au Dante depuis quelques années seulement, enfin le mausolée de Machiavel, avec l'inscription suivante, dans le goût italien :

TANTO NOMINI NULLUM PAR ELOGIUM.

L'église *Saint-Marc*, espèce de grande fabrique, nous offrit la tombe du célèbre Pic de la Mirandole. La vue de ce monument rappelle une anecdote relative au fameux philosophe. Prodigue de science et de mémoire, Pic de la Mirandole avait annoncé qu'il soutiendrait des thèses publiques sur toutes les connaissances qui sont du ressort de l'esprit humain, *de omni scibili ;* un plaisant ajoutait : *Et de quibusdam aliis*. Le jour de l'exercice étant venu, on raconte qu'un homme du peuple mit à bout le présomptueux savant, en le priant de lui dire combien il y avait de demandes dans les Litanies de la sainte Vierge.

30 Novembre.

Tribune de Galilée. — Pourquoi Galilée fut-il condamné ? — A quoi fut-il condamné ? — Départ pour Rome.

Dès le matin les églises étaient pleines de monde. La fête de Saint-André réunissait au pied les autels une foule nombreuse, dont le recueillement fut pour nous un véritable sujet d'édification. Au pieux spectacle succéda la visite du cabinet d'Histoire naturelle et de la Tribune de Galilée. Dans ce dernier édifice, espèce de rotonde d'une grande magnificence, on conserve les instruments qui servirent au célèbre astronome pour hâter la révolution astronomique et affermir le système que tout le monde connaît. Ces télescopes, ces boussoles, ces quarts de cercle, touchés par la main du génie, inspirent je ne sais quel profond sentiment de respect pour l'homme et de reconnaissance pour Dieu. Ame humaine, que tu es noble ! Dieu des sciences, que vous êtes bon d'avoir départi à votre faible créature une si belle part d'intelligence !

Mais Rome n'a-t-elle pas troublé, par un injuste anathème, le concert de louanges donné à l'immortel astronome ? n'a-t-elle pas voulu étouffer cette brillante lumière ? n'a-t-elle pas condamné sans raison une découverte qui recule jusqu'à l'infini les bornes de la raison ? Ces questions, ou pour mieux dire ces accusations répétées par tant de bouches avec un accent de triomphe, reviennent naturellement dans les lieux d'où sortit le sujet du débat. Dieu merci, il n'est pas besoin de justifier la sentence du tribunal apostolique. Sur ce point, comme sur beaucoup d'autres, les protestants eux-mêmes ont réduit à leur juste valeur les sottes diatribes de la philosophie [1]. Toutefois l'injuste condamnation de Galilée, par le tribunal du Saint-Office, est une erreur tellement rivée dans les têtes, qu'il peut être utile d'exposer, brièvement cette cause toujours ancienne et toujours nouvelle.

A Modène, le savant abbé Baraldi nous avait indiqué les *Mémoires et Lettres jusqu'à présent restées inédites ou éparses de Galileo-Galilei*, publiées par Venturi, à Modène, en 1818 et 1821, ainsi que les *Lettres de François Nicolini*, ambassadeur de Toscane à Rome, au bailli André Cioli, secrétaire d'État du grand-duc, et

---

[1] On cite Galilée, condamné et persécuté par le Saint-Office, pour avoir enseigné le mouvement de la terre sur elle-même. Heureusement il est aujourd'hui prouvé, par les lettres de Guichardin et du marquis Nicolini, ambassadeur de Florence, tous deux amis, disciples et protecteurs de Galilée, par les lettres manuscrites et par les ouvrages de Galilée lui-même, que, depuis un siècle, on en impose au public sur ce fait. Ce philosophe ne fut pas persécuté comme bon astronome, mais comme mauvais théologien, pour avoir voulu se mêler d'expliquer la Bible. Ses découvertes lui suscitèrent sans doute des ennemis jaloux ; mais c'est son entêtement à vouloir concilier la Bible avec Copernic qui lui donna des juges, et sa pétulance seule fut la cause de ses chagrins. Il fut mis, non dans les prisons de l'inquisition, mais dans l'appartement du Fiscal, avec pleine liberté de communiquer au dehors. Dans sa défense, il ne fut point question du fond de son système, mais de sa prétendue conciliation avec la Bible. Après la sentence rendue et la rétractation exigée, Galilée fut le maître de retourner à Florence. On doit ces renseignements à un protestant, Mallet-Dupan, qui, appuyé sur des pièces originales, a ici vengé la Cour romaine.

(*Mercure* du 17 juillet 1784, n° 29.)

contenant l'*histoire diplomatique*, *jour par jour*, *de Galilée à Rome pendant son jugement*. De ces pièces *originales*, écrites les unes par Galilée lui-même, les autres par Nicolini, son ami et son admirateur, il résulte, quant au sujet de la condamnation :

1º Que Galilée ne fut nullement condamné pour avoir soutenu le mouvement de la terre;

2º Ni pour avoir soutenu que la terre est en mouvement à travers les airs et en collision avec eux, opinion pourtant démontrée fausse par Bacon, Newton, Laplace et par les progrès de la science;

3º Mais pour avoir voulu établir, par l'Écriture-Sainte, et transformer en dogme une hypothèse astronomique alors très-contestée, et depuis abandonnée, au moins en partie, comme absurde et insoutenable : d'où il résulte qu'au lieu de maudire le tribunal qui, le premier, condamna cette prétention, il faut l'admirer et le bénir. N'est-ce pas, en effet, rendre au génie un éminent service que de le défendre contre ses propres écarts? et défendre d'imposer à la raison une opinion contestable comme une loi sacrée, n'est-ce pas protéger dignement la liberté humaine? Telle fut la conduite du Saint-Office romain dans l'affaire de Galilée.

Venons aux preuves : « L'air, écrit Galilée, comme corps dégagé et fluide, et peu solidement uni à la terre, ne semble pas être dans la nécessité d'obéir à son mouvement, au moins tant que les rugosités de la superficie terrestre ne l'entraînent pas et emportent avec elle une portion qui leur est contiguë, laquelle ne dépasse pas de beaucoup les plus hautes cimes des montagnes; laquelle portion d'air devra opposer d'autant moins de résistance à la révolution terrestre qu'elle est pleine de vapeur de fumée et d'exhalaisons, toutes matières participant des qualités de la terre, et par conséquent adaptées à ses mouvements mêmes [1]. »

Puis, arrivant à l'explication du flux et du reflux de la mer, Galilée l'*attribue à la rotation diurne de la terre sur son axe*, et nullement à la pression de la lune, comme le veut Képler, dont il se moque amèrement. Laplace vient à son tour, environné du cortége de tous les astronomes, et dit : « Les découvertes ultérieures ont confirmé l'aperçu de Képler et détruit l'explication de Galilée, qui répugne aux lois de l'équilibre du mouvement des fluides [2]. »

Or, ces opinions reconnues aujourd'hui pour fausses par les hommes de la science, Galilée voulait, suivant la tendance de son époque, les appuyer sur les oracles divins de l'Écriture et sur les décisions de l'Église, afin de les faire prévaloir. « Il exigea, dit Guichardin, son ami et ambassadeur à Rome, dans sa dépêche du 4 mars 1616, que le Pape et le Saint-Office déclarassent ce système de Copernic fondé sur la Bible. » Dans une lettre à la duchesse de Toscane, il s'efforce de le prouver théologiquement, et de montrer qu'il est tiré de la Genèse. Il s'agit du système de Copernic, entendu à la manière de Galilée ; car, pour le système en soi, Rome laissa toujours la liberté de le soutenir. Nous devons même à la sollicitude des Papes la publication du livre de Copernic, dédié à Paul III.

Des mêmes pièces originales il résulte, quant aux peines infligées à Galilée :

1° Qu'il n'eut point les yeux crevés, comme le prétend Montucla ;

---

[1] Dialogues, ive Journée, p. 311.
[2] *Exposit. du système du monde*, liv. iv, c. ii.

2° Qu'il ne fut point mis dans un cachot, comme l'avance Bernini ;

3° Qu'il n'eut point de chaînes au pied, comme le disent certains tableaux de nos musées ;

4° Qu'on ne toucha en aucune façon, ni à ses membres, ni à ses yeux ; mais qu'on eut pour lui tous les égards et tous les soins dus à son génie et à sa santé ; qu'après avoir occupé durant le jugement les appartements mêmes du Fiscal, après le jugement, la délicieuse villa *Médicis*, où il fut entouré, pendant cinq mois, des attentions les plus délicates, il eut pour demeure le palais de son meilleur ami, Mgr Piccolomini, archevêque de Sienne, en attendant que la peste qui ravageait Florence lui permît de retourner dans sa patrie et de se livrer à de nouvelles études.

Citons encore les témoignages. Mandé de Florence, il arriva à Rome le 15 février 1633, où il logea chez son ami, François Nicolini, ambassadeur de Toscane. Au mois d'avril, il se mit à la disposition du commissaire du Saint-Office, « qui, suivant l'expression de Nicolini, lui fit l'accueil le plus bienveillant, et lui assigna pour demeure la propre chambre du Fiscal du tribunal. On permit que son domestique le servît et dormît à ses côtés, et que mes serviteurs, à moi, lui portassent à manger dans sa chambre et s'en revinssent chez moi matin et soir. » Trois jours après le prononcé du jugement, le 24 juin, l'ambassadeur le conduisit dans le jardin de la Trinité des Monts, alors appelé villa Médicis, aujourd'hui occupé par l'académie de France. Après cinq mois de séjour à Rome, Galilée passa à Sienne dans le palais de l'archevêque Piccolomini, et quand cessa la peste qui désolait Florence, il put, au bout de trois mois environ, retourner à sa villa d'Arcetri, où la mort le surprit le 8 janvier 1642.

Galilée lui-même écrivait au Père Receneri, son disciple : « Le Pape me croyait digne de son estime ; je fus logé dans le délicieux palais de la Trinité des Monts. Quand j'arrivai au Saint-Office deux jacobins m'invitèrent très-honnêtement à faire mon apologie... Pour me punir on a défendu mes *Dialogues*, et on m'a congédié après cinq mois de séjour à Rome. Comme la peste régnait à Florence, on m'a assigné pour demeure le palais de mon meilleur ami, Mgr Piccolomini, archevêque de Sienne, où j'ai joui d'une pleine tranquillité. Aujourd'hui je suis à ma campagne d'Arcetri, où je respire un air pur auprès de ma chère patrie [1]. » Pauvre martyr !

Après nous être doublement édifiés sur la bonne foi de certains écrivains et sur la cruauté du tribunal de l'Inquisition, nous quittâmes la Tribune de Galilée, pour nous occuper de nos préparatifs de départ : le soir même nous devions nous mettre en marche vers la ville éternelle. Fidèle image du pèlerinage de l'homme sur cette terre, la vie du voyageur se résume en deux mots : arriver et partir. Les quelques moments de repos dont elle est semée ne sont qu'une halte fugitive, quelquefois un triste bivac, et toujours un campement. Ainsi, et toujours ainsi de la vie humaine. Après nous être donné rendez-vous à Rome avec nos compatriotes, logés au même hôtel, nous montâmes en voiture pour..... la capitale du monde. Il était huit heures du soir.

---

[1] Dans les ouvrages cités plus haut.

1ᵉʳ Décembre.

Sienne — Cathédrale. — Souvenirs de sainte Catherine. — De saint Bernardin. — De Christophe Colomb. — Église de Fonte-Giusta. — Établissement de mendicité. — Chapelle solitaire. — Idée de notre équipage. — Radicofani. — Souvenirs de Pie VII.

Qui exagère, ment. Pas plus que les autres mortels, le Florentin ne nous semble exempt de ce défaut. L'écrivain lapidaire et le marchand d'allumettes nous en avaient donné une première preuve. Aux entrepreneurs de diligences il était réservé de nous en fournir une autre; seulement on doit avouer qu'en France cette dernière classe compte beaucoup de Florentins. Que chez eux l'imagination conduise la langue, qu'ils trompent sans mentir, je le veux; il n'en reste pas moins vrai que le voyageur novice dont l'innocence ne sait rien rabattre de leurs paroles, ou le philosophe dont la raison sévère regarde l'expression comme l'équation de la pensée, marchent de surprise en surprise. On nous avait promis, affirmé, juré qu'en trente-six heures nous ferions le trajet de Florence à Rome : or, il y avait en vitesse une exagération de dix heures.

A la pointe du jour, nous étions à Sienne. L'antique *Sena Julia*, tour à tour boulevard des Étrusques, colonie romaine sous Auguste, république puissante au moyen âge, et rivale de Florence, se dessine gracieusement sur le penchant d'une verte colline. Ses maisons et ses rues, en amphithéâtre, descendent jusqu'à la plaine et laissent voir tout entière sa physionomie austère mais agréable. Du point culminant s'élance la cathédrale, une des plus anciennes et des plus splendides de l'Italie. Dans son ensemble elle remonte au treizième siècle. Ses murs incrustés de marbre blanc et noir, sa coupole hexagone, ses sculptures sur bois, son pavé en mosaïque, le plus admirable qu'on connaisse, sa voûte bleue parsemée d'étoiles d'or, ses superbes vitraux du seizième siècle, ses bustes pontificaux, depuis saint Pierre jusqu'à Alexandre III, ses magnifiques livres de chœur, tout brillants de vignettes d'or et d'azur, ont de quoi satisfaire l'intelligente curiosité de l'artiste.

Le chrétien ne s'en tient pas là, son cœur se nourrit des grands souvenirs que cette église lui rappelle. Celui de sainte Catherine de Sienne domine tous les autres. On ne peut, en effet, penser à autre chose qu'à cet ange de douceur, d'innocence, de patience, dont le cœur embrassait toutes les misères publiques et particulières pour les soulager. Reine de son siècle, par l'ascendant de sa vertu, Catherine partagea, comme saint Bernard, la gloire de tenir entre ses mains les destinées de l'Europe. « La paix, lui dit un jour le pape Grégoire XI, est l'unique objet de mes désirs. Je remets toute l'affaire entre vos mains, je vous recommande seulement l'honneur de l'Église. » Morte à Rome, le 29 avril 1380, à l'âge de trente-trois ans, elle repose dans l'église de la Minerve. Sa tête vénérable fut rapportée à Sienne, où elle n'a cessé, depuis cinq siècles, d'être l'objet des hommages les plus éclatants.

Saint Bernardin de Sienne, le bien-aimé de la sainte Vierge, se présente encore au voyageur catholique. Venu au monde l'année même où mourut sainte Catherine, il fut destiné par la Providence à continuer l'œuvre de sa glorieuse compatriote. En contemplant ces figures célestes, la gloire éternelle de la ville de Sienne, le cœur se dilate; mais bientôt il se serre, lorsqu'en sortant de la cathédrale, deux figures bien différentes vous apparaissent comme deux sinistres fantômes. La Bourgogne, qui produisit Bossuet, produisit Piron. Heureuse mère de sainte Catherine et de saint Bernardin, Sienne donna naissance à Bernardin Ochin, capucin défroqué, réformateur à la manière de Luther ; et à Socin, le père de la secte hideuse qui porte son nom.

Le temps nous permit de visiter, outre la cathédrale, la belle église de *Fonte-Giusta*. Là se trouve la fameuse sibylle de Peruzzi, annonçant à Auguste l'avénement de Notre-Seigneur. Raphaël lui-même n'a point surpassé ce chef-d'œuvre. A côté on voit un *ex-voto* vraiment illustre : c'est le gros os de baleine, le petit bouclier de bois bordé de fer et l'épée consacrée par Christophe Colomb au retour du Nouveau Monde, en témoignage de la vénération que, dès sa jeunesse, il avait eue pour la madone de *Fonte-Giusta*, lorsqu'il étudiait à l'Université de Sienne, et de l'assistance miraculeuse qu'il en avait obtenue dans un naufrage. Ville pieuse et charitable, Sienne offre encore à l'attention de l'étranger son bel établissement de mendicité. Fondée et maintenue par le généreux concours des habitants, cette précieuse maison, que la France doit envier à l'Italie, recueille les indigents valides de l'un et de l'autre sexe, les occupe pendant le jour seulement, de huit heures du matin jusqu'à huit heures du soir, et leur donne en retour la nourriture et le vêtement avec une petite rétribution.

Nous quittâmes Sienne en admirant la belle prononciation de ses habitants. Pour la première fois nous avions entendu *la langue toscane dans une bouche romaine*.

Vers les neuf heures du matin, comme nous descendions rapidement dans le fond d'une vallée, un agréable spectacle vint fixer notre attention. Au bord de la route s'élevait une petite chapelle solitaire. Sur la porte et jusqu'au milieu du chemin étaient pieusement agenouillés des vieillards, des jeunes hommes, des femmes et des enfants : un prêtre disait la messe dans le temple champêtre. Semblables aux Israélites, habitants du désert, qui devançaient l'aurore pour recueillir la manne, céleste viatique de leur journée, ces bons villageois, enfants de celui qui nourrit l'oiseau de la forêt et l'herbe du bas vallon, venaient appeler la bénédiction sur leur travail, et demander le double aliment de l'âme et du corps nécessaire pour continuer leur voyage vers l'éternelle patrie. De grand cœur nous unîmes nos prières à celles de ces frères que nous n'avions jamais vus, et qu'un instant plus tard nous avions cessé de voir ; car la voiture, image trop fidèle du temps, nous emportait alors avec la rapidité de l'éclair.

Voyez-vous l'humble chanoine qui écrit ces lignes, voyageant comme une tête couronnée, avec six chevaux à sa voiture, conduits par trois postillons aux habits bariolés. Dans la plaine nous étions beaux à voir ; il n'en était pas tout à fait de même dans les montagnes. Deux bœufs de renfort, à la robe gris de fer, aux cornes démesurément longues, venaient nous prêter leur utile concours. Ces pacifiques quadrupèdes qu'un paysan conduisait, comme des ours, par une chaîne passée dans leurs naseaux, ne laissaient à notre équipage d'autre physionomie royale que celle dont parle Boileau, alors que

> Quatre bœufs attelés, d'un pas tranquille et lent,
> Promenaient dans Paris le monarque indolent.

Toujours est-il vrai que, si notre attelage avait traversé une de nos villes de France, tout le monde se fût mis aux fenêtres pour le voir passer; et, à coup sûr, on nous aurait pris pour des princes ou pour des charlatans. Cependant nous n'étions, grâce à Dieu, ni l'un ni l'autre. Quand donc apprendrons-nous à ne pas juger sur les apparences ?

Obligés de monter et de descendre continuellement, nous n'arrivâmes que le soir à Radicofani. Ce bourg, mal bâti, au milieu des rochers, sur une cime des Apennins, dominant de 2,515 pieds le niveau de la mer, occupe le cratère d'un ancien volcan. Les flancs et le sommet de la triste montagne sont couverts de couches de laves superposées dans le plus grand désordre. Rien n'est désolé comme cette terre où les rosées du ciel et les sueurs de l'homme n'ont pu faire croître la moindre plante. Pendant dix heures de marche nous avions eu le même spectacle; ce qui nous obligea de terminer notre longue et monotone journée par le refrain que tout justifiait alors :

Tout ne m'a pas séduit dans la belle Italie.

Néanmoins nous aurions eu mauvaise grâce de nous plaindre. Est-ce que le vénérable Pie VII, violemment arraché de son palais, dépouillé de tout, sans argent et sans linge, enfermé à clef dans une voiture, conduit comme un malfaiteur par les gendarmes de l'empire, n'avait pas parcouru la même route pendant les brûlantes chaleurs de juillet? N'avions-nous pas vu l'endroit funeste où la voiture avait versé? N'allions-nous pas descendre dans la même auberge, dans la même chambre où l'auguste prisonnier avait reposé ses membres dévorés par la fièvre [1]? Après une halte

[1] Vie de Pie VII, par Artaud, t. I, p. 230.

de quelques heures, nous reprîmes notre course à travers les montagnes.

2 Décembre.

Bellarmin. — Pontecentino. — Acquapendente. — Bolsena. — Mirade. — Montefiascone. — Anecdote. — Souvenir du cardinal Maury. — Voie Cassienne. — Lac Naviso. — Viterbe. — Le B. Crispino. — Sainte-Rose. — Monterosi. — Apparition de la croix de Saint-Pierre. — Campagne romaine. — Ponte-Molle. — Entrée à Rome.

Des tristes contrées parcourues la veille était cependant sorti un homme dont la glorieuse et sainte mémoire réjouit le monde catholique. A deux lieues de la route, sur la gauche, apparaît Montepulciano, patrie de l'immortel Bellarmin, la gloire du sacré collége, l'honneur de la Compagnie de Jésus, le fléau des hérétiques et le champion de l'Église au seizième siècle.

Au delà de Radicofani la route continue d'être fort difficile. Tracée sur la cime ou dans le flanc des montagnes, elle traverse un ravin profond, désert, animé par le bruit des torrents, environné de bois et de rochers qui forment l'imposante limite de la Toscane et des États pontificaux. Sur la rive opposée se trouve Pontecentino, la *Sentina* des Romains. La douane examina sévèrement nos livres et nos papiers. Une Somme de saint Thomas *contra gentes*, que j'avais dans ma malle, occupa longtemps le chef du poste. Je fus loin de m'en plaindre. Rien ne me paraît plus social que ces précautions, en apparence minutieuses, pour ne laisser passer aucun mauvais ouvrage. Ce n'est pas que Rome craigne les lumières; non, mais elle craint la peste, et quelle peste plus dangereuse qu'un mauvais livre? Or, vint-il jamais à la pensée d'un homme raisonnable de blâmer un gouvernement, menacé d'une maladie contagieuse, d'établir sur ses frontières des cordons sanitaires? Après avoir passé le beau pont *della Paglia*, on atteint la petite ville d'Acquapendente, remarquable seulement par sa position sur une hauteur escarpée. Quatre lieues plus loin nous longeâmes, par un beau clair de lune, le délicieux lac de Bolsena, dont les anguilles ont eu l'honneur d'être chantées par le Dante, et les premières lueurs de l'aube éclairèrent notre entrée dans Bolsena.

Ce bourg de mille âmes est l'antique *Vulsinii*, une des douze lucumonies ou capitales des Étrusques. Salut à Vulsinii, salut à ses ruines; salut à ses deux mille statues, nobles chefs-d'œuvre d'un art qui n'est plus, et devenues la proie des Romains; salut à son peuple si célèbre par ses luttes courageuses contre les fils de Romulus; mais salut surtout au Dieu de bonté qui a immortalisé cette ville en révélant par un éclatant prodige sa présence réelle dans l'auguste Eucharistie. Le voyageur chrétien n'a garde d'oublier cet événement mémorable, perpétué d'âge en âge, dans toutes les parties du monde, par une fête solennelle.

C'était vers le milieu du treizième siècle; le pape Urbain IV se trouvait avec tout le sacré collége à Orviéto, voisine de Bolsena. Dans cette dernière ville un prêtre, en célébrant le saint sacrifice, à l'église, encore existante, de Saint-Catherine, laissa tomber, par mégarde, quelques gouttes du précieux sang sur le corporal. Afin de faire disparaître les traces de l'accident, il plie et replie le linge sacré de manière à étancher le sang adorable. Le corporal est ensuite rouvert; et il se trouve que le sang a pénétré tous les plis, et imprimé partout la figure de la sainte hostie parfaitement dessinée, en couleur de sang. Sur l'ordre du souverain pontife, le linge miraculeux est transporté solennellement à Orviéto, et on le garde encore aujourd'hui avec un profond respect dans la cathédrale [1]. Le reliquaire qui le renferme est un chef-d'œuvre d'orfévrerie, orné de peintures en émail, et la cathédrale elle-même, bâtie en mémoire du prodige, est un des plus splendides et des plus anciens monuments de l'art en Italie : elle date de 1290. Ce miracle fut un des motifs qui, en 1262, déterminèrent le même pontife à instituer la solennité de la Fête-Dieu. Bolsena montre encore dans son humble église l'endroit où le sang coula, et qui a été couvert d'une grille.

A travers un pays plat et mal cultivé, on arrive bientôt en vue de Montefiascone, le *Mons Faliscorum*. Cette petite ville, agréablement située sur une colline à pente douce et fertile, domine une plaine immense, renommée par son vin. A ce sujet il n'est pas un habitant du pays, pas un vigneron surtout qui ne vous raconte l'anecdote suivante, connue de tous les voyageurs. Un riche Allemand venait de Rome et retournait dans son pays. Grand amateur de bon vin, il avait donné ordre à son domestique de goûter celui de tous les hôtels qui se rencontraient sur la route. Le patron attendait dans sa voiture le résultat de l'expérience, et la qualité du vin le décidait à descendre ou à continuer son chemin. Si le vin était bon, le domestique avait ordre de venir en informer son maître par le mot *est*. Était-il d'une qualité supérieure ? il devait dire : *est, est*. Enfin, s'il était excellent, il devait dire : *est, est, est*. Or, le *moscatello* de Montefiascone fut trouvé digne des trois *est*. Le gastro-

---

[1] Saint Antonin, 3 part., tit. 19, c. 13, § 1.

nome allemand en fit de si copieuses libations qu'il en mourut. Pour immortaliser ce fait, aussi honorable pour le vin de Montefiascone qu'humiliant pour le voyageur *tudesque*, on a gravé sur sa tombe, que vous pouvez voir à l'église de Saint-Flavien, l'inscription suivante :

EST, EST, EST,
ET PROPTER NIMIUM EST
JOHANNES DE FUGER
DOMINUS MEUS
MORTUUS EST.

Montefiascone rappelle un souvenir d'un ordre bien différent. Défenseur du clergé et antagoniste de Mirabeau à l'Assemblée constituante, le célèbre abbé Maury fut évêque de cette ville, et pour sa gloire il aurait dû l'être toujours. Faibles mortels que nous sommes : le vin fait perdre la vie à l'un, l'ambition tourne la tête à l'autre !

A quelque distance de Montefiascone, sur la droite de la route, on voit un bout de la voie Cassienne avec les restes passablement conservés des Thermes du consul Mummius Niger Valérius Vigillus. Non loin de ces ruines est le lac Naviso, qu'on prétend être l'ancien Vadicum des Étrusques. Sur ces bords désolés, expira dans une célèbre bataille contre les Romains, l'antique nation des Étrusques, réduite depuis cette époque à la triste condition de municipe.

En deux heures de marche on arrive à Viterbe, la ville aux belles fontaines, située au pied du mont Cimino, l'ancien *Cyminus*. Entourée de hautes murailles et flanquée de tours, elle offre un agréable coup d'œil, et compte 20,000 habitants. Parmi ses gloires, il faut placer en première ligne le bienheureux Crispino, pauvre père capucin, qui, pendant quarante ans, exerça, avec une humilité et une sainteté héroïques, la pénible fonction de frère quêteur du couvent. Je parlerai plus tard de cet illustre enfant de Viterbe, dont le corps, divinement préservé de toute corruption, est aujourd'hui un des miracles de Rome. Nous vîmes avec un tendre intérêt la belle église et le couvent des Dominicains, *Di Gradi*. Là étaient, en qualité de novices, plusieurs de nos compatriotes, jeunes gens de haute espérance, l'élite de cette génération nouvelle, qui, au sein de notre patrie, s'efforce de briser les langes d'incrédulité et de sensualisme dans lesquelles on enveloppa son enfance. Comment ne pas applaudir à leur noble dévouement et former les vœux les plus sincères pour le succès de leur apostolique entreprise?

Le couvent de Sainte-Rose offre à la vénération du chrétien le corps intact de cet héroïne du treizième siècle, morte à dix-huit ans; non moins chère à son pays par son sublime dévouement que par ses angéliques vertus. Parmi les splendeurs artistiques de l'église de la *Quercia*, apparaît la statue miraculeuse de la sainte Vierge, sur le chêne antique où elle fut trouvée suspendue. Ici comme ailleurs, de nombreux *ex-voto* témoignent de la puissante bonté de la Mère des grâces et de la reconnaissance des générations chrétiennes.

A quelques lieues de Viterbe est le village de Canino. Il est devenu célèbre par la retraite de Lucien Bonaparte et par les heureuses fouilles qui ont amené la découverte d'une foule de vases et de statues étrusques, dont l'apparition est une révolution archéologique.

Quelle est cette gracieuse petite ville entourée de jeunes peupliers, qui ressemble à une oasis au milieu du désert?

C'est Monterosi. Voici la route de Pérouse qui rejoint celle de Rome, et cette dernière est la voie Cassienne, qui annonce le voisinage de la capitale de l'ancien monde. A la vue de ces larges dalles, taillées par des mains romaines, les souvenirs naissent en foule, l'âme commence à s'ébranler. On entend le pas rapide des légions romaines allant aux extrémités du monde planter le drapeau des Césars, ou revenant chargées des dépouilles des nations vaincues. Puis on voit accourir les Goths, les Huns, les Vandales, tous ces essaims de barbares qui connurent aussi le chemin de Rome : redoutables pèlerins qui vinrent rechercher en gros les richesses que les Romains avaient prises en détail. Or, en pavant cette belle voie, Cassius ne se doutait pas qu'il aplanissait la route aux vainqueurs de sa patrie; il se doutait encore moins qu'il facilitait aux conquérants évangéliques le moyen de voler à leurs nobles exploits. Et nous, Romains du dix-neuvième siècle, tout entiers *à la locomotive*, connaissons-nous le mystérieux avenir de nos chemins de fer et de nos bateaux à vapeur ? La main qui les crée n'a d'autre but que de les faire servir à des intérêts purement matériels ; mais dans les vues supérieures de la Providence ne seraient-ils pas des moyens d'accélérer et de réaliser, sur une immense échelle, la double unité du bien et du mal annoncée pour les derniers temps? Aujourd'hui, comme autrefois, l'homme s'agite et Dieu le mène.

J'en étais là de mes méditations lorsque nous arrivâmes sur les hauteurs de Baccano. Tout à coup un cri d'allégresse, le cri du matelot qui découvre la terre, le cri de l'exilé qui salue le sol de la patrie, le cri du pèlerin de l'Orient qui aperçoit Jérusalem, partit spontanément du milieu de la caravane : *Saint-Pierre! la cou-*

pôle de Saint-Pierre! Et tout le monde s'arrête, se prosterne et salue avec transport la croix triomphante qui domine le plus beau monument élevé par le génie des peuples occidentaux. Ce spectacle, qui résume à mes yeux toute l'histoire du monde, produit une espèce de frissonnement qu'on est heureux d'avoir éprouvé, mais qu'on ne saurait redire. Je voulus connaître la date précise de cette apparition solennelle. En montant en voiture nous avions annoncé à nos amis de France que nous serions à Rome dans un mois. Je regardai ma montre, elle marquait trois heures moins vingt minutes : c'était le 2 décembre. Un mois s'était écoulé, jour pour jour, minute pour minute, depuis notre départ de Nevers.

Pour peu qu'on soit chrétien, on sent qu'on met le pied sur une terre sainte; l'âme demande à prier. J'ouvris mon bréviaire, et par une heureuse coïncidence je dus réciter les premières vêpres de saint François-Xavier, dont la fête tombait le lendemain. Avec quel bonheur je m'associai à cet illustre pèlerin qui, lui aussi, était venu de France à Rome, qui probablement avait suivi la voie Cassienne et peut-être salué du même point que nous la ville éternelle!

A Baccano commence la Campagne romaine : le bruit du monde a cessé; plus de mouvement, plus d'arbres, plus d'habitations, plus de champs cultivés : vous êtes sur les frontières du désert. Devant vous se déroule une plaine sans limites où errent çà et là quelques pâtres qui suivent lentement, appuyés sur leurs longues houlettes, des troupeaux de chèvres et de brebis; une terre remuée, accidentée, excavée, sur laquelle apparaissent, de distance en distance, comme des ossements blanchis sur un vieux champ de bataille, des morceaux de marbre blanc, des débris de colonnes, des frises rompues, des tombeaux en ruines, partout l'image de la mort. En effet, cette plaine désolée, qui fut jadis le trône de l'ancienne Rome, est aujourd'hui sa tombe. Et cette tombe tant de fois séculaire, la Providence n'a point permis qu'elle disparût sous la main de la culture et de l'industrie. Il faut qu'elle reste aux yeux des générations comme un double monument de la puissance terrible de cette Rome païenne, entrevue par Daniel sous la figure d'une bête gigantesque, la terreur du monde, qui foulait sous ses pieds d'airain tout ce que ses dents de fer n'avaient pas broyé [1], et de la puissance plus grande du Dieu qui l'a terrassée. L'immortel témoignage de la victoire complète ce tableau si plein de mélancolie et de majesté : sur cette vaste tombe, au centre de cet immense panorama de ruines, Rome chrétienne apparaît tranquillement assise, rayonnante de jeunesse et de beauté. Ces pensées, et une foule d'autres qui semblent naître du sol, forment la préparation prochaine à l'entrée du voyageur catholique dans la ville éternelle.

Parmi les ruines qui bordent la route solitaire, on distingue le sarcophage du Publius Vibius Marianus et de sa femme Reginia Maxima. C'est par erreur qu'on le donne pour le mausolée de Néron : le premier persécuteur du nom chrétien n'a pas même un tombeau. A cinq heures nous découvrîmes le Tibre, éclairé par les derniers feux du jour; c'est toujours le fleuve aux ondes jaunâtres, le *flavus Tiberis* de Virgile. Devant nous se dessinait le *Ponte-Molle*, surmonté de sa vieille tour percée en forme d'arc de triomphe. Que de souvenirs rappelle l'antique monument, un des plus histo-

---

[1] Dan. c. VII, 19.

riques du monde! il vit le peuple romain accouru au-devant des courriers qui lui apportaient la nouvelle de la défaite d'Asdrubal; Cicéron faisant arrêter les envoyés des Allobroges, complices de Catilina; Constantin livrant la sanglante bataille qui le rendit maître absolu de l'empire, et le paganisme occidental périssant dans le Tibre avec Maxence, comme le paganisme oriental expira un peu plus tard avec Julien l'Apostat dans les plaines de la Perse.

Laissant à droite le *Monte-Mario*, à gauche le *Monte-Pincio*, on passe près de la belle rotonde de Saint-André, monument de la reconnaissance de Jules III; et bientôt on entre dans Rome par la porte du Peuple, autrefois la porte Flaminienne. Pendant que les agents de la douane et de la police accomplissaient leurs devoirs, nous saluâmes la croix qui domine l'obélisque d'Auguste, et avant sept heures nous étions installés à l'hôtel de France, *palazzo Conti*.

3 Décembre.

Idée de notre itinéraire dans Rome. — Visite simultanée de Rome païenne et de Rome chrétienne. — Visite particulière de Rome chrétienne. — Visite des environs de Rome et des Catacombes.

Notre première nuit à Rome nous enrichit d'un rhume assez bien conditionné pour nous condamner aux arrêts pendant quarante-huit heures : mais *à quelque chose malheur est bon*. Nous profitâmes de cette halte malencontreuse pour arrêter définitivement notre itinéraire dans la ville éternelle. Voici la direction qui fut adoptée, et que nous avons suivie.

Rome est le rendez-vous des deux mondes : le monde païen et le monde chrétien. Deux cités s'y rencontrent, et sous peine de mal voir ou même de ne rien voir, il faut les étudier l'une et l'autre. Mais ces deux cités sont tellement emmêlées et comme soudées ensemble, qu'il est souvent impossible de les séparer et de ne pas les embrasser du même coup d'œil. Interroger ce Janus à double visage, suivant qu'il viendra s'offrir à nos regards, voilà notre premier soin. La difficulté est de savoir par où commencer : heureusement que la Rome des papes se divise, comme la Rome des Césars, en quatorze régions qui se correspondent dans plusieurs parties. Cette division, si utile pour retrouver les monuments et les sites, sera notre carte routière, et nous attaquerons chaque quartier séparément. Pendant toute la durée de ce premier voyage, nous aurons journellement un pied dans le paganisme et l'autre dans le christianisme.

Mais enfin un dégagement s'opère : aux monuments et aux ruines succèdent les œuvres ; ici Rome se montre exclusivement chrétienne. Ainsi les institutions romaines de charité et de piété, si admirables et si peu connues, nous feront commencer une nouvelle investigation, non plus en artistes ou en archéologues, mais en économistes et en chrétiens. Telle sera notre seconde étude.

Jusqu'ici nous ne franchissons pas l'enceinte de la cité. Cependant, hors de Rome, et surtout dans les entrailles de Rome, se trouvent d'autres merveilles qu'il n'est pas permis d'oublier. Les villas, les voies romaines, plusieurs basiliques, et enfin les immortelles catacombes appelleront successivement notre pieuse et bien légitime curiosité. Tel fut le plan général de nos courses journalières. Mais je compris que, si éclairés que fussent les guides dont nous devions suivre les traces et entendre les explications, il était indispensable de vérifier et de développer leurs paroles. Dans mon esprit, mes journées durent se diviser en deux parties : la première donnée à la visite des monuments, la seconde aux bibliothèques. A ce partage, on me permettra de le dire, je suis resté fidèle. Nos courses finies, j'allais habituellement collationner mes notes à la *Minerve*. Là, je devais à l'obligeante amitié du savant père de Ferrari et de ses excellents collègues, l'indication de tous les ouvrages nécessaires à mon travail. C'est un hommage de reconnaissance qu'il m'est doux de leur offrir.

4 Décembre.

Les guides de Rome. — Guides dans la Rome païenne, dans la Rome chrétienne, dans la Rome souterraine.

Un bon itinéraire est, sans contredit, la première condition de succès dans l'étude souverainement intéressante, mais très-compliquée, de la ville éternelle. Toutefois cette condition ne suffit pas : il faut encore suivre son itinéraire avec intelligence. Obligé, comme la veille, de garder le coin du feu, je consacrai ma nouvelle journée à passer en revue les guides capables d'éclairer nos recherches. Or, le premier cicerone, dont tout voyageur sérieux doit être accompagné, est une connaissance approfondie de l'histoire profane et de l'histoire ecclésiastique ; le second est un travail assidu. Dans une foule de circonstances il est nécessaire de recourir aux sources primitives, soit afin de compléter ses connaissances, soit afin de rectifier des notions que la probité littéraire ne permettrait pas de donner sur la foi de simples souvenirs. Les sources dont je parle sont de deux sortes, suivant qu'on étudie la Rome païenne ou la Rome chrétienne. Les faire connaître en citant les autorités sur lesquelles s'appuient, jusque dans leurs détails, les récits qu'on va lire, n'est pas seulement un service rendu aux lecteurs studieux ; c'est encore une preuve de bonne foi, et je tiens à la donner. Les propos impertinents des touristes, les romans publiés sur Rome par des écrivains à la mode, ainsi que l'ignorance et les préjugés de certains *guides* très-répandus, en font plus que jamais un devoir indispensable.

Parmi les auteurs profanes, un grand nombre sont à consulter ; je ne citerai que les principaux. En première ligne il faut placer Tite-Live. Son *Histoire*, si précieuse pour la connaissance des mœurs de la Rome républicaine, donne souvent la description, je dirai topographique, de certains grands faits dont le voyageur est heureux de retrouver le théâtre. Plutarque, dans ses *Questions romaines* et dans ses *Biographies*, abonde en détails d'un grand intérêt sur les hommes, sur les lois et sur les choses. Cicéron soulève, dans ses *Lettres à sa famille*, un coin du voile qui cache les habitudes de la vie intime. Ce voile est presque entièrement levé par Suétone. Dans *les Césars*, il nous dépeint les mœurs de l'empire, et dit l'origine de plusieurs monuments dont les ruines subsistent encore. Juvénal dans ses *Satires*, et Martial dans ses *Épigrammes*, complètent l'œuvre de leurs devanciers. Vient encore Pline l'Ancien, qui, à propos d'*histoire naturelle*, parle de tout, notamment de la vie privée des Romains et des magnificences de la ville éternelle. L'ami de Vespasien, le directeur des eaux sous Nerva, Frontin initie au système des *aqueducs*. La lecture de son Traité fait admirer avec intelligence les gigantesques ouvrages qui étonnent le voyageur dans la Campagne romaine. Josèphe se présente ensuite avec son *Histoire de la guerre judaïque*. Outre d'intéressants détails sur les richesses apportées de Jérusalem au temple de la Paix, il donne une description du triomphe, qui ne présente qu'un petit nombre de lacunes. J'ajouterai encore les écrivains de la maison d'Auguste, *Scriptores domus Augustæ*, publiés et commentés par Casaubon. On leur doit la hideuse révélation des saturnales du palais et de la ville dégénérée des Césars. Dans cette fange il y a des perles, je veux dire certains faits importants qu'on ne trouve que là. Il ne faut oublier ni Sextus-Aurélius-Victor, ni Onuphre, ni Marliani, ni Canina. Leurs ouvrages présentent la topographie de Rome aussi complète qu'on peut l'espérer après tant de bouleversements. Les cirques et les jeux ont été décrits par Bulenger, dans son traité *de Circis Romanorum;* et nous devons à Demongioso une Dissertation d'un grand intérêt sur le Panthéon d'Agrippa. J'ajouterai en finissant qu'une bonne partie des notions répandues dans les auteurs que je viens de nommer sont réunies dans les *Antiquités romaines* de Grévius, et dans le *Lexicon antiquitatum romanarum* de Pitiscus.

Tels sont en général les auteurs qui peuvent servir de guides au voyageur dans la Rome païenne.

Quant à la Rome chrétienne, elle ne manque pas non plus d'historiens de grand nom. Parmi ceux qui ont droit à ce noble titre, il en est qui s'occupent en même temps des deux cités. Je me contenterai de nommer Casali, dans son ouvrage *de Splendore Urbis;* l'auteur de la *Roma antica, media e moderna;* la *Notizia dell' uno e l'altro imperio;* enfin le père Donati. Sous le titre de *Roma vetus*, ce savant religieux, mort en 1640, nous a laissé une description de Rome beaucoup plus exacte et mieux travaillée que toutes celles qui avaient paru avant lui. Le célèbre Juste Lipse déploie dans son *Amphithéâtre* tous les trésors de sa vaste érudition pour nous faire connaître le Colisée au point de vue païen, et le père Marangoni donne l'histoire chrétienne de ce Capitole des martyrs. Un autre ouvrage de ce dernier auteur, intitulé : *Delle cose gentilesche e profane, trasportate ad uso e ad ornamento delle chiese*, jette une précieuse lumière sur une multitude d'objets profanes, tout en faisant bénir l'Église qui les a sauvés de la destruction.

En tête des écrivains qui parlent exclusivement de Rome chrétienne, des mœurs, des usages, de la vie intime des premiers fidèles, marche l'illustre cardinal Baronius. La lecture de ses *Annales ecclésiastiques* et de ses *Notes sur le Martyrologe romain*, est à peu près indispensable au voyageur qui veut comprendre une foule de choses exposées à sa vue dans les églises de la ville sainte. Après lui vient le très-savant père Mamachi avec ses *Origines chrétiennes* et ses *Mœurs des premiers chrétiens*. Selvaggio le complète dans ses *Antiquités*, et le père Mazzolari, mêlant la piété à l'érudition, résume une partie des notions éparses dans les ouvrages cités plus haut. Cet excellent homme a passé quarante-deux ans de sa vie à Rome, faisant sa principale occupation de l'étude des églises et des monuments chrétiens. Son ouvrage, qui est en six volumes, a pour titre : *Diario sacro*. Un savant religieux de l'Oratoire de Saint-Philippe de Néri, le père Sévéranus *a sancto Severano*, traite des *sept Basiliques de Rome*, et l'on doit au grand serviteur de Dieu, le père dom Charles Thomassi, une *courte description du Colisée consacré par le sang d'in-*

nombrables martyrs. Deux ouvrages, qui peuvent passer pour officiels, nous donnent l'histoire des institutions de charité corporelle et spirituelle de la cité des pontifes. Le premier a pour auteur l'abbé Constanzi, et pour titre : *Instituzioni di pietà dell' alma città di Roma;* le second est dû à monseigneur Morichini, aujourd'hui nonce à Munich ; traduit en français par M. de Bazelaire, il est intitulé : *Institutions de bienfaisance de Rome*.

Quant aux catacombes et aux martyrs, nous avons sur ce double sujet des ouvrages capitaux qu'il est indispensable de connaître. Ce sont les *Hymnes* de Prudence; le Traité *des Supplices des saints Martyrs*, de Sévéranus; la *Glorieuse Lutte des Martyrs*, de Florès ; puis la *Roma subterranea*, de Bosio, surnommé le Christophe Colomb des Catacombes. Viennent ensuite les *Osservazioni soprà i cimiteri de' santi Martirj e de' primitivi cristiani di Roma;* monument admirable de science et de piété, élevé par l'excellent Boldetti. Buonarrotti nous a donné la description et l'explication des pierres tombales, des verres et autres objets trouvés dans la vénérable nécropole. Enfin le père Marchi, marchant sur les traces de ces illustres archéologues, complète aujourd'hui leurs travaux en publiant ses *Monuments chrétiens de Rome illustrés*. Nous souhaitons à tous les voyageurs d'avoir ce bon et savant jésuite pour guide dans les Catacombes. Les mosaïques si curieuses des anciennes églises de Rome ont leur historien dans Ciampini. Son ouvrage est intitulé : *Monimenta vetera, in quibus præcipue musiva opera illustrantur*.

A cette nomenclature déjà si longue, il me serait facile d'ajouter d'autres écrivains dont les ouvrages m'ont fourni de précieux détails. Qu'il suffise de nommer Martinelli, Pirro Ligorio, Fogginio, Ferretti, Andrea Fulvio, Biondo Flavio, Torrigio, Sigonius, Owerbeck, Vignole, Nardini, Ferraris, Zinelli, Cancellieri et le savant pape Benoît XIV, dans son traité *des Fêtes* de Notre-Seigneur et de la sainte Vierge. Quant aux guides modernes, il faut citer Nibby, Canina, Melchiorri, ce dernier surtout qui parle un peu de la Rome chrétienne. Si abondantes qu'elles soient, toutes les ressources que je viens d'indiquer ne suffisent pas. Voulez-vous étudier Rome avec succès? cherchez un homme, un homme intelligent et dévoué qui consente à vous servir de cicerone. Reconnaissance éternelle aux excellents amis qui ont bien voulu remplir cet office en notre faveur!

5 Décembre.

Les Pifferari.

Avant cinq heures nous fûmes réveillés au bruit d'un concert qui se donnait dans la rue, presque sous nos fenêtres : nous entendions les *Pifferari*. Ce fut pour moi une douce compensation à l'indisposition de la veille, et pour nous tous un agréable début dans la ville sainte. Voici, en effet, une des plus jolies choses de Rome, un des plus naïfs et des plus touchants usages de nos siècles de foi. Les Pifferari sont des bergers de la Sabine et des Abruzzes, qui, chaque année, au retour de l'Avent, descendent de leurs montagnes, et s'en viennent annoncer, dans les rues de Rome, au son d'une musique champêtre, la prochaine naissance de l'Enfant de Bethléem. Vous les voyez ordinairement par troupes de trois musiciens : un vieillard, un homme d'un âge mûr et un enfant. Ils rappellent ainsi l'ancienne tradition qui ne compte que trois bergers à la crèche[1]. Debout et tête nue devant les madones qui ornent les façades des maisons, ou qui se dessinent, éclairés par une lampe, au fond des magasins, ils saluent de leur joyeuse symphonie l'heureuse Mère du Sauveur. Pour le dire en passant, je ne connais rien de plus gracieux que le coup d'œil offert par les boutiques de Rome, alors que les madones sont illuminées, et que les marchandises, disposées avec un goût parfait sur des plans inclinés, vous apparaissent, dominés par une jolie statue de la sainte Vierge, placée dans le fond sur une riche console, ornée de fleurs et de flambeaux allumés.

Les instruments des Pifferari sont simples comme ceux des bergers. Un hautbois, un chalumeau, un triangle : voilà tout l'orchestre de ces musiciens de la montagne. La *canzonetta* qu'ils répètent devant la Reine du ciel, n'est point écrite sur des notes savantes. Cette simplicité même en fait tout le charme ; car elle rappelle admirablement l'humble mystère de la crèche.

Le costume des Pifferari est en harmonie avec leur musique et leurs fonctions. Il vous reporte en plein moyen âge ; tel je l'ai vu, tel le virent ceux qui me précédèrent à Rome il y a des siècles. Un chapeau tyrolien, orné d'un large ruban de diverses couleurs, un demi-manteau en grosse bure verte, une culotte en peau de brebis ou de chèvre, des chausses terminées par une semelle qui se rattache sur le pied avec des courroies ; ajoutez à cela de longs cheveux noirs qui descendent sur les épaules, une belle barbe, des yeux vifs, un front élevé, et vous aurez une idée de ce costume et de ce type remarquables.

[1] Sandini, *Historia Familiæ sacræ*, p. 15.

Rome voit arriver avec plaisir les Pifferari ; car tout ce qui rappelle un souvenir religieux est bien accueilli dans cette ville essentiellement chrétienne. On les aime, on les fête, on les attire ; eux-mêmes vont offrir leurs services dans les maisons et dans les palais, demandent si vous voulez faire faire une neuvaine à votre madone. Si on accepte, et qui n'accepterait pas? ils viennent pendant neuf jours vous réjouir de leurs concerts. Vous les gratifiez de quelques *baioques;* et je ne sais quel est le plus heureux de celui qui reçoit ou de celui qui donne.

Je dirai, par anticipation, que le 15 décembre, alors que l'Église commence les grandes antiennes de Noël, nous commandâmes une neuvaine. Il fut convenu que la dernière sérénade aurait lieu pendant le dîner et dans la salle même où nous prenions nos repas. Les bons Pifferari acceptèrent la condition avec empressement et furent fidèles au rendez-vous. Comme souvenir, je voulus avoir leur simple cantate. Ils nous la dictèrent eux-mêmes ; la voici dans une traduction qui ne peut rendre la grâce naïve de l'original :

« O douce Vierge, fille de sainte Anne, dans votre
« sein vous portâtes le bon Jésus. Les anges criaient :
« Venez, Saints, allez à la cabane de Jésus enfant, né
« dans une petite étable où mangeaient les bœufs et les
« ânes. Vierge immaculée, bienheureuse au ciel, sur la
« terre soyez notre avocate. Que la nuit de Noël, qui
« est une nuit sainte, cette prière que nous avons chan-
« tée à l'Enfant-Jésus, soit représentée [1]. »

[1] O Verginella, figlia di sant' Anna,
Nel ventre tuo portaste il buon Gesù.
Gl'Angioli chiamarano : venite, Santi,
Andate Gesù bambino alla capanna,
Partorito sotto ad una capanella,

Je ne dois pas oublier que notre vieille ménagère se trouvait présente au concert. C'était une digne fille des Sabins ou des Èques, dont les Pifferari, habitants séculaires de la Sabine et des Abruzzes, descendent en ligne droite. Au son de la musique de la *canzonetta* qui avaient charmé son enfance, la bonne Ménica oublia tout à coup ses cinquante-six ans et se mit à danser comme une jeune fille. Ni les observations, ni les éclats de rire ne purent la distraire. Avec le plus grand sérieux du monde, envers et contre tous, elle dansa en l'honneur *di Gezù bambino e di Maria santissima*, tant que dura la symphonie nationale. Bonne Ménica ! Dieu vous bénisse ! Il aime, j'en suis certain, et votre foi si ardente et si naïve, et votre amour impérissable pour les innocents souvenirs de votre jeune âge.

Noël est venu ; tous les champêtres accords ont cessé ; les Pifferari disparaissent, leur mission est accomplie. Adieu donc, bons Pifferari ; reprenez gaiement le chemin de vos montagnes et la garde de vos troupeaux : soyez heureux, vous avez fait une bonne et sainte action. Les Romains vous bénissent, nous vous bénissons avec eux ; mais n'oubliez pas de revenir l'année prochaine ; hélas ! je ne vous entendrai plus ; mais, plus heureux que moi, d'autres voyageurs vous entendront et vous béniront aussi. Oui, ils reviendront ; les pères seront morts peut-être, mais vous verrez accourir les enfants et les

---

Ad'ove mangiavan il bove e l'asinelli.
Immacolata Vergine beata
In cielo, in terra sia avocata.
La notte di natale, è notte santa,
Questa orazion che sem cantata
Gesù bambino sia representata.

petits-enfants qui rediront sur le hautbois héréditaire les naïfs accords qu'ils apprirent de leurs aïeux. C'est ainsi qu'à Rome, pendant le beau temps de l'Avent, on ne peut faire un pas dans la rue, ni rester une heure dans ses appartements, sans être appelé, comme malgré soi, au souvenir du touchant mystère qui se prépare.

6 Décembre.

Visite à Saint-Pierre. — Souvenirs. — Place Saint-Pierre. — Obélisque de Néron. — Trône de Saint-Pierre. — Confession. — Coupole. — Enseignements.

Des occupations toutes matérielles nous avaient forcé d'ajourner nos courses scientifiques ; libres désormais de tout soin, nous pûmes aujourd'hui les commencer. La journée s'annonça magnifique ; le ciel d'Italie reparaissait dans toute sa pureté. Neuf heures sonnaient à la Propagande lorsque nous partîmes pour visiter Saint-Pierre. A toute espèce de titres, l'auguste basilique doit se placer en tête des excursions romaines. Pendant le trajet, qui fut assez long, je ne vis rien, je n'entendis rien ; mon âme était absorbée par une foule de pensées également saisissantes, et comme subjuguée par des émotions aussi douces que profondes. Le moyen qu'il en fût autrement? Si peu qu'il recueille ses souvenirs, le pèlerin de Saint-Pierre ne voit-il pas se dérouler devant lui, comme une immense chaîne d'or, de perles et de rubis, cette solennelle procession d'empereurs, de rois, de pontifes, de savants, de saints et de saintes, accourus, depuis quinze siècles, de l'Orient et de l'Occident, de l'Afrique, des Espagnes, des Gaules et de la Germanie, pour honorer le tombeau du pêcheur galiléen, auquel il vient, lui aussi, rendre ses hommages ?

A la tête de ces pèlerins couronnés marche le vainqueur de Maxence, le premier empereur chrétien, Constantin le Grand. Après lui, c'est Théodose, qui, en 393, partant pour la guerre contre Eugène, vient, revêtu du sac et du cilice, demander la victoire par l'intercession du vicaire de Jésus-Christ. En 449, c'est Valentinien avec son épouse Eudoxie, et sa mère Galla Placidia. En 545, c'est le vainqueur des barbares, le soutien de l'empire ébranlé, Bélisaire, qui fait hommage de ses lauriers à Pierre, cet autre vainqueur de la barbarie. Sur ses pas s'avance un roi, au regard terrible, à la stature gigantesque : c'est le farouche Totila, le ravageur du monde, le fléau de Rome. Loup cruel partout ailleurs, il n'est plus, sur le tombeau de l'apôtre, qu'un agneau timide. Quelle est cette autre tête couronnée qui domine la foule ? c'est Cedwella, roi des Saxons occidentaux, qui, en 689, a quitté son royaume pour venir, humble catéchumène, recevoir la baptême dans l'église des Apôtres.

Il est suivi de près par un pèlerin non moins illustre, c'est Concred, roi des Merciens. Il se trouve tellement heureux près de la tombe du vicaire de Jésus-Christ, qu'il dépouille la pourpre royale, et se fait religieux dans un monastère voisin de Saint-Pierre, afin d'obtenir la grâce de vivre, de mourir et de reposer auprès des Apôtres. Sur tous les chemins qui conduisent au glorieux tombeau se pressent une foule d'autres chefs de nations civilisées ou barbares; Luitprand, roi des Lombards; Ina, roi d'Angleterre; Carloman, roi de France; Richard, roi d'Angleterre; la pieuse Bertrade, femme de Pepin et mère de Charlemagne; Offa, roi des Saxons orientaux, qui fit son royaume vassal de Saint-Pierre;

le roi des Lazzi, peuple de Colchide, accompagné de l'élite de sa nation; les empereurs Othon Ier, Othon II, Othon III; saint Henri, roi de Germanie; l'impératrice Agnès, femme de Henri III; Machestad, roi d'Écosse; Christiern, roi des Daces et des Goths; l'empereur Jean Paléologue, et une multitude d'autres rois et d'autres reines qui brillent, dans l'histoire, de la double auréole du génie et de la vertu.

Quel est donc l'attrait puissant qui conduisit tous ces monarques à la tombe du vicaire de Jésus-Christ? Quelle est la signification mystérieuse de ce fait séculaire? Pour réponse, apparaît dans toute sa splendeur la glorieuse révolution qui brisa l'empire de la force brutale et inaugura la suprématie de l'intelligence sur la double croix du Calvaire et du Vatican. Avec l'Évangile revient la vraie notion du pouvoir : la royauté est une *charge*. Et voilà que, pour le bonheur des peuples, une main divine conduisait tous ces monarques sur la tombe de Pierre, afin d'y puiser et la connaissance de leurs devoirs, et le dévouement, et l'esprit de sacrifice, et les sentiments paternels qui doivent remplir le cœur des rois, enfants du christianisme. Utile pèlerinage! où les puissants et les forts juraient, sur les ossements sacrés du vicaire de Jésus-Christ, de ne jamais régner suivant leurs caprices, mais selon l'équité.

Alors on comprend la signification profonde de tous ces couronnements de rois et d'empereurs, accomplis dans Saint-Pierre de Rome, aux acclamations de l'Europe régénérée. Alors se dessine, rayonnante de lumière, la plus grande figure des temps modernes, Charlemagne, restaurateur de l'empire romain et type de la royauté chrétienne. Quatre fois il vint à ce tombeau sur lequel nous allions nous prosterner. La dernière fois, l'an 800, le jour de Noël, le fils de Pepin, agenouillé sur les dalles de la vénérable Basilique, recevait la couronne impériale des mains du pape saint Léon III; et tout le peuple romain faisait entendre ces joyeuses paroles : *A Charles, très-pieux, auguste, couronné de Dieu, grand, pacifique, empereur des Romains, vie et victoire*[1]*!* Certes, je le répète, le peuple avait raison de se réjouir. Quelle garantie le monde ne trouvait-il pas dans cet acte auguste, où les rois de la terrre, se déclarant les vassaux du Roi du ciel, s'obligeaient solennellement à prendre pour modèle le divin Roi qui mourut pour son peuple? Après Charlemagne, voyez, sur le même tombeau, Lothaire recevant la couronne des mains de Pascal Ier; Alfred, roi d'Angleterre, couronné, au même lieu, par saint Léon IV; Charles le Chauve, par Jean VIII; Charles le Gros, par le même Pontife; Othon Ier, par Jean XII; saint Henri avec sainte Cunégunde, par Benoît VIII; et beaucoup d'autres princes non moins puissants.

Faut-il s'étonner maintenant du respect profond qu'inspira toujours Saint-Pierre de Rome aux barbares et aux persécuteurs eux-mêmes? Alaric, maître de la ville des Césars, brise, renverse, brûle tous les monuments de la capitale du monde; mais, par une glorieuse exception, il défend de toucher à Saint-Pierre et de faire aucun mal aux vaincus réfugiés dans la vénérable basilique. Les Vandales ne sont pas moins respectueux. L'impératrice Théodora veut à tout prix satisfaire sa vengeance contre le pape Vigile : « Saisissez-vous du pape, écrit-elle à Antémius, partout où vous le trouverez, à Saint-Jean de Latran, dans son palais, ou dans toute autre

---

[1] Carolo piissimo, augusto, à Deo coronato, magno, pacifico, imperatori Romanorum, vita et victoria! *Anast. in Leo.*

église, excepté Saint-Pierre [1]. » Est-il besoin de rappeler que, dans ces derniers temps, Berthier, général des troupes du Directoire, s'apprêtant à bombarder Rome du haut du *Monte-Mario*, fut pénétré de respect, et défendit de tirer sur la basilique du prince des apôtres?

C'est à juste titre, je pense, que tant de glorieux souvenirs remplissaient mon âme de religion et l'absorbaient tout entière durant le voyage. Ils avaient ravi d'admiration deux des plus beaux génies de l'Orient et de l'Occident, saint Chrysostome et saint Augustin [2]. Pourtant ces grands hommes n'avaient pas tout vu; ils n'avaient pu connaître qu'en partie la gloire de Saint-Pierre de Rome. Quoi qu'il en soit, je me disais avec un sentiment d'indéfinissable bonheur : Me voici à mon tour, pèlerin obscur, au moment de fouler cette terre sacrée du Vatican, arrosée du sang du prince des apôtres; au moment de voir de mes yeux cette basilique, théâtre de tant de faits glorieux; sanctuaire d'où sont sortis tant d'oracles; arche d'alliance des deux pouvoirs qui régissent le monde; lieu à jamais béni, où tant de prières, tant de larmes ont été répandues; d'où se sont élevés vers le ciel tant de vœux, tant de soupirs, tant d'acclamations triomphales : je vais enfin jouir d'un bonheur, l'ambition de ma vie. Puissé-je éprouver quelques-uns

---

[1] Exceptis omnibus, in basilica Sancti Petri parce. Nam in Lateranis, aut in palatio, aut in qualibet ecclesia inveneris Vigilium mox impositum navi, perduc eum ad nos. (*Not. ad Martyrol.*, 18 nov.)

[2] Ille qui purpuram gestat ad sepulcra illa se confert, ut ea exosculetur, abjectoque fastu supplex stat. *Et ailleurs* : Relictis omnibus ad sepulcra Piscatoris et Pellionis currunt et reges, et præsides, et milites. Chrys., *Homil.* XXVI, *ad Corinth.* 2; Aug., *Epist.* IV, *Madaurenses*.

des sentiments d'amour et de foi qui ont fait battre ici tant de nobles cœurs!

Cependant nous étions arrivés au Tibre. Nous le traversâmes sur le pont Sainte-Ange, autrefois pont Élien. Laissant à la droite le môle d'Adrien, nous fûmes en quelques pas en vue de la plus grande merveille du monde moderne. La place qui précède Saint-Pierre de Rome me tira de mes rêveries. Il était impossible de désirer, pour mettre en relief l'auguste basilique, une place plus majestueuse et plus imposante. Elle est de forme ovale, environnée d'un superbe portique à quatre rangs de colonnes, surmontées de statues en marbre blanc. Au milieu s'élève un obélisque égyptien entre deux fontaines dont les eaux s'élancent en gerbes argentées et retombent en cascades bruyantes dans des vasques de bronze. Frappés, et comme éblouis, de tout ce que nous voyions, nous restâmes quelque temps immobiles, sans rien distinguer, en face du portail de Saint-Pierre. L'obélisque eut le privilége de fixer enfin notre attention.

Transporté d'Égypte à Rome par ordre de Caligula, ce monolithe fut placé dans le cirque du Vatican, auquel il servait de borne. Il vit Néron, déguisé en cocher, conduire son char à la lueur des flambeaux vivants, c'est-à-dire des chrétiens revêtus de la toge incendiaire, attachés à des poteaux placés de distance en distance, et éclairant les jeux nocturnes du cruel empereur [1]. En 1586, Sixte V le fit transporter au milieu de la place Saint-Pierre, en face de la basilique. Dans le principe il était supporté par quatre lions de bronze, et pouvait avoir 100 pieds d'élévation; les lions ont disparu, et la hauteur de l'obélisque ne s'élève plus qu'à 72 pieds. Sur

[1] Tacite, *Annal.*, c. xv.

un des côtés qui regardent les fontaines se lit la dédicace qui en fut faite par Caligula aux empereurs Auguste et Tibère. Sur le côté opposé à la place est gravée cette inscription triomphale, digne inspiration de Sixte V :

> ECCE CRUX DOMINI,
> FUGITE,
> PARTES ADVERSÆ ;
> VICIT LEO
> DE TRIBU JUDA.

« Voici la croix du Seigneur; fuyez, puissances ennemies, le lion de la tribu de Juda a vaincu. »

La face qui regarde Saint-Pierre proclame en ces termes l'éternelle victoire du christianisme :

> CHRISTUS VINCIT,
> CHRISTUS REGNAT,
> CHRISTUS IMPERAT ;
> CHRISTUS AB OMNI MALO
> PLEBEM SUAM
> DEFENDAT.

« Le Christ est vainqueur, le Christ règne, le Christ commande; que le Christ défende son peuple de tout mal. »

En quittant l'obélisque, on arrive bientôt au pied d'une rampe douce qui conduit à la plate-forme, terminée par le portail de Saint-Pierre. Ces trois places, dont la réunion présente le plus gracieux ensemble, ont une longueur totale de 1,073 pieds.

Enfin nous touchâmes au *seuil des Saints Apôtres : ad limina Apostolorum*. Que dire du temple immortel édifié par le génie chrétien à l'illustre chef de l'Église? Un tout parfaitement harmonique, malgré ses proportions colossales, des dorures admirablement ménagées, des peintures exquises, les marbres les plus précieux, des mosaïques inimitables de richesse, de coloris et de dessin : voilà ce qui frappe, éblouit les regards de quelque côté qu'ils se portent. Mais je ne dois point parler aujourd'hui des magnificences humaines de l'auguste monument ; ce n'est pas en artiste que j'y suis venu, c'est en chrétien. Le trône de saint Pierre, la Confession, la coupole, trois magnificences d'un ordre supérieur, répondent mieux aux dispositions de l'âme dans une première visite : ils nous absorbèrent tout entiers.

Dans la vaste nef où l'œil se promène sans rencontrer ni chaises, ni bancs, ni chaire à prêcher, s'élève un trône d'évêque. Un pontife y est assis, immuable et immortel comme la vérité dont il est l'organe et le gardien. Ce pontife est le même à qui il fut dit : *Pais mes agneaux, pais mes brebis, confirme tes frères ; j'ai prié pour que ta foi ne défaillît jamais.* Et Pierre, le pontife des siècles, est toujours là vivant dans ses successeurs, enseignant par leur bouche, veillant par leur ministère sur les brebis et les agneaux. Dans la majestueuse solitude de l'immense basilique, Pierre est seul ; devant lui tout se tait, tout a disparu. Ailleurs il y aura d'autres pasteurs, d'autres trônes, d'autres voix ; mais ici, dans le premier temple de la chrétienté, il n'y a d'autre pasteur que lui, d'autre trône que son trône, d'autre voix que la sienne. Chef suprême de la hiérarchie, il voit, dans tous les Pontifes répandus aux quatre coins du monde, des membres de son bercail, des coadjuteurs et non des égaux. Sa voix est leur oracle, ses ordres la règle de leur conduite, et par eux l'oracle et la règle de l'univers.

Au ravissant spectacle de l'unité catholique personnifiée dans saint Pierre, la basilique en ajoute un autre non moins sublime. Elle montre le pêcheur galiléen achetant sa glorieuse prérogative au prix d'un immense amour. Voici, à quelques pas du trône, la *Confession* de l'apôtre. Admirable nom donné par le génie chrétien à l'autel des martyrs; car il rappelle que le témoin de la foi lui a rendu le plus irrécusable de tous les témoignages, le témoignage du sang. Sous un riche baldaquin, supporté par quatre colonnes torses, en bronze de Corinthe, s'élève l'autel supérieur, l'autel Papal. Au-dessous est le tombeau de saint Pierre et de saint Paul, devant lequel brûlent nuit et jour cent vingt-deux lampes, triple symbole de la vénération, de l'amour et de la foi. On y descend par deux escaliers circulaires en marbre blanc du plus beau grain. En approchant de cette Confession à jamais vénérable, je ne sais quelle vertu secrète vous saisit et vous subjugue. On croit entendre la voix du Fils de Dieu demandant à son futur vicaire : *Simon, fils de Jean, m'aimes-tu?* et du fond de cette tombe s'élève la voix de Pierre qui répond : *Oui, Seigneur, vous savez que je vous aime.* Et vous êtes ému jusqu'aux larmes à la présence de ces ossements des martyrs, glorieux témoins de son amour; et vous n'avez plus de paroles sinon pour bénir et prier. A l'exemple de tant de millions de pèlerins, nos prédécesseurs et nos frères, nous nous jetâmes à genoux. Appuyé contre la balustrade en marbre blanc qui entoure le double escalier, je récitai en mon nom, au nom de mes amis, de ma patrie, du monde catholique, le symbole de Nicée. Oh! qu'il est facile de croire! je dis mal, qu'on est heureux, qu'on est fier de croire, quand on est là!

En relevant la tête, les regards s'élancent dans la sublime coupole. Autour de la base resplendit l'immortelle promesse du Fils de Dieu, écrite en immenses lettres d'or : *Tu es Petrus, et super hanc petram œdificabo Ecclesiam meam, et portæ inferi non prevalebunt adversus eam.* « Tu es Pierre, et sur cette pierre je bâtirai mon Église, et les portes de l'enfer ne prévaudront jamais contre elle. » Telle est alors la puissance des impressions qu'en lisant cet oracle on croit entendre distinctement la voix divine qui le prononça ; d'autant que la coupole toute resplendissante de mosaïques vous montre, dans sa double hiérarchie de la terre et du ciel, l'Église catholique, glorieusement assise sur la parole de son fondateur, bravant les efforts de ses ennemis et étendant jusque dans l'éternité son empire sans limite et sans fin.

Ainsi, l'incommutable prérogative du chef des apôtres, payée par un immense amour et récompensée par un empire vainqueur de l'enfer, de l'homme et du temps ; voilà ce que disent le trône de saint Pierre, sa tombe et la coupole. Peut-on assez admirer le catholicisme qui amène tant de rois, tant de fondateurs d'empires, à cette tombe éloquente afin de leur révéler et la nature de leur pouvoir, et l'étendue de leurs devoirs, et la récompense de leur fidélité aux conditions de leur existence sociale ? Tels sont les hauts enseignements que donne aux princes et aux grands du siècle l'auguste sanctuaire. Quant à l'humble voyageur, soumission filiale à l'Église, foi, admiration, indéfinissable mélange de respect et d'amour, tels sont les sentiments que produit ou que réveille dans son âme la première visite à Saint-Pierre. Depuis notre entrée dans la merveilleuse basilique, les heures avaient fui comme un instant rapide, et le déclin du jour vint nous avertir qu'il était temps de mettre fin à notre intéressant pèlerinage.

7 Décembre.

Vue générale des deux Rome. — Rome païenne. — Son étendue. — Ses voies. — Sa population. — Rome chrétienne. — Sa position. — Ses beautés. — Ses institutions. — Première entrevue du souverain Pontife. — Bénédiction du Saint-Sacrement à l'église des Saints Apôtres.

Hier nous avions rempli le premier devoir de tout pèlerin catholique dans la ville éternelle. Le véritable roi de la cité, saint Pierre, avait reçu nos hommages, et notre étude des deux Rome devait commencer. Accompagnés d'un excellent ami dont la science égale le dévouement, nous nous rendîmes au belvédère d'une villa située sur le versant du mont Esquilin, à la place présumée des jardins d'Héliogabale. De là on domine la vaste plaine au centre de laquelle Rome est assise. Tournés vers l'orient, nous avions en face le Monte Cavi, où Romulus, entouré des peuplades aborigènes, inaugura la religion du Latium; puis décrivant un cercle en commençant par la gauche, c'était Tusculum avec ses villas ruinées et ses souvenirs cicéroniens, Tibur avec ses cascatelles, adossé aux montagnes de la Sabine; le Mont-Sacré où le peuple se retira pour se soustraire à la tyrannie des patriciens; la cime élancée du Mont-Soracte, d'où le pape saint Sylvestre fut ramené à Rome, non pour souffrir le martyre comme il le croyait, mais pour assister au triomphe du christianisme et baptiser Constantin; les campagnes solitaires de Cività-Vecchia; la Méditerranée qui se dessine sur l'azur du ciel comme un rideau d'argent; Ostie qui ne vit plus que par son nom et par ses touchants souvenirs d'Augustin et de Monique; Albano, successeur d'Albe-la-Longue, fondation d'Énée et tombeau d'Ascagne ; enfin, sur la hauteur, Castel-Gandolfo, avec son château séculaire, paisible demeure des souverains pontifes, qu'on prendrait de loin pour un phare immense élevé sur un promontoire.

Au-dessous de ce premier plan qui bornait l'horizon, apparaissaient, semés çà et là dans la plaine, quelques-uns de ces grands monuments qui semblent survivre à toutes les révolutions pour attester de siècle en siècle la puissance du peuple-roi. A droite, le tombeau de Cécilia Métella, puis l'aqueduc de Claude, dont les arceaux gigantesques traversent toute la Campagne romaine, et forment le lit aérien de l'*eau virginale*, pendant les six lieues qui séparent les montagnes de Subiaco de la ville éternelle ; plus loin les ruines accumulées de l'étonnante villa d'Adrien, et le mausolée de la famille Plautia, sur la route de Tivoli.

Enfin au centre de la vaste plaine, Rome se montrait à nos regards, entourée de la haute et épaisse muraille qu'Aurélien lui donna pour ceinture. Mais cette Rome silencieuse et calme, dont les dômes élancés brillaient des derniers feux du jour, n'était plus la superbe et bruyante capitale des Césars. Pourtant il fallait, pour satisfaire les exigences de notre esprit, contempler la Rome d'Auguste avant d'édudier la Rome de saint Pierre. A l'inspection de quelques ossements fossiles du mastodonte, Cuvier reconstruisit le prodigieux quadrupède, inconnu depuis longtemps. L'histoire à la main, nous tentâmes la même opération sur le cadavre mutilé de l'ancienne Rome. Avec le secours de la mémoire et de la vue, ces deux puissances merveilleuses, dont la première, ressuscitant ce qui n'est plus, complète le tableau que la seconde grave actuellement dans la prunelle de l'œil, nous rebâtîmes Rome païenne : la voici telle qu'elle nous apparut, telle à peu près qu'elle était sous l'empire des Césars.

Resplendissante de marbres, de dorures et de tous les chefs-d'œuvre de la civilisation matérielle la plus avancée, la reine de la force était assise sur sept collines : Le *Palatin*, berceau de Romulus, et demeure des Césars; le *Capitole*, où régnait Jupiter; l'*Aventin*, couronné par son temple de Diane; le *Cœlius*, avec ses tours et son marché aux poissons, si fréquenté par les Apicius; l'*Esquilin*, aux sommets multiples, et son camp prétorien; le *Quirinal*, et ses temples de Quirinus et du Salut; le *Viminus*, jadis couvert de buissons épais et plus tard de palais magnifiques. Rome, qui avait franchi le Tibre dont le lit profond l'enceint comme un fer à cheval, s'étendait encore sur le Vatican et le Janicule. Elle se divisait en quatorze régions ou quartiers, dont voici les noms célèbres dans l'histoire : *Porta Capena; Cœlimontium; Isis et Serapis; Moneta; Templum pacis; Viala a; Esquilina cum turre et colle Viminali; Alta semita; Forum Romanum; Circus Flaminius; Palatium; Circus maximus, Piscina publica, Aventinus, Trans Tiberim.*

Dans sa vaste enceinte elle renfermait quarante-six mille six cent deux îles, ou groupes de maisons, séparées par des rues; deux mille cent dix-sept palais de la plus inconcevable magnificence; quatre cent vingt-quatre places ou carrefours; quatre cent soixante-dix temples d'idoles; quarante-cinq palais consacrés à la débauche; huit cent cinquante-six établissements de bains; treize cent cinquante-deux lacs ou réservoirs d'eaux; trente-deux bois sacrés; deux grands amphithéâtres, dont l'un contenait quatre-vingt-sept mille spectateurs assis, et vingt mille sur les terrasses; deux grands cirques, le *Fla-*

minius et le *Maximus ;* ce dernier avec cent cinquante mille places au sentiment de ceux qui en mettent le moins, et quatre cent quatre-vingt-trois mille selon ceux qui en mettent le plus ; cinq naumachies où l'on donnait des batailles navales ; vingt-trois chevaux gigantesques en marbre ; quatre-vingts en bronze doré ; quatre-vingt-quatre en ivoire ; trente-six arcs de triomphe en marbre, ornés des sculptures les plus délicates ; dix-neuf bibliothèques ; quarante-huit obélisques ; onze forum ; dix basiliques, et un peuple innombrable de statues en marbre, en bronze et même en or[1]. Quatorze aqueducs amenaient à Rome les eaux ou pour mieux dire les rivières des montagnes voisines ; vingt-quatre voies pavées de larges dalles et bordées de mausolées superbes sortaient des vingt-quatre portes de la cité et conduisaient de la capitale du monde dans les provinces.

Ainsi se présentait à nos yeux éblouis la ville des Césars. Toutefois nous n'avions vu que la moitié du spectacle. Au delà du *Pomœrium*, ou boulevard circulaire, au delà des remparts qui protégeaient la ville et dont la circonscription formait proprement la cité, *urbs*, se déroulait une nouvelle ville, *civitas*, prolongement immense de la première. Ce que sont de nos jours les faubourgs de Paris à la ville primitive, cette Rome *extra muros* l'était à la Rome entourée des remparts et du *Pomœrium*. Ses innombrables édifices couvraient la plaine circulaire, aujourd'hui déserte, qui, dans un diamètre de dix lieues, s'étend d'Otricoli à Ostie, d'Albano et de Tivoli vers Civita-Vecchia. Voilà ce qu'il faut savoir pour comprendre les auteurs contemporains qui nous

---

[1] Voyez Nardini, *Roma antica,* p. 436, et Onuphre Panvin., *de Rep. Rom.*, 105, 114 à 124.

ont parlé de l'étendue et de la population de l'ancienne métropole de l'univers.

« Rome, dit Aristide de Smyrne, est la ville des villes, la ville du monde entier. Un jour ne suffirait pas, que dis-je? tous les jours d'une année seraient trop peu pour compter toutes les villes bâties dans cette ville divine [1]. » « Au delà des murailles de la ville tous les lieux sont habités, ajoute un autre historien; en sorte que le spectateur qui veut connaître l'étendue de Rome se trouve toujours induit en erreur : car il manque de signe pour connaître où la ville commence et où elle finit. Cela vient de ce que les faubourgs sont tellement unis à la cité qu'ils présentent aux regards l'image d'une ville qui se prolonge à l'infini [2]. »

« La ville, continue Aristide, descend jusqu'à la mer, où se trouve le marché universel et la distribution de toutes les productions du globe; et telle est la grandeur de Rome que le spectateur, en quelque lieu qu'il se place, peut toujours se croire au centre [3]. »

---

[1] Commune totius terræ oppidum, eadem urbs urbium, quia videre in ea est omnes urbes collocatas... deficiat non unus dies, sed quotquot habet annus, si quis adnumerare conetur omnes urbes in cœlesti illa urbe positas, idque ob nimiam copiam. *Apud Casalium, de Urbis splendore*, p. 34.

[2] Omnia loca circa urbem habitata sine mœnibus esse; in qua si quis intuens magnitudinem Romæ exquirere velit, is errare cogetur, nec habebit signum ullum certum quousque urbs incipiat aut desinat : adeo suburbana ipsi urbi adhærent et annexa sunt, præbentque spectantibus opinionem extensæ in infinitum urbis. *Dionysius, apud eumdem*, p. 34 et 421.

[3] Descendit etiam et porrigitur ad mare ipsum, ubi commune est emporium, et omnium quæ terra proveniunt distributio. Tantam Romam esse, ut in quacumque parte quis constiterit

Telle était donc Rome païenne aux jours de sa splendeur. Par delà ses murs et ses collines, elle projetait, comme autant de villes, ses immenses faubourgs jusqu'à Tibur, Otriculum, Aricia, et même plus loin [1]. D'après ces témoignages, Rome et ses faubourgs auraient couvert une étendue de dix lieues de diamètre. Un fait rapporté dans la Vie de Constantin établit, à sa manière, la réalité de ces effrayantes proportions. Ce prince, venant à Rome, était arrivé à Otricoli. Déjà il avait parcouru une partie de ce faubourg, lorsque, se tournant vers le Perse Hormisdas, architecte célèbre, qui n'avait jamais vu l'Italie, il lui demanda ce qu'il pensait de Rome. Frappé de la magnificence et de la continuité des édifices : « Je crois, répondit l'étranger, que nous en avons déjà parcouru la moitié. » Or, il était encore à plus de quatre lieues de la cité proprement dite [2].

A défaut de toutes ces preuves, le seul aspect de la campagne romaine démontrerait la prodigieuse étendue de l'ancienne ville impériale. Le sol excavé, tourmenté, accidenté de mille manières, les innombrables débris de monuments répandus à la surface sont comme autant de voix qui s'élèvent de tous les points de la plaine et qui disent : Rome fut ici [3].

nihil impediat, et in medio eum esse. Arist., *Hist. sub Adriano*, apud *Casal.*, p. 34.

[1] Munita erat præcelsis muris, aut abruptis montibus nisi quod exspatiantia tecta, multas addidere urbes, in prima regione. Plin., lib. III, c. 5. — Nempe ut tot essent urbes, quot ipsa suburbia, quæ Tibur, Otriculum, Ariciam atque alio excurrebant. *Casal.*, p. 33.

[2] Ammian. Marcell.

[3] Malgré les témoignages précis des auteurs mentionnés plus haut, il faut admettre, dans les faubourgs, l'existence de jardins

Prolongeant nos regards avides sur cette fabuleuse cité, nous voyions briller au pied du Capitole le fameux milliaire d'or. De là partaient les voies nombreuses qui servaient de communication incessante entre la reine du monde et tous les peuples devenus ses vassaux. Sur ses larges dalles il nous semblait voir galoper les *Tabellaires*, portant les volontés de César en Orient, en Occident, dans les Gaules, dans la Germanie et jusqu'au fond des Espagnes, avec ordre aux nations tremblantes de se prosterner devant les caprices souverains d'un Néron ou d'un Caligula. Se présentaient ensuite, couvrant toutes les avenues, les innombrables étrangers, au langage, aux mœurs, aux costumes si différents, que la curiosité, le plaisir, l'ambition, les affaires amenaient chaque jour, par milliers, dans une ville qui était moins la ville des Romains que la ville de l'univers[1]. Parmi ces voies romaines, chefs-d'œuvre de construction et de solidité, nous apparaissait, en première ligne, la voie *Appienne*, à qui sa magnificence avait valu le titre de reine des voies, *regina viarum*. Passant à Albano, Aricie, les Trois-Loges, le forum d'Appius, Sinuesse, Terracine, Fondi, Formium, Minturne, Capoue, Nole, Naples, Nocera, Salerne, elle conduisait jusqu'à Brindes et aux frontières orientales de l'Italie.

plus ou moins vastes, peut-être même de terrains vagues et du domaine public, où les Romains ouvraient leurs carrières de tuf lithoïde et de pouzzolane.

[1] Commune totius terræ oppidum. *Arist.* Totæ nationes illic simul et confertim habitant : ut Cappadocum, Scytharum, Ponticorum et aliorum complures. Galen., *Elog. sophist. Pol mon.* — Aspice hanc frequentiam, cui vix urbis immensæ tecta sufficiunt : maxima pars illius turbæ patria caret; ex municipiis, ex coloniis suis, ex toto denique orbe confluxerunt. Senec., **ad Helviam.**

La voie *Latine* se dirigeait vers les Abruzzes, Agnani, Ferentino, Frosinone, Aquin, Arpinum, situé au pied du mont Cassin, et arrivait jusqu'à Bénévent.

La voie *Salaria* allait au pays des Sabins.

La voie *Émilienne* rattachait à Rome toute l'Italie septentrionale, en passant par Césène, Bologne, Modène, Reggio, Parme, Plaisance, Milan, Bergame, Brescia, Vérone, Vicence, Padoue et Aquilée.

La voie *Flaminienne* prenait sa direction par Octricoli, Narni, Spolette, Pesaro, et finissait à Rimini, station de la flotte romaine.

La voie *Aurélienne* sortait par l'occident, traversait la Ligurie et arrivait jusqu'à Arles, d'où ses embranchements rayonnaient dans toutes les Gaules.

Au midi, la voie d'Ostie conduisait à la ville de ce nom, port de Rome et entrepôt de l'univers.

A ces voies de premier ordre, qui étaient comme les grandes artères de la reine du monde, s'en rattachaient beaucoup d'autres dont les longues sinuosités allaient chercher tous les lieux d'une moindre importance pour y porter le mouvement qui partait du cœur. Presque aussi connues que les premières dans l'histoire profane, la plupart sont glorieusement célèbres dans les fastes de de nos martyrs. Il suffit de nommer la voie *Cassienne*, la voie *Nomentane*, la voie *Tiburtine*, la voie *Prénestine*, la voie *Lavinienne*, la voie *Ardéatine*, la voie *Valérienne* et enfin la fameuse voie *Triomphale*[1].

---

[1] Voici le nom de toutes les voies romaines, y compris les embranchements : Via Trajana, Appia, Lavicana, Prænestina, Tiburtina, Nomentana, Salaria, Flaminia, Clodia, Valeria, Aurelia, Campana, Ostiensis, Portuensis, Janiculensis, Laurentina, Ardeatina, Setina, Quinctia, Cassia, Gallica, Cornelia, Trium-

Sur ces chemins magnifiques, dans ces palais somptueux, sous ces portiques innombrables, sur ces forum immenses, au milieu de tous ces monuments du luxe, de la puissance, de la richesse, en un mot de la civilisation matérielle la plus prodigieuse qui fut jamais, se remuaient cinq millions d'habitants [1].

Telle Rome païenne nous apparut. Cette vision, littéralement historique, dont aucune réalité du monde actuel ne saurait plus donner l'idée, jette l'âme dans une sorte de stupeur : à ce premier sentiment succède une

---

phalis, Latina, Asinaria, Cimina, Tiberina. Les principales voies intérieures ou grandes rues de Rome étaient au nombre de neuf : Via Sacra, via Nova, via Lata, via Nova alia, via Fornicata, via Recta, via Alta. Onuphr., lib. 1, p. 64.

[1] C'est le calcul du savant Juste Lipse. Il nous semble beaucoup moins hypothétique et beaucoup plus conforme aux expressions des auteurs païens que les supputations de quelques écrivains modernes, dont plusieurs ont voulu réduire à un million la population de Rome, d'après le nombre des boisseaux de blé fournis à la consommation annuelle de cette capitale par l'Égypte et la Sicile. — Parlant de la clôture du lustre, faite par Claude l'an 801, Tacite s'exprime ainsi : *Condiditque lustrum quo censa sunt civium LXIX centena et XLIV millia*. Tacit., *Annal.*, lib. xi, c. 25.

Si on réfléchit, 1° au nombre des groupes de maisons, *insulæ* et des palais renfermés dans l'enceinte des murailles ; 2° à l'immense étendue des faubourgs ; 3° à ces multitudes d'étrangers, ou plutôt de nations, comme dit Aristide, qui affluaient à Rome ; 4° au nombre prodigieux d'esclaves qui surpassait de beaucoup celui des maîtres ; 5° à ce petit peuple de Rome dont une partie seulement (trois cent mille) vivait du trésor ; 6° aux cohortes prétoriennes, à la garnison, à ce nombre effrayant de gladiateurs, etc., qui chaque jour combattaient aux cirques ou dans les amphithéâtres, on ne trouvera rien d'exagéré dans le chiffre indiqué plus haut.

grande pitié. Sans doute, à sa fierté, à son opulence, on a bien reconnu la reine du monde antique, la puissance souveraine de la force ; mais la couronne de diamants et de rubis qui orne sa tête ne dissimule qu'imparfaitement les sinistres pâleurs de sa maladie ! et sous le vêtement d'or et de pourpre qui couvre ses formes imposantes on entrevoit de hideux ulcères. Au sein de la cité resplendissante nos yeux avaient bien vu des larmes couler, des cris douloureux étaient montés jusqu'à notre oreille ; car le profond mépris de l'humanité nous était apparu sous toutes ses faces : mais n'anticipons pas ; le temps n'est point encore venu de faire l'autopsie du cadavre.

Un autre spectacle attirait notre attention : Rome chrétienne se montrait à nos regards. Déjà le jour était sur son déclin, les derniers rayons du soleil doraient de leurs feux amortis le sommet de sept collines, tandis qu'une vapeur légère, semblable à un immense voile de pourpre, nuancé des plus douces couleurs de l'arc-en-ciel, s'étendait sur la ville et la couvrait comme d'une gaze transparente. La cité de saint Pierre, l'auguste mère du monde catholique se présentait alors comme une chaste matrone, au front vénérable, à la physionomie douce et calme, à l'attitude majestueuse. En voyant Rome s'endormir ainsi silencieuse et tranquille, au milieu d'une vaste solitude, au murmure éternel de ses fontaines, à l'ombre de la croix qui domine ses innombrables églises, sous la protection de Marie, dont l'image vénérée orne ses maisons, à la garde de ses martyrs, dont l'armée victorieuse environne ses remparts, comment ne pas connaître cette reine, cette épouse, cette mère immortelle, sûre de se réveiller le lendemain pour continuer jusqu'à la fin des siècles le bien qu'elle a commencé hier ? Il était difficile vraiment de la contempler dans une heure plus solennelle et sous un jour plus favorable.

Des beautés matérielles de Rome chrétienne je ne dirai que peu de choses en ce moment : la gloire de l'épouse du grand Roi est d'un ordre plus élevé. Comme la reine du paganisme, la reine de l'Évangile est toujours assise sur les sept collines, elle s'étend même, de l'autre côté du Tibre, sur le Vatican et le Janicule; mais si les noms et les lieux restent les mêmes, les choses ont changé. A la place des temples païens, des églises dédiées au vrai Dieu couronnent toutes les hauteurs. Les lieux souillés par Néron, par Caligula, par Héliogabale sont habités par des religieux ou des religieuses de tous les ordres. C'est ainsi qu'au sommet du Capitole, à la place même du temple de Jupiter, nous voyons briller l'église d'Ara-Cœli, consacrée à la Vierge divine. Sur le Palatin, au milieu des ruines informes du palais des Césars, s'élèvent les églises de Sainte-Marie Libératrice, de Saint-Théodore et de Saint-Bonaventure. Le Cœlius présente la radieuse basilique de Saint-Jean de Latran, les églises des Quatre-Couronnés et des Saints Jean et Paul. L'Aventin, célèbre par son temple de Diane, porte jusqu'aux nues les belles églises de Sainte-Sabine, de Saint-Alexis, de Sainte-Prisque. Sainte-Marie *in Cosmedin*, placée à la base, sert comme de portique sacré à ces vénérables sanctuaires. Sur le Quirinal, non loin de la colonne Trajane, brillent Saints Dominique et Sixte, Saint-Sylvestre, Sainte-Marie de la Victoire. Le Viminal est couronné par la magnifique église de Sainte-Marie des Anges, bâtie dans les Thermes mêmes de Dioclétien. L'Esquilin offre aux regards éblouis Sainte-Marie Majeure, Saint-Pierre ès Liens, Saint-Martin des Monts.

Dans le lointain apparaît à l'horizon le Janicule avec son temple du Bramante, et plus bas le Vatican avec la merveille des églises, Saint-Pierre.

Rome ne compte que cent soixante dix mille habitants, et la ceinture des murailles élevée par Aurélien est devenue trop large; l'espace qui s'étend des maisons à l'antique rempart est occupé par des vignes, des jardins, des terrains sans culture, couverts de ruines, parmi lesquelles on voit errer des troupeaux de brebis et des bœufs mêlés de quelques buffles. Si la vue de tant d'édifices tombés, monuments imposants d'une gloire qui n'est plus, inspire au philosophe les plus graves pensées, cette désolation toujours subsistante affermit inébranlablement la foi du chrétien. Devant lui est l'accomplissement des prophéties : il le voit de ses yeux, il le touche de ses mains. Comme sous les empereurs, Rome se divise aujourd'hui en quatorze régions (Rioni). Ses palais, ses fontaines, ses musées, ses galeries, ses chefs-d'œuvre de peinture et de sculpture, ses basiliques, ses quatre cents églises en font encore, au point de vue purement matériel, la première ville du monde.

Quoique dépouillée de tous les attributs de la force, elle ne continue pas moins d'être la reine des nations. Plus de deux mille ans nous séparent des poëtes et des oracles qui chantèrent son éternité, et leurs chants prophétiques n'ont pas cessé de s'accomplir [1]. Comment

---

[1] Imperium sine fine dedi.
VIRGIL., Æneid., lib. I, 279.

Romulus æternæ nondum fundaverat urbis
Mœnia, consorti non habitanda Remo.
TIBULL., Eglog., lib. 2.

Romæ æternæ, Romæ Deæ, voilà ce qu'on trouve sur une foule d'inscriptions. Dans toutes les provinces de l'empire on lui

réfléchir à cet instinct mystérieux que Rome avait de sa destinée sans être saisi d'étonnement? Que de considérations à faire sur cette révélation providentielle! que n'y aurait-il pas à dire d'une ville qui portait écrit dans son nom même le secret de sa double mission! Nom admirable connu des initiés, mais dont il était défendu de parler au vulgaire [1]. Reine de la force, Rome païenne, chacun le sait, fut à la hauteur de sa redoutable mission. Longtemps son sceptre de fer écrasa le monde subjugué par ses armes : elle régnait sur les corps. Reine de l'amour, Rome chrétienne est encore à la hauteur de sa bienfaisante mission. Aux nations volontairement soumises elle n'impose que des liens bien doux à porter : elle règne sur les âmes, et toujours elle demeure la cité guerrière. Il est vrai, elle ne fait plus la guerre aux Carthaginois, aux Parthes, aux Daces, aux Garamantes; mais elle la fait sans relâche à l'erreur et aux vices,

bâtissait des temples. Tacit., *Hist.*, lib. iii. Casal., p. 123. Et, chose remarquable, dans Rome, déesse de la *force*, on adorait en même temps, par des hommages communs, la déesse de l'*amour*.

> Atque Urbis Venerisque pari se culmine tollunt
> Templa, simul geminis adolentur thura deabus.
>
> PRUD.

On savait qu'elle devait être la reine éternelle du monde :

> Terrarum dea gentiumque Roma,
> Cui par est nihil et nihil secundum.
>
> MARTIAL.

Urbem auspicato diis auctoribus in æternum conditam. Tit. Liv., lib. vii, *Decad.* 3.

[1] L'anagramme de *Roma*, qui, en grec, veut dire *force*, est *amor*, amour. (Plutarq.)

ces autres barbares plus dangereux que les premiers. Si l'on admire la puissante organisation de la cité de Romulus, mise au monde pour en faire la conquête, peut-on ne pas reconnaître dans la ville de saint Pierre la réunion savante de tous les moyens les plus propres à plier l'univers au joug de l'Évangile? Mais comment en donner même une faible esquisse? Entourée de tous les grands monuments de l'histoire profane et de l'histoire ecclésiastique, appuyée sur le témoignage toujours présent de ses innombrables martyrs, étrangère aux préoccupations politiques et aux spéculations mercantiles qui absorbent la vie des autres capitales, forte de sa mission providentielle, Rome se trouve placée dans les meilleures conditions divines et humaines pour enseigner la vérité à la terre entière avec une autorité irrésistible. Toute sa hiérarchie est organisée dans ce but. L'unité de pouvoir fit la force de Rome païenne. Au-dessus de tout se montre César, lieutenant et pontife de Jupiter. De même, en éloignant toute comparaison, apparaît dans la Rome chrétienne, le front ceint d'un triple diadème, un chef suprême, le vicaire de Jésus-Christ, pontife immortel de la vérité. Près du trône impérial brillent les Pères conscrits dont les conseils dirigent le prince dans le gouvernement du monde. Autour du souverain Pontife vous voyez le sacré Collége, vénérable sénat de l'Église, dont l'expérience, les lumières et surtout les vertus éclipsent, sans nulle contestation, l'austère sénat de l'ancienne Rome. Aux nombreux colléges sacrés et séculiers qui veillaient, chacun dans sa sphère, aux intérêts de la république correspondent aujourd'hui quatorze congrégations, composées de l'élite des docteurs et des prélats, qui suivent de l'œil les phases diverses de la grande bataille qui se livre sur tous les points du globe et décident les hautes questions relatives à la défense et à la propagation de l'Évangile en Orient et en Occident. Enfin autour du souverain Pontife, du sacré Collége et des grands ministères se tiennent les généraux d'ordres, chefs intelligents de ces corps d'armées si variés dans leurs allures et si admirables de discipline et de dévouement. Toujours au commandement du pontife suprême, comme les légions du Prétoire sous la main de César, ils se portent avec rapidité partout où leur présence est nécessaire. Depuis bien des siècles les pays atteints par l'hérésie, aussi bien que les nations idolâtres, les voient aborder à leurs rivages inhospitaliers. Tantôt sous l'habit blanc du dominicain, tantôt sous la robe brune du franciscain ou sous la soutane noire du jésuite, ils ont porté la foi et la civilisation, fille de la foi romaine, dans les deux hémisphères; et partout vous les suivez à la trace du sang qu'ils ont répandu pour la fonder. C'est ainsi que du haut des sept collines descendent incessamment les oracles infaillibles qui régissent l'intelligence humaine, retiennent ou font tomber au pied de la croix les peuples civilisés et barbares, comme autrefois les ordres descendus des mêmes hauteurs courbaient les nations muettes et tremblantes sous le joug de César.

Voilà, en peu de mots, ce que Rome fait au dehors pour accomplir sa mission; voilà de quelle manière et par quels moyens elle règne sur le monde. Qui dira maintenant ce qu'elle fait pour la même fin dans l'enceinte de ses murailles? En faveur d'une population de cent trente mille âmes, Rome entretient trois cent soixante-quatorze écoles primaires, fréquentées par quatorze mille quatre-vingt-dix-neuf élèves de l'un et de l'autre sexe. Ajoutez-y les écoles du soir, et vous saurez, du moins en partie, comment elle protége contre l'invasion de l'ignorance et les ravages de l'erreur *l'intelligence* des petits et des pauvres.

Aux riches elle ouvre ses magnifiques établissements : la Propagande, le Collége Romain, le Collége Anglais, le Collége Germanique sont comme autant d'arsenaux, fournis des meilleures armes, où viennent puiser les jeunes gens de toutes les nations du globe.

A ces institutions et à beaucoup d'autres que j'omets en ce moment viennent se joindre celles qui ont pour but de préserver le *cœur* de la corruption. Tels sont les nombreux asiles ouverts à l'innocence et à l'honneur du sexe, connus sous le nom si juste de *Conservatoires*. Mais il ne suffit pas de prévenir le mal, il faut le réparer; Rome ne l'oublie point. De même que les conservatoires protégent la pureté des jeunes filles honnêtes, ainsi les pieuses maisons de refuge maintiennent dans leurs bonnes dispositions celles qui, repentantes, quittent une vie déréglée. Rome possède trois asiles de ce genre : celui de la *Croix*, celui de Sainte-Marie *in Trastevere*, tenu par les religieuses françaises du Bon-Pasteur, et celui de la *Madone-de-Lorette*.

Mais l'homme n'est pas seulement vulnérable dans la partie la plus noble de son être. Comme une longue et lourde chaîne, la souffrance, sous tous les noms et sous toutes les formes, étreint son corps depuis le berceau jusqu'à la tombe. Cette chaîne, déjà si pesante par elle-même, Rome antique en avait aggravé tous les anneaux : l'exposition, le meurtre, la vente, l'abandon de l'enfant, du pauvre, du malade, du vieillard semblaient être, du moins en pratique, les articles généraux de son code *humanitaire*. Que Rome chrétienne comprend bien autrement sa royale mission ! Le voyageur est attendri jusqu'aux larmes en étudiant le nombre et la variété des moyens qu'elle emploie pour alléger la douleur *corporelle* des fils d'Adam. Vingt-deux institutions soulagent les infirmes, les pauvres, les aliénés, les convalescents, les enfants et les vieillards; huit hospices publics et onze particuliers reçoivent les malades; de nombreuses associations portent des secours à domicile et ensevelissent les morts. La situation de ces différents hospices est tellement calculée que chaque quartier de la ville peut facilement en jouir. Dans la partie occidentale de Rome nous apercevions *Saint-Esprit* et *Saint-Gallican*, l'un dans le Borgo, l'autre dans le Trastevere. Au centre du quartier le plus populeux est *Saint-Jacques;* au levant, *Sainte-Marie de la Consolation* et *Saint-Sauveur;* enfin, au milieu de l'île du Tibre, au point de jonction de la cité et du grand faubourg, se trouve le plus vaste des hôpitaux particuliers.

Tel est le double panorama qui venait de passer sous nos yeux. Comme nous rentrions en ville, parlant sans nous lasser de ce que nous avions vu, on nous apprit que le souverain Pontife devait donner la bénédiction solennelle du Saint-Sacrement dans l'église des Saints-Apôtres.

Voir le Saint-Père, le voir la première fois de notre vie en recevant sa bénédiction était un bonheur qui couronnait trop bien notre belle promenade pour ne pas nous le procurer. Après avoir suivi quelque temps le *chemin papal* [1], nous arrivâmes sur la place qui précède l'église. Une foule nombreuse encombrait toutes les rues aboutissantes, et formait, en face du portail, un vaste

[1] Lorsque le Saint-Père doit se rendre dans une église, on couvre d'un sable fin toutes les rues par où le cortége doit passer : c'est ce qu'on appelle le chemin papal : *la strada papale*.

cercle, maintenu à sa circonférence par une haie de dragons et de hallebardiers. Arrivèrent bientôt quelques voitures de cardinaux et de prélats ; enfin parut le carrosse pontifical, attelé de six chevaux noirs à longs crins et richement caparaçonnés. Le Saint-Père était seul dans sa voiture, avec un cardinal. Des pantoufles blanches ornées de la croix d'or, la soutane blanche avec le *rocchetto*, petit rochet garni de dentelles et descendant seulement jusqu'à la ceinture ; le camail rouge fourré d'hermine, d'une blancheur éclatante, tels étaient les vêtements du Pontife, dont la tête vénérable était ornée du chapeau *à bateau*, rouge par-dessus et vert par-dessous. Il est impossible d'imaginer un costume plus gracieux et plus en harmonie avec la dignité de la personne. En présence de l'auguste vieillard, en face du vicaire de l'Homme-Dieu, dont la voix se fait respecter et bénir d'un pôle à l'autre, l'âme la moins chrétienne ressent une impression qu'il est difficile de caractériser. Ce n'est pas un sentiment de crainte, comme peut en inspirer la vue des rois de la terre ; c'est un mélange indéfinissable de vénération, de confiance, d'amour, de bonheur. Cette impression fut d'autant plus vive pour nous qu'il est difficile de voir une figure meilleure et plus vénérable que celle de Sa Sainteté Grégoire XVI.

A la suite du cortége, nous entrâmes dans l'église. L'autel, étincelant de lumières, était orné avec une magnificence et un bon goût qu'on ne voit guère qu'en Italie. Après les motets ordinaires le souverain Pontife donna la bénédiction du Saint-Sacrement en silence : ainsi le veut la rubrique romaine, plus rationnelle que notre rit gallican. De fait, pourquoi bénir à haute voix au nom de la sainte Trinité quand c'est Notre-Seigneur en personne qui bénit ?

8 Décembre.

Fête de l'Immaculée Conception. — Anecdotes : la comtesse de R....,
— Lord Spencer.

Rome était en fête ; c'était le jour de l'Immaculée Conception de la sainte Vierge. Toutes les cloches du *campanili* sonnaient à la volée; tous les carrefours retentissaient de la musique champêtre des pifferari ; toutes les madones des rues étaient illuminées, les magasins fermés et les églises encombrées d'une foule pieuse. La veille, le peuple avait fait le grand jeûne, c'est-à-dire qu'il avait attendu jusqu'au soir avant de prendre aucune nourriture. Cet acte de piété est d'autant plus beau qu'il est volontaire. Mais quand il s'agit de Marie le Romain ne recule devant aucun sacrifice. Pour la Mère de Dieu, qu'il appelle aussi la sienne, son amour est sans bornes comme sa confiance.

Ce jour-là nous ne sortîmes que pour faire quelques visites indispensables, et j'en reçus plusieurs qui eurent pour moi le plus grand charme. Dans ce laisser-aller de la conversation intime, où l'on passe sans transition d'un sujet à l'autre, le discours tomba sur les étrangers qui affluent à Rome. On se plaignit d'un grand nombre qui avec leur or apportent trop souvent la corruption dans la ville sainte.

Des nuées d'Anglais, surtout, s'abattent tous les automnes sur l'Italie. Ils sont les premiers à Saint-Pierre et à la chapelle Sixtine dans les jours de solennité. Que font-ils là? on n'en sait rien vraiment ; car que peut faire à Rome, que peut y voir celui à qui manque l'œil de la foi? Mais la Providence a ses desseins. Il est rare que le catholicisme, qui se montre avec tant de majesté au milieu des monuments de la ville éternelle, ne fasse pas chaque année quelques conquêtes sur l'hérésie.

A la conversion si éclatante de M. Tayer, ministre protestant d'Amérique, venait de s'ajouter celle de la comtesse de R..... Cette femme, célèbre en Allemagne, était venue à Rome dans des intentions hautement avouées de prosélytisme protestant. Douée de qualités supérieures, elle se promettait de grands succès, lorsqu'un jour elle voulut assister à la bénédiction papale. La majesté de cette cérémonie l'impressionna si vivement qu'elle tomba à genoux et se releva catholique.

L'étude des origines romaines n'est pas moins efficace que la vue des monuments et des solennités. « Nous avons eu ici, nous disait-on, le jeune lord Spencer. Autrefois ministre anglican, il est aujourd'hui prêtre catholique et apôtre de son pays. C'est lui qui a organisé, dans une bonne partie de l'Europe, la vaste *association de Prières* pour le retour de la Grande-Bretagne. Pendant son séjour à Rome il nous racontait qu'étant tourmenté par des doutes sur la vérité de sa religion il s'était adressé à un vieil évêque anglican : — « Je suis poursuivi, lui disait-il, par des doutes pénibles ; il me semble que les origines de notre *Église établie* ne sont pas fort anciennes : je crois que nous avons innové. Pour me tranquilliser je suis décidé à lire les Pères des premiers siècles et les anciens controversistes. » — « Je ne vous le conseille pas, lui répondit l'évêque, j'ai vu tous ceux qui ont pris ce parti-là finir par se faire catholiques. » — « Cet aveu, ajoutait lord Spencer, fut pour moi un trait de lumière ; et je dois bénir la Providence, qui en a fait le motif déterminant de mes études et le principe de ma conversion. »

9 Décembre.

Saint-Jean de Latran. — Classement des églises de Rome. — Baptistère de Constantin. — Obélisque. — Triclinium de Saint-Léon. — Scala santa. — M. Ratisbonne.

Nous avions jeté un regard général sur Rome païenne et sur Rome chrétienne. Le temps était venu de descendre au détail et de commencer la visite régulière des deux cités. Nous attaquâmes successivement les quatorze quartiers dans l'ordre où ils furent fixés par Benoît XIV en 1743.

Le premier qui se présente est le quartier des Monts (*Rione de' Monti*); il occupe l'ancienne région de l'Esquilin et en partie celle de la *Voie Sacrée*, de la *Paix*, de l'*Alta Semita*, de la *Cœlimontana*, d'*Isis et Serapis* et du *Forum romanum*. On l'appelle *des Monts* parce qu'il renferme la partie la plus montueuse de la ville. Dans ses limites se trouvent l'Esquilin, le Viminal, une partie du Cœlius et du Quirinal. Partis de la place d'Espagne vers neuf heures du matin, nous nous rendîmes à la basilique de Saint-Jean de Latran, située sur le versant du Cœlius. Or, les églises de Rome peuvent se diviser en trois classes, dont il est utile de connaître la différence : les patriarcales, les basiliques constantiniennes et les églises ordinaires.

1º *Patriarcales*. Le monde conquis par l'Évangile fut partagé, dès les premiers siècles, en cinq patriarcats. Le premier de tous, par l'autorité et par l'étendue, est le patriarcat de Rome. Comme pape, le successeur de saint Pierre a juridiction sur l'Église universelle. Comme patriarche, son domaine n'a d'autres limites que celles de l'Occident, y compris l'Afrique et plus tard le nouveau

Monde. Le second patriarcat était celui de Constantinople; le troisième, d'Alexandrie; le quatrième, d'Antioche; et le cinquième, de Jérusalem[1]. Sur ces cinq grands siéges étaient assis les *pères des pères* de tous les diocèses de la catholicité. Les patriarcats d'Orient tombèrent bientôt sous les coups des hérétiques et des barbares; mais Rome, dont *l'essence est de conserver*, n'a pas voulu que leur mémoire pérît. Dans son enceinte immortelle on trouve cinq églises patriarcales, églises trois fois vénérables par leur antiquité, par leur magnificence et par leur sainteté, qui perpétuent les catholiques souvenirs de Constantinople, d'Alexandrie, d'Antioche et de Jérusalem. J'ai nommé Saint-Jean de Latran; Saint-Pierre *au Vatican;* Saint-Paul *sur la voie d'Ostie;* Sainte-Marie Majeure et Saint-Laurent *hors des murs*. Le dystique suivant redit leurs noms, quoique dans un ordre inverse :

Paulus, Virgo, Petrus, Laurentius atque Joannus,
Hi Patriarchatus nomen in Urbe tenent [2].

2° *Basiliques constantiniennes.* On en compte huit : Saint-Jean de Latran; Sainte-Croix *en Jérusalem;* Saint-Pierre *au Vatican;* Saint-Paul *hors des murs;* Saint-Laurent *hors des murs;* Saints Marcellin et Pierre *sur la voie Lavicane;* les Saints-Apôtres au centre de Rome, et Sainte-Agnès *hors des murs*. L'antiquité de ces églises, leurs fresques, leurs mosaïques, le nombre et la richesse des reliques sacrées qu'elles renferment en font de véritables archives de l'art et de la piété. Aussi n'est-il pas

---

[1] *Constit.* d'Innocent III au IVᵉ concile de Latran, cap. XXIII, *de Privileg.*; id., *de votis, Jus canon.*, t. I, p. 203.
[2] Joan. Monach. card., *de Elect.* in 6.

un voyageur instruit qui ne veuille les voir, pas un pèlerin qui ne veuille y prier [1].

3° *Églises ordinaires*. Le nombre en dépasse trois cent cinquante ; plusieurs remontent aux premiers siècles : telles que Saint-Clément, Sainte-Praxède, Sainte-Marie *in Cosmedin*. Leurs portiques, leurs inscriptions, leur architecture rappellent éloquemment et la simplicité, et la foi vive, et la ferveur des beaux âges du christianisme. Nous n'aurons garde de les oublier lorsque nous les rencontrerons sur notre route.

Vingt minutes après le départ nous entrions sur la grande place qui s'étend du baptistère de Constantin jusqu'à la porte Saint-Jean. Rome est, par excellence, la terre des émotions et des souvenirs. Or, quelle foule d'imposants souvenirs surgissent de ces lieux actuellement foulés par nos pieds ! Que d'émotions puissantes viennent remuer l'âme jusque dans sa dernière fibre ! L'horizon s'agrandit sans mesure ; tous les siècles repassent devant vous avec les plus grands drames de l'histoire. C'est ici qu'après trois cents ans d'une lutte acharnée le monde païen courba sa tête altière sous le joug de la croix ; c'est ici que le premier des Césars devint enfant de l'Église. Successeurs des maîtres du monde et chefs d'un empire plus étendu, c'est ici qu'ont habité pendant onze siècles les vicaires de Jésus-Christ. Ici chaque pontife vient encore prendre solennellement possession de

---

[1] Parmi ces basiliques, il en est cinq qui, jointes à deux autres non constantiniennes, forment ce qu'on appelle *les sept basiliques de Rome*, dont la visite est faite par tous les voyageurs chrétiens, à cause des grandes indulgences qui y sont attachées. En voici le nom : Saint-Jean de Latran ; Saint-Pierre au Vatican ; Saint-Paul hors des murs ; Sainte-Marie Majeure ; Saint-Laurent hors des murs ; Sainte-Croix en Jérusalem et Saint-Sébastien.

sa redoutable dignité; ici ont été tenus trente-trois conciles. Par conséquent ces lieux ont vu presque toutes les gloires de l'Église, des milliers d'évêques, de cardinaux, de docteurs de l'Orient et de l'Occident, accourus de siècle en siècle pour témoigner de la foi du monde entier et livrer ces grandes batailles de la vérité contre l'erreur qui, en affermissant l'Évangile, ont sauvé la civilisation.

Pleins de ces pensées, nous passâmes devant la porte du palais pontifical, et nous fûmes en face de la très-sainte et très-vénérable basilique. Comme la plupart des grands monuments de Rome, l'église de Saint-Jean de Latran a le privilége de redire les faits de l'histoire profane et de l'histoire sacrée. Son nom de *Latran* rappelle une des plus anciennes et des plus illustres familles romaines, la famille *Sextia*. Suivant l'usage, le surnom de *Lateranus* distinguait ses membres des autres rejetons de la souche commune : ce nom fut glorieusement porté dans les temps de la république, et sous l'empire la cruauté de Néron ne fit qu'en rehausser l'éclat par le meurtre du consul *Plantius Lateranus*[1]. La richesse fut aussi l'apanage de cette famille. Son palais héréditaire, d'une magnificence royale, occupait la place de l'église actuelle, et lui a donné son nom. Devenu possesseur de ce monument, Constantin en fit hommage au pape saint Sylvestre, pour y bâtir une église au Sauveur. Elle fut consacrée l'an 324[2].

Pénétré de reconnaissance pour le Dieu auquel il devait la foi du chrétien et le sceptre du monde, Constantin se plut à orner le nouveau temple avec une magnificence digne d'un empereur romain. De là vint à la basilique

[1] Tacit., *Annal.*, lib. xv.
[2] Ciampini, *Monum. veter.*, lib. III, p. 7.

le nom de *Basilique d'or :* jamais nom ne fut mieux justifié; on en jugera par quelques-uns des présents du royal néophyte. Une statue du Sauveur assis, de cinq pieds de hauteur, en argent, du poids de 120 livres; les douze Apôtres, de grandeur naturelle, en argent, avec couronne de l'argent le plus pur; chaque statue pesant 90 livres. Quatre anges d'argent, de grandeur naturelle, tenant chacun une croix à la main; chaque ange pesant 105 livres. La corniche continue, servant de piédestal à toutes les statues, d'argent ciselé, du poids de 2,025 livres. Une lampe, de l'or le plus pur, suspendue à la voûte, pesant, avec ses chaînes, 25 livres. Sept autels d'argent, chacun pesant 200 livres. Sept patènes d'or, chacune du poids de 30 livres; seize d'argent, chacune du poids de 30 livres. Sept chalumeaux d'or, pesant chacun 10 livres; un autre chalumeau d'or, tout enrichi de pierreries, pesant 20 livres 3 onces. Deux calices, de l'or le plus pur, pesant chacun 50 livres. Vingt calices d'argent, pesant chacun 10 livres. Quarante calices plus petits, de l'or le plus pur, chacun pesant 1 livre. Cinquante calices, pour la distribution du précieux sang aux fidèles (*calices ministeriales*), pesant chacun 2 livres.

Comme ornements de la basilique : un chandelier, de l'or le plus pur, placé devant l'autel, où brûlait de l'huile de nard, orné de quatre-vingts dauphins, pesant 30 livres, et soutenant autant de *cierges* composés de nard et des aromates les plus précieux; un autre chandelier d'argent avec cent vingt dauphins, du poids de 50 livres, où brûlaient les mêmes aromates. Dans le chœur quarante chandeliers d'argent, du poids de 30 livres, d'où s'exhalaient les mêmes parfums. Au côté droit de la basilique, quarante chandeliers d'argent, du poids de 20 livres, autant du côté gauche. Enfin, deux cassolettes en or fin, pesant 30 livres, avec un don annuel de 150 livres de parfums les plus exquis pour brûler devant l'autel[1].

Au souvenir de tant de magnificence, comment se lasser d'admirer et la foi du maître du monde, et sa reconnaissance, et sa docilité à devenir l'instrument de la Providence en faisant servir au culte du vrai Dieu l'or et l'argent, si longtemps prostitués aux idoles ! Ainsi, grâce au christianisme, tout rentrait dans l'ordre, et remontait à son principe, l'homme, le monde et les créatures. Qu'est devenue la Basilique d'or? que sont devenues toutes ses richesses? Interrogez là-dessus les chefs barbares si fameux dans l'histoire, Alaric et Totila. Cependant l'auguste édifice, plusieurs fois sorti de ses ruines, existe toujours. Ses trésors ont disparu, mais sa principauté lui reste. Sur le frontispice on lit cette simple, mais sublime incription : SACROSANCTA LATERANENSIS ECCLESIA, OMNIUM URBIS ET ORBIS ECCLESIARUM MATER ET CAPUT. « LA TRÈS-SAINTE ÉGLISE DE LATRAN, DE TOUTES LES ÉGLISES DE LA VILLE ET DU MONDE LA MÈRE ET LA MAITRESSE. »

Des trois portes de la basilique, deux frappent d'étonnement le voyageur, l'une par son mystère, l'autre par sa magnificence. Celle de droite, appelée *Porte-Sainte*, est murée : elle ne s'ouvre que par le Saint-Père lui-même l'année du jubilé. Celle du milieu est une porte antique, en bronze et quadriforme : elle est à peu près la seule qui existe. En entrant on est d'abord émerveillé du symbolisme de la grande nef. Au-dessus des croisées, près de la naissance de la voûte, sont peints les Pro-

---

[1] *Anast. Biblioth.*, in Vit. B. Silv.

phètes. Au-dessus des Prophètes vous voyez d'un côté les figures de l'Ancien Testament relatives au Messie, de l'autre les faits de l'Évangile qui en sont l'accomplissement : la figure et le figuré. Ainsi sous les deux croisées les plus rapprochées de l'abside apparaissent,

D'une part :	D'autre part :
Adam et Ève chassés du paradis terrestre pour avoir touché à l'arbre défendu ;	Notre-Seigneur sur l'arbre de la croix, rouvrant le ciel au genre humain ;

Sous les croisées suivantes :

Le Déluge ;	Le baptême de Notre-Seigneur ;
Le Sacrifice d'Abraham ;	Notre-Seigneur montant au Calvaire ;
Joseph vendu par ses frères ;	Notre-Seigneur trahi par Judas ;
Moïse délivrant les Israélites de la captivité de Pharaon ;	Notre-Seigneur prêchant aux limbes ;
Jonas sortant de la gueule de la baleine ;	Notre-Seigneur sortant du tombeau.

Au-dessous de chacun de ces bas-reliefs vous avez les douze Apôtres en pied. Leurs belles et grandes statues sont en harmonie parfaite soit avec les peintures supérieures, soit avec les niches qui les reçoivent. Les douze prédicateurs de l'Évangile sont là comme ayant illuminé par leur parole et les oracles des Prophètes les ombres de l'alliance figurative. Mais l'enseignement apostolique n'a pas seulement éclairé le passé ; il projette l'éclat de sa lumière sur l'avenir : l'Évangile tient le milieu entre la synagogue et le ciel. Voilà pourquoi derrière chaque Apôtre, dans le fond de la niche, est peinte une porte entr'ouverte ; l'Apôtre est sur le seuil, pour dire qu'après la révélation chrétienne, dont il est l'organe, il n'y a plus que la Jérusalem éternelle, cité de lumière, aux douze portes d'émeraude. Enfin, à la base de chaque niche, apparaît une colombe en relief, avec le rameau d'olivier dans son bec, touchant emblème de l'esprit de l'Évangile. Ainsi dans cette suite admirable de peintures et de sculptures apparaît toute la religion, dans sa lettre et dans son esprit, depuis l'origine des temps jusque dans l'éternité; et tout se résume dans l'hymne de Bethléem : *Gloire à Dieu dans les hauteurs des cieux, et paix sur la terre aux hommes de bonne volonté.* Dirai-je quel fut mon bonheur en retrouvant dans la maîtresse de toutes les Églises le plan complet du *Catéchisme de persévérance!* Parmi les autres richesses de Saint-Jean de Latran il faut citer le tombeau en bronze du pape Martin V, pontife grand entre les autres, puisqu'il mit fin au schisme d'Occident ; d'un côté du transept la chapelle de Saint-André Corsini, une des plus magnifiques de Rome, qui rappelle tout à la fois et la piété filiale de Clément XII et les touchantes vertus de son illustre aïeul. Les deux colonnes de porphyre qui accompagnent la grande niche, à droite de l'Évangile, ornaient jadis le portique du Panthéon d'Agrippa; de l'autre côté du transept est la riche chapelle du Saint-Sacrement, dont je parlerai bientôt. Le majestueux portique de l'église offre ses vingt-quatre pilastres de marbre et la statue colossale de Constantin, trouvée dans ses Thermes ; enfin, la fameuse porte de bronze de la basilique *Æmilia*, transportée ici par Alexandre VII.

Nous connaissions l'histoire, nous avions examiné l'architecture, les tableaux et les statues de Saint-Jean de Latran. Pour être satisfaits, l'artiste et l'archéologue n'auraient rien demandé de plus à l'auguste basilique; le chrétien est moins facile. Doué d'un sens de plus que les autres hommes, le sens de la foi, il lui faut des jouissances nouvelles. C'est pour lui un besoin d'autant plus impérieux qu'il se mesure à l'énergie et à la noblesse du sens supérieur qui les réclame. Qui ne comprend, en effet, qu'il y a dans nos églises un côté humain et un côté divin? Or, rechercher en visitant les basiliques romaines leur origine et leur histoire, savoir à quels monuments profanes elles ont succédé; apprécier les peintures et les sculptures qui les embellissent, admirer les marbres précieux, les mosaïques et les dorures dont elles brillent depuis le pavé jusqu'à la coupole, voilà ce que nous venions de faire à Saint-Jean de Latran. Nous le ferons dans les autres églises, et nous aurons vu le côté humain de la basilique. C'est, nous aimons à le proclamer, une étude féconde en nobles et utiles plaisirs. Toutefois, si l'on en reste là, l'impression est incomplète; l'esprit et l'imagination pourront être satisfaits; mais ce qu'il y a de plus noble dans l'homme et surtout dans le chrétien, le cœur, ne le sera pas : le côté divin échappe. Un mot, et cette pensée deviendra sensible.

Si le corps de Cicéron ou le casque de César reposait dans une de leurs villas, est-il, je le demande, un seul voyageur en Italie qui ne voulût les contempler? En est-il un seul qui visitant la demeure de ces grands hommes se contentât d'en admirer la magnificence, sans se mettre en peine de voir les restes du père de l'éloquence ou le glorieux cimier du maître du monde? Eh bien, ce que serait la villa dépositaire du corps de Cicéron ou du casque de César, les églises de Rome le sont dans la réalité et dans un sens plus noble. Par un privilége que nul temple au monde ne partage, leur enceinte renferme des corps mille fois plus respectables que celui de l'accusateur de Verrès et des objets mille fois plus précieux que l'armure du vainqueur de Pharsale. Là reposent souvent, avec les instruments de leur pénitence ou de leurs supplices, des légions de saints et de martyrs : grands hommes par excellence, orateurs par leur sang, héros par leur courage, modèles des siècles par leurs vertus, vainqueurs du monde païen et fondateurs de la liberté moderne. Leurs ossements brisés, leur sang répandu pour la délivrance du genre humain sont là : tel est le côté divin des basiliques romaines.

Ignorez-vous ces choses, quelque brillant qu'il soit, le temple pour vous sera vide, il sera muet, il sera sans poésie divine ; vous le visiterez comme un monument ordinaire ; l'oreille du cœur n'aura rien entendu, car l'œil de la foi n'aura rien vu. Et vraiment était-ce bien la peine de venir à Rome pour obtenir un pareil résultat? Mais si à la connaissance de l'histoire et des beautés matérielles de la basilique on ajoute la visite religieuse des hôtes illustres qui l'habitent, à l'instant même l'âme s'agrandit. Je ne sais quel sentiment profond de respect, d'indicible bien-être s'empare du cœur ; toutes les facultés sont saisies : l'impression est au complet. Le temple s'anime, il parle aux sens, à la raison, à la foi, et d'une voix intelligible à tous il redit la longue et sublime épopée de la race humaine. Dans ces colonnes de marbre, d'albâtre, de bronze et de porphyre, qui adorent le Dieu rédempteur après avoir orné les temples de Jupiter ou le palais de Néron, vous voyez le monde du mal, le monde païen vaincu par le christianisme et attaché au char immortel du triomphateur. Puis dans leurs tombeaux, resplendissants d'or et de pierreries, vous apercevez les légions victorieuses des martyrs qui vous contemplent, d'une main vous montrant le symbole catholique, revêtu de leur signature sanglante; de l'autre les lauriers, toujours verdoyants, qui couronnent leur front; et leur voix, consacrée par la mort et par la gloire, vous crie du sein de l'éternité : Comment portes-tu le nom de chrétien dont notre sang fit pour toi la conquête ? Avec ces pensées, il est impossible de visiter les églises de Rome sans en sortir meilleur et sans éprouver des émotions et des jouissances qu'on ne trouve que là.

Nous avions donc vu le côté humain de Saint-Jean de Latran; il nous restait à contempler le côté divin de la mère et maîtresse de toutes les églises. Au centre du transept, sous le grand arc de la nef principale, soutenu par deux colonnes de granit oriental, de trente-huit pieds de hauteur, s'élève l'autel Papal; mais quel autel, grand Dieu! le même où saint Pierre a dit la messe. Il est là tel qu'il fut tiré des catacombes par le pape saint Sylvestre. Sa simplicité, sa pauvreté même rappellent bien les premiers siècles de l'Église : quelques planches de sapin, sans dorure et sans autre ornement qu'une croix taillée sur la partie antérieure, voilà tout. Par respect, on l'a entouré d'une balustrade en marbre, sur laquelle sont gravées les armes d'Urbain VIII et du roi de France. Une riche étoffe le recouvre tout entier; on voulut bien le lever, et nous pûmes voir de nos yeux la table si vénérable où la grande Victime offerte par le prince des Apôtres était venue tant de fois se reposer. C'est, je crois, l'unique autel dans le monde sous lequel il n'y ait point de reliques. Au successeur de Pierre appartient le droit exclusif d'y célébrer les saints mystères.

En élevant les yeux on aperçoit à une grande hauteur, directement au-dessus de l'autel, une tente de velours cramoisi rehaussé d'or. Ce pavillon recouvre une arche ou ciboire en marbre de Paros, soutenu par quatre colonnes de marbre égyptien avec des chapiteaux d'ordre corinthien en bronze doré. Là sont renfermées les têtes des apôtres saint Pierre et saint Paul. Deux fois chaque année, le samedi saint et le mardi des Rogations, elles sont exposées solennellement à la vénération des heureux fidèles de Rome. Il est un autre usage non moins digne d'être connu. Afin de tremper tous les jeunes lévites à la source même de l'esprit sacerdotal, esprit de l'apostolat et du martyre, c'est au pied de l'autel dont nous venons de parler, sous les yeux de saint Pierre et de saint Paul, qu'ont lieu les ordinations. A droite de l'autel pontifical se trouve la chapelle du Saint-Sacrement. Quoique très-élevé, très-large et très-profond, le tabernacle, exécuté sur les dessins de Paul Olivieri, est entièrement composé de pierres précieuses et des marbres les plus rares. A droite et à gauche brillent deux anges de bronze doré avec quatre colonnes de vert antique. L'entablement et le fronton de bronze doré qui couronnent l'autel posent sur quatre colonnes de même métal, dorées, cannelées, d'environ vingt-cinq pieds de hauteur sur deux pieds et demi de diamètre à la base. Elles sont les mêmes qu'Auguste fit faire après la bataille d'Actium avec les éperons des vaisseaux égyptiens, et qu'il plaça dans le temple de Jupiter Capitolin. Employées d'abord comme candélabres, où l'on faisait brûler, dans les grandes fêtes, du baume et d'autres parfums exquis, elles doivent leur destination actuelle au pape Clément VIII.

En vérité, nous ne pûmes nous empêcher de faire ici une remarque dont l'occasion se rencontre à chaque pas dans cette intelligente cité des Pontifes. Rome païenne ne manquait jamais à ériger dans son enceinte des monuments qui rappelaient ses triomphes : Rome chrétienne a eu le même instinct. De toutes parts s'élèvent les monuments de ses nombreuses victoires *sur le paganisme*, dont les temples, les obélisques, les colonnes servent à ses usages ; *sur les grandes hérésies*, dont la condamnation est écrite dans les peintures et les mosaïques de ses temples; *sur les Turcs*, dont l'or et les étendards ont enrichi les églises bien-aimées d'Ara-Cœli et de la Victoire. La basilique de Saint-Jean de Latran conserve un autre trophée des victoires du christianisme sur l'islamisme. En face de la chapelle du Saint-Sacrement flotte la bannière de Jean Sobieski à la célèbre bataille de Vienne. Comme témoignage de sa reconnaissance et de son dévouement à la religion, le grand capitaine voulut que son glorieux oriflamme fût suspendu à la voûte de la première église du monde.

Dans le chœur du Chapitre, voici la stalle des rois de France, qui, comme on le sait, sont chanoines de Saint-Jean de Latran; elle est à gauche, vis-à-vis de celle du Saint-Père. Du dossier de la stalle royale se détache une gracieuse statuette de la sainte Vierge, dont le roi de France est le vassal et le premier chevalier; derrière la stalle du Saint-Père apparaît Notre-Seigneur, dont le Pape est le vicaire. Que n'y aurait-il pas à dire sur cette disposition symbolique? là nous semblent écrits et l'histoire, et la mission, et les rapports providentiels de la mère et de sa fille aînée. Quoique nous ne fussions pas rois de France, nous nous assîmes dans la stalle royale, et le souvenir de Henri IV nous venant à la mémoire, on nous apprit que, chaque année, les chanoines de Saint-Jean de Latran célèbrent la naissance de leur royal confrère par une messe solennelle. C'est un témoignage de reconnaissance pour le don que le Béarnais converti fit à Saint-Jean de Latran de la riche abbaye de Clarac, au diocèse d'Agen. Jusqu'à la révolution de juillet, l'ambassadeur de France assistait à l'office sur une estrade placée à l'entrée du chœur.

Il nous restait à voir le trésor de la basilique. Là se

conserve une des reliques les plus vénérables qu'il y ait au monde. Derrière des grilles de fer, sous de larges feuilles de cristal, est cachée la table même sur laquelle Notre-Seigneur institua la sainte Eucharistie. Les portes s'ouvrirent, et il nous fut donné de voir ce monument de l'amour infini d'un Dieu. Cette table est en bois, sans aucun ornement; elle me parut avoir un pouce d'épaisseur sur douze pieds de longueur et six de largeur. Couverte de lames d'argent par les souverains Pontifes, elle en fut dépouillée dans le sac de Rome, sous le connétable de Bourbon.

A quelques pas de là on trouve d'autres reliques, dont la vue pénètre également le cœur de reconnaissance et de componction. C'est une partie du vêtement de pourpre qu'on jeta sur les épaules de Notre-Seigneur dans le prétoire; une partie de l'éponge trempée dans le fiel et le vinaigre; la coupe dans laquelle on présenta le poison à saint Jean l'évangéliste, et qu'il but sans en ressentir aucun mal; une partie de sa tunique et de la chaîne avec laquelle il fut conduit d'Éphèse à Rome; une épaule de saint Laurent; la tête miraculeuse de saint Pancrace, martyr; une vertèbre de saint Jean Népomucène; du sang de saint Charles Borromée et de saint Philippe de Néri; enfin une tablette composée des cendres d'une multitude de martyrs.

En sortant du trésor, nous entrâmes dans le cloître, où l'on voit de beaux restes du palais de Constantin. La galerie quadrangulaire est soutenue par des colonnettes de marbre d'un travail exquis; plusieurs sont incrustées de mosaïques fines. Sous ces portiques se conservent des reliques nombreuses, dont l'authenticité repose sur une tradition séculaire, mais qui toutefois ne paraît pas suffisante pour exposer ces objets à la vénération des fidèles, tant Rome se montre réservée sur ce point. Dans le nombre est le bord du puits de Jacob, sur lequel Notre-Seigneur était assis en attendant la Samaritaine; une colonne du temple de Jérusalem, fendue en deux à la mort du Sauveur : *Petræ scissæ sunt;* la pierre sur laquelle fut tirée au sort, par les soldats romains, la robe sans couture de l'auguste Victime et deux colonnes du palais de Pilate.

L'église à jamais vénérable que nous venions de visiter ajoute à ses noms déjà connus ceux de Basilique Constantinienne et de Saint-Jean. La raison du premier se devine d'elle-même; il faut expliquer l'origine du second. Depuis longtemps Constantin était chrétien dans son cœur; mais l'acte auguste qui devait l'initier à la société des fidèles n'était point encore accompli. Pour recevoir le baptême, il fit construire un baptistère. Saint Jean-Baptiste donna tout naturellement son nom au nouvel édifice; et ce nom a passé avec le temps à l'église elle-même. Le baptistère, séparé de la basilique, suivant l'usage des premiers siècles, est de forme octogone; aux huit angles intérieurs s'élevaient huit colonnes de porphyre, séparées des murailles de manière à laisser un espace suffisant pour circuler; elles soutenaient une corniche et un large fronton, sur lequel régnait un second rang de colonnes en marbre d'une beauté et d'un travail exquis : cette nouvelle colonnade, plus petite que la première, supportait une grande architrave couronnant l'édifice.

Au milieu est encore le bassin en basalte, de forme ovale et de cinq pieds de longueur. Constantin l'avait revêtu intérieurement et extérieurement de lames d'argent du poids de 3,800 livres. Au centre du bassin s'élevaient des colonnes de porphyre, supportant des lampes d'or pesant 52 livres, et dont les mèches étaient en fil d'amiante. Au lieu d'huile on y brûlait dans les solennités de Pâques le baume le plus odoriférant. Sur le bord du bassin était un agneau d'argent, du poids de 30 livres, qui jetait de l'eau dans les fonts; à droite de l'agneau, le Sauveur en argent, de grandeur naturelle, pesant 170 livres; à gauche, saint Jean-Baptiste en argent, de cinq pieds de hauteur, tenant à la main le texte sacré : *Ecce Agnus Dei, ecce qui tollit peccatum mundi;* il pesait 100 livres. Sept cerfs en argent, symboles de l'âme altérée de la grâce, jetaient de l'eau dans les fonts : chacun pesait 80 livres; enfin un encensoir de l'or le plus fin, orné de quarante pierres précieuses, pesant 10 livres [1].

Tel était le baptistère de Constantin; tel il est encore aujourd'hui, moins l'or et l'argent, devenus la proie des barbares. Les décorations primitives ont été remplacées par de belles peintures représentant les actions mémorables de Constantin. Cette restauration date du pontificat d'Urbain VIII. Le pavé est en mosaïque fine, et toutes les parois sont enrichies de dorures et de peintures. A la partie supérieure brillent encore les anciennes inscriptions, qui rappellent les mystères accomplis en ce lieu :

> Gens sacranda Polis hic semine nascitur almo,
> Quam fœcundatis Spiritus edit aquis.
> Mergere, peccator, sacro purgande fluento :
> Quem veterem accipiet proferet unda novum.

« Ici, du sein des eaux fécondées par l'Esprit-Saint, naît pour le ciel un monde formé d'un germe divin. Pécheur, pour te laver, plonge-toi dans ces ondes salu-

---

[1] Anast., *in Vit. B. Silv.*

taires; l'eau qui te recevra fils du vieil homme te rendra enfant du nouvel Adam. »

Qu'on se figure l'imposant et magnifique spectacle que présenta cet auguste édifice la nuit solennelle où, resplendissant de milliers de flambeaux, peuplé de tout ce que le monde avait de plus grand, retentissant des chants les plus mélodieux et embaumé des parfums les plus exquis, on vit le maître du monde, humble catéchumène, conduit par le vicaire de l'Homme-Dieu, descendre dans la sainte piscine et consacrer par son baptême le triomphe social du christianisme !

A gauche des fonts baptismaux est une grille en fer, avec deux portes en bronze, tirées des Thermes de Caracalla, qui donnent passage à la chapelle de Saint-Jean-Baptiste. *Ex-voto* du pape Hilaire III, cette chapelle est ornée de superbes mosaïques. Sous l'autel reposent les ossements sacrés des plus illustres martyrs, au nombre de quarante-neuf. Soit à cause de la sainteté des hôtes qui l'habitent, soit parce qu'il est dédié au saint précurseur, dont la mort fut le crime d'Hérodiade, ce sanctuaire est interdit aux femmes. On lit au bas du Catalogue des martyrs : *Per il gran santuario fu proibito che le donne non potessero entrare nella predetta capella.*

Nous avions parcouru les lieux mémorables où s'était accompli le glorieux événement qui changea la face du monde. Il était juste que l'Église consacrât le souvenir de cette noble victoire, achetée par trois siècles de combats ; et un obélisque, le plus grand de ceux qui sont à Rome, placé au lieu même du triomphe, la redit à tous les voyageurs. L'obélisque de Saint-Jean de Latran a quatre-vingt-dix-neuf pieds d'élévation au-dessus du piédestal. Amené d'Égypte à Rome par les empereurs Constantin et Constance, son fils, il fut brisé par les barbares, puis réédifié en 1588, à la place qu'il occupe aujourd'hui, par le génie si puissant et si poétique de Sixte V.

Quel est maintenant cet édifice qu'on aperçoit de l'autre côté du monolithe, à l'extrémité de la vaste place ? quelles sont ces superbes mosaïques, admirées de l'artiste et chéries de l'antiquaire ? quel est cet escalier que montent à genoux les pèlerins attendris ? L'an 797, le pape Léon III, de sainte et glorieuse mémoire, fit augmenter et embellir la demeure pontificale. Entre autres ouvrages dignes de son goût et de sa piété, il fit construire le célèbre *triclinium*, ou salle à manger, dont l'abside étonne encore aujourd'hui par ses peintures et par sa conservation. Pour en connaître l'usage, est-il besoin de rappeler la touchante coutume des premiers chrétiens ? qui ne sait que, dans les occasions solennelles, nos pères se donnaient d'innocents festins appelés *agapes*? Abolis parmi le peuple justement, ces repas de charité continuèrent d'être en usage, pendant bien des siècles, entre les grands, les rois et les pontifes. Les vicaires de Jésus-Christ perpétuèrent longtemps cet usage avec une modestie et une gravité qui rappelaient les beaux jours de l'Église naissante. Pour célébrer ces regrettables festins, ils construisirent, dans leur palais de Latran, plusieurs *triclinium*. Leur piété les orna de peintures qui redisaient aux ecclésiastiques, aux rois, aux empereurs admis à ces tables fraternelles et leurs devoirs et les faits mémorables de leur histoire. C'est dans son *triclinium* que le pape saint Léon III reçut fréquemment les pèlerins illustres que le besoin, la reconnaissance ou la piété conduisaient alors en grand nombre dans la vie éternelle.

Sur le côté droit de l'abside une superbe mosaïque

représente Notre-Seigneur assis, le front ceint du diadème crucifère, donnant de la main droite les clefs à saint Sylvestre à genoux et la tête ornée du nimbe circulaire ; de la main gauche Notre-Seigneur tient un étendard qu'il présente à Constantin à genoux, l'épée au côté et la tête entourée du nimbe quadriforme: La hampe de l'étendard se termine en croix, éloquent symbole de l'origine de la royauté chrétienne et de l'usage qu'on en doit faire.

Le côté gauche présente trois autres figures placées sur le même plan. Au milieu, saint Pierre assis, revêtu d'une tunique blanche et d'un manteau, ou plutôt de l'*orarium* des anciens, tient sur ses genoux les clefs divines : de la main droite il donne le *pallium* au pape Léon ; de la gauche il présente un étendard à Charlemagne ; le pontife et l'empereur sont à genoux devant l'Apôtre : tous les deux portent en tête le nimbe quadriforme, signe distinctif des personnages vivants, comme le nimbe circulaire est l'attribut des personnages morts. Au bas de ce groupe, plein de sens et d'harmonie, on lit :

Beate Petrus, dona
Vita Leoni PP e. Victo.
ria Carolo regi dona.

« Bienheureux Pierre, donnez la vie à Léon pape, la victoire à Charles roi. » Autour de l'abside brillent en grandes lettres d'or les paroles qui résument si bien la fin du christianisme, à laquelle doivent concourir, en s'unissant, le pouvoir des pontifes et le pouvoir des princes : *Gloria in excelsis Deo, et in terra pax hominibus bonæ voluntatis* [1].

[1] Voyez *Ciampini, Monum. veter.*, t. II, p. 128 et seqq.

Ainsi, aux deux extrémités de Rome, à l'Orient et à l'Occident, dans les deux premiers temples du monde, à Saint-Jean de Latran comme à Saint-Pierre, nous retrouvions le dogme fondamental des sociétés chrétiennement constituées, l'union régulière du sacerdoce et de l'empire. Si nous n'avions résisté, l'histoire serait venue dérouler à nos yeux le long tableau des siècles de paix, de prospérité et de progrès véritable qui découlèrent comme de leur source de cette chaste alliance cimentée dans le sang du Calvaire. Contentons-nous de dire que, si l'obélisque du Vatican proclame toujours l'immortelle victoire du christianisme, les mosaïques du *triclinium* continuent de redire aux nations modernes le principe social qui seul peut les raffermir sur leurs bases ébranlées. N'est-ce pas pour cela que, dans les desseins de la Providence, ces monuments d'un ordre de choses éternellement regrettable ont bravé les ravages des siècles et échappé à l'incendie qui consuma le palais pontifical? Quoi qu'il en soit, l'antique demeure des papes ayant été brûlée, à l'exception du *triclinium* et de la chapelle domestique, Sixte V fit construire au-devant de cette chapelle un superbe portique au milieu duquel il plaça le Saint-Escalier, *Scala Santa*.

Il n'est pas un chrétien qui ne sache que, le jour de la Passion, Notre-Seigneur monta, par ordre de Pilate, sur un lieu élevé, espèce de balcon pavé en pierre, d'où l'innocente Victime fut présentée au peuple. L'escalier qui conduisit le Fils de Dieu sur ce théâtre d'ignominie et de douleur a été transporté à Rome; il se compose de vingt-huit degrés de marbre tyrien, d'une grande blancheur. Pour le conserver, Clément XII le fit couvrir de gros madriers de noyer, sur lesquels portent les pieds ou plutôt les genoux des pèlerins. Consacré par les pas de l'adorable Victime et arrosé du sang de la flagellation, l'escalier du Prétoire est devenu l'objet de la vénération du monde. Suivant l'usage obligé, nous le montâmes à genoux, vivement pénétrés du double sentiment qu'il commande, la reconnaissance et le repentir. Cet escalier, que le Sauveur, chargé de nos iniquités, a plusieurs fois parcouru, conduit à une chapelle supérieure appelée le *Saint des Saints* à cause de la multitude des reliques sacrées qu'elle renferme : *Non est in toto sanctior orbe locus.* Placés alors entre le sang d'un Dieu et les ossements des martyrs, nous laissons à penser ce qu'un chrétien, ce qu'un prêtre doit éprouver dans un pareil lieu, en face de pareilles choses ! On redescend du *Saint des Saints* par deux escaliers établis à droite et à gauche de la *Scala Santa*.

J'aime à rappeler que, peu de jours après notre pèlerinage, un jeune Israélite, devenu si célèbre par sa conversion, passait devant l'escalier du Prétoire. M. de Bussières, qui l'accompagnait, se découvrit par respect pour ce monument sacré, en disant : *Salut, Saint-Escalier!* Le nouveau Saul se prit à rire aux éclats de cette *faiblesse superstitieuse.* « Ne riez pas trop, lui dit son pieux compagnon, bientôt vous le monterez à genoux. » Quelques jours plus tard la prophétie s'accomplissait. Alphonse Ratisbonne, devenu miraculeusement catholique, montait à genoux la *Scala Santa*, déplorant avec Paul l'ignorance qui l'avait armé contre le Dieu dont il était fier de partager alors les ignominies et la croix.

10 Décembre.

Projet d'une Académie ecclésiastique. — Saint-Claude des Bourguignons.

Mes jeunes compagnons de voyage partirent à quatre heures du matin pour une partie de chasse du côté de la *storta*, dans la campagne romaine. Comme j'étais venu à Rome dans des vues parfaitement pacifiques, je n'eus pas la moindre tentation de troubler le repos des lièvres, des sangliers ou des porcs-épics du pays latin, quoique leurs ancêtres eussent probablement ravagé les champs historiques de Cincinnatus et brouté l'herbe si glorieusement acquise de Mucius Scévola : je restai donc en ville. Dans le cours de ma paisible journée il me fut donné connaissance d'un projet vraiment catholique. On parlait, en hauts lieux, d'établir à Saint-Louis une Académie de théologie, composée d'ecclésiastiques français envoyés par les évêques. Après trois ans de séjour à Rome, ces jeunes prêtres retourneraient en France pour y répandre les doctrines et l'esprit de l'Église mère et maîtresse de toutes les autres. Qui pourrait trouver cela mauvais? Nos jeunes artistes, les artistes de toutes les nations ne viennent-ils pas puiser à Rome les bonnes traditions qu'ils vont ensuite continuer dans le reste de l'Europe? Les innovations dangereuses, les bizarreries du mauvais goût arrêtées et flétries, tels sont les résultats de leurs études et de leur séjour. Pourquoi ne ferait-on pas pour la science sacrée ce que l'on fait pour la peinture? L'Académie ecclésiastique ne deviendrait-elle pas le plus beau et le plus sûr moyen de réaliser dans l'enseignement théologique cette unité qu'on rêve pour l'instruction élémentaire? Puisse la Providence la conduire à bon terme!

Comme le temps était superbe, je ne pus résister au désir d'explorer au moins un petit coin de la ville sainte. Quelques pas suffirent pour me placer devant le monument toujours subsistant de la piété de mes aïeux. Les grandes nations de l'Europe, telles que l'Allemagne, la France, l'Espagne, le Portugal, ont à Rome des églises et des hôpitaux pour les besoins de leurs voyageurs. Eh bien! la religieuse Franche-Comté trouva dans sa foi le moyen de suivre ces nobles exemples ; elle aussi prit place parmi les grandes nations que je viens de nommer. Pour le service de ses enfants, pèlerins dans la ville éternelle, la Bourgogne voulut avoir une église et un hospice. Sa charité dota généreusement l'un et l'autre. Tous les Franc-Comtois arrivant à Rome avaient le droit, 1° d'être reçus gratuitement dans l'hospice pendant quelques jours ; 2° de se faire exhiber les comptes de la maison et de les juger. Sans être riche, l'église est propre, d'une construction élégante et très-agréablement située. Sur la frise est écrite en lettres d'or l'inscription suivante : *Comitatus Burgund. SS. Andreæ ap. et Claudio ep. Natio dic.* « Le peuple du comté de Bourgogne a dédié cette église à saint André apôtre et à saint Claude évêque. » A droite en entrant, au-dessus du bénitier, est une plaque de marbre, sur laquelle on lit : *Quicumque oraverit pro rege Franciæ habet decem dies de indulgentia, a papa Innocent. IV. S. Thom., in suppl., q. 25, art. 3, ad Secund.* « Quinconque prie pour le roi de France gagne dix jours d'indulgence accordés par le pape Innocent IV. » Le roi de France est peut-être le seul dans l'univers qui jouisse d'un pareil privilége : ce fait me parut très-significatif. A gauche on voit plusieurs tombeaux dont les inscriptions rappellent des noms d'hommes et de villages fort connus dans nos montagnes du Doubs : N. Vernier d'Orchamps-Vennes, et Briot de Belherbe, etc. Saint-Claude des Bourguignons ne forme pas une paroisse; l'église néanmoins conserve ses revenus, du moins en partie, mais réunis à ceux des autres églises françaises. Depuis l'occupation ils sont administrés par l'ambassade et la cure de Saint-Louis.

11 Décembre.

Martyrs. — Obélisque d'Auguste devant Sainte-Marie Majeure. — Sainte-Marie Majeure. — Origine. — Ornements. — Peintures. — Porte Sainte. — Anecdote. — Monuments et souvenirs de ce quartier de l'ancienne Rome. — Sainte-Croix en Jérusalem. — Le titre de la vraie Croix. — Sénat des Martyrs.

La chasse n'avait pas été heureuse. Quadrupèdes et volatiles s'étaient donné le mot pour ne pas se laisser tuer; à part quelques animalcules tout à fait insignifiants, nos amis ne rapportèrent de leur journée que la peine d'avoir battu la campagne et le plaisir d'avoir mangé, avec un appétit de chasseur, *la ricotta*, fromage de brebis, qu'un pâtre leur avait offert. Le lendemain, avant dix heures, nous étions sur la partie culminante du Quirinal, au point où quatre grandes rues se coupent à angle droit. La fontaine de Moïse forme la tête; la fontaine et les chevaux gigantesques du Quirinal sont la base de cette longue croix latine, dont les bras sont terminés par les belles églises de la Trinité des Monts et Sainte-Marie Majeure : cette dernière était le but de notre pèlerinage.

Au pied de la colline sur laquelle la basilique Libérienne repose gracieuse et pure comme la Vierge qu'on y révère, s'élève un obélisque égyptien. Debout en face du rond point de l'église, le cicerone séculaire redit la gloire de sa double destinée et annonce aux pèlerins les touchantes merveilles qu'il aura bientôt sous les yeux. Auguste avait fait venir d'Égypte deux monolithes d'environ quatre-vingts pieds de hauteur, pour les placer, l'un dans le grand cirque, l'autre dans le Champ de Mars. Vanité des hommes et de leurs projets ! La mort vint frapper le monarque, et ces deux monuments, destinés à rehausser la gloire de son règne, ne servirent qu'à élever jusqu'au ciel le magnifique témoignage de son néant. Érigés par l'empereur Claude auprès du mausolée d'Auguste, ils y restèrent jusqu'à ce que les barbares vinssent ajouter leurs ruines à tant d'autres. En 1587 l'un des deux fut restauré et placé, par Sixte V, au lieu où il est encore aujourd'hui [1].

Dans une des inscriptions l'obélisque s'exprime ainsi :

CHRISTI DEI
IN ÆTERNVM VIVENTIS
CVNABVLA
LÆTISSIME COLO
QVI MORTVI
SEPVLCRO AVGVSTI
TRISTIS
SERVIEBAM.

« J'honore avec bonheur le berceau du Christ, Dieu éternellement vivant, moi qui servais tristement à décorer le tombeau d'Auguste mort. »

S'il adore le Christ, l'obélisque ne fait qu'imiter l'exemple d'Auguste; il le dit en ces termes, gravés sur la face opposée :

[1] Mercati, *degli Obelischi*, c. 27.

QVEM AVGVSTVS
DE VIRGINE
NASCITVRVM
VIVENS ADORAVIT
SEQ. DEINCEPS
DOMINVM
DICI VETVIT
ADORO.

« J'adore celui qu'Auguste vivant adora comme devant naître de la Vierge, et dès lors défendit qu'on lui donnât à lui-même le titre de Dieu. »

Cette inscription, qui nous frappa d'étonnement, rappelle une très-ancienne tradition suivant laquelle Auguste aurait eu connaissance et de la venue du Messie et de sa naissance d'une Vierge. Je la discuterai lorsque nous visiterons l'église d'*Ara-Cœli*.

Le Fils de la Vierge est Dieu, il est reconnu pour tel; l'obélisque le proclame : que lui reste-t-il, sinon à devenir l'interprète des vœux du monde régénéré? Et sa prière, burinée dans le granit, brille sur le côté qui regarde l'église :

CHRISTVS
PER INVICTAM
CRVCEM
POPVLO PACEM
PRÆBEAT
QVI
AVGVSTI/PACE
IN PRÆSEPE NASCI
VOLVIT.

« Que le Christ par sa croix invincible donne la paix au

monde, lui qui, durant la paix d'Auguste, voulut naître dans une étable. » Et en effet la croix, victorieuse de César, du monde et de l'enfer, couronne l'obélisque. Nous le saluâmes avec respect, et, franchissant rapidement les larges degrés d'un superbe escalier, nous entrâmes à Sainte-Marie Majeure. La célèbre patriarcale occupe la place du *Macellum Liviæ*, boucherie fameuse, environnée de portiques de marbre, où se vendaient aux avides Romains les productions les plus rares du monde entier. Il fallait que cet édifice fût d'une grande magnificence pour que Tibère le consacrât à sa mère Livie[1]. A la naissance de l'Évangile, il devint souverainement vénérable par le carnage des chrétiens dont il fut le théâtre. Dans l'église voisine de Saint-Vit on conserve encore une pierre sur laquelle, suivant la tradition, furent égorgés, comme d'innocents agneaux, une multitude de fidèles. Ainsi, par une de ces harmonies que Rome présente à chaque pas, c'est au lieu même consacré à une femme solennellement impudique, mais lavé par le sang des martyrs, que s'élève aujourd'hui la plus belle église de la Reine des Vierges.

Sainte-Marie Majeure doit sa fondation au gracieux *miracle des Neiges*. Au commencement du quatrième siècle vivait à Rome un illustre patricien, noble rejeton des anciennes familles consulaires. Privé d'enfants, il résolut, de concert avec sa femme, de consacrer sa riche fortune au Dieu qui la lui avait donnée. Les pieux époux étaient tout occupés de leur projet, lorsque la sainte Vierge leur fit connaître qu'elle voulait être elle-même leur héritière. « Vous me bâtirez, leur dit-elle, une basilique sur la colline de Rome qui demain sera couverte

---

[1] Dion., 57.

de neige. » C'était la nuit du 4 au 5 août de l'an 352, époque où les chaleurs sont excessives en Italie. Le lendemain l'Esquilin se trouva couvert de neige. La ville entière fut bientôt sur le lieu du miracle. Le patrice Jean, puis le pape Libère s'y rendent à leur tour accompagnés de tout le clergé. On manifeste la cause du prodige ; l'église est bâtie aux frais des pieux époux, et le nom de *Santa Maria ad Nives* lui est donné ; nom vénérable qu'elle porte encore aujourd'hui [1]. En mémoire du pape Libère, qui, l'année suivante, en fit la dédicace, elle fut aussi appelée basilique *Libérienne*. A ces deux premiers noms s'en joignent deux autres non moins honorables : *Sainte-Marie à la Crèche*, à cause de la Crèche du Sauveur qu'on y conserve ; et *Sainte-Marie Majeure*, parce qu'entre toutes les églises de Rome dédiées à la Reine du ciel elle est la plus importante [2].

Les souverains Pontifes et en général le peuple romain, toujours si zélés pour le culte de Marie, ne pouvaient manquer d'orner avec une libéralité particulière son temple principal. Aussi Sainte-Marie Majeure est belle et riche entre toutes les églises de Rome. Quand on a franchi la porte principale, tournée à l'orient, on se trouve en face de trois larges nefs, pleines d'harmonie

---

[1] Voyez Benoît XIV, *de Festis B. Mariæ*, p. 481. Baron., *Annot. ad martyr.*, 5 août. Constanzy, t. II, p. 24.

[2] Suivant Pierre le Vénérable, elle est ainsi appelée parce qu'elle est, après Saint-Jean de Latran, la première église du monde : « Habitur Romæ patriarchalis ecclesia in honore per- « petuæ Virginis Matris Domini consecrata, quæ vulgari sermone « Sancta Maria Major vocatur. Major autem idcirco, quia, post « Lateranensem sancti Salvatoris ecclesiam, major dignitate non « solum romanis, sed et totius orbis Ecclesiis est. » (Lib. II *de Miraculis*.)

et soutenues par trente-six colonnes de marbre d'une blancheur éclatante, qui proviennent du temple voisin de Junon *Lucina*. Des chapiteaux d'ordre dorique, avec une corniche en mosaïque, enrichie de branches de vigne et d'arabesques, couronnent la double colonnade et fondent leurs gracieux dessins avec les riches ornements du plafond. On est heureux de se rappeler que ce plafond à magnifiques compartiments est doré avec le premier or venu d'Amérique. La cour d'Espagne, l'ayant reçu des mains de Christophe Colomb, voulut en faire hommage à Marie, et l'envoya à Rome pour orner la plus belle église dédiée à l'*Étoile de la mer*. C'était à juste titre vraiment ; car le vaisseau que montait Colomb, lorsqu'il partit pour son immortelle découverte, s'appelait *la Santa-Maria*. Quatre colonnes de granit égyptien soutiennent les deux grands arcs de la nef, et donnent un caractère grandiose à la gracieuse perspective. A droite et à gauche, en entrant, sont les superbes tombeaux de Clément IV et de S. Pie V, dont le corps repose dans une belle urne de vert antique enrichie de bronze doré.

Le maître autel, élevé de onze marches au-dessus du sol, est formé d'une grande urne antique, de porphyre ; le couvercle de marbre blanc et noir, soutenu par quatre anges en bronze doré, sert de table au sacrifice. On croit que cette urne fut le tombeau du patrice Jean et de sa femme. Le baldaquin, magnifique hommage de Benoît XIV, repose sur quatre superbes colonnes de porphyre, entourées de palmes d'or et surmontées de quatre anges en marbre, tenant à la main une couronne triomphale. De chaque côté de l'autel, aux extrémités du transept, sont les deux chapelles de Sixte V et de la famille Borghèse. Leur magnificence surpasse tout ce qu'on peut dire. En visitant la dernière, nous nous rappelâmes avec émotion que naguère elle s'était ouverte pour recevoir les dépouilles mortelles de la jeune princesse Borghèse, dont le souvenir embaume, comme d'un parfum de sainteté, et le palais qu'elle habita à Rome, dont elle fut les délices, et cette chapelle héréditaire, où elle repose avec ses jeunes enfants. Au-dessus de l'autel est la madone de Saint-Luc, placée sur un fond de lapis-lazzuli, étincelante de pierres fines et soutenue par quatre anges de bronze doré, quatre colonnes de jaspe oriental, des piédestaux en bronze doré, une frise en agate, enfin un magnifique bas-relief représentant le *Miracle des Neiges;* tels sont les principaux ornements de l'autel. Des fresques inimitables du Guide complètent les richesses du sanctuaire chéri de la Reine des Vierges.

Parmi les grands souvenirs de Sainte-Marie Majeure, il en est un qui ne doit pas être oublié. Sur l'arc triomphal qui sépare la nef de l'abside et qui couronne le *Presbytère* se trouvent des mosaïques du plus haut intérêt. Le nestorianisme, qui avait scandalisé toute l'Église, fut condamné au concile d'Éphèse en 431. Pour perpétuer le souvenir de cette nouvelle victoire de la foi sur l'hérésie, le pape saint Sixte III fit orner de peintures en mosaïque l'abside de Sainte-Marie Majeure. Les mystères de la maternité divine de la sainte Vierge et de la divinité de Notre-Seigneur y sont exprimés de manière à ne laisser aucun doute sur la foi de l'Église. C'est ainsi que, pour se conformer à l'intention du pontife, tout en violant un peu les règles de l'art, le peintre a représenté l'enfant de Bethléem assis sur un siége qui a bien plus la forme d'un trône que d'un berceau. On voit évidemment que l'intention du mosaïste a été de faire briller la divinité du Sauveur à travers le voile transparent de la nature humaine. Dans d'autres peintures cet enfant reçoit les hommages qui ne sont dus qu'à un Dieu. Ailleurs l'Annonciation et toutes les circonstances de la divine maternité de Marie sont également décrites avec un caractère qui fait briller dans tout son éclat l'intégrité du dogme catholique [1]. Ajoutons que ces vénérables peintures ont eu la gloire d'être citées, au second concile de Nicée, comme une preuve irrécusable de l'antiquité du culte des images.

Telles ne sont pas les seules richesses de Sainte-Marie Majeure. Dans son temple chéri la Reine des anges et des hommes est environnée comme d'un glorieux cortége des corps sacrés d'une multitude de saints, dont les âmes bienheureuses forment déjà sa cour dans le ciel. Au premier rang de cette brillante hiérarchie, voici les apôtres saint Pierre, saint Paul, saint André, saint Jacques, saint Philippe, saint Thomas et les autres membres du collége apostolique présents dans une portion de leurs reliques. Sous l'autel papal reposent les corps de saint Mathias, apôtre, et de saint Épaphras, compagnon de saint Paul. La tête de saint Luc, l'historien de Marie, est dans la chapelle du Crucifix. Au second rang apparaissent les martyrs de tout âge et de tout sexe : la tête de sainte Bibiane ; un bras de saint Julien et de saint Côme ; une partie du bras de saint Abbondius ; deux doigts de sainte Anatolie ; une partie du bras, du cilice et la tunique ensanglantée de saint Thomas de Cantorbéry ; les têtes de saint Amand, de saint Cyprien, de saint Florent ; une côte de sainte Pétronille ; un doigt de sainte Cécile et de sainte Agnès ; des reliques insignes de saint Sébastien,

---

[1] Ciampini, *Monument. veter.*, t. 1, p. 208 et suiv. — L'origine de ce travail monumental est rappelée dans une belle inscription placée sur le grand arc de l'abside : SIXTUS PLEBI DEI,

de saint Laurent, de saint Blaise, de sainte Catherine, de sainte Euphémie, de sainte Apolline, de sainte Félicité et d'un grand nombre d'autres : tels sont les ambassadeurs vénérables qui représentent l'ordre des Martyrs. Viennent ensuite les Pontifes. Sainte-Marie Majeure possède le corps de saint Pie V, l'enfant chéri de la sainte Vierge, qui lui accorda la glorieuse victoire de Lépante. Autour de lui vous voyez, au moins dans une partie de leurs restes précieux, les saints papes Grégoire, Sylvestre, Urbain, Sixte, Anicet, Calliste, Melchiade, Étienne, Damase, Simplicien et Fabien : brillante couronne de rubis, qui ceint le front auguste de la Reine des Pontifes et des Martyrs; imposante nuée de témoins, dont le sang et les écrits redisent à toutes les générations l'immortalité de la foi et la puissance de celle qui triomphe de toutes les hérésies.

Après avoir incliné nos fronts devant toute cette auguste assemblée et lui avoir recommandé nos personnes, nos amis et notre patrie, nous nous dirigeâmes vers la porte Sainte. Quand on entre à Saint-Pierre, à Saint-Jean de Latran, à Saint-Paul hors des murs et à Sainte-Marie Majeure, on voit à droite une porte murée, sur laquelle brillent ces noms écrits en lettres d'or : « Clément, Urbain, Benoît m'ouvrit en telle année ; Innocent, Léon me ferma en telle autre. » Vous demandez quelle est cette porte, on vous répond : « C'est la porte Sainte. » Là se bornent d'ordinaire et la curiosité du voyageur et la science du cicerone ; et vous avez passé sans y rien comprendre à côté d'un des plus beaux usages de Rome chrétienne. C'est une perte que nous voulons épargner à nos lecteurs.

Donc il faut savoir que les quatre grandes basiliques, ou églises principales de Rome, outre leurs portes communes, ont chacune une porte appelée *Sainte*. Il faut savoir, de plus, que tous les vingt-cinq ans, la veille de Noël, jour anniversaire de la rédemption du monde, le souverain Pontife fait l'ouverture solennelle du jubilé ou de l'année sainte. Une procession magnifique commence la journée : le soir, à l'heure de vêpres, le vicaire de Jésus-Christ sort de son palais, accompagné des cardinaux et des prélats, pour se rendre à Saint-Pierre. Tous forment un cercle brillant autour du Pontife, qui s'arrête devant la porte murée. Un des assistants présente au Saint Père un petit marteau d'argent, dont sa Sainteté donne trois coups sur la porte. Il récite en même temps des prières qui rappellent la charité, la miséricorde et la puissance des trois augustes Personnes de la sainte Trinité ; consolants attributs dont le vicaire de Jésus-sus-Christ est le dépositaire. La cérémonie achevée, des ouvriers brisent le mur, et la porte Sainte demeure pleinement ouverte. Elle est aussitôt lavée avec de l'eau bénite par les pénitenciers en habits sacerdotaux. Après le lavement, le souverain Pontife, suivi de tout le cortége, franchit le seuil en chantant des cantiques d'allégresse, et les vêpres commencent. Pendant que cette cérémonie s'accomplit à Saint-Pierre, trois cardinaux, députés par le saint Père, la font à Saint-Jean de Latran, à Saint-Paul et à Sainte-Marie Majeure : l'année sainte est commencée.

Belle par elle-même, cette cérémonie l'est bien plus encore par le sens mystérieux qu'elle renferme. La porte Sainte se trouve à droite, les fonts baptismaux à gauche de l'église : voilà les deux entrées ouvertes à l'homme pour arriver au ciel. Le Baptême est la première, mais on n'y passe qu'une fois ; la porte de la Pénitence est la seconde, et, grâce à la miséricorde divine, jamais elle n'est irrévocablement fermée. C'est le jour de Noël, jour par excellence d'indulgence et de pardon, que la porte Sainte est ouverte. Au Pontife, représentant du Sauveur, est réservée la prérogative de l'ouvrir et la gloire de la franchir le premier : cérémonie terrestre, vive image du mystère de réconciliation accompli dans le ciel. Mais pourquoi est-elle rompue? Pourquoi un marteau, et non des clefs? Vous voyez ici la suprême puissance du vicaire de l'Homme-Dieu. Les portes peuvent s'ouvrir de deux manières ; avec les clefs, et c'est le moyen employé dans les circonstances ordinaires ; mais la porte ouverte avec la clef subsiste toujours ; elle peut encore être fermée ; ouverte avec le marteau, elle est démolie, et chacun peut entrer sans obstacle et sans crainte. On emploie ce dernier moyen dans les circonstancs extraordinaires, solennelles, quand la foule est immense. C'est ainsi qu'au jour de ses triomphes l'ancienne Rome avait coutume d'abattre une partie de ses murailles, soit pour ajouter, par cette nouveauté, à l'enthousiasme public, soit pour laisser libre passage au vainqueur et à son nombreux cortége de prisonniers chargés de chaînes et de soldats couronnés de lauriers.

Rome chrétienne conserve ces usages, ennoblis par le sens mystérieux que le christianisme leur donne. Invitant toutes les nations au grand triomphe de la pénitence, où les passions vaincues, où les péchés expiés doivent être attachés au char des triomphateurs, elle ne se contente pas de ses clefs pour ouvrir la porte Sainte, la porte du Triomphe ; elle emploie le marteau, elle la brise, afin de faire entendre qu'elle est ouverte à tous, qu'elle n'est fermée à personne. Dans l'ancienne Rome la porte triomphale était arrosée de sang et de larmes ; dans la Rome chrétienne, la porte Sainte est lavée avec l'eau bénite. Et le chrétien comprend que la purification de son cœur, par les larmes du repentir, par le sang adorable de Jésus-Christ versé sur son âme au tribunal de la réconciliation et à la table eucharistique, est la condition indispensable de son entrée dans la voie du ciel, dont la porte Sainte est le commencement. Aux quatre coins de la cité s'ouvrent simultanément les quatre grandes basiliques : leurs portes saintes tombent sous le marteau des pontifes. Rome pouvait-elle employer une cérémonie plus éloquente pour dire que, reine et mère du monde, elle appelle dans son sein tous les hommes dispersés aux quatre vents? qu'elle les invite avec un égal amour à venir puiser dans l'inépuisable trésor de grâce et de miséricorde qui s'ouvre pour eux sans distinction de peuples et de tribus[1]?

Nos regards, détournés de la porte Sainte, s'arrêtèrent sur la magnifique colonne cannelée, en marbre blanc, qui s'élève devant la façade de Sainte-Marie Majeure. Cet antique ornement du temple de la Paix, sur le Forum, fut amené en ce lieu par le pape Paul V, qui le couronna d'une statue de la sainte Vierge. A la base est une inscription dont voici la fin : -

PAX VNDE VERA EST
CONSECRAVIT VIRGINI.

« Il la consacra à la Vierge, source de la véritable paix. »

Ainsi l'obélisque d'Auguste, placé au rond-point de la basilique, chante la gloire de l'Enfant-Dieu, la blanche colonne du Forum proclame les prérogatives de la douce

---

[1] *Trattato del Giubileo*, dal P. Quarti, p. 56.

Vierge, sa Mère. On dirait une lyre touchée par la main des anges; prêtons l'oreille à ses accords :

> IMPVRA FALSI TEMPLA
> QUONDAM NVMINIS
> JVBENTE INCERTA
> SVSTINEBAM CÆSARE
> NVNC LÆTA VERI
> PERFERENS MATREM DEI
> TE PAVLE NVLLIS
> OBTACEBO SECLIS.

« Autrefois, par ordre de César, triste, je soutenais les temples impurs d'une fausse divinité; maintenant, joyeuse de porter la Mère du vrai Dieu, je dirai, Paul, ta gloire à tous les siècles. »

Puis elle manifeste la cause de sa joie en faisant connaître l'excellence de l'auguste Vierge :

> IGNIS COLVMNA
> PRÆTVLIT LVMEN PIIS
> DESERTA NOCTV
> VT PERMEARENT INVIA
> SECVRI AD ARCES
> HÆC RECLVDIT IGNEAS
> MONSTRANTE AB ALTA SEDE
> CALLEM VIRGINE.

« La colonne de feu, éclatante de lumière, précéda les justes, afin qu'ils pussent accomplir le passage nocturne du désert; celle-ci conduit à la cité même de la lumière, une Vierge indiquant la route du haut du ciel. »

Honneur aux Pontifes romains qui ont su, dans un

poétique langage, célébrer de si magnifiques rapprochements ! honneur à Rome, dont tous les monuments portent gravés sur le bronze et sur le marbre les dogmes immortels du christianisme !

Je ne quitterai point Sainte-Marie Majeure sans rappeler un dernier souvenir. Chaque soir, longtemps après l'*Ave Maria*, lorsque Rome s'endort dans son calme habituel, vous entendez descendre du mont Esquilin le son perçant d'une cloche qui sonne à la volée. Ce n'est pas le couvre-feu ; c'est un acte de reconnaissance et de prévoyante charité. Il y a je ne sais combien de siècles, un voyageur surpris par la nuit s'égara dans la campagne romaine. Craignant de tomber dans quelqu'une des nombreuses ouvertures qui, s'élevant des profondeurs des Catacombes, criblent la surface du sol, le pèlerin n'ose faire un pas ; il recommande son âme à Dieu, et se résigne à passer la nuit, peut-être à mourir au milieu du silencieux désert. Le lendemain était un jour consacré à la sainte Vierge. A l'occasion de la fête on sonne à Sainte-Marie Majeure ; la cloche est entendue ; le voyageur s'oriente ; il retrouve son chemin et échappe miraculeusement au danger. En reconnaissance il fit une fondation perpétuelle, afin que chaque soir on sonnât la cloche libératrice en faveur de ceux qui seraient exposés au même sort.

Continuant notre excursion du côté de Sainte-Croix en Jérusalem, nous saluâmes en passant les noms et les ruines célèbres des monuments dont cette cinquième région de l'ancienne Rome était couverte. Sur la gauche, dans un coude formé par les murailles de la ville, on voit les restes du *Vivarium*, immense logis de forme quadrangulaire, où l'on déposait une partie des innombrables animaux destinés aux jeux publics. En continuant, du côté de l'aqueduc de Claude se trouvaient les jardins et le cirque d'Héliogabale, contigus aux fameux jardins de Pallante, le célèbre affranchi de Claude. Aux mêmes lieux s'élevaient un grand nombre de bosquets sacrés : les plus connus étaient le *Lucus querquetulanus*, gardé par les nymphes; le *Lucus fagutalis*, consacré à Jupiter; le *Nemus* de Caius et Lucius. Au bord de ce dernier s'élevait l'amphithéâtre préparé par Auguste, et dans lequel Tite commença les jeux sanglants qui ouvrirent son règne [1]. Entre l'église de Sainte-Bibiane et de Saint-Eusèbe, sur le chemin qui conduit de Sainte-Marie Majeure à Sainte-Croix en Jérusalem, on rencontre le premier château de l'Eau *Claudia*. Il est surmonté de deux arcs en brique, où se trouvaient les célèbres trophées de Marius; tel est du moins l'avis de plusieurs antiquaires [2]. Venaient ensuite les somptueux jardins de Mécène; ces lieux de délices s'étendaient du point où se trouve aujourd'hui l'église de Saint-Martin *de' Monti* jusqu'au delà de l'église de Saint-Antoine [3]. Ici était, suivant l'opinion commune, la fameuse tour du haut de laquelle Néron contempla l'incendie de Rome en déclamant les vers qu'il avait composés sur l'embrasement de Troie [4]. Dans le voisinage, on voyait et la maison de Virgile et les jardins *Lamiani*, demeure habi-

---

[1] Alii vero extra in nemore Caii et Lucii, ubi Augustus ad hoc ipsum terram effoderat; ibi enim primo die ludus gladiatorius, cædesque belluarum facta est, etc. *Dio, in Tit.*

[2] Nardini, lib. IV, c. II, p. 140.

[3] Fuerunt in Esquiliis, latissimoque ambitu a templo circiter S. Martini in montibus orientem versus, ultra S. Antonii ædem processere. *Donat.*

[4] Horat., od. 28, lib. III. Nardini, p. 142.

tuelle et sépulture de Caligula[1]. Avant que le favori d'Auguste, le premier inventeur des bains chauds, en eût fait un séjour de volupté, ce vaste terrain servait, du moins en partie, à la sépulture du bas peuple et des esclaves. Là se trouvait le *Vicus ustrinus*, ainsi appelé du bûcher public où l'on brûlait les cadavres.

Aux monuments de la cruauté et de la volupté se réunissaient, dans cette partie de Rome, un grand nombre de temples d'idoles, écoles publiques d'iniquités. C'étaient, entre autres, les temples de *Minerva medica*, de Castor, d'Apollon, de Mercure, de Mars, de Sérapis, de Proserpine, de la Peur, de Vénus et de Cupidon. Pourquoi faut-il que le sentiment religieux, si vif et si profond chez les Romains, ait été perverti par le paganisme, au point que le voyageur ne peut faire un pas dans la vieille Rome sans mettre le pied dans le sang et la boue! Je ne sais; mais il me semble que l'âme, oppressée par tant de souvenirs, éprouve là plus qu'ailleurs le besoin d'un point d'appui, et ce point d'appui, elle ne peut le trouver que dans un monument expiatoire, c'est-à-dire dans un édifice chrétien. Aussi comme nous respirâmes lorsque nous découvrîmes les tours de Sainte-Croix en Jérusalem!

La vénérable basilique est bâtie à l'extrémité du mont Esquilin, entre un temple de Vénus et l'amphithéâtre *Castrense*. Pouvait-on choisir un emplacement plus convenable? Les instruments sanglants de la mort d'un Dieu, reposant sur une terre souillée jusque dans ses profondeurs par des cruautés et des infamies séculaires, n'est-ce pas là un constraste touchant, ou, si vous aimez mieux,

---

[1] Sueton., c. 59.

une magnifique harmonie? Venons à l'histoire de l'auguste monument.

Constantin, ayant vu en songe la croix du Sauveur, avait fait faire le *Labarum*, merveilleux étendard, portant le monogramme du Christ, avec ces mots révélés pour devise : *In hoc signo vinces* : « Par ce signe tu vaincras. » L'événement avait justifié la prédiction. Vainqueur de Maxence et maître de Rome, le nouvel Auguste voulut rendre à la croix les honneurs qui lui étaient dus. Sainte Hélène, sa mère, partit pour Jérusalem, découvrit la vraie Croix et revint à Rome, apportant une partie considérable de ce riche trésor ainsi que plusieurs autres reliques insignes, dont nous donnerons bientôt le détail. Afin de recevoir ce précieux dépôt, une église fut construite aux frais de l'empereur et consacrée par le pape saint Sylvestre : cette église est l'auguste basilique de Sainte-Croix en Jérusalem. Dans l'histoire on l'appelle tour à tour basilique *Sessorienne*, à cause du palais Sessorien, auquel elle a succédé; basilique *Hélénienne*, en mémoire de la mère de Constantin; enfin Sainte-Croix en Jérusalem; de ce dernier nom voici l'origine et le sens : avec la croix, sainte Hélène apporta une grande quantité de la terre du Calvaire, trempée du sang du Rédempteur; elle en remplit, du sol jusqu'à la voûte, l'oratoire particulier où furent déposées les saintes reliques. De là est venu à la chapelle et à l'église elle-même le nom de Jérusalem.

Comme il avait enrichi Saint-Jean de Latran, le César chrétien déploya sa magnificence impériale en faveur de la nouvelle basilique. Entre les riches présents dont il lui fit hommage, il faut distinguer : quatre chandeliers d'or et d'argent, suivant le nombre des Évangélistes, allumés nuit et jour devant le bois de la croix, pesant chacun 30 livres ; cinquante lampes d'argent, du poids de 50 livres chacune ; un chalumeau, de l'or le plus pur, pesant 10 livres ; cinq calices ministériels, en or, chacun 1 livre ; trois chalumeaux d'argent, chacun 8 livres ; dix autres aussi d'argent, chacun 2 livres ; une patène d'or, 10 livres ; une patène d'argent, enrichie d'or et de pierreries, 50 livres ; un autel en or massif, 250 livres. Comme celles de Saint-Jean de Latran, ces prodigieuses richesses ont disparu dans les différents sacs de Rome. L'église elle-même, restaurée par saint Grégoire II et par Lucius II, fut de nouveau réparée au quinzième siècle par le cardinal Pierre de Mendoza, qui en était titulaire.

C'est alors qu'arriva la découverte mémorable que nous allons raconter en nous servant des propres paroles d'un témoin oculaire. « Le premier jour de février de l'an 1492 fut pour Rome un jour de miracle. Pendant que le cardinal de Mendoza faisait à ses dépens incruster et blanchir les murs de Sainte-Croix en Jérusalem, les ouvriers touchèrent au sommet de l'arc élevé dans le milieu de l'église et qui monte jusqu'au toit. Arrivés à l'endroit où sont encore aujourd'hui deux colonnettes, ils rencontrèrent un vide ; l'ayant percé, ils y trouvèrent une petite fenêtre, sur laquelle était une caisse en plomb, de deux palmes de longueur, parfaitement fermée ; elle était recouverte d'une table de marbre quadrangulaire, sur laquelle on lisait ces mots : *Hic est titulus veræ crucis ;* « C'est ici le titre de la vraie croix. » Dans la caisse on trouva effectivement une petite planche d'une palme de longueur, dont un des côtés était endommagé par le temps. Sur cette planche étaient gravés et peints en rouge les mots suivants : *Hiesvs Ivdæorvm Nazarenvs rex ;* mais le mot *Ivdæorum* n'était pas entier ; il lui manquait les deux dernières lettres, parce que, comme je l'ai dit, la planche avait été rongée par le temps. A la nouvelle de la découverte, presque toute la ville accourut à Sainte-Croix. Le pape Innocent y vint lui-même, et ordonna de laisser le titre dans la caisse où il était, permettant seulement de l'exposer sous verre, sur le maître-autel, au jour de la fête de la basilique. Il ne resta douteux pour personne que ce ne fût le vrai titre que Pilate plaça sur la croix de Notre-Seigneur Jésus-Christ, et que, suivant un très-ancien usage, sainte Hélène l'avait déposé en ce lieu élevé, lorsque l'église fut bâtie [1]. »

Tel est le premier trésor spirituel que possède Sainte-Croix en Jérusalem : il n'est pas le seul. Sur le maître-autel est un tombeau en basalte, où reposent les corps de saint Césaire et de saint Anastase; dans la chapelle souterraine, dédiée à la sainte Impératrice, on conserve encore une grande portion de la vraie croix, deux épines de la couronne de Notre-Seigneur, un des clous avec lesquels il fut attaché à la croix ; une partie de la corde avec laquelle il fut lié à la colonne et de l'éponge trempée de fiel qu'on lui présenta. Sous le pavé, rétabli par Eugène IV, sont un grand nombre de pierres apportées du Calvaire. Autour du Roi des Martyrs on voit se presser, dans cette cour sanglante, des légions entières de héros qui partagent maintenant la gloire de leur chef après avoir partagé ses combats. Pierre, Paul, Barthélemy, Simon, Fabien, Sébastien, Hippolyte, Agapet, Félicissime, Épiphane, Chrysogone, Denys, Anastasie, Pudentienne, Agnès, Euphémie, Laurent,

---

[1] Steph. Infessura, apud Ciampini, t. III, p. 119. — Bened. XIV, *de Festis*, p. 197.

Gordien, Jacques, frère du Seigneur, Urbain, Sixte, Cosme, Damien, Sabinus, Régulus, Nérée, Hermès, Benoît, Hilarion, Élisabeth, Julienne, Félicola, Catherine, Marguerite, tels sont, avec une foule d'autres, les noms écrits sur tous ces ossements illustres qui vous entourent et qui adorent dans ce sanctuaire le Dieu crucifié. Si un grand respect pénètre involontairement notre âme lorsque nous entrons dans le palais d'un roi ou dans un sénat composé d'hommes comme nous, peut-on se défendre d'un saisissement religieux en se trouvant au milieu d'une pareille assemblée?

12 Décembre.

Bois Sacrés. — Temples païens. — Nymphées. — Camp Prétorien. — Souvenirs de Néron et de Caracalla. — Thermes de Dioclétien. — Sainte-Marie des Anges — Martyrs. — Capucins de la Conception. — Cimetière. — Le vénérable Crispino de Viterbe.

Le temps était superbe, et le froid assez vif pour Rome. Profitant de cette double faveur, nous reprîmes notre excursion dans le quartier commencé; laissant à droite la partie visitée la veille, nous explorâmes les sites et les ruines qui la séparent de l'enceinte des murailles. Depuis la porte *Salaria* jusqu'à la porte *Majeure*, que de souvenirs! que d'impressions! chaque mouvement de terrain, chaque pierre a un fait à vous raconter : les yeux, la mémoire, le cœur ne peuvent y suffire. Nous dûmes nous borner aux points culminants du tableau. Remontant aux origines de Rome, nous nous souvînmes du *Lucus Pœtilin'us*, où fut jugé Manlius, le défenseur du Capitole [1].

[1] In Campo Martio quum centuriatim populus citaretur, et reus ad Capitolium manus tendens ab hominibus ad deos preces aver-

Non loin étaient les temples de Vénus Érycine et de Jupiter Viminal, si fameux par les abominations inouïes qui s'y commettaient ; les temples d'Hercule, de l'Honneur, du Soleil et le bois sacré de Laverna, la déesse des voleurs : à tant de crimes il fallait une expiation. Aussi non loin de ces lieux s'élève le *clivus cucumeris*, le coteau du concombre, arrosé par le sang d'une infinité de martyrs [1]. Les antiquaires placent dans les environs le *nymphœum* d'Alexandre Sévère. Figurons-nous un édifice de marbre, entouré de bosquets de myrtes et d'orangers et accompagné de nombreux portiques, où le luxe a prodigué l'or, la peinture et tout ce qui peut flatter les sens ; là une multitude de jets d'eau, formant les dessins les plus variés et retombant avec un doux murmure dans des vasques de porphyre ou d'albâtre ; puis les voluptueux Romains promenant leur mollesse sous ces frais ombrages, passant leurs jours dans le bain, ou se livrant à tous les excès du sybaritisme le plus raffiné, et nous aurons une idée des *nymphœa*, si nombreux dans la ville des Césars [2].

Mais voici bien d'autres ruines : nous foulons l'emplacement du camp Prétorien. Devenu empereur, Auguste se donna une garde. Neuf cohortes furent choisies dans l'armée pour veiller à la sûreté du prince et à la tranquillité de la capitale ; plus tard leur nombre s'é-

---

tisset, apparuit tribunis, nisi oculos quoque hominum liberassent a tanti memoria decoris, nunquam fore in præoccupatis beneficio animis vero crimini locum. Ita producta die in Pætilinum lucum extra portam Flumentanam, unde conspectus in Capitolium non esset, concilium populi indictum est. Tit. Liv.

[1] Martyrol. 17 junii et 8 augusti.
[2] Nardini, *Roma antica*, lib. IV, c. IV, p. 155.

leva jusqu'à dix-sept. Logés d'abord dans les maisons particulières, ces soldats d'élite furent réunis par Tibère dans un camp établi près des remparts, entre les portes Viminale et Tiburtine : tel est le camp Prétorien si célèbre dans l'histoire. Le chef de ces gardes du corps ou plutôt de ces janissaires redoutables et mutins avait le titre de préfet du prétoire. En visitant ces ruines, que de personnages, que de faits se dressent devant vous! L'on croit entendre les clameurs qui épouvantèrent Néron lorsque, trahi, éperdu, il fuyait de Rome accompagné seulement de quatre esclaves, au nombre desquels était Sporus. Meurtrier de sa mère, bourreau de Pierre et de Paul, hier encore Néron était le maître du monde. L'heure de la justice divine a sonné; aujourd'hui le voilà nu-pieds, vêtu d'une simple tunique et d'un vieux manteau, la tête couverte et le visage caché dans un mouchoir, monté sur un mauvais cheval et cherchant un dernier asile dans la Villa de Phaon, son affranchi. Cette ville est à quatre milles de Rome, entre la voie Salaria et la voie Nomentane. Pour l'atteindre il faut longer les murs du camp; tout à coup la terre tremble, la foudre éclate, le fugitif est découvert; il entend les vociférations des prétoriens, qui crient : « Mort à Néron, victoire à Galba[1] ! » Encore quelques heures, et cette sentence sera exécutée. Pour le dire en passant, la villa de Phaon, où ce monstrueux empereur se fit égorger, était située un peu au delà de l'église actuelle de Sainte-Agnès, au lieu appelé *la Serpentera*[2].

---

[1] Tranquill., *in Neron*.
[2] Il est si souvent question dans l'histoire du préfet du prétoire qu'il est utile de le faire connaître. Son pouvoir était très-étendu;

On cherche ensuite, au milieu du camp, la place du petit temple où les dieux de l'armée étaient adorés et dans lequel Caracalla tua son frère Géta entre les bras de leur propre mère[1]. Plus tard on voit les prétoriens s'avisant un jour de mettre l'empire à l'encan et trouvant des acheteurs. Enfin le silence de la tombe succède au tumulte et aux vociférations dans la demeure deux fois séculaire des cohortes prétoriennes. Cette milice séditieuse fut abolie par Constantin après la défaite de Maxence, que le prétoire avait salué empereur.

A l'ombre de Burrhus et de Séjan succédait une autre ombre hideuse et sanglante; nous apercevions les ruines gigantesques des Thermes de Dioclétien. *Les Romains bâtissent des bains comme des provinces*, tel est le cri d'admiration qu'arrachait à l'histoire impuissante la vue de l'édifice dont nous parlons. Dioclétien et Maximien, voulant surpasser leurs prédécesseurs, résolurent d'édifier des thermes d'une magnificence incomparable: ils y réussirent. Leurs thermes formaient un immense carré de mille soixante-neuf pieds sur toute face.

dans l'ordre militaire il était à peu près le chef suprême de l'armée; dans l'ordre civil il jouissait d'une juridiction fort étendue. Souvent il était plus maître que l'empereur. Sous Commode, il y eut deux préfets du prétoire et quatre sous Dioclétien. Constantin les conserva, mais les réduisit au pouvoir civil. Chacun d'eux eut à gouverner un quart de l'empire, divisé en quatre préfectures. Le premier, appelé *præfectus prætorio Galliarum*, avait dans son gouvernement les Gaules, l'Espagne, la Bretagne, la Germanie; le second, *præfectus prætorio Italiæ*, l'Italie et l'Afrique; le troisième, *præfectus prætorio Illyrici*, la Grèce, la Thrace, la Pannonie, la Mœsie, la Dalmatie; le quatrième, *præfectus prætorio Orientis*, tout l'Orient, c'est-à-dire toutes les provinces d'outre-mer.

[1] Onuph. Panvin., p. 23.

Aux quatre angles étaient autant de salles circulaires servant de *calidarium* ou réservoir d'eau chaude. Une d'elles subsiste encore : c'est la vaste rotonde qui sert d'église aux Bernardins. L'édifice lui-même était l'assemblage de tout ce que l'imagination peut concevoir de plus merveilleux. On y trouvait des portiques, des forum, des jardins suspendus, des bosquets, d'innombrables jets d'eau, des salles d'attente, des écoles pour les rhéteurs et les philosophes, la fameuse bibliothèque Ulpienne, que Dioclétien y fit transporter du forum de Trajan [1].

Les thermes comptaient plus de trois mille salles de bains, où trois mille deux cents personnes pouvaient se baigner en même temps sans se voir. Chaque salle était de la plus incroyable magnificence : les pierres les plus précieuses, arrondies sous le ciseau, resplendissaient de tous côtés sur les murs ; le basalte d'Égypte, incrusté de marbre de Numidie, formait une marqueterie entourée d'une bordure de pierres dont les couleurs variées imitaient à grands frais la peinture ; les plafonds étaient lambrissés de verre ; les piscines entourées de pierres de Thasus, magnificence réservée autrefois à quelques temples ; l'eau coulait de robinets d'argent dans des cuves d'argent ou de pierres précieuses. La construction de ces thermes dura sept ans : Salomon n'en mit pas plus à édifier le temple de Jérusalem. Commencés la quinzième année du règne de Dioclétien, ils furent dédiés l'an 298, par les Augustes Constantin et Maximien et par les Césars Sévère et Maximin, suivant le témoignage d'une antique inscription :

CONSTANTINVS ET MAXIMVS
INVICTI AVGG.

[1] Vopisc., *in Prob*.

SEVERVS ET MAXIMINVS CÆSS.
THERMAS ORNAVER. ET
ROMANIS SVIS DEDICAVER.

Ici, comme dans tous les thermes romains, on distinguait différentes pièces dont l'ensemble prouve la mollesse de ce peuple dégénéré. La première était l'*apodyterium*, ainsi nommée parce qu'on s'y dépouillait de ses vêtements; venait ensuite le *frigidarium*, grand bassin où l'on prenait le bain froid en commun. Des pilastres, des niches, des statues décoraient cette pièce, autour de laquelle régnait, en forme de soubassement, un double rang de gradins appelés *schola*. Ici venaient s'asseoir pour converser ceux qui assistaient aux bains sans y prendre part, ou qui attendaient qu'il y eût place dans la cuve. Le bain tiède, *tepidarium*, suivait immédiatement le frigidère. Il était muni de deux grands bassins assez larges pour qu'on pût aisément y nager. A cette pièce succédait le *sudatorium*, où l'on prenait le bain de vapeur. Au milieu était un réservoir d'eau bouillante qui fournissait des tourbillons de vapeur dont toute la salle était remplie et chauffée. Montant en nuages épais vers la voûte, ils s'échappaient par une ouverture étroite fermée avec un bouclier de bronze que l'on manœuvrait d'en bas à l'aide d'une chaîne et que l'on ouvrait comme une soupape quand l'intensité de la chaleur était trop suffocante. Ce bain ne laissait pas une fibre du corps en repos. Le sudatorium était chauffé par un fourneau extérieur, appelé *laconicum*, dont les flammes circulaient sous les dalles du pavé et derrière les parois, au moyen de tuyaux conducteurs placés dans l'épaisseur des murs. L'*unctorium*, lieu dans lequel se déposaient les parfums et s'oignaient les baigneurs, complétait l'ensemble des bains[1].

Les thermes, si bien appropriés au luxe et à la mollesse des derniers Romains, étaient le rendez-vous général de toutes les classes de citoyens. Il nous semblait voir arriver et ces indignes fils des Scipions et des Gracques et ces matrones dégénérées, portés dans leur litière et suivis par une longue file d'esclaves de l'un et de l'autre sexe nécessaire aux nombreux services réclamés par le bain. C'étaient les *capsarii,* chargés de garder les vêtements; les parfumeurs, *unctores;* les épileurs,*alipili;* les masseurs, *tractatores.* De ces derniers voici quel était l'emploi : au sortir du sudatoire, le baigneur s'étendait sur un lit de repos, et un jeune masseur, homme ou femme, commençait par lui presser tout le corps, par le tourner et le retourner, jusqu'à ce que les membres fussent devenus souples et flexibles. Alors il faisait craquer les articulations sans effort, il massait et pétrissait pour ainsi dire la chair sans faire éprouver la plus légère douleur. Il passait ensuite aux frictions; la main armée d'un *strigilum,* grattoir de corne ou d'ivoire creusé en cuiller et cintré de manière à effleurer un peu la rotondité des membres, il frottait vivement la peau, et détachait toutes les impuretés que la transpiration avait pu y faire amasser. Venait alors la dépilation des aisselles, que *l'alipile* pratiquait soit au moyen de petites pinces, soit à l'aide d'un onguent. Cette opération terminée, le parfumeur arrivait, les mains chargées de vases remplis d'aromates. Il commençait par frotter légèrement le baigneur avec un liniment de saindoux et d'ellébore blanc, pour faire disparaître les démangeaisons et les échauboulures; puis,

---

[1] Galliani, *Peintures des bains de Titus,* etc., etc.

avec des huiles et des essences parfumées, contenues dans de petites ampoules de corne de taureau ou de rhinocéros, il remplissait tous les pores. Après lui venaient d'autres esclaves ; les uns essuyaient le corps avec des étoffes de lin ou d'une laine fine et douce ; les autres l'enveloppaient dans une gausape d'écarlate, manteau bien chaud et bien moelleux. Enfin toute la troupe se réunissait pour enlever le sybarite, le mettre dans une litière fermée et le rapporter chez lui.

Nuit et jour les thermes étaient ouverts, et nuit et jour une foule empressée, bruyante, voluptueuse inondait les portiques, les salles et les jardins. On se réunissait dans la *Pinacothèque,* salle immense qui existe encore et dont Michel-Ange a fait une des plus somptueuses églises de Rome. Depuis le règne de Sixte IV elle est connue du monde entier sous le nom de *Sainte-Marie des Anges*. En y entrant on est d'abord frappé à l'aspect de ses huit colonnes antiques, en granit rouge, d'un seul bloc, de 16 pieds de diamètre sur 43 pieds de hauteur : la longueur totale de l'église est de 336 pieds. La salle des bains proprement dite en a 308 de long sur 74 de large et 84 de haut : c'est la plus grande voûte connue. Son étendue, son pavé en mosaïque, ses peintures à fresque, ses colonnes de marbres précieux faisaient de cette salle incomparable la merveille des Thermes de Dioclétien, merveille eux-mêmes de la ville éternelle.

Toutefois, si en la visitant l'imagination s'exalte, le cœur se serre. Créer de gigantesques palais pour assouvir plus magnifiquement leurs passions effrénées, voilà donc l'usage auquel ces Romains, qui n'avaient pas un hôpital, employaient et les richesses de l'univers, et les bras de leurs esclaves, et la vie des chrétiens !

Peut-on, sans être attendri jusqu'aux larmes, songer que ces thermes somptueux furent bâtis par quarante mille chrétiens condamnés aux mines et dont le sang répandu pour la foi inonda ces lieux arrosés de leurs sueurs et cimenta ces murailles élevées de leurs mains[1]. Providence de mon Dieu! comment ne pas vous admirer! Auguste obéit à sa vanité en ordonnant le dénombrement de l'empire, et il proclame l'accomplissement des prophéties; Hérode, dirigé par sa cruelle ambition, veut égorger l'Enfant-Roi, et il ne gagne que l'horreur du genre humain; Dioclétien fait élever des thermes pour la débauche, et il construit un sanctuaire à la Reine des Vierges; enfin, tandis que tous les autres thermes romains ne sont plus que des ruines informes, ceux de Dioclétien, bâtis par les mains des martyrs, subsistent dans leur plus noble partie, comme des monuments authentiques et de l'impuissance des persécuteurs et du triomphe évidemment divin de cette religion qui a la vertu d'imprimer le sceau de l'immortalité à tout ce qu'elle touche.

Sainte-Marie des Anges est desservie par les chartreux, dont le couvent occupe une partie des Thermes. Conduits par le bon P. Bruno, Français de nation, Lorrain de naissance, nous visitâmes dans toutes ses parties cette magnifique église, toute resplendissante d'or, de marbre et de peinture. Elle possède quatre tableaux, chefs-d'œuvre de la meilleure époque: la *Chute de Simon le Magicien*, par Pompeo Battoni; *Saint Basile refusant la communion à l'empereur Valens*, par Subleyras; le bienheureux *Nicolas Albergati*, d'Hercule Groziani. On sait que le saint archevêque fut envoyé

---

[1] Baron., *Annal.*, t. II, an. 298, n. 9 et seqq.

par le souverain Pontife à Henri VIII, roi d'Angleterre, afin de le ramener à l'unité catholique. — « Quelle preuve me donnez-vous, dit le prince, de la vérité de ce que vous me proposez? — Laquelle vous voudrez, répond le B. Albergati. — Je vous croirai si vous faites subitement devenir noir ce pain blanc que porte mon page. » Le saint fit le signe de la croix sur le pain, qui devint noir. Le monarque crut, mais ne se convertit pas; les démons aussi croient, et leur foi ne sert qu'à les tourmenter. Cette scène dramatique est parfaitement rendue; telle est la disposition des ombres et de la lumière qu'on croit y assister. Dans le chœur est la fameuse fresque représentant le martyre de saint Sébastien, ouvrage classique du Dominiquin. La plupart des fresques qui ornent Sainte-Marie des Anges viennent de Saint-Pierre, où elles ont été remplacées par les mêmes sujets peints en mosaïque.

De l'église nous passâmes dans la vénérable chapelle des reliques. Quels trésors! Tout autour de nous, des membres brisés par la dent des lions ou par la hache des licteurs; des corps saints tout entiers; des ampoules pleines de sang; des martyrs de tout âge et de tout rang, mais surtout des militaires. Salut à vous dont les mains construisirent cet édifice qu'arrosa votre sang, Maxime, chef de légion, apôtre de vos soldats; Marcel, centurion qui montrâtes le chemin du martyre à vos glorieux compagnons Claudius, Lupercus, Victorius, Facundus, Primitivus, Hemeterius, Chelidonius, Faustus, Januarius, Martialis, Servandus et Germanus. Salut à vous, Saturnin, vénérable vieillard, dont les martyrs portaient les fardeaux imposés à vos trop faibles épaules; salut à vous, illustre patricien, charitable Thrason, qui nourrissiez en secret vos frères exténués de faim et de fatigue et qui, pour prix de vos libéralités, reçûtes du nouveau Pharaon la couronne du martyre et de l'Église reconnaissante l'honneur de donner votre nom à l'une des plus célèbres catacombes. A vous enfin salut, famille entière immolée pour la foi! Dans une châsse supérieure apparaissent les têtes du père et de la mère; au-dessous le frère et la sœur, jeunes enfants d'environ neuf à dix ans, en chair et en os bien conservés, sont à genoux, tenant chacun à la main une petite fiole pleine de son sang, comme pour faire hommage de leur victoire à ceux qui avec la vie leur donnèrent la foi. Je ne finirais pas si je voulais nommer tous les martyrs dont la présence consacre cette vénérable chapelle.

En quittant l'église où toutes les facultés de notre âme avaient trouvé tant de jouissances, nous remarquâmes la belle statue de saint Bruno et le buste en marbre blanc du cardinal Alciati, avec cette inscription d'une simplicité sublime :

VIRTVTE VIXIT
MEMORIA VIVIT
GLORIA VIVET.

Il semble difficile de dire mieux et plus en moins de mots.

Quand vous avez laissé la place *de' Termini,* si vous tournez à droite, vous arrivez bientôt devant l'église et le monastère de *la Conception.* Telle fut la direction que nous prîmes, car nous voulions visiter le cimetière des Capucins. Qui n'a entendu parler de ce célèbre cimetière? Qui vient à Rome sans le voir? Le frère Bernardo, à qui nous étions recommandés, attendait sur le portail de l'église. La vue d'un capucin a toujours produit sur moi une vive impression : jamais je ne rencontrais dans les rues de Rome quelques-uns de ces bons pères, de ces vrais amis du peuple, avec leur longue barbe, leur robe de bure marron, leur ceinture de cuir et des sandales usées pour toute chaussure, la tête nue et la besace sur l'épaule, sans m'incliner devant ce miracle vivant de la charité et de la divinité du christianisme. J'ai même la prétention de croire que, si quelqu'un des vieux Romains, dont les humbles enfants de Saint-François parcourent la cité, revenait en ce monde, et qu'il rencontrât le même prodige, il l'admirerait autant et peut-être plus que moi.

Doublement agréable nous fut l'apparition de l'excellent frère qui devait nous aider à satisfaire notre légitime curiosité. Sur ses pas, nous suivîmes en silence un long corridor, bordé de nombreux portraits de saints, de cardinaux et d'hommes éminents sortis de l'austère institut. De là, traversant le chœur de l'église, nous descendîmes, par un étroit escalier, au sanctuaire des morts. Une porte s'ouvre, et vous restez saisi, immobile, sur le seuil. Quel spectacle! de vastes caveaux, bien éclairés, dont le plain-pied est accidenté par des fosses surmontées d'une petite croix, tandis que la voûte et les parois sont ornées d'ossements humains. Je dis *ornées*, car avec cette matière d'un nouveau genre on a exécuté des dessins, des rosaces, des guirlandes et même des lustres suspendus sur votre tête. Le pourtour des caveaux est garni de *tibia* rangés avec symétrie et formant, de distance en distance, des niches spacieuses ou des *loculi* semblables à ceux des Catacombes. Là, dans l'attitude de la prière ou du sommeil, apparaissent des morts anciens et nouveaux, tous enfants du cloître, revêtus de leur robe grossière et le crucifix à la main. La vue de ces corps échappés, du moins en partie, à la dissolution du tombeau vous pénètre de je ne sais quelle terreur religieuse, tempérée par le calme inaltéré des physionomies et par les emblèmes nombreux de la résurrection future.

On prétend que cette mosaïque de morts est l'ouvrage d'un homme qui, pour échapper à la justice, s'était réfugié dans l'enceinte du monastère; on fait remonter son séjour à la fin du dix-septième siècle. Quoi qu'il en soit, les religieux ont permis ce travail, s'ils n'en sont pas les auteurs. Aux yeux du monde *jouer ainsi* avec des ossements peut paraître profane; mais pour le chrétien, pour le religieux surtout, cette espèce de familiarité respectueuse avec la mort est une conséquence de la victoire qu'il a remportée sur elle : on voit qu'il ne la craint pas. Le dirai-je? c'était la sérénité sur le front et le sourire sur les lèvres que le bon père, à la barbe déjà grisonnante, nous faisait les honneurs du cimetière où reposent ses frères et dans lequel lui-même viendra bientôt occuper la place qui l'attend.

Un rayon de bonheur illumina sa belle figure lorsqu'il nous proposa de l'accompagner à l'église : il avait à nous rendre témoins d'un spectacle bien autrement joyeux pour lui et merveilleux pour nous. Vous croyez peut-être qu'il s'agissait de nous découvrir le célèbre tableau de *Saint Michel*, chef-d'œuvre du Guide, ou l'inimitable *Saint-François*, du Dominiquin? Oh non! les merveilles de l'art devaient disparaître devant une merveille que Dieu seul peut opérer. Entré le premier dans une petite chapelle latérale, le père alluma deux flambeaux, ôta le devant mobile de l'autel, tira un rideau de serge rouge, puis ouvrit un tombeau en bois; alors il nous fut donné de voir ce que devraient aller voir tous ceux qui disent : *Si je voyais un miracle, je croirais.*

Donc, là, sous nos yeux, était doucement couché, la tête couverte de ses cheveux blanchis par les ans, le menton orné de sa belle barbe, les yeux entr'ouverts, les joues roses, le sourire sur les lèvres encore vermeilles, les mains blanches, les pieds en chair et en os, avec les veines saillantes, un pauvre capucin, mort il y a quatre-vingt-quinze ans. Voulez-vous savoir son nom? il s'appelle le vénérable serviteur de Dieu, frère Crispino de Viterbe. Son histoire est longue, mais je vais la dire en quelques mots.

Le 13 novembre 1668, naquit à Viterbe, de parents honnêtes et religieux, un enfant qui reçut au baptême le nom de Pierre. Vingt-cinq ans après, un jeune homme de bonne mine, d'une pureté angélique, d'une douceur et d'une aménité charmantes, était agenouillé devant la porte du couvent des capucins de sa ville natale, demandant avec larmes l'honneur de revêtir l'humble habit de saint François. Cette faveur lui fut accordée. A partir du jour de sa profession, les chaumières et les châteaux des États-Romains virent, pendant quarante années consécutives, le jeune Pierre, devenu frère Crispino, demander l'aumône pour le couvent. Les dons qu'il recevait étaient toujours payés en prières et souvent en miracles. A quatre-vingts ans, le vénérable frère parcourait encore, la besace sur l'épaule, les villes et les campagnes. Mais alors son nom était dans toutes les bouches, l'odeur de ses vertus attirait les peuples sur ses pas, la pourpre même s'inclinait devant lui. Il mourut à Rome; et la voix du peuple, voix de Dieu, proclama son bonheur dans le ciel, et le Ciel ratifia le témoignage de la terre. L'homme de Dieu, enterré comme ses frères, sans être embaumé, dans le cimetière commun, en fut, sur le bruit de nouveaux miracles, retiré intact et vermeil, comme nous l'avons vu, comme tout voyageur peut le voir.

13 Décembre.

La chambre des grands hommes.

« Comme j'étais à Athènes, et qu'un jour, selon ma coutume, j'avais entendu Antiochus dans le gymnase de Ptolémée, avec M. Pison, Quintus, mon frère, C. Pomponius et Lucius Cicéron, mon cousin germain, que j'aimais comme s'il eût été mon frère, nous résolûmes d'aller, l'après-midi, nous promener ensemble à l'Académie, parce qu'à cette heure-là il ne s'y trouvait presque personne. Nous nous donnâmes tous rendez-vous chez Pison; et de là, en nous entretenant de divers sujets, nous fîmes les six stades, de la porte Dipyle à l'Académie. Arrivés dans ce beau lieu, si justement célèbre, nous y trouvâmes toute la solitude que nous voulions, et alors Pison nous dit :

— Est-ce une chose fondée dans la nature, ou seulement une erreur de notre imagination, que quand nous voyons les lieux habités par de grands hommes, nous nous sentons plus touchés, comme il m'arrive maintenant, que quand nous entendons parler d'eux, ou que nous lisons quelqu'un de leurs écrits? Ici je ne puis m'empêcher de songer à Platon; ici Platon s'entretenait avec ses disciples; ces petits jardins, tout près de nous, me rendent si présente la mémoire du philosophe, qu'ils me la remettent presque devant les yeux. Ici se promenaient Speusippe, Xénocrate et son disciple Polémon, qui s'asseyait ordinairement à cet endroit... Enfin ces lieux ont à un degré si éminent le pouvoir d'exciter notre pensée, que ce n'est pas sans raison qu'on a fondé sur eux l'art de la mémoire.

— Oui, sans doute, Pison, reprit Quintus, cette puissance est grande; moi-même tout à l'heure, en me rendant ici, je tournais mes yeux vers ce bourg de Colone où Sophocle demeurait, et je me suis senti ému, et j'ai cru, en quelque sorte, voir ce poëte, mon admiration et mes délices, comme vous savez...

— Et moi, dit Pomponius, à qui vous faites la guerre d'avoir adopté les sentiments d'Épicure, dont nous venons de passer les jardins, je m'y rends souvent avec Phèdre, que j'aime tant, comme vous savez, et, averti par l'ancien proverbe, je n'oublie pas les vivants. »

« Je repris alors :
Je suis de votre avis, Pison, les lieux où des hommes illustres ont été nous font d'ordinaire penser à eux plus vivement et plus attentivement. Vous savez que j'allai une fois avec vous à Métaponte, et que je n'entrai chez mon hôte qu'après avoir vu le lieu où Pythagore avait passé sa vie, et le siége dont il se servait. L'exèdre où enseignait Charmadas n'est pas sans intérêt pour moi; je crois le voir, car je connais ses traits, et il me semble que ce siége même, demeuré veuf d'un si grand génie, regrette tout à l'heure de ne plus l'entendre [1]. »

Nous aussi nous devions voir les lieux habités par de grands hommes, entrer dans leur maison, visiter leur chambre, toucher des objets que leurs mains avaient touchés. Les sentiments éprouvés à Athènes par Cicéron et ses amis, éprouvés par quiconque visite l'habitation d'un personnage célèbre, allaient devenir les nôtres; que dis-je? ils devaient être d'autant plus vifs

---

[1] Cicer., *de Finb.* v, I, 2.

que les grands hommes dont nous avions à parcourir la demeure étaient des saints.

Dès les sept heures du matin nous cheminions vers le *Gesu*. L'excellent père de V..... m'avait obtenu la faveur insigne d'offrir les saints mystères dans la chambre même de saint Ignace. Que de souvenirs ! que de monuments éloquents dans ce lieu béni ! Un modeste autel est dressé dans une chambre de quelques pieds carrés, oblongue, basse, irrégulière, éclairée par une seule fenêtre : c'est la chambre où a vécu, où est mort saint Ignace, où est mort saint François de Borgia, où saint Louis de Gonzague prononça ses vœux entre les mains de saint Ignace, et saint Stanislas Kostka entre celles de saint François de Borgia. C'est ici, sur le même autel, que saint Charles Borromée a dit sa seconde messe, et saint François de Sales plusieurs fois la sienne ; c'est ici que saint Philippe de Néri, l'apôtre de Rome, a si souvent conversé avec saint Ignace ; ici ont été conçus, fécondés tant de projets de zèle, de dévouement, de charité, aussi vastes que le monde, aussi variés que les misères des fils d'Adam. Voici des lignes écrites de la main de tous ces grands hommes ; voici l'acte original par lequel les premiers pères de la Compagnie de Jésus s'obligent à l'obéissance et au service de l'Église : il est signé de la main d'Ignace, de François Xavier, de Lainez, de Salmeron, etc. Voici le serment que fit saint Stanislas de soutenir l'Immaculée Conception de Marie : il est écrit de sa main et signé de son sang. Voici enfin, dans une petite pièce voisine, les vêtements sacrés d'un homme que l'Église catholique peut montrer avec orgueil à ses amis comme à ses ennemis : c'est la barrette et le cilice de l'illustre et pieux cardinal Bellarmin. Si vous levez les yeux, vous voyez le parasol si glorieusement historique porté par saint François Xavier, lorsqu'il fut admis à l'audience solennelle de Fucarondono, roi du Japon. Ce parasol, fait de l'écorce d'un arbre, se distingue par de riches dessins en or, d'un très-beau travail, et réunit à la dimension d'un petit parapluie la légèreté d'une plume.

En avant de cette chambre tant de fois vénérable, où je venais d'offrir l'auguste sacrifice, il en est une autre plus petite, dans laquelle Ignace travaillait. C'est là qu'il écrivit ses immortelles Constitutions; là qu'on le voit encore revêtu des mêmes ornements sacerdotaux et les pieds couverts de la même chaussure. Après avoir laissé aller librement notre esprit et notre cœur à tout ce que peut éprouver l'homme et le chrétien dans des lieux remplis de pareils souvenirs, nous rentrâmes à l'hôtel où nous passâmes le reste de la journée : il fallait bien ce temps-là pour nous assimiler la délicieuse nourriture que nous avions prise le matin.

14 Décembre.

Vicus Patricius. — Arc de Gallien. — Maison de Saint-Justin. — Église de Sainte-Pudentienne. — Souvenirs historiques. — Bains de Timothée. — Église de Sainte-Praxède. — Mosaïque. — Chapelle Borromée. — Colonne de la Flagellation. — Sénat des Martyrs.

A Rome, plus que partout ailleurs, une première vue ne suffit pas : il faut souvent se reporter aux mêmes lieux, étudier les mêmes monuments. Chaque pied de terre que vous foulez, chaque édifice que vous rencontrez, révèle une histoire, un fait qui, par un privilége de la ville éternelle, a pesé d'un grand poids sur les destinées du monde entier avant et après la prédication de l'Évangile. Retournant sur les crêtes inégales de l'Esquilin, nous laissâmes à droite Sainte-Marie Majeure, pour entrer dans la *via Urbana*, ainsi nommée du pape Urbain VIII qui la fit aligner. La vieille Rome sortait de sa triple couche de ruines, et se montrait à nos regards avec ses noms, ses monuments et ses souvenirs. Une foule d'ombres patriciennes semblaient nous entourer : nous étions dans l'ancien *vicus Patricius.* Il dut son nom aux patriciens consignés dans ce quartier par Servius Tullius, qui voulait les empêcher de former de nouvelles trames. Non loi de là étaient le lubrique théâtre de Flore et un temple de Diane. Properce avait ici son habitation, elle ne pouvait être mieux placée [1]. Comme la volupté engendre toujours la bassesse de l'âme, nous ne fûmes point étonnés de trouver dans le voisinage un arc en travertin, d'un travail médiocre, élevé en l'honneur de Gallien, et qui porte cette inscription où respire l'adulation poussée jusqu'à l'idolâtrie :

GALLIENO INVICTISSIMO PRINCIPI
CVJVS INVICTA VIRTVS SOLA PIETATE SVPERATA EST
M. AVRELIVS DEDICATISSIMVS NVMINI
MAJESTATIQUE EJUS.

A tous ces monuments profanes, à tous ces hommes de triste mémoire ont succédé des monuments et des personnages qui tiennent une glorieuse place dans l'histoire de l'Église naissante. Venu de l'Orient pour défendre la foi, saint Justin habita ces lieux. « Jusqu'ici, dit le célèbre Apologiste, j'ai demeuré près de la maison de Martius, voisine des bains de Timothée [2]. » Non loin s'é-

[1] Et dominum Esquiliis dic habitare tuum. *Eleg.* 22, *lib.* III.
[2] Ego prope domum Martii cujusdam ad balneum cognomento Timothinum hactenus mansi. *Apol.* 1.

lèvent les vénérables églises de Sainte-Pudentienne et de Sainte-Praxède, avec les thermes de leurs frères Timothée et Novat. Ainsi, nous foulions la terre que foula d'abord saint Pierre, puis saint Paul, puis une multitude de chrétiens illustres. Arrivé à Rome, l'an 44, avec l'incroyable prétention de planter la croix au sommet du Capitole, le chef des pêcheurs galiléens descendit d'abord au delà du Tibre, dans le quartier des Juifs. Bientôt il convertit le sénateur Pudens, sa mère nommée Priscille, ses deux fils Novat et Timothée, ainsi que ses deux filles Praxède et Pudentienne avec leurs serviteurs. La maison de ces fervents néophytes devint la demeure de l'Apôtre [1].

Ce que le Cénacle fut à Jérusalem, cette sainte maison le devint à Rome. Le vicaire de Jésus-Christ y célébra les augustes mystères, y présida les synaxes, y donna l'onction sacrée à saint Lin et à saint Clet, ses successeurs, et leur mission aux nombreux apôtres de l'Occident [2]. Saint Paul lui-même fréquenta plus tard l'habitation de Pudens, et Dieu sait tout ce que les fondateurs du Christianisme ont dit, ont fait dans ce lieu vénérable où nous étions. Cependant la persécution s'était déclarée ; avant qu'elles en fussent les glorieuses victimes, savez-vous quelle était l'occupation des jeunes vierges Pudentienne et Praxède? Recueillir les corps des martyrs, prendre leur sang avec des éponges et le faire couler dans les vases funéraires et dans les puits où elles descendaient furtivement les restes sacrés de leurs frères : tel fut le périlleux objet de leur infatigable charité. La

---

[1] Baron. an. 44, n. 61 ; an. 57, 71. *Annot. ad Martyrol.* Mazzolari, *Basiliche sacre,* t. VI, 163. Ciampini, *Monim. veter.,* t. II, 143-150, etc. — [2] Mazzolari, *idem.,* 163.

tradition constante, les monuments écrits, les tableaux, les inscriptions placées dans les deux églises dédiées à la gloire des deux sœurs, les puits fermés d'une grille de fer, sont autant de témoignages de ces faits d'ailleurs parfaitement conformes aux mœurs chrétiennes.

La maison sénatoriale, vénérable à tant de titres, fut, dès le second siècle, changée en église par le pape saint Pie I[er][1]. Célèbre dans l'histoire sous le titre *du Pasteur*, cette église, dédiée à sainte Pudentienne, est, comme nous l'avons dit, située dans le *vicus Patricius*. Elle offre une ample moisson à l'archéologue et au chrétien ; les mosaïques du chœur sont d'une haute antiquité, et Bosio, d'accord avec les autres antiquaires, ne fait pas difficulté de reconnaître au-dessous du sol l'existence d'une catacombe. Elle se compose d'un grand nombre de chambres ou de *monumenta arcuata*, restes probables des bains de Timothée. On croit même qu'une galerie souterraine aboutissait jusqu'au cimetière de sainte Priscille, près de la porte *Salaria*. C'est là que les illustres sœurs déposèrent environ trois mille martyrs, immolés dans les premières persécutions [2]. Le puits où furent descendus une partie de ces corps sacrés est encore dans l'église, ainsi que l'autel sur lequel, suivant la tradition, saint Pierre offrit l'auguste sacrifice dans la maison du sénateur. Sous le maître-autel repose, en grande partie, le corps de sainte Pudentienne. Quoi de plus juste que l'héroïne soit honorée sur le théâtre même de son triomphe ?

[1] Si cette maison fut consumée par l'incendie de Néron, ou détruite par ce prince lorsqu'il bâtit son *palais d'or*, ce seraient alors les restes ou l'emplacement qui servirent à la nouvelle église.

[2] Baron. *Annot. ad Martyr.*, 19 janvier.

Il nous restait à visiter un autre membre de la famille sénatoriale. Passant à gauche de Sainte-Marie-Majeure, nous fûmes en quelques minutes à l'église de Sainte-Praxède. Ce nouveau sanctuaire, dépendance de la maison de Pudens, est bâti sur les thermes de Novat. Asile des chrétiens primitifs, oratoire dès le second siècle, il est devenu, en 822, par les soins du pape Pascal Ier, ce qu'il est aujourd'hui, une des plus vénérables églises de Rome. Le premier objet qui excita notre attention fut le grand arc du chœur (*tribuna*), formant l'abside au-dessus du maître-autel, entre la nef et le sanctuaire. On y voit une superbe mosaïque représentant le ciel. Le centre est occupé par une ville vers laquelle arrivent, les mains chargées de présents, de nombreux voyageurs. Sous la figure de deux anges, saint Pierre et saint Paul sont debout sur les portes. Au milieu de l'éternelle cité est le Roi des siècles tenant le globe dans sa main. Les heureux habitants de la sainte Jérusalem environnent leur roi, la tête ceinte du diadème et des palmes à la main. En dehors de la ville apparaît un ange qui indique la route aux pèlerins du ciel.

Du sommet de l'arc se détache le monogramme du pape Pascal, restaurateur de l'église ; plus bas est une main sortant du ciel et tenant une couronne : c'est l'emblème de la Divinité ; et comme elle repose sur la tête de Notre-Seigneur, elle indique la plénitude de sa puissance royale et sacerdotale. Notre-Seigneur lui-même apparaît debout, la main droite étendue, dans le moment solennel où il disait : « Je suis le bon Pasteur, et je connais mes brebis et mes brebis me connaissent. » Cela devient évident par la présence des brebis qui sont à ses pieds et des saints qui sont à ses côtés. A la droite du Sauveur est saint Paul, vêtu d'une tunique blanche sur le bord

17

de laquelle se voit la lettre P, monogramme de l'Apôtre. Après lui est une jeune vierge, sainte Praxède ; elle porte un superbe vêtement d'or, orné de pierreries, et sa main, cachée sous un voile, soutient une couronne ronde, figure des oblations offertes à l'autel par les premiers chrétiens. En troisième lieu, vient le pape Pascal, avec le nimbe quadriforme, portant entre ses mains un modèle de l'église de Sainte-Praxède. Comme ornement, figure un palmier au vert feuillage sur lequel est perché le phénix, oiseau mystérieux, symbole de la résurrection. A gauche du Sauveur paraît saint Pierre, vêtu de blanc, présentant à Notre-Seigneur une autre jeune vierge, sainte Pudentienne, costumée comme sa sœur. Après elle est un personnage vêtu d'une dalmatique blanche et tenant un livre orné de perles. Ce livre représente l'Évangile, et tout porte à croire que le personnage est le saint prêtre Hennon dont le corps repose dans l'église. Nous ne pouvons qu'indiquer rapidement les traits saillants de cette première mosaïque, digne de toute l'attention des archéologues [1].

En se détachant de ce curieux monument, nos regards tombèrent sur le maître-autel. C'est un superbe ouvrage, surmonté d'un baldaquin soutenu par quatre grandes colonnes de porphyre. Elles furent données par saint Charles Borromée, cardinal du titre de Sainte-Praxède. On monte au sanctuaire, bâti sur la crypte, par un magnifique escalier à deux rampes, dont les degrés sont en marbre rouge antique : ce sont, je crois, les plus beaux blocs de ce marbre devenu extrêmement rare. Le tableau du fond est de Jules Romain, le disciple chéri de Raphaël. Il représente sainte Pudentienne et

[1] Ciampini, t. II, p. 250.

sainte Praxède recueillant avec des éponges le sang des martyrs, et le faisant couler dans un puits : ce tableau passe pour une œuvre admirable.

A droite de la nef, en descendant, est la chapelle de la famille Borromée. Nous vîmes le fauteuil en bois du saint cardinal, ainsi que la table sur laquelle ce prince de l'Église donnait à manger aux pauvres. Au bas de l'église est une longue table de marbre, protégée par une grille en fer, et portant cette simple mais éloquente inscription : *Sur ce marbre dormait la sainte vierge Praxède.* Je n'ai pas de peine à le croire : la mortification est la mère de la charité et l'apprentissage du martyre. Vers le milieu de la nef s'ouvre, entouré d'une grille, le puits vénérable où la sainte accomplissait le même devoir que sa sœur dans la maison de leur père. Une belle statue représente la jeune martyre à genoux, sur l'orifice du puits, pressant entre ses mains une éponge pleine de sang.

A droite, en remontant, est le célèbre oratoire de saint Hennon, martyr. La mosaïque dont il est orné était si belle, si harmonieuse, qu'on l'appelait *Le Paradis.* Ce qui en reste, bien que dégradé par le temps, mérite encore toute l'étude du voyageur[1]. Deux raisons m'empêchent d'en faire la description : la nécessité d'être court, et l'attention secondaire que je donnai à ce chef-d'œuvre. Comment s'occuper d'art en présence d'un autre objet qui vous absorbe tout entier? C'est ici, dans cette chapelle, que se conserve la colonne à laquelle Notre-Seigneur fut attaché pendant la flagellation. Nous étions à deux pas de ce monument sacré; il était sous nos yeux : je le répète, comment penser à autre chose? On sait que cette colonne, religieusement conservée par les premiers

---

[1] Ciampini, t. II, p. 250, etc.

chrétiens, fut apportée d'Orient, en 1213, par le cardinal Jean Colonna, légat du Saint-Siége. Elle est de marbre oriental noir et blanc, et peut avoir trois pieds de hauteur [1]. Trois mille trois cents martyrs, dont les plus illustres sont nommés dans la table du pape Pascal Ier, forment ici le cortége du Dieu crucifié. Or, tous ces ossements de nos pères, tous ces flots de sang chrétien, cette colonne de honte et de douleur, où le Sauveur expia la plus honteuse de nos iniquités, pouvaient-ils être mieux placés qu'en ce lieu ? Sainte-Praxède est à deux pas de l'ancien théâtre de Flore dont les infamies font encore rougir le front le moins pudique. Crime, expiation, harmonie providentielle, ce rapprochement explique tout.

15 Décembre.

Grand Jeûne. — Détails sur la Mosaïque. — Signification de ce mot. — Différentes espèces de Mosaïque. — Histoire de l'art. — Éléments du travail. — Sa composition. — Caractères imprimés sur les vêtements. — Nimbes.

C'était le mercredi des Quatre-Temps, jour de grand jeûne. Le grand jeûne consiste à ne manger au dîner et à la collation, ni œufs, ni beurre, ni lait, ni fromage : tout s'accommode à l'huile. Fidèle à l'esprit de l'Église, Rome conserve l'austérité des anciennes lois ; mais, indulgente pour la faiblesse de ses enfants, elle ne compte qu'un petit nombre de grands jeûnes. Cette journée de pénitence fut donnée à l'étude : rechercher l'origine de la *mosaïque*, les procédés qu'elle emploie, le sens et la raison des nombreux ouvrages qu'elle offre à l'admira-

---

[1] Voyez Bened. XIV, *de Festis Dom.* p. 184. Cornel. à Lapid. *in Matth.* c. XXVII, v. 26, p. 524. Mazzol. t. VI, p. 167.

tion du voyageur, devint l'intéressant travail qui occupa nos loisirs.

Œuvre *digne des Muses,* telle est l'étymologie, généralement admise du mot mosaïque [1]. Plus religieux en beaucoup de choses que les peuples modernes, les anciens attribuaient aux dieux ou à leur inspiration ce qui semblait surpasser l'esprit de l'homme. Or, telle est la beauté et la difficulté des ouvrages en mosaïque qu'ils en firent honneur aux divinités protectrices des arts. Connus dès la plus haute antiquité, ces ouvrages de patience, de luxe et de génie semblent avoir passé de la Perse chez les Grecs qui en transmirent le secret et le goût aux Romains. Sylla le premier en décora le temple de la Fortune qu'il bâtit à Préneste [2]. Bientôt les monuments publics et même les habitations particulières brillèrent de cette nouvelle magnificence. Suivant la loi constante de l'esprit humain, on commença par des ouvrages d'une fabrication plus facile. Les premières mosaïques consistèrent dans le rapprochement harmonieux de morceaux de marbre de diverses couleurs, représentant des carrés, des triangles, des losanges, des cercles et autres figures géométriques, dont la réunion symétrique formait un ensemble plein de grâce et de variété [3]. Ce genre de mosaïque fut employé pour le pavé des palais, des habitations et des thermes. Les chrétiens en transportèrent l'usage dans les églises. Nous en verrons de superbes échantillons à Saint-Clément, à Saint-Silvestre et aux Quatre-Saints-Couronnés.

L'art fit des progrès et voulut représenter des figures

---

[1] *Opus musivum.*
[2] Plin.
[3] *Opus tessellatum.*

d'êtres animés, des animaux et des hommes. On coupa donc en lames très-minces des marbres de différentes couleurs; on les rapprocha, on les harmonisa de telle manière qu'on eut en réalité des portraits de créatures vivantes [1]. L'intérieur de la cathédrale d'Ancône, le portail même de cette antique église, nous offrit, plus tard, des images de saints, dues à ce nouveau genre de mosaïque.

On conçoit que la difficulté de scier et de découper le marbre en feuilles assez minces dut être longtemps un obstacle au fini du travail. Néanmoins on lutta contre la nature elle-même, et on finit par arriver à la perfection. Les anciens firent avec le marbre ce que les Gobelins font avec la laine, et des tableaux dignes du pinceau de Raphaël sortirent de l'atelier du mosaïste. Tout voyageur sait que les fresques du grand maître ont été copiées en mosaïque : à Saint-Pierre la copie remplace l'original, et telle est l'illusion qu'à moins d'être averti vous prenez infailliblement la mosaïque pour la toile même [2].

Il y a donc trois espèces de mosaïques : la *grande* mosaïque, dont les anciens formaient le pavé de leurs monuments, et qui représentait des figures géométriques et des *arabesques;* la mosaïque *moyenne,* servant pour la décoration des murailles et pouvant, bien que sous des traits plus ou moins imparfaits, représenter des créatures organiques; la *petite* mosaïque, capable de le disputer au pinceau pour la vivacité de la teinte, pour l'harmonie des couleurs et la perfection de la ressemblance.

---

[1] *Opus sectile.*

[2] Opus vermiculatum. Opus minutis adeo lapillis formatum ut vermium aspectum cominus repræsentet, qui dorsum variegata macularum serie tot veluti punctis depictum habent. Ciampini, *Monim. veter.,* t. I, p. 81.

Ces trois genres d'ouvrage, mais surtout les deux premiers, furent prodigués par les Romains avec un luxe qui accuse et leurs richesses colossales, et leur incroyable sybaritisme.

Restaurateur de toutes choses, le Christianisme s'empressa de ramener les arts à leur véritable destination : la mosaïque fut employée avec une prédilection visible à décorer les églises. Peinture immortelle, elle était éminemment propre à fixer des faits, des souvenirs, des dogmes qui ne périssent point. Aussi, vous la voyez resplendir dans tous les grands sanctuaires de la ville éternelle. Avec les sciences et les arts la mosaïque périt dans le grand cataclysme qui suivit l'inondation des Barbares. Ce fut un moine, un bénédictin, un abbé du Mont-Cassin qui, de Constantinople, en rapporta le secret en Occident. « Cet homme, plein de sagesse, dit Léon d'Ostie, eut grand soin de faire étudier cet art à ses religieux, de peur qu'il ne vînt à se perdre de nouveau parmi nous [1]. »

Les données précédentes suffisaient pour nous faire admirer avec plus d'intelligence les mosaïques dont nous étions environnés; toutefois, notre curiosité n'était pas satisfaite. De quoi se compose la mosaïque? Quel procédé emploie-t-on pour donner à ces tableaux le coloris et la perfection qui en font de véritables chefs-d'œuvre? Voilà ce que nous tenions à savoir. La visite des ateliers de Rome, et surtout de Saint-Pierre, nous donna la réponse.

Deux choses entrent dans la composition de la mosaïque, les *petites pierres*, c'est-à-dire, les petits morceaux de marbre, de porphyre ou de verre, *lapilli*, et la *colle*, *gluten*. Le verre est l'élément ordinaire de la petite mosaïque. La matière vitrifiable étant préparée,

---

[1] *In chronico monaster. Cassin.* cap. 29.

on y mêle la couleur, puis on la jette dans un creuset qui, pendant huit jours, reste exposé dans le four à un foyer très-ardent. La cuisson finie, on prend cette matière en fusion avec une cuiller en fer et on l'étend sur une table de marbre creusée de quelques pouces, à laquelle on superpose un autre marbre poli, afin d'obtenir une couche parfaitement égale. Après cette opération, qui a lieu pour les verres de toute couleur, on lève la feuille vitrée, qui peut avoir trois ou quatres lignes d'épaisseur. A sa place on met ce que les Italiens appellent le *tagliuolo*, espèce de scalpel ou de couteau long très-effilé; il est placé sur le dos, en sorte que le tranchant divise en petites lames oblongues la feuille de verre qu'on lui présente, et sur laquelle on frappe doucement avec un petit marteau. Telle est la manière d'obtenir les lamelles pour la grande mosaïque. Quand il s'agit de la mosaïque fine, on n'emploie ni le petit couteau, ni le maillet, mais la scie. D'autrefois on coule en forme de petits tubes les verres que l'on veut employer; on les met ensuite au feu pour les obturer et les arrondir; souvent même on a recours à la roue. Dans ce cas, on taille les pièces de mosaïque comme le diamant et les métaux; ce dernier moyen donne les résultats les plus parfaits. S'agit-il d'obtenir des lames dorées? on ne mêle point l'or à la matière; mais lorsque celle-ci sort du four en fusion, on la couvre de feuilles d'or, puis on la remet au feu, et l'adhérence est telle que l'or ne peut plus en être séparé. Telle est la formation du premier élément de la mosaïque.

Reste la préparation de la colle que les Italiens appellent *lo stucco*, destinée à lier entre eux tous ces morceaux de verre. Les anciens employaient pour la former la chaux vive avec un mélange de poussière de marbre, d'eau commune et de blancs d'œufs; mais l'expérience a montré que cette composition était défectueuse. Appliquée en couche sur la forme destinée à recevoir la mosaïque, elle sèche si vite qu'elle ne permet pas à l'ouvrier de placer son verre avec la précision convenable. Les artistes chrétiens en ont trouvé une meilleure : ils prennent une partie de chaux vive, trois parties de poussière de marbre de Tivoli et une d'une autre espèce; ce mélange est détrempé avec de l'huile de lin et remué, chaque jour, avec une truelle comme le mortier. Cette opération se renouvelle pendant huit, quinze et même vingt jours, selon la température du lieu et de la saison. Voici les signes auxquels on reconnaît la fusion parfaite de tous les éléments : la pâte se gonfle d'abord et s'élève en forme de pyramide; pendant ce travail, l'eau restée dans la chaux vive s'évapore et la pâte durcirait si l'on n'avait soin de l'arroser d'huile. Tant qu'il reste quelques parties aqueuses, une nouvelle fermentation ne tarde pas à se manifester. On arrose de nouveau, jusqu'à ce que la pâte reste fixe et malléable, de telle sorte qu'en l'étendant elle ne lève plus, ne se durcit plus, mais prend la consistance d'un onguent visqueux.

Voilà les éléments de la mosaïque préparée. On les met en œuvre de la manière suivante : une couche de chaux est répandue sur le mur que l'on veut peindre; on polit parfaitement cette couche dans laquelle on pratique, de distance en distance, de petits trous, afin que la mosaïque tienne plus fortement. On répand la colle sur toute la surface, et l'on place, suivant le dessin donné, les lames de verre qui doivent former le tableau. Ces lames ou plutôt ces pointes carrées ont deux ou trois pouces de longueur sur quelques lignes de parement ou de face. Huit pouces carrés de mosaïque ordinaire coûtent environ trois francs ; la mosaïque fine est beaucoup plus chère, et un tableau de ce genre, bien exécuté, doit être sans prix.

En examinant dans les églises de Rome leurs nombreux chefs-d'œuvre en mosaïque, on remarque sur les vêtements des personnages certains caractères alphabétiques dont l'explication a fort occupé les savants. Inutile labeur ; l'énigme reste, à moins de dire avec Ciampini, « que ces caractères sont la marque personnelle de l'artiste [1]. »

Plus heureuse a été la science dans ses recherches sur les ornements qui environnent la tête des figures principales. Les traditions et les monuments de l'histoire sacrée et de l'histoire profane lui ont appris que le *nimbe* quadriforme indique un personnage vivant; que le nimbe circulaire, symbole de la perfection, est l'attribut des personnages morts et le signe distinctif de la sainteté, comme le nimbe radié, c'est-à-dire orné de rayons et d'étoiles, est l'ornement exclusif de la Divinité. La connaissance de ces signes donne la clef de certains tableaux mystérieux, dont on parvient à découvrir ainsi le sujet et même à fixer l'époque [2].

16 Décembre.

Le Capitole ancien. — Temple de Jupiter. — Citadelle. — Curia Calabra. — Roche Tarpéienne. — Intermontium. — Trésors. — Capitole moderne. — Musée et galerie. — Église d'Ara-Cœli. — Révélation d'Auguste. — Prison Mamertine.

Impatients d'étudier le cœur de l'ancienne Rome, nous suspendîmes le cours de nos investigations dans le

---

[1] *Monim. veter.*, t. 1, p. 98-105.
[2] Voyez Ciampini., *ibid.* 106.

quartier de' Monti, et, sous la conduite d'un guide intelligent, nous attaquâmes la région du Capitole. Dans ce nom solennel que de souvenirs ! Je n'oublierai de ma vie l'espèce de frisson qui parcourut mes sens lorsque, pour la première fois, je vis ces lieux redoutables où, pendant tant de siècles, vinrent finir, dans un dénoûment sanglant, les duels gigantesques de Rome et du monde. Entrés dans la rue d'*Ara-Cœli*, nous eûmes bientôt en perspective la crête élancée de la fameuse montagne. On la gravit sans peine par une large rampe qui conduit à la plate-forme. De toutes parts se présentent les emblèmes de la force : au bas des balustrades de la rampe deux lions égyptiens en granit noir, les plus beaux qu'on connaisse ; et, au-dessus de l'escalier, deux statues colossales, en marbre pentélique, de Castor et de Pollux, placées à côté de leurs chevaux. Ces chefs-d'œuvre de la sculpture antique furent trouvés, sous Pie IV, au *Ghetto*, ou quartier des Juifs. Deux colonnes font suite aux statues : celle de droite, en montant, est la colonne milliaire qui marquait le premier mille de la voie Appienne, où elle fut trouvée en 1584 ; la colonne placée sur la gauche a été faite pour servir de pendant à la première.

Selon notre usage nous étudiâmes le Capitole tel qu'il était autrefois et tel qu'il est aujourd'hui. Or, si nous fussions venus en ces lieux il y a deux mille ans, voici ce qui aurait frappé nos regards : Devant nous, une montagne escarpée, entourée de murailles cyclopéennes et flanquée de tours inexpugnables[1], dont on voit encore les substructions du côté du Forum : ouvrage gigantesque formé de gros quartiers de travertin, superposés sans

---

[1] Capitolii arcem ne magnis quidem exercitibus expugnabilem. Tacit., *Hist.*, lib. III.

ciment, comme la voûte du grand égout de Tarquin. A gauche, le temple si saint et si redouté de Jupiter Capitolin ; à droite, la citadelle de Rome et la roche Tarpéienne ; au milieu, l'*Intermontium* ou l'*Ara* : d'abord, bosquet de chênes, puis espace libre, mais toujours l'asile le plus inviolable des Romains. Sur toute l'étendue du plateau une foule d'*édicules* ou petits temples, consacrés aux nombreuses idoles que Rome adorait ; enfin des portes de bronze, plus indestructibles que les murailles, et fermant la redoutable enceinte. Le Capitole était donc, par excellence, le cœur de Rome antique, le sanctuaire du monde païen, la citadelle du despotisme et la forteresse de l'enfer.

Par sa richesse, par son nom formidable, par le dieu auquel il était consacré, le temple de Jupiter Capitolin était le lieu le plus vénéré du monde antique. Sa forme était celle d'un parallélogramme de deux cents pieds de long sur quatre-vingt-dix de large, entouré de trois côtés d'une superbe colonnade en marbre. Sa façade, tournée entre l'Orient et le Midi, se composait d'un péristyle où un triple rang de colonnes supportait un fronton majestueux, surmonté de statues de bronze doré et terminé par un quadrige également de bronze. Les colonnades latérales formaient chacune un portique à double rang seulement [1]. Au-dessus de la porte brillait une longue suite de boucliers dorés, entre lesquels on admirait le bouclier d'or d'Asdrubal, superbe trophée enlevé par Marcius, le vengeur des Scipions en Espagne. Aux colonnes, aux frises du péristyle principal, pendaient des trophées militaires : c'étaient les armes des généraux ennemis, des haches meurtrières, des boucliers criblés de

---

[1] Tit. Liv., x, 23. — Plin., xxxv, 12.

coups, des enseignes de toutes les nations, des épées rouillées par le sang. Là, on voyait des proues de vaisseaux carthaginois; plus loin des casques gaulois, la redoutable épée de Brennus, les dépouilles de Pyrrhus, les étendards des Épirotes, les cônes hérissés des Liguriens, les gèses des habitants des Alpes et mille autres encore. Par son aspect, cet édifice imposant annonçait bien le temple orgueilleux d'où le peuple romain lançait la foudre, tandis que, par les dépouilles suspendues à son architecture, il semblait être le bazar de la victoire.

Des degrés de marbre conduisaient dans ce temple dont la porte et le seuil étaient en bronze[1]. L'intérieur répondait dignement à l'extérieur et se divisait en trois nefs formant comme trois temples, qui ont des côtés communs; car, quoique le Capitole fût spécialement consacré à Jupiter, on y honorait aussi Junon, reine, et Minerve. Jupiter occupait la nef du milieu, Junon celle de gauche, et Minerve celle de droite : le père des dieux se trouvait ainsi entre sa femme et sa fille. Sous le temple était un lieu sacré où l'on conservait les livres sibyllins. L'édicule, ou sanctuaire de Jupiter, avait, comme le temple extérieur, un fronton surmonté d'un quadrige; sa voûte était dorée, et son pavé en mosaïque; le dieu était assis, la tête ornée d'une couronne d'or radiée et la figure peinte en vermillon; une toge de pourpre formait son vêtement; sa main gauche tenait une lance en guise de sceptre et la droite un foudre d'or[1].

C'est dans ce temple formidable, dans cette espèce de centre de la terre, la première demeure de Jupiter après

[1] Voyez Donati, *Roma petus et recens*, lib. II, c. 6.
[2] Plin., XXIII, 7.

le ciel [1], suivant l'expression des Romains, que les généraux venaient adresser des supplications à la divinité avant de partir pour la guerre, et des actions de grâces après leurs victoires; que les peuples étrangers ambitionnaient la faveur d'offrir de somptueux sacrifices, et que furent consacrées tant de dépouilles teintes du sang des nations. Ajoutons que ce vaste édifice était entièrement couvert de tuiles d'airain doré, à l'exception de la coupole qui n'avait d'autre voûte que le ciel.

Comme pour servir de cortége au maître des dieux, on voyait rangées autour du temple les statues des principaux habitants de l'Olympe et des grands personnages de Rome. Là était le fameux Hercule d'airain, pris dans la citadelle de Tarente, et consacré par Fabius Maximus; l'Apollon apporté d'Orient par Lucullus et haut de quarante pieds; deux Jupiter, l'un en bronze, d'une hauteur colossale, fabriqué avec les casques et les cuirasses des Samnites vaincus par Spurius Servilius; l'autre, plus grand que le premier, élevé par ordre des aruspices pour fléchir les dieux irrités des guerres civiles; la statue équestre en bronze doré de Scipion l'Africain; des Victoires d'or chargées de trophées, et un groupe également en or représentant Jugurtha livré à Sylla par Bocchus; les sept statues en bronze des anciens rois de Rome, et une foule d'autres [2].

A l'extrémité opposée du Capitole s'élevait, sur un roc escarpé, la citadelle de Rome, avec le temple de Junon *Moneta*. Il occupait l'emplacement de la maison de Manlius et renfermait l'atelier des monnaies et les archives où

---

[1] Tit. Liv., xxxvi, 35. — xliv, 14. — xlv, 13, 44.

[2] Voyez Donati, lib. ii. c. 5; et *Rome au siècle d'Auguste*, t. I, p. 243, etc.

l'on gardait, sur des livres en toile, les vieilles annales du peuple romain¹. La roche Tarpéienne servait de base à la citadelle. C'est un rocher taillé à pic, qui, avant les atterrissements, pouvait avoir cent soixante-dix pieds de hauteur; baigné par le Tibre, il formait un précipice affreux, hérissé de tous côtés de pointes qui déchiraient les corps ou les faisaient rebondir au loin. On l'avait choisi pour les exécutions, afin de n'avoir pas besoin de précipiter deux fois les criminels². Aujourd'hui la roche Tarpéienne n'a rien de très-menaçant. Des maisons adossées à la montagne masquent en partie ses flancs abrupts; le Tibre ne baigne plus sa base, et sur le sommet nous trouvâmes un jardin que cultivait assez mal une compagnie de poules magnifiques ; mais nous ne vîmes pas même une *oie*.

Non loin du temple de Junon était la *Curia Calabra*, espèce de palais où le grand prêtre convoquait le peuple pour lui indiquer l'époque des *Nones*. Entre la citadelle et le temple de Jupiter se trouvait l'*Intermontium*, bosquet de chênes, dont Romulus fit un asile inviolable, afin d'attirer des habitants à sa ville nouvelle ; au centre de ce bois s'élevait le petit temple de *Véjovis* ou de Jupiter enfant³.

Derrière l'*Intermontium* était le *Tabularium*. C'était un vaste dépôt d'archives, avec des portiques et des arcades d'une grande solidité. On y conservait les tables d'airain sur lesquelles le peuple romain, qui semblait avoir l'instinct de son immortalité, gravait majestueusement ses traités anciens et nouveaux avec les nations

---

[1] Tit. Liv., IV, 7, 13, 20.
[2] Senec., *Controv*, I, 3.
[3] Ovid., *Fast*. III, v. 430.

étrangères, ainsi que ses propres lois. Ces actes, placés en ce lieu, devenaient plus respectables, consacrés qu'ils étaient par la garantie des dieux mêmes [1]. Vespasien, parvenu à l'empire, prit le plus grand soin de ces monuments, et il en fit restaurer plus de trois mille, endommagés par l'incendie du Capitole [2].

Deux chemins descendaient du Capitole dans le Forum; l'un s'appelait le *Clivus capitolinus*, l'autre le *Clivus sacer*, ou *Ascensus ad asilum* montée de l'asile. Au bas du premier, qui partait de la citadelle, on trouvait le temple de Saturne : c'était le trésor général de l'empire; il se divisait en plusieurs trésors particuliers, parmi lesquels figuraient en première ligne le *trésor du butin* et le *trésor gaulois*. Dans le premier, le plus riche de tous, étaient accumulées les dépouilles de tout genre conquises sur le monde entier, et qui avaient fait l'ornement de tant de triomphes [3]. Le second nous donnait un noble orgueil. Telle était la frayeur inspirée aux Romains par nos aïeux, que la fière république se tenait toujours sur ses gardes; et, pour n'être pas surprise de nouveau, elle avait établi un trésor spécial, auquel, sous peine des exécrations publiques, il était défendu de toucher, à moins que ce ne fût pour une guerre contre notre nation [4].

A gauche du temple de Saturne s'élevait le temple de *Jupiter Tonnant*. Auguste, dit-on, revenant d'Espagne, vit un de ses esclaves tué par la foudre à ses côtés. En mémoire de la protection dont il avait été l'objet, il

---

[1] Josèphe, *Antiq. judaic.*, XIV, 17.
[2] Suet., *in Vesp.*
[3] Cicer., *in Verr.*, l. 21.
[4] Appien, *de Bello civil.*, II, p. 744.

consacra ce temple au maître du tonnerre. Quelques pas plus loin, sur la droite, commençait le *Clivus sacer*, second chemin qui communique du Forum au Capitole. Là étaient les degrés des *Gémonies*. Nous suivîmes ce chemin tant de fois inondé de sang, et continuant jusqu'au sommet de la colline, nous nous retrouvâmes dans l'*Intermontium* : nous avions fait le tour de l'ancien Capitole. Revenus à notre point de départ, nous commençâmes un second voyage, dans le but d'étudier le Capitole tel qu'il est aujourd'hui.

Le Christianisme a passé sur le monde, la majesté romaine s'est abaissée devant lui. Le temple de Jupiter, les colossales statues des dieux et des héros, ces milliers de tables d'airain, chartes de la servitude des nations, la citadelle aux murs cyclopéens, tout cela n'est plus. Loin de glacer de terreur, la vue de Capitole ne donne au voyageur que des idées riantes, de nobles inspirations et de salutaires enseignements. Au milieu de l'esplanade qui succède à l'*Intermontium*, se présente la belle statue équestre de Marc-Aurèle, seul bronze antique de ce genre qui nous reste. Derrière, à la place même du *Tabularium*, s'élève le palais sénatorial, surmonté d'une tour couronnée par une grande croix. Ce n'est donc point une figure de rhétorique, me disais-je en voyant ce signe vainqueur; il est vrai, à la lettre, que la croix du Calvaire brille au sommet du Capitole. Comment ne pas croire, quand on a sous les yeux le plus grand des miracles?

Pour encadrement de la plate-forme, vous avez, à gauche, le musée dans lequel on conserve une foule de chefs-d'œuvre et de monuments du plus haut intérêt. Là se trouvent les statues colossales de Minerve, de Cybèle et de l'Océan. Dans la salle des inscriptions sont rangées, tout autour des murs, cent vingt-deux inscriptions impériales ou consulaires, qui offrent une série chronologique depuis Tibère jusqu'à Théodose. Aux parois du grand escalier sont incrustés les fameux fragments du plan en marbre de l'ancienne Rome, trouvés dans les ruines du temple de Rémus, sur la voie Sacrée. Les salles sont remplies de vases antiques, de statues en bronze, en marbre, en porphyre, en granit, du plus beau travail et de la meilleure conservation. Je nommerai surtout le gladiateur mourant et les bustes de Marc-Aurèle et d'Adrien.

A droite, est la Pinacothèque, musée et galerie tout ensemble. Sous le portique de la cour, nous vîmes la statue de Jules-César, qu'on tient pour le seul portrait reconnu qui existe à Rome; celle d'Auguste qui foule une proue de navire, allusion à la bataille d'Actium; enfin de nombreux débris de statues colossales, dont j'essayai de calculer la hauteur en prenant pour base le petit doigt du pied, parfaitement conservé; et je vis se dresser des géants de soixante pieds d'élévation. Cette mesure est conforme au témoignage de l'histoire. En montant l'escalier, on trouve, à gauche, un fragment de l'inscription honoraire de Caïus Duillius, qui remporta la première victoire navale sur les Carthaginois, l'an de Rome 492. Au milieu de la grande salle est la fameuse louve en bronze qui allaite Romulus et Rémus. Dans la troisième antichambre, nous remarquâmes avec un vif mouvement de curiosité plusieurs fragments de marbre incrustés dans le mur, sur lesquels sont écrits les célèbres fastes consulaires connus sous le nom de *Fasti Capitolini* et qui vont jusqu'à Auguste. De tous les tableaux de la galerie, le plus frappant est la *Sibylle* du Guerchin.

Après avoir visité toutes ces merveilles de l'art antique et moderne, nous traversâmes de nouveau la plateforme et nous montâmes à l'emplacement du temple de Jupiter Capitolin[1]. Une église chrétienne, une église dédiée à Marie, s'élève sur les ruines du sanctuaire consacré au chef des démons adorés dans Rome : c'est l'église si vénérable et si recueillie d'*Ara-Cœli*. Par sa position, elle domine la Ville éternelle et annonce que le sceptre du monde a changé de mains. Porté jadis par le démon, cruel, impur et sanguinaire ennemi du genre humain, il est aujourd'hui l'apanage d'une vierge douce, pure et clémente, fille de l'homme et mère de Dieu, refuge des pécheurs et reine des anges. Si les dépouilles des nations suspendues au temple de Jupiter avaient fait nommer cet édifice le bazar de la victoire, pour la même raison, l'église d'*Ara-Cœli* mérite ce glorieux titre. Vainqueurs de tout le reste, Jupiter et César paraissent ici en vaincus. Le maître de l'Olympe est obligé de céder la place à Marie, et César fournit les ornements de son temple. L'église, à trois nefs, est supportée par vingt-deux colonnes qui sont autant de dépouilles prises de toutes parts dans les temples et dans les palais de l'ancienne Rome. La seconde, à gauche, vient des appartements intimes des empereurs : *E cvbicvlo Avgg.* A la vue de ces colonnes d'ordres différents, dont les unes sont cannelées, les autres rondes, celles-là privées de socle, celles-ci de chapiteaux, on est tenté d'accuser le bon goût de l'architecte ; mais un peu de réflexion ne tarde pas à faire découvrir, dans ce désordre apparent, un effet de l'art et une pensée profonde : le Christia-

---

[1] Suivant Donati, ce serait à la place du temple de Jupiter *Férétrien ;* quoi qu'il en soit, un temple de Marie est bâti au sommet du Capitole sur les ruines d'un temple de Jupiter.

nisme a voulu constater l'universalité de son triomphe. Dans le même but, on a pris soin d'enrichir d'un autre trophée cette église monumentale : une inscription placée au-dessus de la porte d'entrée, rappelle que le temple de Marie a été doré avec l'or pris sur les Turcs à la fameuse bataille de Lépante. Ainsi, par leurs dépouilles, les deux plus redoutables ennemis du monde chrétien, le paganisme et l'islamisme, font encore de l'Ara-Cœli le bazar de la victoire.

En avançant vers le sanctuaire, on voit briller deux inscriptions en grandes lettres d'or. Peu remarquées, et encore moins étudiées de la plupart des voyageurs, elles piquèrent vivement notre curiosité. La première rappelle un miracle célèbre dans l'histoire de Rome chrétienne; la seconde, une révélation fameuse qui aurait été faite à Auguste. A la voûte de l'église, directement au-dessus du maître-autel, sont gravées ces paroles : *Regina cœli, lœtare, alleluia.* Que disent-elles ? Au sixième siècle une peste horrible ravageait Rome. Saint Grégoire-le-Grand, qui gouvernait alors l'Église, appela tout le peuple à la pénitence. Une procession générale fut indiquée pour le matin du jour de Pâques de l'an 596. Le Pontife se rendit à l'Ara-Cœli, prit en ses mains l'image de Marie, que l'on dit peinte par saint Luc [1], et la célèbre procession *septiforme* se mit en marche pour se rendre à Saint-Pierre. En passant devant le môle d'Adrien, on entend tout à coup dans les airs des voix célestes qui chantent : *Regina cœli, lœtare, alleluia ; quia quem meruisti portare, alleluia ; resurrexit sicut dixit, alleluia.* Le Pontife étonné répond avec tout le peuple, *Ora pro nobis Deum, alleluia.* En même temps on voit

---

[1] Ferraris, **Biblioth.** art. *Imagines.*

un ange étincelant de lumière qui remet une épée dans le fourreau ; la peste cesse le jour même. Quatre faits encore subsistants ont traversé les siècles pour attester ce miracle : la procession de Saint-Marc, qui se fait chaque année dans l'Église d'Occident ; la statue de bronze de l'archange saint Michel, placée au-dessus du môle d'Adrien, qui prit dès lors le nom de château Saint-Ange ; l'antienne à Marie : *Regina cœli*, que l'Église catholique n'a cessé de répéter depuis ce jour mémorable ; enfin, l'inscription dont je parle, gravée dans le temple de Marie, en reconnaissance de ce bienfait. Comment voir de ses yeux cette inscription si glorieusement monumentale sans réciter aussi dans toute l'effusion de la reconnaissance et de l'amour : *Regina cœli, lætare, alleluia* [1] !

A gauche du maître autel se trouve la chapelle de Sainte-Hélène ; c'est sur la frise circulaire du baldaquin qu'on lit la seconde inscription qui nous intrigua si fort ; elle est ainsi conçue : *Hæc quæ Ara-Cœli appellatur eodem in loco dedicata creditur in quo Virgo sanctissima Dei Mater cum Filio suo se Cæsari Augusto in circulo aureo è cœlo monstrasse perhibetur.* « Cette chapelle appellée *Ara-Cœli* est, suivant la tradition, bâtie au lieu même où l'on croit que la très-sainte Vierge Mère de Dieu, tenant son Fils entre ses bras, se fit voir à l'empereur Auguste, dans le ciel, au milieu d'un cercle d'or. »

Quelle est l'origine de cette tradition ? Les auteurs rapportent qu'Auguste consultait un jour l'oracle d'A-

---

[1] En mémoire du miracle, les religieux d'Ara-Cœli ont seuls le privilége de chanter le *Regina*, lorsque, dans les prières publiques, des processions viennent à passer devant le château Saint-Ange.

pollon pour savoir quel serait après lui le maître du monde : suivant l'usage, il offrait une hécatombe ; mais le dieu resta muet. Le sacrifice recommence, et le dieu ne répond pas. Pressé de nouveau, Apollon rend enfin cet oracle :

> Me Puer hebræus divos Deus ipse gubernans
> Cedere sede jubet tristemque redire sub orcum ;
> Aris ergo dehinc tacitus abscedito nostris.

« Un enfant hébreu, Dieu lui-même et maître des « dieux, me force à quitter la place et à rentrer triste- « ment dans l'enfer. Désormais, retire-toi donc sans ré- « ponse de mes autels. »

Vivement frappé de cet oracle, Auguste vint au Capitole, où il fit ériger un autel à l'Enfant-Dieu avec cette inscription : *Ara Primogeniti Dei :* « Autel du premier né de Dieu. » Le même fait est rapporté, avec quelques variantes, par d'autres historiens. C'est la sibylle de Tibur que l'empereur aurait consultée pour savoir s'il devait permettre qu'on l'honorât comme un Dieu. Après trois jours d'un jeûne sévère, Auguste vit le ciel ouvert, et, sur un autel, une vierge d'une grande beauté, tenant en ses bras un petit enfant, et une voix disait : « C'est ici l'autel du Fils de Dieu. » *Hæc ara Filii Dei est.* En conséquence, Auguste défendit qu'on l'appelât Dieu, et fit ériger l'autel dont nous avons parlé [1]. Quand on songe

---

[1] Voyez Nicéphore, lib. I, c. 17 ; Suidas *in August.* ; Cedrenus, *id* ; Fredericus Muller : *An Cæsari Augusto quidquam de Nativitate Christi innotuerit ?* Geræ, 1679. *Storia della chiesa e convento di S. M. d'Ara-Cœli*, p. 157 ; *de Ara*, Nanneti, 1636, à Petro Bertaldo, cap. 29. — *Thesaur.* Grævii, t. VI ; Trombelli, *Vita B. Virg.*, t. II, p. 319-328. — Martinus Polonus ; S. Antoninus ;

que toutes les traditions de l'Orient et de l'Occident annonçaient la venue du Messie ; quand on sait que la révélation directe du mystère de l'Incarnation fut faite à beaucoup de païens, on est porté à croire que les maîtres du monde ne furent pas oubliés ; et, indépendamment des preuves historiques qui l'appuient, cette tradition devient probable [1].

P. Francis Gonzaga ; Petrarcha, *in lib.* 2 *epist.;* Ambros. Novidius Flaccus, lib. II *Sacr. Fast.* p. 162. Anonymus Christianus apud Othonem Aicher, *in Horto variarum inscriptionum*, p. 77 ; P. Casimoro da Roma, *Capella di S. Elena*, 157 ; Eusèbe, cité par Casaubon ; Baron. *Apparatus,* édit. Lucques, 1740, p. 447 ; *Annales de philosophie chrét.*, t. XIV, p. 62.

[1] Telle est donc l'origine de cette tradition ; voyons quelle en est la valeur. Si l'on se donne la peine d'analyser les nombreux écrits publiés sur cette question, on trouve le oui et le non parmi les savants. Ceux qui *nient* l'authenticité du fait s'appuient 1° sur le silence absolu des Pères et des auteurs profanes ; 2° ils objectent la différence qui se trouve dans le récit des mêmes faits ; 3° ils disent qu'il n'y avait plus de sibylle au temps d'Auguste ; celle de Cumes, qui prophétisa la dernière, était contemporaine de Tarquin le Superbe. Ceux qui *affirment* répondent : 1° que le silence des Pères et des auteurs païens est une preuve négative qui ne peut annuler le témoignage positif de la tradition et des historiens postérieurs ; 2° que nous sommes loin de posséder tous les écrits des premiers Pères de l'Église, et même des auteurs profanes ; que les actes de Notre-Seigneur, envoyés à Tibère par Pilate, et, suivant le témoignage de Tertullien et de saint Justin, déposés dans les archives du sénat, ont péri ; mais si un monument de premier ordre comme celui-là a pu disparaître, est-il étonnant que d'autres pièces moins importantes aient eu le même sort? que les païens devenus persécuteurs s'appliquèrent, suivant le témoignage d'Eusèbe, à détruire tout ce qui pouvait être favorable au Christianisme. Voilà ce qu'ils répondent à la première objection.

Quant à la différence qui existe dans le récit du fait, loin d'y

L'esprit satisfait, le cœur content, nous dîmes à revoir à la chère église d'Ara-Cœli.

Devant nous était l'ancienne montée de l'*Asile*, espèce trouver une objection, ils disent qu'elle est plutôt une preuve de vérité. Et d'abord, elle prouve qu'il n'y a pas eu connivence entre les écrivains; de plus, elle ne porte que sur des circonstances secondaires, le fait capital restant le même, savoir la révélation faite à Auguste, et l'autel élevé par ce prince au Fils de Dieu.

Passant à la troisième objection tirée de la non-existence des sibylles sous le règne d'Auguste, ils répondent que l'erreur ou l'anachronisme des historiens est plutôt dans les noms que dans les faits. 1° Il est certain qu'il y eut une sibylle à Tivoli ; elle est connue dans l'histoire sous le nom de sibylle Tiburtine. 2° Il est certain qu'à Tibur existait un oracle fameux que les empereurs romains ne dédaignaient pas de consulter. Nous en avons une preuve irréfragable dans la vie d'Adrien. Ce prince, ayant bâti sa célèbre villa, vint demander à l'oracle de Tivoli les secrets de l'avenir, et c'est la réponse du dieu qui occasionna le martyre de sainte Symphorose et de ses sept fils. 3° Au lieu de dire l'oracle de Tibur, toute la faute de l'historien est d'avoir écrit la sibylle de Tibur : or, c'est là une erreur qui ne saurait arrêter. D'abord elle est insignifiante en elle-même, puisqu'elle n'ébranle pas le fait principal raconté par d'autres historiens dans cette circonstance; ensuite, elle était d'autant plus facile à commettre que l'oracle de Tibur avait très-bien pu conserver, dans le langage ordinaire, son ancien nom de *la sibylle de Tibur ;* enfin, il faut que cette difficulté soit bien moins sérieuse qu'on ne voudrait le faire croire, puisqu'elle n'a point ébranlé la persuasion des hommes d'une logique et d'une science incontestées, entre autres de Pétrarque, de saint Antonin et de beaucoup d'autres.

Terminons cette digression par quelques principes de critique générale, applicables non-seulement à la révélation d'Auguste, mais encore à plusieurs autres faits dont nous aurons à nous occuper. La saine critique nous dit 1° qu'*en droit* on ne peut pas nier un fait possible parce qu'il est extraordinaire, mais parce qu'il est mal prouvé. Dans *l'espèce*, le fait en question est posde chemin en cordon qui aboutit au Forum près de l'arc de Septime-Sévère. Nous le prîmes, et bientôt nous fûmes sur le seuil de la fameuse prison Mamertine : avant

sible; de plus, adversaires et défenseurs, tous conviennent que l'église d'*Ara-Cœli* doit son nom à cet événement traditionnel [1]; or cette église est une des plus anciennes de Rome. Tobie Corona, hagiographe distingué, la croit de fondation constantinienne [2]. Voilà donc une tradition qui remonte à une haute antiquité. De nombreux écrivains de différents pays la regardent comme certaine [3]. Leur sentiment a traversé de longs siècles sans contestation. A la fin du seizième, le grand pape Sixte V gravait encore ou laissait graver sous ses yeux ce fait acquis sur l'obélisque de Sainte-Marie-Majeure. Peut-on supposer que l'illustre Pontife a ordonné ou permis d'inscrire, et que ses successeurs ont laissé subsister sur un monument public, au milieu de Rome, une fable absurde ou un fait dénué de fondement? Peut-on supposer que, depuis un temps immémorial, les vicaires de Jésus-Christ ont autorisé les religieux d'Ara-Cœli à renouveler chaque année la tradition d'un conte puéril, ou que ces religieux, qui ne furent pas tous dénués de quelque savoir, aient consenti à perpétuer par une prière publique le souvenir d'un fait inventé par quelque faussaire? car il faut savoir que, chaque année, pendant l'octave de Noël, les religieux d'Ara-Cœli chantent solennellement après complies l'antienne suivante :

> Stellato hic in circulo,
> Sibyllæ tunc oraculo,
> Te vidit Rex in cœlo.

D'où vient donc le dissentiment que nous avons signalé? Il est aisé d'en indiquer l'origine. Sous l'influence du protestantisme,

---

[1] Certo è pero, che la denominazione di questa chiesa dee ripetersi dalla opinione, che quivi Augusto avesse fatta inalzare un' ara, colla riferita iscrizione. Cancellieri, *Note e festa di natale*, c. XLI, p. 129.

[2] *Trac. de sacris templis*, p. I, c. 23.

[3] *Mille scrittori*, etc., ce sont les paroles de Cancellieri lui-même. Id. p. 128.

d'y entrer, apprenons à la connaître. Cette prison, noire, humide, horrible, doit son nom au quatrième roi de Rome, Ancus Martius, qui la fit creuser dans le roc même

une *critique de réaction*, une *critique à outrance* s'exerça, dans l'Europe entière, sur toutes les traditions du catholicisme. Ce fait n'est ignoré de personne.

Pourtant la saine critique nous dit 2° qu'*en droit* on n'est pas recevable à venir attaquer un fait en possession depuis des siècles de la foi commune des hommes compétents, à moins qu'on n'apporte des preuves péremptoires de fausseté et d'usurpation. Dans *l'espèce*, quelles preuves péremptoires ont produites les adversaires de la tradition dont il s'agit? quels monuments nouveaux, inconnus des siècles passés, ont-ils découverts? Nous avons exposé leurs moyens d'éviction : à tout homme impartial d'en apprécier la valeur. Quoi qu'il en soit, la plupart des apologistes catholiques firent assez bon marché des traditions *secondaires* de l'Église : on les mit sur le compte *de la foi simple et naïve de nos pères*, et tout fut dit. On croyait, par cette concession, apaiser la faim de Cerbère, il n'en fut rien. Maître des ouvrages avancés, l'ennemi se jeta sur le cœur de la place. Bientôt les champions de l'Église furent obligés de s'armer de toutes pièces pour défendre les traditions *générales* que le protestantisme battait en brèche, afin, disait-il, de dégager l'esprit humain de toutes les superstitions et asseoir la foi sur le fondement unique de l'Écriture. Telle fut la tendance de la polémique aux seizième et dix-septième siècles.

Rome ne céda point à ce mouvement dangereux. Gardienne de la vérité, elle en conserva soigneusement toutes les parcelles, en protégeant, comme elle le fait encore, toutes les traditions *secondaires* des siècles antérieurs. Elle garde avec amour les monuments qui les perpétuent; elle n'a rien détruit, rien effacé. Seulement, maîtresse consciencieuse de la vérité, elle ne les impose point comme articles obligés de la foi, elle n'en fait point usage pour baser ses décisions dogmatiques; mais aussi, reine immortelle des siècles, elle n'entend pas qu'on jette au passé de téméraires insultes; enfin, mère pleine de bonté, loin d'entraver dans les liens d'une critique étroite, prétentieuse, et trop souvent du Capitole. Située presque à mi-côte de la redoutable montagne, elle se compose de deux cachots, placés l'un au-dessus de l'autre. Vous commencez par descendre vingt-cinq pieds sous terre et vous trouvez le cachot supérieur, appelé proprement *prison Mamertine*. On y pénètre par un escalier de construction moderne; sous les Romains, il n'y avait ni escalier ni porte : on y glissait les condamnés par une ouverture circulaire, pratiquée au centre de la voûte, et qui est encore fermée par une forte grille en fer. On voit, à droite, les traces d'un soupirail qui laissait arriver quelque peu d'air et de lumière dans ce vivant tombeau. Le cachot a vingt-quatre pieds de longueur sur dix-huit de largeur et treize d'élévation. Une ancienne inscription, placée à hauteur d'homme, dit que cette prison fut restaurée, l'an 574 de Rome, par les consuls Vibius Rufinus et Cocceius Nerva [1].

C. VIBIVS. C. F. M. COCCEIVS NERVA EX. S. C.

Au-dessous de ce premier cachot en est un second plus étroit, plus bas, plus humide et totalement privé de lumière: c'est la *prison Tullienne (robur Tullianum)*. Elle doit son nom et son origine à Servius Tullius, sixième roi de Rome. Ici, comme dans le cachot supérieur, on descendait les condamnés par une ouverture pratiquée au centre de la voûte. La prison Mamertine était comme

passionnée, les allures de ses enfants, elle leur donne toute espèce de latitude, proclamant, par sa conduite plus encore que par ses paroles, le véritable principe de la civilisation et du progrès : *in necessariis unitas, in dubiis libertas, in omnibus caritas*.

[1] Tit. Liv., lib. I; Varr., lib. IV; Sallust. *in Jugurth.*; Victor, in *Reg.* V.,

une salle d'attente où l'on donnait la question ; car c'est dans la prison Tullienne que se faisaient les exécutions des grands coupables, hélas ! et de bien d'autres [1]. Ainsi, les malheureux enfermés dans le cachot supérieur entendaient distinctement les cris étouffés et les râlements de ceux qu'on étranglait ; ils pouvaient même voir, par la grille de la voûte, leurs supplices et leurs angoisses. Au bas du cachot Tullien aboutissaient les gémonies, espèce d'escalier ainsi appelé des gémissements de ceux qui le montaient. C'est par ces mêmes degrés, qu'après l'exécution, les *confecteurs*, armés de crocs, traînaient dans le Tibre les cadavres des suppliciés.

Une foule de personnages célèbres de l'antiquité reçurent la mort dans cette affreuse prison. L'Abd-el-Kader de son époque, Jugurtha, roi de Numidie, y mourut de faim. « Détaché du char du triomphateur, il fut, dit Plutarque, jeté dans la prison : quelques-uns des bourreaux lui ôtèrent violemment ses habits ; les autres lui arrachèrent une oreille en se disputant la boucle qui l'ornait. En descendant tout nu dans l'affreux cachot : « Par Hercule, dit-il en maudissant, que votre bain est « froid ! » Au bout de six jours, il mourut après avoir vainement lutté contre les horreurs de la faim [2]. » Len-

---

[1] Carcer ad terrorem excrescentis audaciæ media urbe imminens Foro ædificatur ; *Tit. Liv., in Anco Martio, lib. I.* — In hoc pars quæ sub terra Tullianum, ideo quod additum à Tullio rege ; *Varr.*, lib. IV. — Video carcerem publicum saxis ingentibus stratum, angustis foraminibus et oblongis lucis umbram recipientibus ; in hunc abjecti rei robur Tullianum aspiciunt, etc.; *Calpur. Flaccus.* — Post quæstionem in Tullianum ad ultimum supplicium mittebantur ; *Servius.* — In inferiorem carcerem demissus est necatusque. *Liv. loquens de Pleminio*, etc., etc.

[2] In Mario.

tulus, Céthégus, Statilius, Gabinius et Cæparius, complices de Catilina, y furent étranglés par ordre de Cicéron; Aristobule et Tigrane, après le triomphe de Pompée; Séjan, par ordre de Tibère; Simon, fils de Jonas, chef des Juifs, par ordre de Titus; une foule de sénateurs et de matrones, par ordre de Tibère, qui fit traîner leurs cadavres, au travers du Forum, jusque dans le fleuve. Mais ce qui rend incalculable le nombre des victimes égorgées dans cet affreux cachot, c'était l'usage reçu d'y mettre à mort les prisonniers de marque ou du moins les chefs étrangers qui avaient orné le triomphe du vainqueur. Arrivés au pied du Capitole, ils étaient détachés du cortége. Pendant que le triomphateur montait, par le *clivus capitolinus*, au temple de Jupiter, les malheureux vaincus étaient entraînés vers les gémonies. On leur faisait traverser un petit pont suspendu qui communiquait au cachot supérieur, et on se hâtait de les précipiter dans le *robur Tullianum*, où ils étaient égorgés. Le vainqueur ne sortait du temple de Jupiter qu'après avoir entendu retentir à son oreille le mot fatal : *Actum est*. Tout est fini,[1]. Tel était, dans le monde ancien, le sort ordinaire réservé aux rois, aux généraux étrangers, coupables du seul crime d'avoir défendu leur pays et leur liberté contre l'ambition romaine.

Il ne fallait pas tant de souvenirs pour nous pénétrer d'horreur en descendant au fond de la prison Tullienne.

---

[1] Imperatores cum de Foro in Capitolium currum flectere inciperent, captivos in carcerem duci jubebant, idemque dies et victoribus imperii et victis finem facit. *Cicer. in Verrem*, 7. — Moris fuit, ut juberentur occidi, neque ante imperator Capitolio exibat, quam captivos occisos nuntiatum esset. *Appian., in triumph. Pompeii*. — Joseph., lib. VII. — Oros., lib. V, c. 14. — Tit. Liv., l. XXVI, 13. — Zonar., II, p. 30.

Que dûmes-nous éprouver sous l'impression d'un autre souvenir plus puissant que tous ceux-là? Nos pères dans la foi, saint Pierre et saint Paul, nous apparurent à la lueur de la torche qui éclairait nos pas. C'est là, c'est-à-dire, non-seulement dans le cachot supérieur, mais dans le cachot inférieur, que Néron fit jeter les saints Apôtres; c'est de là qu'ils furent tirés le même jour pour être conduits au martyre. Nous baisâmes avec un respectueux amour la colonne de granit à laquelle les glorieux prisonniers étaient attachés; nous bûmes de l'eau de la fontaine que saint Pierre fit jaillir pour baptiser Procès et Martinien, ses geôliers, ainsi que vingt-sept soldats, martyrs à leur tour. En se reportant aux circonstances du temps, le chrétien s'explique facilement le miracle d'une source jaillissante; elle est près de la colonne de l'Apôtre, en sorte qu'il put, malgré ses chaînes, y puiser l'eau nécessaire à la régénération des néophytes.

Rome, qui a pris soin de marquer, en les sanctifiant, tous les lieux visités par les apôtres et les martyrs, a bâti une petite église sur la prison Mamertine : elle est dédiée à saint Joseph, patron des menuisiers. La tribune grillée, qui ouvre sur le cachot inférieur, semble avoir succédé aux gémonies et correspondre exactement à l'ouverture par laquelle les bourreaux tiraient avec des crocs les cadavres des victimes. Toute la journée on voit des âmes ferventes ou de pieux pèlerins répandre des larmes et des prières sur ces lieux, théâtres de tant d'atrocités. Nous mêlâmes nos expiations aux leurs : telle est, ce me semble, pour tout voyageur sérieux et chrétien, la seule manière rationnelle de clore cette riche visite du Capitole.

17 Décembre.

Forum : ce que c'est. — Forum romain. — Édifices. — Basiliques. — Temples. — Tribune aux harangues. — Comitium. — Colonnes de Saint-Pierre et de Saint-Paul. — *Secretarium Senatus.* — Église de Sainte-Martine. — Inscription de l'architecte du Colisée. — Temple de Rémus. — Église de SS. Cosme et Damien. — Pierre des Martyrs. — Temple de Faustine. — Temple de la Paix. — Tradition. — Temple de Vénus et Rome. — Église de Sainte-Marie la Neuve. — Souvenirs de saint Pierre et saint Paul. — Mot d'un Anglais protestant.

De bonne heure nous reprîmes la visite de la veille au point où nous l'avions laissée : le Forum appelait notre attention. Si vous vous placez au sommet du Capitole, les regards tournés vers l'Orient, vous voyez se dérouler à vos pieds une vallée longue et étroite, resserrée à gauche par le Viminal, à droite par le Palatin, et terminée par le versant du Cœlius : c'est l'emplacement du Forum romain, le plus célèbre de tous.

Au pied de la montagne, nous avions, sur la gauche, l'arc de triomphe de Septime-Sévère; plus loin, bordant la voie Sacrée, le temple de Faustine, les ruines du temple de la Paix, celles du temple de Vénus et Rome, et dans le lointain le gigantesque Colisée; à droite, les ruines du temple de Jupiter Tonnant, de la Concorde, la colonne de Phocas, la Grécostasis et la colline oblongue du Palatin avec ses ruines impériales; en face de nous, à l'extrémité du Forum, se dressait, au milieu même de la voie Sacrée, l'arc de Titus. O mon Dieu, vous savez quelle ineffable impression produisit sur moi ce panorama de ruines ! vous savez combien je fus frappé, ému, terrifié en voyant l'arc de Tite, éternel monument du déicide! je vivrais un siècle que ces impressions ne perdraient rien de leur vivacité.

Avant de descendre du Capitole pour étudier le Forum, il est agréable de connaître ces places si fameuses dans l'histoire romaine. Représentez-vous un espace aux larges proportions, de forme ovale ou carrée, bordé de portiques superbes et enrichi de monuments somptueux, *basilicæ*. Là, voyez s'agiter tout un peuple qui vient traiter des affaires publiques ou privées, se livrer aux plaisirs ou admirer les chefs-d'œuvre des arts, et vous aurez une idée des forums anciens. Rome en comptait dix-sept[1]; les plus magnifiques étaient, après le *Forum romanum*, ceux de César, d'Auguste, de Nerva, de Trajan, de Salluste, d'Aurélien et de Dioclétien. Les particuliers avaient ajouté à leurs palais et à leurs villas ce genre de magnificence vraiment royale. Parmi ces dernières, une des plus célèbres est le forum d'Appius, au milieu des Marais-Pontins.

Quant au Forum romain dont nous avons à nous occuper, on sait qu'il fut établi à l'époque de la paix entre Romulus et Tatius, pour servir de place publique et de marché à Rome. Du reste, il est assez difficile d'en donner une description parfaitement exacte, tant il comptait de monuments! Voici les principaux traits du tableau. Sa forme était un carré long environné de portiques à deux étages soutenus par des colonnes et servant de promenoirs. Dans les entre-colonnements régnait un *pluteus*, ou petit mur assez haut pour cacher la vue des promeneurs aux personnes qui étaient en bas. César le fit couvrir en entier de voiles magnifiques, et ce spectacle, dit Pline avec une affreuse naïveté, fut plus beau qu'un combat de gladiateurs[2].

[1] C'est l'opinion de P. Victor, *Regim. Urbis*. Onuphre en compte 19, *Descript. Urb. Rom.* 107.

Cæsar dictator totum Forum romanum intexit, viamque

Des basiliques, des temples, des colonnes, des statues innombrables se pressaient sur toutes les façades du Forum, et en faisaient le lieu le plus riche et le plus animé de l'ancienne Rome.

Les trois grandes basiliques étaient les basiliques *Opimia*, *Æmilia* et *Julia* : il n'en reste plus rien. A droite, en partant du Capitole, on rencontrait les temples de la Fortune, de Saturne, de la Concorde, de Vespasien, la Grécostasis ou salle de réception des ambassadeurs étrangers, dont une partie de l'architrave subsiste encore ; non loin de là vous voyez la colonne de Phocas, élevée à cet empereur par Smaragdus, exarque d'Italie, en 608. Venaient ensuite l'arc Fabien, bâti par Fabien, vainqueur des Allobroges ; le temple de Jules César, l'arc de Tibère, la Tribune aux harangues. Près du temple de Saturne était le *milliarium aureum*, colonne de marbre blanc surmontée d'une boule en bronze doré, et servant de point de départ aux grandes routes de l'empire, dont les milles commençaient à se compter de cette colonne devenue fameuse par la mort de Galba. La place qu'elle occupait suffit encore pour remettre sous vos yeux le spectacle horrible que présentait le Forum au jour du meurtre impérial. Les basiliques et les temples étaient pleins de monde ; mais nulle part un seul cri, une seule parole, partout le silence de la crainte et du désespoir. Tout à coup, voici des soldats romains, prétoriens et légionnaires, qui s'avancent en furieux pour massacrer leur empereur, faible, sans armes et respectable par son âge. La lance baissée, et courant

---

Sacram, ab domo sua usque ad clivum Capitolinum, quod munere ipso gladiatorio mirabilius visu tradunt. Lib. xix, c. 1. — *Donati*, lib. ii, c. 5.

bride abattue, ils dissipent le peuple, foulent aux pieds le sénat, et, ni la vue du Capitole, ni la vénération des temples qui dominaient toutes les parties du Forum, ni la majesté du rang suprême ne peuvent les empêcher de commettre leur parricide. Leur barbarie fut telle qu'après avoir tué Galba d'un coup d'épée, ils lui coupèrent la tête qu'ils tenaient suspendue par la bouche, étant totalement dégarnie de cheveux, et lui déchiquetèrent, à coups redoublés, les bras et les cuisses; car le reste du corps était couvert par la cuirasse. Et ce qui peint les mœurs du temps, il y eut jusqu'à six cent vingt demandes de récompense présentées à Othon, pour avoir participé à cet exploit [1].

En avançant on trouvait la Tribune aux harangues. Cette tribune, si célèbre dans l'histoire de Rome ancienne et dans notre éducation classique, avait à peu près la hauteur d'un homme. Elle formait comme une petite scène, supportée par quelques colonnettes reposant sur une base circulaire en pierre [2]. On l'appelait *rostra*, parce qu'elle était ornée de six vieux éperons de navires pris par les Romains sur les Antiates. Elle s'élevait devant la *curia Julia*, et, pour ainsi dire, sous les yeux du sénat, qui, du *secretarium senatus*, semblait l'observer comme pour modérer ses fougues et la contenir dans le devoir [3]. Quand vous êtes dans ce lieu un souvenir vous saisit inévitablement : l'orateur romain vous apparaît, tantôt plaidant la cause de la république contre Verrès, tantôt foudroyant de son éloquence Catilina et ses complices, tantôt invectivant contre Antoine.

---

[1] Tacit., *Hist.*, lib. XLVI.
[2] Plut., *Ant.* 16.
[3] Cic., *pro Flacco*, 24 ; Varr., lib. LIV, p. 37.

Puis tout à coup la scène change : sur la tribune vous voyez Antoine triomphant, montrant au peuple la tête sanglante de Cicéron qu'il s'est fait apporter par ses sicaires, et le peuple applaudit ! Grande leçon souvent donnée et rarement comprise.

Près de la Tribune aux harangues et de la *curia Hostilia* était le *comitium*[1]. Dans ce lieu, environné de portiques, s'assemblaient les curies pour l'adoption des lois et l'élection des prêtres; on y battait aussi de verges les condamnés à mort. C'est dans le *comitium* que furent flagellés saint Pierre et saint Paul avant d'être conduits au martyre; là étaient les deux colonnes de marbre où ils furent attachés, et que l'on voit encore aujourd'hui dans l'église de Sainte-Marie *Transpontina*[2].

A l'extrémité du Forum, sur la voie Sacrée, est l'arc de Titus, j'en parlerai après-demain. En revenant de là, vers le Capitole, par le côté opposé de la place, on rencontre les ruines du temple de Vénus et Rome, les ruines colossales du temple de la Paix, le temple de Faustine, et enfin l'arc, bien conservé, de Septime Sévère, qui touche au Capitole. On voit que le nom de Geta est effacé de l'inscription : triste souvenir du fratricide ! De tant de magnifiques monuments entassés au Forum, témoins et théâtres des grands événements dont

---

[1] Curia Hostilia, quod primus ædificavit Hostilius rex. Ante hanc Rostra, cujus in vocabulum ex hostibus capta fixa sunt rostra; sub dextera hujus, à Comitio locus substructus, ubi nationum subsisterent legati, qui ad senatum essent missi : is græcostasis appellatur à parte, ut multa. Cœnaculum supra græcostasim, ubi ædes Concordiæ et basilica Opimia. *Varr.*, lib. IV, *de Ling. latin.*; Plin., *Epist.* II, lib. IV; Sueton., *in Domit.*, c. VIII.

[2] Baron., *Annal.*, t. I, p. 477, an. 60, n. VII.

l'histoire occupa notre enfance, que reste-il ? des ruines, et encore des ruines. Ce Forum même, où se débattirent, durant tant de siècles, les intérêts de l'univers, a perdu son nom : il s'appelle aujourd'hui *Campo Vaccino*, et des bœufs gris, aux longues cornes, mugissent là où l'orateur romain faisait retentir son éloquente voix !

Cependant, sur les débris de ces édifices fameux, s'élèvent aujourd'hui des temples chrétiens dignes de toute l'attention du voyageur. Le premier que nous visitâmes est dédié à sainte Martine. Il occupe l'emplacement du temple de Mars[1] ou du *secretarium senatus*, dans lequel le sénat jugeait les causes criminelles que l'empereur lui renvoyait.

On y remarque surtout l'église souterraine avec ses voûtes plates et son magnifique autel. Romaine et fille de consul, l'illustre vierge soutint dignement devant les bourreaux et dans l'amphithéâtre le grand combat de la foi. Son corps sacré, tout couvert des glorieuses stigmates du martyre, repose dans la crypte, et la châsse brillante qui le renferme est exposée de temps en temps à la vénération des fidèles. Ainsi, depuis des siècles, la vierge chrétienne triomphe au pied du Capitole, dont ses aïeux montèrent un jour les degrés, couverts des lauriers de la victoire. Dans le même souterrain se trouve une des inscriptions antiques les plus curieuses de Rome. Aurait-on jamais cru que l'architecte du Colisée fût un chrétien ? et pourtant l'inscription suivante ne laisse là-dessus aucun doute ; seulement il est permis de supposer que Gaudentius était encore païen lorsqu'il dirigeait les travaux du sanglant amphithéâtre.

[1] Ciampini, t. II, p. 55.

ÉGLISE DES SS. COSME ET DAMIEN.   333

SIC PREMIA SERVAS VESPASIANE DIRE PREMIATVS ES MORTE
GAVDENTI LETARE
CIVITAS VBI GLORIÆ TVE AVTORI PROMISIT ISTE DAT
KRISTVS OMNNIA TIBI
QUI ALIVM PARAVIT THEATRV̄ IN CELO.

« C'est donc ainsi que tu récompenses, cruel Vespa-
« sien; pour prix tu reçois la mort, Gaudentius. Réjouis-
« toi, Rome, dont l'empereur se contente de faire des
« promesses à l'auteur de ta gloire, car le Christ les ac-
« complit toutes pour toi, lui qui t'a préparé un autre
« théâtre dans le ciel. »

Le mot *théâtre* est ici placé par opposition avec l'*amphithéâtre;* cette antithèse est très-belle, puisque dans les théâtres on ne représentait que des choses riantes et agréables, tandis que dans les amphithéâtres on donnait des spectacles de sang et d'horreur [1].

Non loin de Sainte-Martine est l'église dédiée aux saints martyrs Cosme et Damien. Elle est bâtie sur les ruines, peut-être avec les propres pierres du temple de Romulus et Rémus. Au-dessus des bénitiers sont incrustés dans le mur deux de ces blocs de marbre noir que les bourreaux attachaient au cou des chrétiens en les précipitant dans le Tibre. A l'exemple de tous les fidèles, nous baisâmes avec un respectueux amour ces monuments éloquents du courage et des souffrances de nos pères [2]. De là, nos regards s'arrêtèrent sur la superbe mosaïque de l'abside : c'est une page d'histoire qui veut

---

[1] Voyez Marangoni, *Cose gentilesche*, etc., *del Coliseo.*

[2] Le savant Père Gallonio a très-bien prouvé dans son ouvrage *sur les Martyrs*, que ces pierres n'étaient pas des poids à l'usage des marchands.

être étudiée. Au sommet de l'arc apparaît le Sauveur, debout, la main droite levée pour bénir, la gauche tenant l'Évangile. Une dalmatique de pourpre et un manteau d'une blancheur éclatante forment son vêtement, sur lequel brille le T, monogramme symbolique du Fils de l'homme. La figure du Sauveur, ornée du nimbe circulaire, mais non radié, est d'une majesté, d'un grandiose que nul artiste moderne n'a pu imiter. A droite du Sauveur paraissent trois personnages magnifiquement vêtus : le premier est saint Pierre conduisant au Sauveur saint Cosme qui porte en ses mains une couronne ornée de fleurs : c'est le pain de l'oblation offert par les fidèles pour le sacrifice, et qu'ils avaient coutume de couvrir de fleurs. A la suite du saint martyr vient le pape saint Félix, fondateur de l'église dont il porte le modèle dans ses mains. A gauche de Notre-Seigneur est saint Paul conduisant saint Damien, distingué par le même attribut et par la même chaussure que son frère. Cette chaussure est pleine, tandis que celle des Apôtres se compose de simples sandales. Saint Damien est suivi de saint Théodore, le glorieux général de l'empire, martyrisé sous Licinius. Au-dessus du Sauveur on voit le jardin et les quatre fleuves du paradis terrestre, emblèmes éloquents de la vérité, sortant du ciel et de la Judée, se répandant aux quatre coins du monde. L'Agneau de Dieu, fondateur, apôtre et martyr de l'Évangile, apparaît plus bas, le nimbe en tête ; à sa droite et à sa gauche viennent douze agneaux, symbole des douze Apôtres qui sortent de deux cités : Jérusalem et Bethléem, commencement et fin de la vie mortelle du Rédempteur.

Au bas de cette magnifique mosaïque on lit l'inscriptoin suivante, si connue des archéologues :

AVLA DEI CLARIS RADIAT SPECIOSA METALLIS,
IN QVA PLVS FIDEI LUX PRETIOSA MICAT.
MARTYRIBUS MEDICIS POPVLO SPES CERTA SALVTIS
VENIT ET SACRO CREVIT HONORE LOCVS.
OBTVLIT HOC DOMINO FELIX ANTISTITE DIGNUM
MVNVS VT ÆTHERIA VIVAT IN ARCE POLI.

L'attention ne se détourne avec peine de ce chef-d'œuvre de l'art chrétien au sixième siècle que pour se reposer sur le magnifique vase de porphyre qui brille dans la chapelle du Crucifix. Archéologues, artistes et chrétiens, ne manquez pas de voir ce nouveau chef-d'œuvre. Rempli d'ossements de martyrs, il a le double pouvoir de ravir l'admiration et de remuer toutes les fibres de l'âme. Enfin n'oubliez pas que c'est ici, dans ce temple, dont la destination primitive est peu connue, que furent trouvés les fragments en marbre du plan de l'ancienne Rome, transportés par ordre de Benoît XIV au musée du Capitole.

En avançant toujours sur la gauche du Forum, on arrive à l'église de Saint-Laurent *in miranda*. Cette église, dédiée à l'illustre martyr, est le temple même élevé à Antonin et à sa femme Faustine; oui, à Faustine, par décret du sénat! Lisez plutôt l'inscription placée sur la frise :

DIVO ANTONINO ET DIVÆ FAVSTINÆ EX. S. C.

« Au divin Antonin et à la divine Faustine, par décret
« du Sénat. »

Cette dédicace ne serait qu'une sanglante épigramme si elle n'était une lumineuse révélation du paganisme. Elle donne la mesure de l'estime que la vieille Rome faisait de la Divinité, dont elle prodiguait le nom et les honneurs à des créatures comme Faustine. Deux superbes colonnes de marbre cipollin soutiennent l'entablement : ce sont les deux plus beaux blocs connus de ce marbre phrygien.

A peine a-t-il quitté le temple de Faustine que le voyageur se trouve en face de ruines gigantesques placées sur le même côté du Forum. Qu'est-ce que cette voûte immense de plus de vingt mètres de largeur ? que sont ces énormes blocs de marbre blanc taillés jadis par un habile ciseau, et qu'une dynamique, dont les ressorts sont à jamais brisés, avait suspendus dans les airs pour servir de corniche à un temple qui n'est plus ? Ce sont les débris du temple de la Paix. Au dire des historiens, c'était le plus imposant édifice de Rome [1]. Voici ce qu'on raconte de son origine et de sa chute. Vespasien, vainqueur de tous ses rivaux, et maître de l'Orient par la prise de Jérusalem, voulut laisser un monument immortel de sa puissance et de la paix que ses armes avaient rendue à l'empire. Dans cette vue, il fit bâtir un temple à la Paix, auquel il donna des proportions capables de frapper d'étonnement les générations futures et de braver les ravages des siècles. Il y déposa les riches dépouilles que son fils lui avait rapportées de Jérusalem. Sa pensée, disent les archéologues, se trouve gravée sur une table de marbre découverte près de cet édifice, et conservée aujourd'hui dans le palais Farnèse :

PACI ÆTERNÆ DOMVS IMPERAT.
VESPASIANI CÆSARIS AVGVSTI.
LIBERORVMQUE SACRVM.

---

[1] Quod unum scilicet opus cunctorum tota urbe maximum fuit, atque pulcherrimum. *Herodian.*, lib, I.

« A la paix éternelle, la maison impériale de Vespa-
« sien César Auguste et de ses enfants consacre ce lieu. »
Suivant cette opinion, soutenue par Suétone, Josèphe,
Pline et d'autres historiens, le temple de la Paix aurait
été brûlé sous Commode [1].

Une autre version dit que ce magnifique édifice remonte à l'empereur Auguste, qui le fit construire en mémoire de la paix donnée au monde par la victoire d'Actium. Quand il fut achevé, on voulut savoir combien de temps il subsisterait. — *Quadusque virgo pariat*, « jusqu'à ce que la Vierge enfante, » répondit l'oracle. Les Romains prirent cette réponse pour une promesse d'immortalité; mais la nuit même où le Fils de Dieu naissait à Bethléem, le temple de la Paix s'écroula [2]. Ces deux récits ont leurs défenseurs. Inconciliables au premier coup d'œil, ils pourraient peut-être se soutenir l'un à côté de l'autre, en admettant l'édification successive d'un temple à la Paix par Auguste et par Vespasien; le second édifice remplaçant le premier, dont la chute inopinée aurait, par son immense retentissement, annoncé la naissance du César immortel, destructeur de Rome païenne et prince de la véritable paix. Je n'attache qu'une médiocre valeur à cette dernière version dont Rome ne s'occupe pas; je ne la rapporte que pour rester fidèle à l'impartialité de l'histoire.

Du temple de la Paix, nous aperçûmes les ruines

---

[1] Herodian., *in Commod*.

[2] Voyez Cancellieri, *Notte e festa di natale*, c. XXXVIII, p. 119. Baron., *ad an.* I, n. XI; P. d'Argentan, *Grandeurs de J. C.*, t. II. Justus Lips., t. VIII; Sur., t. VI. — Baronius, qui réfute cette dernière version, dit cependant : « Ea quæ de templo Pacis Romæ « collapso ea nocte qua natus est Christus, *a multis ut vera certaque scribuntur*. » An. I, n. XI.

moins grandioses, mais mieux conservées, du temple de Vénus et Rome. C'est là, disent les archéologues, qu'on mettait les machines employées dans les jeux de l'amphithéâtre : il est certain qu'elles ne pouvaient être mieux placées. Sur une partie de cette terre tant de fois souillée de sang et de crimes, s'élève l'église de Sainte-Marie la Neuve ou de Sainte-Françoise Romaine. Elle succède à l'antique sanctuaire bâti par le pape Paul Ier en l'honneur des saints apôtres Pierre et Paul. Voici à quelle occasion. Le fameux magicien Simon de Samarie, fortement réprimandé par les Apôtres, les avait précédés à Rome. Afin de ruiner d'avance la prédication évangélique, il se donnait lui-même pour un dieu. Néron l'admira et Rome lui éleva des statues. Pour mettre le comble à sa gloire en donnant une preuve éclatante de sa divinité, il annonça qu'il s'élèverait dans les airs sans le secours d'aucune puissance humaine, et choisit pour son ascension le théâtre voisin de la maison d'or de l'empereur. Rome entière était accourue au spectacle; Néron lui-même, placé dans le vestibule de son palais, y assistait. Le magicien prend son essor; mais non loin de là priait le défenseur de la vérité, conjurant son divin Maître de confondre l'imposteur. Comme la flèche qui va percer l'oiseau dans les airs, la prière apostolique atteint le fourbe; il tombe, il se tue. Or, un miracle perpétuel transmet le souvenir de ce miracle d'un instant. Les genoux du saint Apôtre restèrent gravés sur la pierre, et cette pierre, baisée avec amour par des millions de pèlerins, se conserve dans le lieu même où le fait s'accomplit [1]. C'est la plus précieuse relique de Saint-Marie la Neuve.

[1] Voyez le fait, avec tous ses détails, dans les histor. eccl., et

Au récit de tous ces prodiges, dont les fidèles de Rome, gardiens séculaires des ruines païennes et des monuments chrétiens, ne doutent nullement, les *forestieri* sont tentés de sourire. Ils se pressent un peu trop ; croyez-moi, si vous étiez à Rome, si vous voyiez tout cela de vos yeux, si vous preniez la peine d'étudier les titres et les témoignages, vous finiriez probablement par dire comme un Anglais protestant qui était avec nous : « Tout cela est plus facile à nier qu'à expliquer. »

18 Décembre.

Nouvelle visite au Forum. — Demeure du Roi des Sacrifices. — Voie Sacrée. — Souvenirs des Grands Hommes. — Divers monuments. — Pont de Caligula. — Église de Saint-Théodore. — Maison d'or de Néron. — Arc de Titus. — Édifices placés sur l'autre côté du Forum. — Statue de la Victoire. — Temple de Castor. — Marché aux esclaves. — Temple de Vesta. — Lac de Curtius. — Temples de Junon Juga, du dieu *Aius Locutius*.

Caligula est accusé d'avoir passé trois jours et trois nuits consécutifs au théâtre. Pour ne pas perdre un instant du spectacle, il buvait et mangeait dans la loge impériale. La passion du petit-fils d'Auguste pour les combats de gladiateurs, nous la ressentîmes pour les ruines du Forum : ruines éloquentes ! que nous ne pouvions nous lasser de voir, de toucher, d'interroger. En effet, si Rome était le cœur de l'univers, le Forum romain était le cœur de Rome, *umbilicus urbis,* comme disaient les anciens. Foyer de la vie civile et religieuse du peuple roi, il était gardé, protégé comme la prunelle

---

en particulier dans Anast., *in Paul.* 1 ; Nardini, *Roma antica,* lib. III, c. XII, p. 114 ; Ciampini, t. II, p. 56 ; Baron. *an.* 68, n. 14 ; Grégor. Turon., *de Gloria Martyr.*, c. XXVIII.

de l'œil, par les Césars, des hauteurs du Palatin, et par Jupiter, du sommet du Capitole. Comme le sang part du cœur pour y revenir, les mouvements militaires et religieux de la reine du monde commençaient en ce lieu sous l'inspiration de César, du sénat et du peuple, et sous les auspices des dieux [1].

Les étendards, les aigles, la paye même des légions, sortaient du temple de Saturne, et les armées parties du Forum se portaient aux extrémites de la terre, puis revenaient à leur point de départ; mais elles n'y revenaient pas seules : toutes les nations du globe les suivirent les unes après les autres, et abordèrent, attachées au char du triomphateur, la redoutable place. La mort ou l'esclavage les faisaient bientôt disparaître; mais une colonne, un arc de triomphe, un trophée, un temple, redisaient à la postérité leur nom, leur défaite, le jour de leur présence au pied du Capitole. Toute victoire, tout événement, tout homme, si grand qu'il fût, n'était point consacré à la gloire s'il n'avait son monument dans cet Olympe de la terre. Amphithéâtre du monde, le Forum a donc tout vu, et, si on l'interroge, il redit tout ce qu'il a vu. J'avais besoin de cette explication pour justifier nos fréquentes et longues visites dans ce lieu que la plupart voient en une demi-heure.

Hier nous étions en face de la maison d'or de Néron! Je n'ose encore l'attaquer, tant il reste, dans le petit espace qui nous en sépare, de monuments et de souvenirs empressés à nous demander audience ! Voici d'abord, non loin de la *voie Sacrée*, la demeure du Roi des sacrifices [2], puis celle des Vestales, enfin celle des

---

[1] C'est toujours au Capitole qu'on décidait de la guerre après avoir entendu le peuple au *comitium*.

[2] Domus regis sacrificuli.

empereurs pontifes. La dernière donne un enseignement qu'il faut s'empresser de recueillir. Réunir en leurs mains le sacerdoce et l'empire, tel fut toujours, aux époques de décadence morale, le rêve favori des rois; mais malheur au monde s'il devient une réalité : Rome la première en est la preuve. Revenu d'Actium et de Philippes, où il avait étouffé la liberté romaine, Auguste s'empressa de ceindre la tiare. Ses successeurs à l'empire voulurent l'être au souverain pontificat; ils le furent en effet. Ce titre figure dans les inscriptions de leurs arcs de triomphe, sur leurs médailles; il orne tous les monuments érigés en leur honneur. Et l'on vit Néron, Tibère, Caligula, Vitellius, Domitien, Adrien, offrir des sacrifices et dicter des lois aux consciences : amère dérision !

Toutefois, ce n'était là qu'un premier pas. Revêtus d'un pouvoir divin, il ne leur manquait que les honneurs mêmes de la Divinité, des prêtres, des temples et des autels; tout cela leur fut accordé. A partir d'Auguste jusqu'à la ruine totale du paganisme on compte cinquante et un empereurs ou impératrices mis au nombre des dieux [1]. Chaque apothéose annonçait l'érection d'un temple et la création d'un collége de prêtres destinés au culte de la nouvelle divinité. De là, ces dénominations si communes dans les inscriptions anciennes : « *Vir* ou *flamen Augustalis, flamen Hadrianalis, flamen Trajanalis*, prêtre d'Auguste, prêtre d'Adrien, prêtre de Trajan; ou bien : *Sacerdos divæ Augustæ, sacerdos divæ Domitillæ, sacerdos divæ Faustinæ*, prêtresse de Livie, prêtresse de Domitille, prêtresse de Faustine. »

Or, tous ces sacerdoces publics et privés, au nombre

---

[1] Onuphr., p. 176 et suiv.

de quatre-vingt-deux, passaient et repassaient sans cesse par la ville, en longues processions, pour se rendre au Capitole, surtout aux époques où l'on annonçait les *nones* dans la *Curia calabra*. Le chemin qui les y conduisait longe la gauche du Forum ; de là, le nom de *via Sacra*, qui lui fut donné et qu'il conserve encore. Cette *voie Sacrée* existe toujours ; elle est trop célèbre dans l'histoire, et par elle-même et par les monuments qui l'ornaient, pour la passer sous silence. Vers l'extrémité opposée au Capitole, et appelée *summa via Sacra*, s'élevait le temple de la déesse *Orbona*, invoquée contre la mort ; plus loin, le sanctuaire de *Strenia*, déesse qui présidait aux cadeaux du premier jour de l'an. Là était la statue équestre de Clélie, la jeune héroïne dont le courage fit trembler Porsenna ; puis celle d'Horatius Coclès, autre nom fameux ; enfin, je ne sais combien d'éléphants de bronze et de chars de victoire, chargés de redire à la jeunesse romaine les hauts faits de ses aïeux.

Ces temples, ces édicules, ces trophées, et une foule d'autres monuments dont il ne reste plus que le nom, bordaient le côté gauche de la voie Sacrée : sur la droite brillaient les magnificences du Palatin. Commençant près du Colisée, la voie Sacrée longeait le Forum, passait devant la maison de Jules César, le temple de la Paix, le temple de Faustine, et venait finir à l'arc de Septime Sévère, au pied du Capitole. Comme toutes les grandes voies romaines, elle est pavée de larges dalles. Autant qu'il peut, le gouvernement pontifical s'oppose aux ravages du temps, et nous avons vu les pauvres de Rome, munis de petits crochets en fer, arracher l'herbe qui croît entre les pierres. Mille souvenirs de tout genre vous assiégent lorsque vous mettez le pied sur ces vieilles dalles qui portent encore l'empreinte des chars romains. Que de pleurs, me disais-je, ont mouillé ces pierres que je vois de mes yeux, que je touche de mes pieds ! Ici ont passé les triomphateurs romains, suivis de leurs légions victorieuses et de leurs troupeaux de prisonniers. Ces dalles qui me portent ont été pressées par le char de Titus, par les pieds de ses chevaux, de ses soldats vainqueurs, et des Juifs captifs. Que de grands hommes elles ont vus ! Les pas de Jules César, de Cicéron, de Pompée, de tous les empereurs, y marquèrent leurs vestiges ; combien de fois elles furent teintes de sang ! Un jour, Vitellius, trahi par la victoire, passait ici, à moitié nu, traîné ignominieusement au supplice comme un esclave et un scélérat. Dans ce *Longchamps* du paganisme se pressaient les élégants, les désœuvrés, les curieux dont Rome était remplie ; les dames romaines, les Sempronia et les Messaline venaient y étaler leurs charmes et leurs atours ; Horace lui-même venait y *flaner* [1]. Profanée à l'égal de tous les dieux de Rome, cette voie Sacré devait être lavée, et je la vois bientôt arrosée du sang de nos martyrs conduits à l'amphithéâtre.

Entre tous les souvenirs qui surgissaient en foule de ce lieu mémorable, il en est un qui dominait tous les autres : la maison d'or de Néron se dressait devant les yeux de notre imagination avec ses proportions colossales et ses richesses fabuleuses. Se trouvant trop à l'étroit dans son palais du Vatican, le tyran, le cocher, le poëte, le comédien couronné voulut se faire une demeure digne de lui. Au dire de l'histoire, l'édifice impérial fut

---

[1] Ibam forte via Sacra, sicut meus est mos.   *Horat.*
Cui sæpe immundo Sacra conteritur via socco.   *Propert.*
Nec sinit esse moram, si quis adire velit.   ***Horat. in epodis.***

l'expression adéquate de la pensée créatrice. Plutôt ville que palais, la maison d'or couvrait tout l'espace qui s'étend depuis les ruines du temple de la Paix jusqu'au pied du Mont Cœlius, et depuis le Palatin jusqu'à l'Esquilin. Ainsi elle avait au moins une lieue de circonférence. Dans cette enceinte se trouvaient des lacs, des prairies, des parcs remplis d'animaux privés. Le vestibule répondait à l'emplacement du temple de la Paix. Il était entouré d'un triple rang de colonnes d'un marbre précieux et d'une hauteur prodigieuse. Du vestibule on passait à l'*atrium* : c'était une salle d'une magnificence extraordinaire et assez grande pour servir aux assemblées du sénat. Une porte superbe ouvrait sur le lac où se trouve aujourd'hui le Colisée. Suivant Suétone, ce lac était plutôt une mer entourée d'édifices, magnifique prolongement du palais [1]. En face du lac s'élevait la statue colossale de l'empereur. Elle était de marbre, et avait cent vingt pieds de hauteur. *Dieu de son vivant*, Néron portait autour de la tête le nimbe radié, et, comme Nabuchodonosor, il se faisait rendre dans son propre palais les honneurs divins [2]. Telles étaient les proportions de la maison, ou pour mieux dire de la ville Néronienne.

Les richesses prodiguées dans ses ornements passent l'imagination [3]. Toutes les parois étaient couvertes de lames d'or relevées de pierres précieuses et de diamants; les plafonds enrichis d'or et de peintures exquises; le sol en mosaïque fine. Les *triclinia* ou salles à manger étaient entourées de panneaux tournants, en bois d'é-

---

[1] Stagnum maris instar circumseptum ædificiis ad urbium speciem. Suet. *in Ner.*
[2] Voyez Nardini, Roma antica, p. 116.
[3] Tacit., lib. xv.

bène, qui répandaient sur les convives des fleurs et des parfums. Sur des lits de feuilles de rose et de myrte étaient mollement couchés et Néron et ses courtisans, la tête couronnée de fleurs odoriférantes. Tout ce que la terre et la mer pouvaient fournir de plus rare et de plus délicat leur était servi dans des vases d'or et d'argent[1]. Les dîners comptaient jusqu'à vingt-deux services. Au pied de chaque convive plusieurs esclaves se tenaient debout; l'un d'eux rafraîchissait l'air en agitant un léger éventail; l'autre éloignait les mouches avec une branche de myrte. Des musiciens, placés en face des *triclinia*, flattaient les oreilles par d'agréables symphonies. A la fin du repas arrivaient des troupes de jeunes enfants qui exécutaient des danses voluptueuses en chantant des poésies bachiques et s'accompagnant au bruit des castagnettes[2].

A ce spectacle en succédait un autre bien digne de Néron. Tantôt des parois mobiles, se repliant sur elles-mêmes, laissaient voir le théâtre où le sang des gladiateurs coulait à grands flots et devenait le dernier assaisonnement du festin; tantôt les gladiateurs étaient introduits dans la salle même où ils s'égorgeaient sous les yeux des convives. D'autres fois on montait sur les plates-formes, d'où l'on voyait en grand les combats d'hommes et d'animaux se déchirant pour le plaisir de Néron et de la digne société dont il était la personnification. Toutes ces plates-formes, appelées *solaria*, étaient couvertes d'oiseaux en argent d'un travail exquis et de grandeur naturelle; de sorte que le spectateur éloigné

---

[1] Lib. xxxvi. c. 22.

[2] Le détail de ces soupers impériaux est tiré textuellement des auteurs païens : je ne les cite pas pour cause de brièveté. Voir les *Scriptores domus Augustæ*, Pline et Dion Cassius.

croyait voir des compagnies de paons, de cygnes, de colombes, prêtes à prendre leur essor. Les salles de bains resplendissaient de pierres précieuses, d'or et d'argent, et tous les raffinements de la mollesse accompagnaient l'usage du bain répété jusqu'à trois fois le jour.

Mais la merveille de la maison d'or était le temple de la Fortune. Renfermé dans les appartements intérieurs, il était bâti en marbre *du sphynx*. « Ce marbre, ainsi nommé à cause de sa transparence, était, dit Pline, une pierre de Cappadoce, dure comme le granit, blanche comme la neige, translucide même sous les veines dorées qui la sillonnaient. Il avait la propriété de fixer la lumière, en sorte qu'il brillait encore longtemps après que les portes du temple étaient fermées [1] ; » mais c'en est assez sur la maison d'or de Néron. La description détaillée de cette gigantesque folie nous entraînerait trop loin. Nous avions parcouru la place qu'elle occupait; car de ce palais, bâti des dépouilles de l'univers, il ne reste rien sur la partie gauche de la voie Sacrée. A droite, le versant du Palatin vous montre encore quelques substructions, et l'emplacement du grand escalier qui, partant du Forum, unissait les deux parties de l'édifice.

Jusqu'ici nous avions étudié l'intérieur et le côté gauche du Forum ; parvenus à l'extrémité, il nous restait à voir l'arc de Titus qui s'élève en tête de la place, et à fouiller, en revenant vers le Capitole, le côté droit du Forum adossé au Palatin.

L'arc de triomphe élevé à Titus, après la prise de Jérusalem, est un des monuments les mieux conservés de l'ancienne Rome. Il est en marbre blanc, d'une seule

---

[1] Lib. xxxv, c. 22.

arcade surmontée d'une corniche d'un beau travail, et orné d'inscriptions et de sculptures de la plus haute importance. Sur les parois intérieures de la voussure sont des bas-reliefs dont l'aspect produit un saisissement involontaire. D'un côté, on voit Titus en habit de triomphateur, debout sur son char et couronné par les mains de la Victoire placée au-dessus de sa tête. A la partie supérieure de la voûte apparaît l'aigle divin transportant au ciel l'âme du héros. Ceci a fait croire que le monument n'avait été élevé qu'après la mort de l'empereur; mais cette conjecture ne nous paraît pas fondée. Tout le monde sait que la flatterie romaine n'attendait pas toujours le trépas des empereurs pour les mettre au nombre des dieux. A l'autre partie de la voûte on voit le chandelier aux sept branches du temple de Jérusalem, la table des pains de proposition, les trompettes du jubilé placées sur des brancards soutenus par les épaules des soldats romains couronnés de lauriers et marchant vers le Capitole. Sur la frise qui regarde le Colisée on lit l'inscription suivante :

SENATVS. POPVLVSQVE. ROMANVS. DIVO. TITO. DIVI.
VESPASIANI. F. VESPASIANO. AVGVSTO.

« Le Sénat et le Peuple romain au divin Tite, fils du divin Vespasien, Vespasien Auguste. »

La plus noble façade, tournée vers le Capitole, portait cette autre inscription, plus noble aussi et plus explicite que la première :

S. P. Q. R.
IMP. TITO. CAES. DIVI. VESPASIANI. FILIO
VESPASIANO. AVG. PONT. MAX. TR. POT. X.

IMP. XVII. COS. VIII. PP. PRINCIPI. SVO. QVI
PRÆCEPTIS. PATRIÆ. CONSILIISQVE. ET
AVSPICIIS. GENTEM. JUDÆORVM. DOMVIT.
ET VRBEM. HIEROSOLIMAM. OMNIBVS. ANTE
SE. DVCIBVS. REGIBVS. GENTIBVS. AVT. FRVSTRA
PETITAM. AVT. ITENTATAM. DELEVIT [1].

Sous les coups du temps et peut-être des Barbares cette seconde inscription était tombée : on la retrouva dans le grand cirque, assez bien conservée pour être correctement transcrite, mais trop endommagée pour être remise à sa première place. Tel est l'arc de Titus. Les Juifs ne le voient jamais sans une profonde douleur, et peut-être avec une indignation plus profonde encore. Si jamais vous vous trouvez au Forum avec l'un d'entre eux, vous remarquerez qu'il se détournera pour ne point passer dessous ; c'est pour lui qu'on a fait un couloir du côté du Palatin. Vaine protestation ! Le monument de sa servitude et la preuve de son déicide n'en subsistent pas moins.

[1] Voici cette belle inscription en latin ordinaire et en français :
« Senatus Populusque Romanus imperatori Tito Cæsari, divi Vespasiani filio, Vespasiano Augusto, pontifici maximo, tribunitia potestate decies, imperatoria decies septies, consulari octies, patri patriæ, principi suo, qui præceptis patriæ consiliisque et auspiciis, gentem Judæorum domuit et urbem Hierosolymam omnibus ante se ducibus, regibus, gentibus, aut frustra petitam aut intentatam delevit. »

« Le Sénat et le Peuple Romain à l'empereur Titus, César, fils du divin Vespasien, Vespasien Auguste, souverain pontife, dix fois tribun, dix-sept fois empereur, huit fois consul, père de la patrie, son prince, qui, par les ordres de sa patrie, ses conseils et sous ses auspices, a dompté la nation juive et détruit la ville de

Décrivant un demi-cercle sur la droite, nous arrivâmes vers le Capitole par le côté du Forum opposé à la voie Sacrée. Comme la première, cette nouvelle route est encombrée de souvenirs. Voici d'abord la *Curia Julia*, bâtie par Jules César, dans laquelle le dictateur convoquait le Sénat ; c'est ensuite la statue de la Victoire, qui donna lieu à la lettre de Symmaque, ce préfet de Rome, ardent défenseur du paganisme sous Théodose, et à la réponse si éloquente de saint Ambroise. Plus loin était le temple même de la Victoire, bâti sur les ruines de la maison que le peuple reconnaissant avait élevée, de ses propres deniers, à Valérius Publicola. En avançant toujours vers le Capitole, on voyait le temple de Castor. Hommes ingrats qui oubliez les bienfaits du Christianisme, venez ici ; ce lieu vous dira éloquemment les humiliations et les cruels traitements dont l'Évangile vous a délivrés : devant le temple de Castor se tenait le principal marché aux esclaves [1].

En tournant un peu sur la gauche, s'élevaient le temple et le bois sacré de Vesta. Dans cet édifice dont la forme ronde imitait celle du globe, Rome conservait le feu sacré et le Palladium, gages de l'éternité de l'empire. Voyez-vous, près de là, cette statue équestre en bronze doré ? c'est Domitien ; il a fait placer son image à l'endroit même où fut le monument de Curtius. Pas un de nous qui ne connaisse et le nom et le dévouement de Curtius. La terre s'était entr'ouverte dans cette partie du Forum ; l'oracle, consulté sur ce prodige dont Rome était effrayée, répondit : « Le gouffre ne peut être comblé

Jérusalem, vainement assiégée ou attaquée avant lui par tous les généraux, les rois, les nations. »

[1] Senec., *de Const. sap.* 13.

qu'en y jetant ce que le peuple romain a de plus précieux. » Le jeune Marcus Curtius s'imagina que les dieux ne demandaient d'autre victime que lui : il se précipita solennellement tout armé, avec son cheval, dans l'abîme, et passa, auprès des superstitieux Romains, pour avoir sauvé sa patrie. La terre s'étant refermée, on lui dressa une pyramide.

Plus nous approchons du Capitole et plus les monuments de la superstition se multiplient. Près de la porte *Carmentale*, c'est le temple de Junon *Juga*, ainsi appelée parce qu'elle présidait au mariage ; c'est le temple du dieu Aius Locutius, dieu fabriqué avec son nom et son temple, parce que, disait-on, avant la terrible attaque des Gaulois, une voix nocturne s'était fait entendre en ce lieu, annonçant des malheurs ; on l'avait négligée, et en expiation on y dédia un temple au dieu *Aius*[1]. Enfin, à l'entrée de la vallée qui sépare le Palatin du Capitole était le *Spoliarium* de Sylla. Ce lieu funeste était chaque jour rempli de têtes de sénateurs et de chevaliers romains égorgés par ordre du terrible rival de Marius. Arrivés au terme de cette longue nomenclature, nous n'eûmes garde d'oublier le fameux pont de Caligula. Ce fou couronné avait eu la fantaisie de faire jeter un pont entre le Palatin et le Capitole, afin de communiquer d'une colline à l'autre sans passer par le Forum. De tout cela il reste à peine quelques vestiges.

Pour sanctifier tous ces lieux, théâtres séculaires de l'orgueil, de la volupté et des extravagances des païens, Rome chrétienne a bâti plusieurs églises. Nous nommerons entre autres celle de Saint-Théodore. Édifiée, disent les antiquaires, près du figuier ruminal sous lequel

---

[1] Tit. Liv., lib. v.

furent trouvés Romulus et Rémus, cette église sert aux assemblées de la confrérie des *Nobles*. On y porte avec dévotion les enfants nouveau-nés qui sont en danger de mort. Par son nom, elle rappelle un de ces glorieux combats si communs dans les annales de l'Église naissante. Intrépide soldat de Maximien, mais plus intrépide soldat de Jésus-Christ, Théodore eut le courage de mettre le feu à un temple d'idoles dans lequel s'accomplissait un culte abominable. Arrêté sur-le-champ, il sera sauvé s'il témoigne le moindre regret. Pour toute réponse : « Je suis chrétien, dit-il, ce que j'ai fait je le ferais encore. » On l'étend par terre et on lui déchire les côtes avec des peignes de fer, jusqu'à mettre à nu les os et les veines : il expire. Son temple, placé au pied du Capitole, regarde celui de Sainte-Martine, situé de l'autre côté. Ainsi, le soldat chrétien et la vierge consulaire, tous deux martyrs, gardent glorieusement les avenues de la fameuse montagne; et, depuis des siècles, les victimes reçoivent les honneurs du monde reconnaissant, dans ces mêmes lieux où leurs puissants bourreaux ne conservent d'autre monument que leur nom exécré.

19 Décembre.

Chapelle papale. — Le sacré Collège ; division, origine, nombre, nom, dignité des cardinaux. — Anecdote. — Messe à la Chapelle Sixtine. — Cérémonies particulières. — Vues de l'arc de Titus, du Colisée et de l'arc de Constantin réunis. — Réflexions.

C'était le quatrième dimanche de l'Avent : il y avait *chapelle papale* à Saint-Pierre. On nomme ainsi la messe à laquelle assiste le souverain Pontife accompagné du sacré Collége. Charmés de faire succéder au sombre aspect des ruines de Rome païenne l'auguste spectacle des cérémonies de Rome chrétienne, nous partîmes pour la vénérable basilique. Moyennant deux pauls et demi (1 fr. 35 c.), un honnête fiacre de la place d'Espagne voulut bien nous transporter au Vatican. Pendant que notre *legno* courait en sautillant sur un pavé à petit échantillon, mes jeunes amis obéissaient à l'usage inévitable de tous les voyageurs nouvellement débarqués, je ne dis pas à Rome, mais dans n'importe quelle ville ou village. La tête à la portière ils regardaient les enseignes des boutiques et les façades des maisons. Je succombais à la même curiosité, lorsqu'une bonne pensée me traversant l'esprit, je me dis à moi-même : Nous allons voir le sacré Collége. Mais qu'est-ce que le sacré Collége? qu'est-ce que les cardinaux? Si j'entre à la chapelle Sixtine sans rien savoir là-dessus ; si, à l'instar des touristes passés et présents, je ne vois dans ces personnages que des ecclésiastiques habillés de rouge, autant vaudrait regarder des vases étrusques ou des hiéroglyphes égyptiens. Prenant la chose au sérieux, je convoquai sur-le-champ mes souvenirs et mes études en assemblée générale : la séance commença et les réponses suivantes me furent données :

Le sacré Collége se divise en trois ordres : les cardinaux-évêques, les cardinaux-prêtres, les cardinaux-diacres.

L'origine des cardinaux remonte aux premiers siècles de l'Église, bien que leur nom ne paraisse que sous Constantin. Ils n'étaient dans le principe que des diacres ou des prêtres de Rome, mais revêtus d'une puissance et d'une dignité particulières. Nous les voyons en effet présider le concile général de Nicée, et y souscrire au nom du pape saint Sylvestre[1]. Quelle était donc la hiérarchie de l'Église de Rome ? On convient universellement que saint Pierre, ayant établi son siége dans la capitale du monde, ordonna des prêtres et des diacres, auxquels il distribua des emplois particuliers. Le nombre en fut d'abord très-restreint. Grâce au progrès de l'Évangile, saint Clet, troisième successeur de saint Pierre, put l'élever à vingt-cinq. Saint Évariste, qui obtint la chaire de Pierre en 96, divisa la ville en paroisses, afin de prévenir toute confusion : jusque-là il n'y avait qu'un prêtre dans chaque paroisse. Vers l'an 140, le pape saint Hygin, voyant augmenter le nombre des fidèles, adjoignit au pasteur plusieurs autres clercs. Ces églises ou paroisses *particulières* furent appelées *titres, tituli;* soit parce que là était le tombeau d'un martyr illustre, tombeau appelé titre ou inscription ; soit parce que tout ce que l'Église reprenait au paganisme devenait la *propriété, titulus,* de cette immortelle héritière de toutes choses ; soit enfin parce que chaque prêtre prenait le nom, *titulus* de l'église particulière dont il était chargé[2]. Telle est l'antique et glorieuse origine des cardinaux-prêtres.

Pour les *cardinaux-diacres*, il faut savoir qu'à partir de la fondation de l'église de Rome il y eut dans cette ville sept diacres, comme à Jérusalem. Ordinairement sans *titre* particulier, ils exerçaient leurs fonctions partout où ils se trouvaient. Or, on sait que les fonctions des diacres primitifs regardaient principalement le soin

---

[1] Hoc constat ex Nicæna synodo, quæ habita est Sylvestro pontifice, cui inter cæteros duo ita subscribunt : *Victor et Vincentius, præsbyteri urbis Romæ pro venerabili viro papa et episcopo nostro Sylvestro.* Plati, *de Cardin. dignit. et. offic.*, p. 12.

[2] Baron., an. 112. — Saint Greg., *Epist.* 63.

des pauvres, des chrétiens emprisonnés pour la foi et des martyrs.

Vers l'an 240, le pape saint Fabien leur assigna les différents quartiers de la ville. A Jérusalem on voit saint Étienne à la tête des diacres; il en fut de même à Rome. Le chef de ces ministres sacrés, élu par le souverain Pontife avec le consentement du clergé et du peuple, avait le titre d'archidiacre. Nul ne le porta avec plus de gloire que saint Laurent. Comme aujourd'hui, Rome se divisait alors en quatorze régions : chaque diacre avait donc deux régions dans son département. Peu après, on égala le nombre des diacres à celui des quartiers. Dans chaque région il y avait un lieu, une église où le diacre exerçait principalement ses fonctions. Cette église fut appelée *diaconie*. Telle est l'origine également vénérable des diacres *régionaires*. Aux quatorze premiers on en ajouta bientôt quatre nouveaux, spécialement destinés à servir le souverain Pontife dans la célébration des saints mystères : ils furent appelés *palatini*.

Restent les *cardinaux-évêques*. Chargés de la sollicitude de toutes les églises, les successeurs de saint Pierre imitèrent ce grand Apôtre; et comme il avait partagé avec ses collègues le fardeau du gouvernement, ils voulurent aussi le porter en commun avec les évêques successeurs des Apôtres. Ils choisirent donc, pour représenter le corps épiscopal répandu par toute la terre, les évêques les *plus voisins de Rome*, dont ils formèrent leur conseil. On en compte six, appelés *évêques suburbicaires*. Ce sont les évêques d'Ostie et Velletri, de Porto et Sainte-Ruffine, de Frascati, d'Albano, de Sainte-Sabine et de Préneste [1]. L'évêque d'Ostie est toujours doyen

---

[1] Sixte V, dans la bulle *Religiosa sanctorum*, les nomme dans

du sacré Collège. Cette place, la plus élevée qu'il y ait sur la terre après celle du pape, était occupée, pendant notre séjour à Rome, par l'illustre cardinal Pacca.

Le nombre des cardinaux a varié suivant les temps : il est aujourd'hui fixé. Le grand pape Sixte V, considérant de son œil d'aigle cette magnifique hiérarchie de l'Église romaine, voulut la rendre immuable. Dans une bulle, où se déploie toute la majesté pontificale, il esquisse à grands traits les rapports de l'ancienne et de la nouvelle loi; montre Moïse s'associant, par l'ordre de Dieu, soixante-dix vieillards pour l'aider à introduire la nation sainte dans la terre de promission : puis, appliquant cette magnifique figure à l'Église chrétienne, chargée de conduire le genre humain dans la Jérusalem éternelle, il établit que désormais soixante-dix vieillards formeront le sénat du Moïse catholique. Après leur avoir montré dans un sublime langage et la grandeur de leur dignité, et l'importance de leurs devoirs, il assigne à chacun d'eux pour *titre* une des églises de Rome [1].

l'ordre suivant : Ostiensi et Veliterna invicem unitis; Portuensi et Sanctæ Ruffinæ itidem unitis ; Albanensi; Sabinensi; Tusculana; et Prænestina.

[1] Voici le nom des églises titulaires, de tous les cardinaux; pour les cardinaux *prêtres* : 1° Sanctæ Mariæ Angelorum in Thermis ; 2° Sanctæ Mariæ in Trans Tiberim ; 3° Sancti Laurentii in Lucina; 4° Sanctæ Praxedis; 5° Sancti Petri ad Vincula ; 6° Sanctæ Anastasiæ; 7° Sancti Petri in Monte Aureo ; 8° Sancti Onuphrii ; 9° Sancti Silvestri in Campo Martio ; 10° Sanctæ Mariæ in Via; 11° Sancti Marcelli; 12° Sanctorum Marcellini et Petri; 13° Sanctorum duodecim Apostolorum ; 14° Sanctæ Balbinæ; 15° Sancti Cæsarei ; 16° Sanctæ Agnetis in Agone; 17° Sancti Marci ; 18° Sancti Stephani in Cœlio Monte; 19° Sanctæ Mariæ Transpontinæ; 20° Sancti Eusebii ; 21° Sancti Chrysogoni; 22° Sanctorum Quatuor Coronatorum; 23° Sanctorum Quirici

Pour honorer la science et la vertu partout où elles se rencontrent, le sacré Collége se recrute dans les rangs du clergé séculier et régulier, et, autant qu'il est

et Julittæ; 24° Sancti Calixti; 25° Sancti Bartholomæi in Insula; 26° Sancti Augustini; 27° Sanctæ Cæciliæ; 28° Sanctorum Joannis et Pauli; 29° Sancti Martini in Montibus; 30° Sancti Alexii; 31° Sancti Clementis; 32° Sanctæ Mariæ de Populo; 33° Sanctorum Neræi et Achillæi; 34° Sanctæ Mariæ de Pace; 35° Sanctæ Mariæ de Ara Cœli; 36° Sancti Salvatoris in Lauro; 37° Sanctæ Crucis in Jerusalem; 38° Sancti Laurentii in Panisperna; 39° Sancti Joannis ante Portam Latinam; 40° Sanctæ Pudentianæ; 41° Sanctæ Priscæ; 42° Sancti Pancratii; 43° Sanctæ Sabinæ; 44° Sanctæ Mariæ supra Minervam; 45° Sancti Caroli; 46° Sancti Thomæ in Parione; 47° Sancti Hieronymi Illiricorum; 48° Sanctæ Susannæ; 49° Sancti Sixti; 50° Sanctæ Mattæi in Merulana; 51° Sanctissimæ Trinitatis in Monte Pincio.

Pour les cardinaux *diacres*, voici le nom des diaconies: 1° Sancti Laurentii in Damaso; 2° Sanctæ Mariæ in Via Lata; 3° Sancti Eustachii; 4° Sanctæ Mariæ Novæ; 5° Sancti Adriani; 6° Sancti Nicolai in Carcere Tulliano; 7° Sanctæ Agatæ; 8° Sanctæ Mariæ in Dominica; 9° Sanctæ Mariæ in Cosmedin; 10° Sancti Angeli in Foro Piscium; 11° Sancti Georgii in Velum aureum; 12° Sanctæ Mariæ in Porticu; 13° Sanctæ Mariæ in Aquiro; 14° Sanctorum Cosmæ et Damiani; 15° Sancti Viti in Macello.

En ajoutant les six évêchés d'Ostie, de Porto, d'Albano, de Sainte-Sabine, de Frascati et de Palestrine, vous avez soixante-douze titres; deux de plus en apparence que n'en fixe la bulle de Sixte V. Mais il faut remarquer que le titre de Saint-Laurent in *Damaso* n'est pas une diaconie proprement dite. Il est toujours donné au vice-chancelier de l'Église romaine, qu'il soit diacre, prêtre ou évêque. En conséquence, Sixte V ajouta deux titres, afin que, si le vice-chancelier était diacre ou évêque, aucun autre cardinal, diacre ou évêque ne fût privé de son titre. Dans toutes les lettres apostoliques où se trouve la souscription des cardinaux, chaque cardinal doit signer en indiquant son titre.

possible, dans toutes les nations. Il doit compter au moins quatre docteurs en théologie appartenant aux congrégations religieuses et surtout aux ordres mendiants. De peur que l'esprit de famille ne se glisse dans une institution éminemment catholique, les deux frères, les deux cousins, l'oncle et le neveu ne peuvent jamais, quel que soit leur mérite, siéger ensemble dans l'auguste sénat.

Le nom des cardinaux révèle à lui seul le rôle important qui leur est assigné dans la hiérarchie catholique. Semblables aux pivots qui soutiennent les portes du temple matériel, ils sont placés dans l'édifice de l'Église comme des gonds sacrés sur lesquels roule la porte immortelle qui ouvre et ferme le ciel ; c'est-à-dire qu'ils sont l'appui et le sénat du vicaire de Jésus-Christ, qu'ils entourent de leurs lumières, de leur expérience, de leur courage et de leur dévouement sans limites [1]. In-

---

[1] Apostolica Sedes caput et cardo à Domino et non ab aliis constituta est, et sicut cardine ostium regitur, sic hujus Apostolicæ Sedis auctoritate omnes ecclesiæ (Domino disponente) reguntur. Unde Senatus cardinalium à cardine nomen accepit, quasi se regat et alios : sicuti enim ostium regitur per cardines ; ita Ecclesia per istos. Et cardinales cardines dicuntur in Romana Ecclesia duplici similitudine, vel quia sicut domus habet ostium et cardinem, sic Ecclesia habet papam qui est ostium Dei vel Ecclesiæ et cardinales, etc. Moscon., *de Majestate milit. Eccl.* lib. 1, c. v ; et ex cap. *Sacro Sancta*, 2, dist. 22 ; et le pape Eugène IV, dans sa constitution *Non mediocri*, § 14. Quorum officio nomen ipsum consonat optime, nam sicut super cardinem volvitur ostium domus, ita super eos Sedis Apostolicæ et totius Ecclesiæ ostium quiescit. — Et le cardinal Pierre d'Ailly, *de Auct. Eccl. cap. de Card.* : Senatui apostolorum succedit Collegium sacrum cardinalium quantum ad illum statum, quo Apostoli

scrit pour la première fois dans l'histoire, à l'époque du concile de Rome, sous Constantin, leur nom brille ensuite à chaque page des annales chrétiennes[1]. On les voit tour à tour présider les conciles généraux, ou traiter en qualité d'ambassadeurs, auprès des empereurs d'Orient et des rois d'Occident, des plus graves intérêts des sociétés modernes; administrer l'Église elle-même pendant la vacance du saint-siége, et exercer dans les conclaves la glorieuse prérogative de donner un chef à la chrétienté[2].

consistebant Petro, antequam fierent particularium ecclesiarum episcopi.

[1] Præsul non damnetur nisi cum 72 testibus; presbyter vero cardinalis nisi cum 64 testibus non deponatur; diaconus autem cardinalis urbis Romæ, nisi cum 27 testibus non condemnabitur. *Cap. præsul.* 2, 90, 5, *caus.* 2.

[2] Jusqu'au onzième siècle, le souverain Pontife était élu par le clergé tout entier, avec le *témoignage* du peuple. Pour éviter les inconvénients attachés à ce mode d'élection, le pape Nicolas II, en 1059, au concile de Rome, décida que les cardinaux auraient la principale part dans l'élection pontificale, mais que le reste du clergé et le peuple seraient consultés et priés de donner leur consentement. « Decernimus atque statuimus, ut obeunte hujus « Romanæ universalis Ecclesiæ Pontifice, in primis cardinales « episcopi diligentissime simul de electione tractantes, mox Christi « clericos cardinales adhibeant, sicque reliquus clerus et populus « ad consensum novæ electionis accedat. » *Cap. in nomine Domini,* 1, dist. 23. — Ce nouveau mode d'élection dura jusqu'au temps d'Alexandre III, en 1179. Des divisions se manifestant encore quelquefois, ce souverain Pontife décida au concile général de Latran que celui-là serait canoniquement élu, qui réunirait les deux tiers des suffrages des cardinaux, le clergé et le peuple devant désormais rester étrangers à l'élection. Tel est le mode actuel confirmé par les siècles, par les souverains Pontifes et par les conciles généraux. **Voyez** Barbosa, *Jus. Eccl. univ.* lib. 1, c. 1, n. 55.

Ainsi tous ces personnages vénérables que nous allions voir pour la première fois réunis autour du vicaire de Jésus-Christ, surpassent en dignité les évêques, les archevêques, les patriarches et les primats [1]. S'il est beau de voir un roi au milieu de ses grands officiers, on nous permettra de trouver encore plus beau de contempler le souverain Pontife environné de son auguste cour.

Tant de grandeurs et de puissance devaient être entourées de cet éclat extérieur, nécessaire, quoi qu'on en dise, pour commander le respect. Aussi, les souverains Pontifes ont-ils eu soin de rehausser, par des distinctions et des priviléges, la dignité des princes de l'Église. Au concile général de Lyon, en 1244, Innocent IV leur accorda le droit de porter le chapeau rouge ; Paul II y ajouta l'usage de la barrette et de la calotte rouge, défendant, sous des peines graves, à quiconque d'orner sa tête d'une coiffure de pareille couleur ; enfin, il fixa le caparaçon de pourpre pour leurs montures, lorsque le sacré Collége sortirait à cheval. Le titre d'*éminence*, d'*éminentissime*, donné aux cardinaux, privativement à tout autre dignitaire de l'Église, date d'Urbain VIII. Mais un des plus glorieux priviléges des cardinaux, c'est le droit d'obtenir la grâce d'un criminel condamné à mort. Si, le jour d'une exécution, le lugubre cortége rencontre un cardinal sorti de so palais sans dessein prémédité, le coupable est libre. Est-ce un souvenir de l'ancien privilége des vestales? Je serais presque tenté de le croire, tant Rome chrétienne aime à conserver les nobles usages de l'antiquité.

Une règle sévère, mais pleine de sagesse, défend aux

---

[1] Sanctæ Romanæ Ecclesiæ cardinales *cæteros omnes*, etc. Ferraris, art. **Cardin**.

cardinaux de marcher à pied dans les rues de Rome; ils ne peuvent descendre de voiture que lorsqu'ils ont franchi l'enceinte des murailles. L'Église ne veut pas qu'ils soient confondus dans la foule, et exposés à un manque de respect même involontaire : cette règle est inflexible. Le cardinal de Rohan, archevêque de Besançon, se trouvant à Rome après la révolution de juillet, voulut en obtenir la dispense. Les mauvais traitements subis par le cardinal, l'exil auquel il s'était condamné, son illustre naissance, sa rare piété, l'affection particulière dont l'honorait le souverain Pontife, étaient, ce semble, des titres certains à la faveur qu'il sollicitait. Un jour donc il se présente au Vatican : « Très-saint Père, dit-il, j'ai une grâce à vous demander. — Parlez. — Je suis logé près de la Trinité-des-Monts, où je dis la messe ; je prie votre Sainteté de me permettre de m'y rendre à pied. — Demandez-moi tout ce que vous voudrez ; mais de cela n'en parlons pas, il m'est impossible de vous l'accorder. »

Cependant tous ces princes de l'Église que vous voyez parcourir les rues de Rome dans des voitures dorées, traînées uniformément par des chevaux noirs à longs crins, sont, dans leur intérieur, d'une simplicité et d'une affabilité charmantes. Sous la pourpre brille l'humilité du capucin, la science du bénédictin et la charité du camaldule. Leur vie est très-occupée : chefs des congrégations romaines, protecteurs des ordres religieux, l'étude, les audiences papales, le soin des pauvres, des œuvres de piété, les institutions charitables et scientifiques, les encouragements aux arts absorbent et leur temps et leurs modiques revenus. Il n'est pas un voyageur qui n'ait à s'étonner en voyant les splendides monuments élevés dans les églises de Rome aux frais des cardinaux titulaires.

Je finissais de les passer en revue lorsque notre voiture s'arrêta au pied du grand escalier qui monte à la chapelle Sixtine. Arrivés avant le commencement de l'office, nous pûmes nous placer de manière à bien voir. On sait que la chapelle Sixtine est une des gloires de Michel-Ange : le *grand artiste* peignit la voûte en vingt mois. Là vous voyez la Création, les principaux traits de l'Ancien Testament ; plus bas, aux angles et aux lunettes, sont les Prophètes et les Sibylles ; c'est toute l'épopée du genre humain ; car le dénoûment de toutes choses, le *Jugement dernier*, décore le fond de la chapelle. Cette fameuse fresque, glorieusement copiée par Sigalon, a beaucoup souffert. Elle n'en est pas moins admirée des artistes ; mais en bonne conscience, et bien qu'elle ait coûté trois ans de travail à son auteur, elle n'est pas sans défaut. Comment croire, par exemple, qu'au jour du jugement Notre-Seigneur aura l'air fâché d'un simple mortel, l'attitude convulsive de Jupiter lançant la foudre, ou de Neptune gourmandant les flots ? Il est facile de voir, dans ce manque de vérité, l'influence fâcheuse du mythe olympique sur le génie de l'artiste chrétien.

Cependant l'assemblée se formait. Les chefs d'ordres, dans tous les costumes, venaient occuper leurs places du côté de l'épître. Devant eux s'élèvent les stalles des cardinaux qui règnent à droite et à gauche de l'enceinte réservée. Bientôt les princes de l'Église portant le camail d'hermine blanche, la *cappa magna* violette, arrivèrent suivis de leurs caudataires, et prirent place sur les siéges élevés de chaque côté du chœur. Tout à coup une porte s'ouvrit à droite de l'autel : le souverain Pontife parut ; tout le monde se leva ; l'auguste vieillard portait la chape et la mitre blanche. Après une courte adoration au pied de l'autel, il monta sur son trône placé dans le sanctuaire au côté de l'évangile : un évêque était à l'autel.

Quel imposant coup d'œil présentait la chapelle Sixtine ! Tous les princes de l'Église, la plupart vieillards à cheveux blancs, rangés autour du Pontife suprême, vieillard lui-même, blanchi par les travaux et les sollicitudes ; la majesté de leurs fronts, le silence religieux de l'assistance, tout cela formait un spectacle dont l'âme du voyageur chrétien est profondément émue. L'œil humain peut-il contempler une assemblée plus auguste ? quelle cour de l'Europe et du monde offre un sénat où se trouvent réunies autant de gravité, de science, de vertus, d'expérience des hommes et des choses ? Mes regards se fixèrent en particulier sur le doyen du sacré Collége, l'illustre cardinal Pacca. Je me rappelais avec attendrissement qu'en 1810 ce vénérable vieillard fut enlevé de Rome avec le pape Pie VII, n'ayant entre eux deux, pour toute ressource, que *trente-cinq sous* dans leurs poches ! Je regardai avec une curiosité mêlée de frayeur le cardinal Mezzoffanti, cette *Pentecôte vivante*, ce prodige unique dans l'histoire, qui parle trente-trois langues, chacune avec son accent particulier, et qui en comprend quarante-huit ou cinquante, sans compter les patois.

L'office commença et nous fûmes témoins de plusieurs cérémonies pleines de sens et de majesté. Avant la messe, tous les cardinaux vinrent baiser la main du Pape : doux hommage rendu par les princes de l'Église à l'auguste vieillard, père, roi et pontife. A l'évangile, un religieux monta en chaire et fit un discours latin d'un quart d'heure environ. Suivant l'antique usage, on ne prêche qu'en cette langue devant le Saint-Père. Le sermon fini, toute l'assemblée se mit à genoux et le célébrant commença le *Confiteor*, que tout le monde récita comme lui à haute voix. Que ce *Confiteor* est bien placé ! Le prédicateur a peut-être à se reprocher de n'avoir pas traité la parole de Dieu avec assez de respect et de pureté d'intention : *Confiteor*. L'auditoire a peut-être manqué d'attention et de désir de profiter de cette parole qui nous jugera : *Confiteor*. Tous ont besoin d'humilité ; car l'humilité est le meilleur moyen de suppléer aux dispositions négligées ou d'attirer de nouvelles faveurs : *Confiteor*.

Au *Credo*, le sacré Collége descendit des stalles et vint se ranger en fer à cheval dans la nef, en avant du sanctuaire. Et vous auriez entendu tous ces princes du monde, à cheveux blancs, debout devant l'autel de l'Agneau, réciter à haute voix le symbole catholique ; et ce même symbole se répétait à la même heure, le même jour, par des millions de catholiques sur tous les points du globe, et l'unité et l'universalité de la foi devenaient en quelque sorte palpables ! Après la profession de foi, les cardinaux retournèrent à leur place. Au *Sanctus*, ils en descendirent de nouveau et vinrent, comme au *Credo*, se placer en cercle dans l'intérieur de la nef ; tous ensemble redirent l'hymne de l'éternité : *Sanctus, Sanctus, Sanctus Dominus*, etc. Puis, on vit tous ces vieillards se mettre à genoux et, dépouillant leurs têtes blanches de la calotte rouge, insigne de leur dignité, s'incliner jusqu'à terre pour adorer le Dieu anéanti sur l'autel. N'était-ce pas une vision du ciel ? « Et je vis, dit saint Jean, les vingt-quatre vieillards prosternés devant le trône de l'Agneau, et je les entendis répéter : *Saint, Saint, Saint est le Seigneur, le Dieu des armées*. » L'élévation finie, tous retournèrent à leur place, en attendant le baiser de paix qui leur fut apporté par l'archidiacre, et qu'ils se donnèrent en s'embrassant. Je l'avoue, jamais la religion ne m'était apparue aussi sublime, aussi majestueuse, aussi remplie d'ineffables mystères que dans cette messe unique sur la terre, à cause de l'assemblée qui l'entend. Tel fut le commencement de notre journée; en voici la fin :

Rome est la ville des contrastes : comme Rebecca, elle porte deux mondes opposés dans ses flancs. Nous aimions à passer de l'un à l'autre; nous recherchions les grandes antithèses de Rome païenne et de Rome chrétienne, et autant qu'il était possible nous exposions notre âme à leur action puissante, le même jour, à la même heure. Ce passage continuel d'une impression à l'autre fait le bonheur du pèlerin; sa vie en est doublée. Ainsi, quelques heures après notre sortie de la chapelle Sixtine, je venais me reposer aux rayons attiédis du soleil d'Italie, sur le versant oriental du Palatin, que nous avions déjà visité la veille.

Depuis plusieurs jours, je me réservais ce point d'observation; je crois que Jérémie venant méditer sur les ruines de Rome ne choisirait pas une autre place. Là, assis sur la poussière du palais impérial d'Auguste et de Néron, vous avez à peu de distance l'arc de Titus, l'arc de Constantin et le Colisée qui forment devant vous comme un vaste triangle. Bâtis sur les frontières du monde ancien et du monde nouveau, à l'époque où le judaïsme et le paganisme disputaient à l'Église naissante l'empire de l'humanité, ces trois monuments, indestructible soudure de l'histoire profane et de l'histoire chrétienne, immortalisent, avec le nom des trois puissances belligérantes, et l'existence, et les moyens, et le succès de la grande lutte.

Le premier qui frappe les regards, c'est l'arc de Titus; il redit, dans sa double inscription, gravée par des mains romaines, l'antique prophétie de Daniel, le déicide du Calvaire, le prince étranger venu à la tête de son armée, détruisant Jérusalem et le Temple et emmenant captifs les enfants d'Israël ; il dit encore l'issue de la lutte engagée par ce peuple contre le Christ en personne, et montre à toutes les générations l'effet de cette parole déicide : *Que son sang soit sur nous et sur nos enfants!*

Le second, c'est le Colisée ; cet épouvantable monument atteste et l'incalculable dégradation de l'humanité aux jours du Christianisme naissant, et la guerre à mort que le paganisme, élevé à sa plus haute puissance, fit à l'Église, et l'éclat éblouissant du miracle qui donna la victoire au faible contre le fort, aux victimes contre les bourreaux ; et cette arène sanglante fut bâtie par les Juifs, prisonniers de Titus ! O Sauveur Jésus, Agneau dominateur du monde ! il vous fallait un champ de bataille pour vaincre avec éclat ; il vous fallait un Capitole pour couronner vos héros : et vous avez voulu que vos ennemis eux-mêmes, les païens et les Juifs, élevassent de leurs propres mains le théâtre immortel de leur défaite et de votre victoire !

Le troisième, c'est l'arc de Constantin. Vos regards portés sur la droite rencontrent cet éloquent et fidèle témoin de la victoire complète du Christianisme sur le monde. Supérieur, par ses dimensions, à celui de Titus, vainqueur d'une nation particulière, l'arc de Constantin vainqueur du paganisme est à trois arcades. Sous la grande voûte on lit d'un côté :

LIBERATORI VRBIS

« Au Libérateur de Rome. »

De l'autre côté :

FVNDATORI QVIETIS

« Au Fondateur de la paix. »

Au-dessus de la frise se trouve répétée, de chaque côté du monument, l'inscription à jamais célèbre qui proclame le prince chrétien *divinement* vainqueur :

IMP. CÆS. FL. CONSTANTINO MAXIMO P. F. AVGVSTO
S. P. Q. R.
QVOD INSTINCTV DIVINITATIS MENTIS MAGNITVDINE
CVM EXERCITV SVO
TAM DE TYRANNO QVAM DE OMNI EJVS FACTIONE
VNO TEMPORE JVSTIS REMPVBLICAM VLTVS EST ARMIS
ARCVM TRIVMPHIS INSIGNEM DICAVIT.

« A l'empereur César Flavius Constantin, très-grand, toujours heureux, Auguste, le Sénat et le Peuple romain, pour avoir, par l'inspiration de la Divinité, la grandeur de son génie, vengé avec son armée, dans une guerre juste, la république du tyran et de toute sa faction, a dédié cet arc triomphal. »

Et les trois monuments que je contemplais sont contemporains des faits qu'ils attestent ; les deux premiers sont dus à des mains non suspectes : le troisième témoigne d'un fait éclatant comme le soleil.

Ils sont là, à cinquante pas de distance, et les Barbares qui en ont détruit tant d'autres les ont respectés! Si vous ajoutez le Panthéon d'Agrippa, vous trouverez que, de tous les édifices de l'ancienne Rome, les mieux conservés, les plus incontestablement intègres sont précisément ceux qui attestent les grands faits du Christianisme. Le doigt de la Providence ne vous paraît-il pas visible dans la conservation exceptionnelle de ces monuments? Comment, en présence d'un pareil spectacle, ne pas tomber à genoux et dire du fond de son cœur : *Mon Dieu, je crois?*

Vues des yeux de la philosophie et de la foi, les

grandes ruines romaines ont une merveilleuse éloquence; les plus petites ont aussi la leur. Dieu et l'homme s'y donnent rendez-vous, car le Christianisme vainqueur et le paganisme vaincu y sont partout en présence. Œuvre de l'homme, la vieille cité de Romulus et de Néron n'offre, de toutes parts, qu'un vaste amas de temples, de palais, d'aqueducs, de mausolées mutilés, moitié debout, moitié couchés pêle-mêle sur le sol. Œuvre de Dieu, la Rome de saint Pierre et de Grégoire XVI, toujours rayonnante de jeunesse, bien que la croix du Calvaire ait déjà couronné le Capitole plus longtemps que l'aigle impérial, élance tranquillement vers le ciel les dômes de ses temples, domine, protége, couvre de son égide tout ce que Dieu veut sauver de la Rome antique. Partout vous voyez un débris privilégié du paganisme venir se réfugier sous l'aile de la religion pour échapper à une ruine entière. Semblables à des captifs qui trouvent acceptables toutes les conditions pourvu qu'on leur accorde la vie, les vieilles gloires de Rome se soumettent à tous les usages : elles sont temples chrétiens, tombeaux de martyrs, colonnes, piédestaux, humbles seuils, pavés même dans la maison du vainqueur. Il leur suffit que la fille du Ciel daigne les toucher du doigt; elles sont contentes. C'est pour elle le gage de l'immortalité : on dirait qu'elles se souviennent des Barbares et de leur terrible marteau dont elles portent les cicatrices. Pour échapper à de nouveaux ravages elles soupirent après l'adoption de cette pauvre Église dont elles avaient bu le sang au jour de leur gloire.

Combien de fois le voyageur catholique n'est-il pas ravi à la vue de tous ces obélisques, jadis élevés aux potentats de l'ancien monde, lorsqu'il lit à la base : *Érigé à Auguste, à Marc-Aurèle, à Trajan;* et un peu plus haut : *Relevé par Sixte, par Clément, successeur du pêcheur galiléen;* et qu'au sommet il voit briller la statue de saint Pierre, de saint Paul, de Marie, la Croix! Il y a là, si je ne me trompe, histoire et poésie. Il y a plus encore; ce double spectacle de défaite et de victoire qu'on rencontre à chaque pas est un grand enseignement pour le cœur. Dans l'âme sérieuse il élève à leur plus haute puissance et le mépris de tout ce qui est de l'homme et l'admiration de tout ce qui est de Dieu. Or, voyageurs, artistes, pèlerins, qui que vous soyez, si, à la vue des monuments romains, ces deux sentiments se réunissent pour vous détacher de tout ce qui passe et vous attacher à ce qui ne passe point, vous êtes devenus meilleurs et vous pouvez dire : J'ai vu Rome; sinon, non.

20 Décembre.

La *Meta sudans*. — Le Colisée. — Premières impressions. — Description du Colisée. — Description des combats. — Martyre de saint Ignace. — Le Colisée, Capitole chrétien.

Hier, il était trop tard pour entrer au Colisée. Je tenais, du reste, à ne visiter qu'aujourd'hui le Capitole des martyrs : j'avais pour cela une bonne raison que je dirai bientôt. Par un temps superbe, nous arrivâmes de bonne heure au colossal monument. La *Meta sudans*, qui s'élève à quelques pas, attira d'abord notre attention. C'est une ruine, du milieu de laquelle s'élance un massif en briques et en pierres semblable aux colonnes ou *bornes* des anciens cirques; de là son nom de *Meta*. Percée par le milieu, la colonne, surmontée d'une statue de Jupiter, formait un large tube, d'où s'élançait, pour retomber dans un vaste bassin de marbre, une de ces fontaines abondantes si communes dans la ville des Césars. L'eau venait du mont Esquilin et servait aux divers besoins de l'amphithéâtre et des spectateurs.

Enfin nous nous avançâmes vers le Colisée. Debout devant cette ruine gigantesque, dont l'œil a peine à saisir le sommet [1], on reste muet de stupeur. Malgré qu'on en ait, deux sentiments absorbent l'âme tout entière : une profonde indignation et une compassion plus profonde encore. Voilà donc les monuments qu'il fallait à ce peuple romain pour voir couler le sang à son aise! et ici quels torrents de sang ont coulé! C'est donc ici que nos pères, nos frères, nos mères, nos sœurs dans la foi, innocentes brebis du divin Pasteur, furent égorgées, dévorées par milliers! Avec quel inexprimable bonheur nous aperçûmes la croix, placée au milieu même de l'arène! Salut, signe de victoire, seul debout parmi les ruines du Colisée comme sur les hauteurs du Capitole.

Fidèles à notre plan, nous étudiâmes l'amphithéâtre au point de vue païen et au point de vue chrétien. On sait que le Colisée, bâti à la place même des étangs de Néron, fut commencé par Vespasien et achevé par Titus [2]. Le vainqueur de Jérusalem y fit travailler sans relâche les enfants d'Abraham qu'il avait amenés captifs. On dit que douze mille Juifs succombèrent à la peine; singulière destinée de ce peuple qui bâtit pour le compte de ses oppresseurs le Colisée en Occident, et les Pyramides en

---

[1] Ad cujus summitatem ægre visio humana conscendit. *Am. Marcell.*

[2] Hic ubi conspicui, venerabilis amphitheatri
 Erigitur moles, stagna Neronis erant.
  Mart. *Epig.* II, *Spectacul.*

21.

Orient! L'ouvrage terminé, Titus le dédia à son père Vespasien, en y donnant des jeux qui durèrent cent vingt jours, et dans lesquels parurent cinq mille bêtes féroces et environ dix mille gladiateurs [1].

Le Colisée forme un immense ovale dont la hauteur est de 157 pieds sur 1,641 de circonférence. Avant de pénétrer dans l'intérieur nous en fîmes le tour extérieurement; c'est, ce me semble, le moyen le plus naturel de le bien connaître. Trois choses fixèrent d'abord notre attention : la nature de la construction, les portiques et les portes.

Des substructions en gros quartiers de pierre ou travertin, et le reste en larges briques fortement cimentées, tels est le système ordinaire des anciennes constructions romaines. Il n'en est pas de même au Colisée. De la base au sommet le gigantesque monument est tout entier en pierre de Tivoli, espèce de marbre fort dur et résistant au feu. A fleur de terre on trouve à côté l'un de l'autre deux portiques circulaires qui règnent tout autour de l'édifice. Le portique extérieur servait d'entrée et communiquait soit avec le portique intérieur, soit avec les escaliers qui montent aux portiques supérieurs. Ceux-ci à leur tour jetaient, par de larges galeries, les flots de spectateurs sur les gradins de l'amphithéâtre, *vomitoria*. Le portique extérieur avait un double usage : promenoir pendant les chaleurs, il était un abri commode pour les assistants lorsque la pluie venait à les surprendre; au-dessus du portique extérieur s'en élèvent plusieurs autres que tous les ordres d'architecture contribuent à embellir.

L'ordre *dorique* a fourni les pilastres inférieurs avec

[1] Cassiod. *in Chron.*, etc.

les arceaux et les colonnes en demi-relief. L'ordre *ionique* brille dans tous les arceaux supérieurs et dans les pilastres sans colonnes. Vient en troisième lieu l'ordre *corinthien*. Plus noble que les deux premiers, il règne avec grâce et majesté dans les cintres et les pilastres des portiques plus élevés. De là jusqu'au faîte vous ne voyez plus d'arceaux, mais de grandes fenêtres avec des pilastres unis d'ordre *composite*. Entre ces larges croisées paraissent les consoles qui supportaient les poutres de bois revêtues de bronze doré et destinées à soutenir le *velarium*. Enfin, une magnifique corniche, dont il reste encore quelques ruines, couronnait l'immense construction.

Les portes du Colisée sont de deux espèces : les grandes et les petites. Aux deux pointes de l'ovale s'ouvrent les deux grandes portes; elles forment deux arcs d'une beauté et d'une dimension extraordinaires. Toutefois celle qui regarde le Forum est un peu plus petite que l'autre. On s'accorde à dire que c'est par la première qu'on introduisait les gladiateurs et les malheureux condamnés aux bêtes. La seconde, tournée vers Saint-Jean de Latran, donnait passage aux machines, aux arbres touffus et autres grands mécanismes employés dans certains jeux. Telle est l'explication de cette irrégularité apparente.

A droite et à gauche des deux entrées principales, quatre-vingts autres portes forment un cordon continu tout autour de l'amphithéâtre : par elles entraient les spectateurs. Élevées de quelques marches au-dessus du sol, elles conservent encore, à la partie supérieure du cintre, des numéros d'ordre indiquant à chaque classe de citoyens la porte par laquelle ils devaient arriver plus facilement à leur place et éviter la confusion. Sur la façade qui regarde l'arc de Constantin, il est une de ces portes qui n'a pas de numéro. Celle de droite est marquée du chiffre XXXVII, celle de gauche du nombre XXXVIIII. Évidemment la porte du milieu a été omise dans l'énumération. Est-ce un oubli involontaire? personne ne songe à le supposer. Quelle est donc la cause de cette omission? Une étude attentive a fait croire que cette porte, sans numéro, était la porte impériale. La position du palais des Césars sur le mont Palatin, les ornements qui décorent le couloir correspondant à cette porte, la vaste salle qui le termine, tout vient confirmer la conjecture des savants [1].

Parmi ces portes il en est deux autres que je ne dois pas oublier. L'une s'appelait *Sandapilaria* ou *Libitinalis, porte des Morts;* l'autre *Sanavivaria, porte des Vivants.* Il faut savoir qu'au Colisée comme à tous les amphithéâtres était joint un lugubre appendice : c'était le *spoliarium.* Qu'on se figure une vaste enceinte dans laquelle on traînait avec des crocs les cadavres des hommes et des bêtes tués dans les jeux, ainsi que les malheureux blessés à mort, qu'achevait le maillet ou la hache des *confecteurs.* Tous sortaient de l'amphithéâtre par la porte des Morts. Ceux que le fer des combattants ou la dent des animaux n'avait blessés que légèrement s'en allaient par la porte des Vivants. Ainsi, tout ce qui était entré dans l'arène en ressortait par la porte de la chair vive, *Sanavivaria,* ou par la porte des cercueils, *Sandapilaria* [2]. L'inspection des lieux porte à croire que

[1] Voyez Marangoni, *del Colosseo.*
[2] Cette notion aide à comprendre les actes de sainte Perpétue et de sainte Félicité. Il y est dit que, le peuple n'ayant pas voulu qu'on exposât de nouveau les deux martyres, elles furent con-

le *spoliarium* du Colisée était près de la porte orientale. Ajoutons, pour ne rien oublier, que non loin de là on voit les infâmes arcades, *fornices*, où les courtisanes avaient leur demeure. Le séjour de la débauche à côté du *spoliarium* encombré de cadavres, voilà bien la société païenne.

Avant d'entrer dans l'intérieur du Colisée, nous nous rappelâmes qu'il servait non-seulement aux combats d'hommes et d'animaux, mais encore à des batailles navales. Il restait à nous expliquer comment on introduisait les eaux dans l'arène. Sur les pas du guide intelligent qui nous dirigeait, nous nous avançâmes à une légère distance sur le versant du Cœlius, du côté de Saint-Jean de Latran. Là on voit un grand mouvement de terrain, qui, au dire des archéologues, indique la place d'un vaste réservoir. Alimenté très-facilement par l'aqueduc de Claude, ce réservoir communiquait, ainsi qu'on le voit encore, par de larges canaux avec l'amphithéâtre. Des échappements ménagés de distance en distance donnaient passage au fleuve improvisé, dont ils augmentaient la vitesse, et en quelques minutes l'arène était changée en lac. L'eau y séjournait à volonté; car le fond était un pavé de marbre parfaitement cimenté et recouvert d'une épaisse couche de sable.

Enfin, nous pénétrâmes, non sans éprouver un mouvement de terreur, dans le formidable Colisée. On y distingue l'arène, le *podium*, les gradins et les terrasses.

L'arène, *arena*, *cavea*, est l'espace vide dans lequel combattaient les animaux et les hommes. Au milieu s'élevait l'autel portatif sur lequel on commençait par im-

duites à la porte *Sanavivaria*, où les reçut un catéchumène nommé Rustique.

moler une victime humaine, quand les jeux devaient se célébrer en l'honneur de Jupiter *Latiale* [1]. Sur l'emplacement de cet autel s'élève aujourd'hui la croix du Dieu Rédempteur, devant laquelle le premier mouvement du voyageur est d'aller se prosterner, tant son âme est oppressée par ce premier souvenir et par mille autres qui surgissent en foule du spectacle qu'il a sous les yeux. L'arène du Colisée a 285 pieds de longueur sur 182 de largeur, et 748 de circonférence. Elle est recouverte d'environ quinze pieds de sable. D'une part, les souverains Pontifes n'ont pas voulu que la terre qui a bu le sang des martyrs fût foulée par les pieds des voyageurs et des curieux; d'autre part, la conservation des ruines rendait cette précaution nécessaire.

Autour de l'arène règne le *podium*, revêtement en marbre d'environ huit pieds d'élévation. Composé de larges tables de marbre fortement fixées dans le mur, et de colonnes en guise de pilastres, il était surmonté d'une pesante grille en fer, armée de pointes et penchée sur l'arène. A l'extrémité supérieure de la grille étaient attachées des pièces de bois, roulant sur des tourillons, en sorte que l'animal qui tentait de s'y prendre retom-

---

[1] Tertul., *Apol.* — Chose trop peu remarquée et pourtant très-digne de l'être : ces grands spectacles du Cirque et du Colisée étaient fêtes religieuses, ou du moins inaugurées par la religion. Le principe *ab Jove principium* s'appliquait rigoureusement à tous les actes de la vie publique et de la vie privée. Rome put se tromper dans l'application du principe, mais faire intervenir la religion dans toutes les choses de la vie est un principe vrai, un devoir sacré. Chez nous la religion ne se mêle plus à rien. Si donc tous les grands peuples comme tous les grands hommes furent des peuples et des hommes religieux, que faut-il penser, que faut-il attendre de nous?...

bait aussitôt. La sûreté des spectateurs commandait ces précautions. En faisant le tour de l'arène, on voit de distance en distance de larges ouvertures, pratiquées à la base du *podium* et fermées par de fortes grilles en fer. Ces grilles se levaient et s'abaissaient comme les herses des portes dans nos anciennes villes, et donnaient passage aux animaux renfermés dans les *carceres*. Lorsque le moment était venu, les *bestiaires* venaient exciter ces terribles combattants à coups de lance, quelquefois avec des tisons enflammés, pour les rendre furieux et les faire bondir dans l'arène.

Sur le *podium* était le pavillon de l'empereur et des Césars; à droite et à gauche venaient les siéges des préteurs, des *douces* vestales et de tous ceux qui avaient droit à la chaise curule. Plus haut s'élevaient, en guise de vaste fer à cheval, plusieurs rangs de gradins. Séparés par des couloirs, ils formaient autant de compartiments qui allaient en s'élargissant à mesure qu'ils s'élevaient : de là le nom de *cunei* qui leur fut donné. Sur les quatorze premiers gradins, au-dessus du *podium*, étaient placés les sénateurs, les chevaliers romains, les ambassadeurs étrangers et les principaux magistrats; tous les autres étaient occupés par le reste des citoyens. Placées aux gradins supérieurs, les dames romaines formaient un brillant cordon tout autour de l'amphithéâtre, et pouvaient voir d'une manière très-commode non-seulements les combattants, mais encore les spectateurs. Les degrés étaient tous recouverts de planches ou de riches coussins, afin que tous, hommes et femmes, pussent voir égorger leurs semblables sans compromettre leur santé. Mais cela ne suffisait pas; à l'odeur du sang devait se mêler l'odeur des parfums. Depuis le *podium* jusqu'à la terrasse s'élevaient, de distance en distance, des tubes de métal doré, d'où jaillissaient des eaux de senteur qui retombaient comme une fine rosée sur les assistants. C'était ordinairement une composition de safran et de baume; on aperçoit encore la place des tubes par où elle s'échappait.

La terrasse formait une large esplanade bordée d'une galerie en parapet, et donnait place à douze mille spectateurs. C'est de là, comme je l'ai dit, que s'élançaient les nombreuses poutres qui retenaient les cordes et les poulies, destinées à ouvrir ou à fermer le *velarium*. Le *velarium* était un immense voile de pourpre semé d'étoiles d'or qui couvrait l'amphithéâtre tout entier, auquel il donnait la forme d'une tente. Il servait à embellir la scène, à rafraîchir les spectateurs par ses ondulations, à les protéger contre les ardeurs du soleil. Une foule de jeunes matelots, *manuales*, attachés aux cordages, faisaient les manœuvres avec une agilité surprenante.

Le Colisée contenait quatre-vingt-sept mille places tant sur le *podium* que sur les gradins [1]; si on ajoute les douze mille de la terrasse on aura près de cent mille spectateurs, sans compter les hommes de service. Souvenez-vous maintenant que le Colisée a 157 pieds d'élévation sur 1,641 de circonférence; et, si vous le pouvez, imaginez quel spectacle devait présenter ce colossal édifice, lorsque les rayons du soleil de Rome, l'inondant de lumière, faisaient jaillir mille reflets étincelants et du magnifique pavillon de pourpre parsemé d'étoiles d'or dont il était surmonté, et de ses vastes parois en marbre poli, enrichies de sculptures, de colonnes, de statues et d'ornements de tout genre! Ne demandons pas ce qu'avait coûté ce gigantesque monument : les auteurs anciens se

---

[1] Pub. Vict. *de Region.*; Donati, lib. III, p. 193.

contentent de répondre que Titus y avait fait couler un fleuve d'or [1]. Ils auraient dû ajouter, et des torrents de sang, et des torrents de larmes.

Par ses proportions, par le luxe de ses ornements, par la nature des spectacles qui s'y donnaient, par la fureur du peuple, depuis l'empereur jusqu'à l'esclave, pour ces jeux sanglants, le Colisée résume la vieille Rome durant les trois derniers siècles de son existence. Le connaître à fond, c'est contempler face à face le monde d'alors; car c'est voir, dans le foyer même où ils viennent se réunir, tous les traits de lumière répandus çà et là par les historiens sur les incroyables mystères de la vie païenne. Pleins de cette pensée, nous sortîmes de l'arène et, montant sur le *podium*, nous nous assîmes à la place même du pavillon impérial, pour voir ce qui se passait dans le Colisée aux jours du paganisme. N'oubliez pas que c'est aujourd'hui le 20 décembre, dernier jour des fêtes *Sigillaires*, par lesquelles les Romains célébraient la clôture de l'année. Si donc, à pareil jour, la onzième année du règne de Trajan, nous nous fussions trouvés à l'amphithéâtre, voici, du moins en partie, ce que nous aurions vu :

Au lieu de sable, l'arène est couverte de vermillon ; l'autel de Jupiter est paré ; le vase du victimaire et le couteau sacré brillent près du trépied fumant. Au-dessus de nos têtes, les *manuales* se glissent légèrement sur les cordages du *velarium*, préparent les poulies, disposent les jets d'eau parfumés. Sous nos pieds, les lions, les panthères, les ours rugissent dans les *carceres* et font trembler le Colisée tout entier. La porte impériale s'ouvre,

---

[1] Hoc Titi potentia principalis divitiarum profuso flumine, excogitavit ædificium fieri. Cassiod., *Epist. variar.* 45.

le préteur s'avance, drapé dans son riche manteau de pourpre, rattaché sur l'épaule droite par un bouton d'or ; il monte sur le *podium* et vient prendre la place d'honneur, car l'empereur est en Orient : il est suivi des vestales, vêtues de blanc, du sénat en manteau blanc rehaussé d'or. Tous les portiques sont ouverts ; quatre-vingt-sept mille spectateurs garnissent les degrés de l'amphithéâtre, douze mille regardent du haut de la terrasse. Entre le premier et le dernier portique, les matrones et leurs filles, étincelantes de pourpre, d'or et de diamants, forment une éblouissante ceinture autour de l'amphithéâtre. Tout à coup un grand silence s'établit, le prêtre de Jupiter *Latiale* s'avance par la porte qui regarde l'arc de Tite ; un *Pontificius* [1], tenu par des Prétoriens, est au pied de l'autel : on l'étend, le *Flamen dialis* a saisi le couteau ; la victime est égorgée ; le peuple a battu des mains ; Jupiter est content, et les jeux peuvent commencer.

Aussitôt la musique fait entendre de bruyantes fanfares, et, sous la porte par où le prêtre est entré, apparaissent les *venatores*, armés pour combattre les bêtes. Ils sont rangés sur deux lignes, ils ont un fouet à la main, dont ils frappent chacun un coup sur les infortunés qui passent nus au milieu d'eux : ce sont les *bestiarii*, victimes dévouées aux bêtes. On ne peut les compter, tant elles sont nombreuses ! La plupart sont de pauvres esclaves fugitifs, des prisonniers de guerre, des chrétiens et des chrétiennes, jeunes enfants et vieillards blanchis par les années. Précédées d'un héraut, elles font le tour de l'arène, et en passant devant la tente de l'empereur elles s'inclinent en disant : *Cæsar, morituri te sa-*

---

[1] Victime humaine.

lutant. « César, ceux qui vont mourir te saluent [1]. »

Cependant on divise la troupe par petites bandes, on ne veut pas qu'elle soit égorgée d'un seul coup, il faut prolonger le plaisir. Ceux qui doivent mourir les premiers restent dans l'arène, attachés à des poteaux ou enveloppés dans des filets ; les autres sont mis en réserve dans les *carceres*. Tous les spectateurs sont impatients. Les vestales, qui le croirait ? les vestales donnent le signal du carnage. Les herses sont levées ; les lions, les ours, les panthères, piqués, brûlés par les gladiateurs, s'élancent furieux dans l'amphithéâtre : et voilà des têtes, des bras, des jambes broyées, des entrailles déchirées qui ensanglantent l'arène et le *podium*. Le peuple a bu le premier sang, mais il n'est pas enivré, et il veut l'être. Le combat continue, chaque troupe de *bestiaires* paraît à son tour. Les émotions deviennent plus vives, plus agréables ; le sénat, les vestales, les matrones, les spectateurs demandent, en trépignant, de nouvelles bêtes et de nouvelles victimes. La liste funèbre est épuisée : il n'y a plus de chair humaine à déchirer, pour le peuple plus de sang à boire.

Que dis-je ? si les *bestiaires* sont morts, les gladiateurs restent ; on va leur préparer la place. Les lions et les panthères rentrent dans leurs loges. Les *confecteurs*, armés de crocs, entraînent les cadavres dans le *spoliarium*. Deux de leurs chefs se promènent dans la vaste enceinte libitinaire : l'un s'appelle Mercure, l'autre Pluton, parce qu'ils portent les insignes de ces divinités. Mercure

---

[1] Au lieu de ce mot, les chrétiens faisaient entendre aux juges de sévères avertissements. Ainsi, en passant devant le balcon du proconsul Hilarien, les martyrs de Carthage lui dirent : « Tu nous juges en ce monde, mais Dieu te jugera dans « l'autre. »

touche les corps avec un caducée de fer incandescent, pour reconnaître ceux qui conservent encore quelques principes de vie; Pluton assomme avec un maillet les malheureux que n'attend aucun espoir de guérison[1]. Aux *confecteurs* succèdent dans l'arène de jeunes et beaux esclaves, élégamment vêtus, qui viennent retourner avec des râteaux la poussière ensanglantée.

Pendant cette opération, les tuyaux ménagés avec art dans toutes les parties de l'amphithéâtre distillent sur les spectateurs une rosée odorante qui rafraîchit l'air et corrige l'âcre parfum du sang[2]. Comme un immense éventail, le *velarium* brodé d'or ondoie au-dessus des têtes; des symphonies et des chants, mêlés à un orchestre de mille instruments[3]; cent bouffons, aux costumes et aux manières les plus bizarres, les plus étranges, amusent le peuple impatient de nouveaux combats.

Enfin voici les gladiateurs : ils arrivent sur des chars brillamment peints de diverses couleurs, et font le tour de l'amphithéâtre : *Cæsar, morituri te salutant*, crient-ils tous ensemble en passant devant la tente de l'empereur. Ils mettent pied à terre et se répandent dans l'arène. Leur vêtement se compose d'un *subligaculum*, pièce d'étoffe rouge ou blanche, pendant en draperie sur les cuisses, relevée sur les hanches et fixée autour du corps par une brillante ceinture de cuivre ciselé. Un cothurne de cuir bleu ou une bottine de bronze, *ocrea*, forme leur chaussure : le reste du corps est entièrement nu. Pour armure, les uns portent un petit bouclier rond,

---

[1] Senec., *Epist.* 93.
[2] Id., *Quæst. Nat.*, II, 9, *ep.* 90.
[3] Id., *ep.* 85.

parma, un trident et un filet ; ce sont les rétiaires, *retiarii :* les autres, une faux recourbée, un grand bouclier rond, *clypeus,* un casque surmonté d'une aigrette rouge, ou d'un poisson pour cimier ; ce sont les *mirmillones,* la plupart nos infortunés compatriotes [1]. Les laquéateurs, *laquearii,* sont armés du lacet avec lequel ils cherchent à s'étrangler mutuellement : ils n'ont pour arme défensive qu'un bouclier de cuir. Ceux que vous voyez armés d'une épée, le bras droit couvert de brassards peints en bleu, le gauche muni d'un *clypeus,* la tête chargée d'un casque ailé, peint en bleu et dont le cimier reçoit une crinière rouge, sont les gladiateurs proprement dits, *gladiatores.* Les uns sont à pied, les autres à cheval.

Les *dimachaires* n'ont point d'armes défensives, point de bouclier, mais une épée à chaque main. Les *essédaires* combattent sur des chars traînés par des esclaves. Les *andabates* sont des malheureux qui ont les yeux bandés et qui combattent en aveugles. Ces différentes espèces de gladiateurs ne luttent pas toutes ensemble, mais fournissent successivement leur genre de combat particulier : la variété dans la manière dont la mort est donnée ou reçue multiplie les jouissances de ce peuple blasé. Quel est ce bataillon qui se tient à l'écart, qui prélude au combat réel par des joutes simulées et promène sur l'amphithéâtre un regard tranquille? Reconnaissez les *auctorati,* gladiateurs qui ont vendu leur vie pour amuser le peuple par le spectacle de leur mort. Dans cette armée, prête à en venir aux mains, il y a des combattants qu'on appelle *sine missione ;* pas un seul ne doit survivre au combat, vous les verrez tous mourir. On a soin d'indiquer dans le programme des jeux si le combat sera sans

---

[1] Festus Lips. *in Satur.,* lib. II, c. 7.

mission; c'est un moyen d'attirer la foule [1]. Les trompettes ont retenti : la lutte est commencée. Les épées se croisent, les lances s'entre-choquent, le sang coule à flots; et cependant le peuple bondit de colère sur ses siéges : quelle en est la cause? C'est ce gladiateur qui cherche toujours à frapper son adversaire à la tête.

Le misérable ! Il ne sait donc pas que telles blessures produisent ordinairement une mort instantanée; et quel plaisir y a-t-il à voir mourir un homme s'il ne souffre pas? Tuer un gladiateur du premier coup, c'est empiéter sur la volupté romaine. Cependant le combat s'anime; mais il ne s'échauffe pas encore au gré du peuple : tout l'amphithéâtre se tient pour outragé, pour méprisé par des gladiateurs qui se tuent avec mollesse, et qui ne périssent pas avec gaieté. Une fureur désordonnée éclate contre ces malheureux; une horrible férocité anime tous les visages; des cris effroyables font trembler le Colisée; les spectateurs, y compris les vestales, se lèvent, trépignent de rage, se livrent à des gestes si menaçants, si terribles, si convulsifs, qu'on les croit au moment de descendre dans l'arène pour déchirer eux-mêmes les tristes objets de leur ignoble courroux [2].

Mais voyez ces hommes qui s'élancent de l'extrémité de l'arène? ce sont les marchands qui ont fourni la pâtée gladiatoriale [3]; ils tombent à grands coups de lanières et de verges sur ce troupeau de timides combattants, et, employant même le feu, parviennent à les rendre un peu plus intrépides [4]. Le peuple se venge de leur lâcheté

---

[1] Hodierna pugna non habet missionem. *Apul.*, lib. II.
[2] Senec., *de Ira*, I, 2.
[3] Gladiatoria sagina. Tac. *Hist.*; II, 88, V.
[4] Senec., *Ep.* 37; Petron., 117.

en les condamnant presque tous : deux ou trois seulement reçoivent leur grâce, par le don d'une baguette et d'un bonnet d'affranchi. Vainement les autres essayent de rendre les armes et d'attendrir leurs juges ; la manière humble et tremblante dont ils implorent la vie ne fait que redoubler la haine allumée contre eux. Non-seulement tous périssent (et pendant les jeux de Trajan il en périt dix mille[1]), mais le peuple dans l'emportement de sa férocité, craignant que quelque victime ne feigne la mort qui ne l'aurait pas atteint, ordonne de retourner les corps, et d'émousser de nouveaux glaives sur ces cadavres insensibles et sanglants[2].

Toutefois une longue péripétie a tenu les spectateurs en suspens et produit des émotions délicieuses. Avant le coup mortel, de graves blessures ont été reçues, et reçues avec grâce suivant les règles obligées du combat. A chaque plaie profonde, à chaque chute d'une victime, un cri part de tous les points de l'amphithéâtre : *Hoc habet! hoc habet!* « Il en tient ! il en tient ! » et une joie infernale, satanique, illumine toutes les faces. Le malheureux tombé se relève et, mettant un genou en terre, il demande humblement grâce de la vie ; son vainqueur est là, promenant des regards sur l'amphithéâtre pour chercher la sentence du peuple. Les pouces se lèvent, il est sauvé ; les pouces s'abaissent, il est condamné. Il va mourir ; mais sa mort doit être pour les spectateurs une nouvelle et suprême jouissance. Il faut que chaque victime renversée aux pieds de son adversaire, dans une chute dont l'art même a dû dérober la honte[3], prenne

---

[1] Xiphil., *Trajan.*, p. 247.
[2] Lact., VI, 20.
[3] Cic., *Tuscul.*, II, 17.

l'extrémité du glaive que lui présente son vainqueur, tende la gorge et dirige elle-même la pointe homicide qui doit terminer sa vie [1]. Une explosion de joie salue chaque exécution ; elle part de tous les rangs, même de la loge des vestales. On voit ces vierges, *si douces et si modestes*, se lever à chaque coup, s'extasier toutes les fois que le vainqueur enfonce le glaive dans la gorge du vaincu, et compter par combien de blessures le gladiateur mourant arrose l'arène de son sang [2].

La trompette lugubre a sonné de nouveau, et la *porte des Morts* a donné passage à plusieurs centaines de cadavres sanglants et mutilés. Pour la troisième fois d'élégants esclaves ont retourné le sable de l'arène; le combat des hommes contre des hommes a cessé. Le peuple n'est pas satisfait; il lui faut de nouvelles jouissances, c'est-à-dire du sang, toujours du sang, mais du sang versé d'une autre manière : et il en aura. En attendant voici un intermède propre à remuer les hideuses fibres de son âme qui seraient demeurées assoupies. Des esclaves richement vêtus apportent des réchauds remplis de charbons ardents. Le peuple a lu le fait de Mutius Scævola; mais il ne l'a pas vu, et il veut le voir, parce qu'il y a dans ce spectacle une torture à savourer. Un malheureux, conduit par des prétoriens, est obligé d'étendre le poing sur ces brasiers. Pour le contraindre à cette horrible parodie, on l'a revêtu d'une robe soufrée, *tunica incendialis*, à laquelle deux bourreaux armés de

---

[1] Senec., *Ep.* 30. — Sainte Perpétue en fut réduite là.

[2] ..... Consurgit ad ictus
Et quoties victor ferrum jugulo inserit, illa
Delicias ait esse suas, pectusque jacentis
Virgo modesta jubet conversa pollice rumpi.
Prudent. in Symmach., II, v. 1100-1115.

torches se tiennent prêts à mettre le feu au moindre signe d'hésitation [1].

Pendant que le peuple respire cette fumée de chair humaine, on a terminé les préparatifs de *la chasse*. Des compagnies de *bestiaires* entrent par la porte occidentale du Colisée; tandis que sous la grande porte on voit s'avancer, conduites par un mécanisme invisible, des montagnes couvertes d'arbustes et de gazon. De leurs flancs, subitement entr'ouverts, s'élancent des ours, des lions, des panthères, des bisons [2]. Le carnage recommence, le sang coule à grands flots, les applaudissements s'élèvent jusqu'à la frénésie. Bientôt sur la poussière ensanglantée de l'arène, gisent pêle-mêle les animaux et les hommes. Tout est mort, excepté quelques ours des Alpes et quelques lions de Numidie, qui, restés maîtres du champ de bataille, se promènent à travers les cadavres, cherchant de nouvelles victimes. Ces terribles animaux sont enfin repus de sang et de chair humaine; ils sont couchés dans l'arène achevant de ronger les os à moitié broyés de quelques bestiaires. Pourquoi ne les fait-on pas rentrer dans les *carceres?* Ils doivent servir à un nouveau spectacle qui fera trépigner de joie et rire vingt fois d'un rire convulsif et le sénat, et les vestales, et le peuple. Un esclave est poussé dans l'arène; sur sa main étendue repose un œuf qu'il doit porter sans le laisser tomber, et sans fermer la main, d'un bout de l'arène à l'autre. La crainte, la pâleur, les angoisses de

---

[1] Martial., VII, 30; Xiphil., 25.
[2] Receptaculum omnium ferarum in amphitheatro extructum erat instar navis, quæ capere simul et emittere posset ad feras quadringentas : ea autem de subito occulte soluta exsiliebant ursi, leæ, pantheræ, leones, struthiones, onagri, bisontes. Dio *in Severo*; id. *in Neron.*; Vopisc. *in Prob*.

ce malheureux, les mouvements des lions, leurs sourds mugissements, excitent des sensations délicieuses dans tous les spectateurs, qui bondissent de joie si un coup de dent ou de griffe vient déchirer l'acteur infortuné de ce jeu cruel. Cependant la nuit approche, et le peuple impatient demande encore des *bestiaires :* il n'y en a plus. Quoi ! le peuple romain restera sans plaisir, et les lions sans pâture ? Non, l'empereur lui-même, Trajan s'est fait le pourvoyeur du Colisée. Quel est ce trépignement de joie qui se manifeste sur tous les gradins de l'amphithéâtre ? Voyez ce centurion qui arrive précipitamment sur le *podium,* qui parle au préteur, à qui il remet une dépêche impériale. Il annonce l'arrivée d'Ignace, surnommé *Théophore,* l'évêque des chrétiens, que l'empereur envoie d'Orient pour être livré aux bêtes. Quel bonheur !

En effet, l'an 116 de Jésus-Christ, le 20 décembre, ce même jour où nous sommes au Colisée, Ignace débarquait à Ostie. Pressé par les soldats chargés de le conduire, il faut qu'il arrive dans la grande Rome avant le coucher du soleil; c'est aujourd'hui le dernier jour des jeux: le martyr est à la porte de l'amphithéâtre. Le préteur se lève et lit au peuple la lettre de Trajan : « Nous ordonnons que Ignace, qui dit porter en lui-même le Crucifié, soit enchaîné et conduit par des soldats dans la grande Rome, afin de servir de pâture aux bêtes et de spectacle au peuple [1]. » Un long battement de mains témoigne de l'allégresse et de la reconnaissance du peuple. Le

---

[1] Ignatium præcipimus in seipso dicentem circumferre Crucifixum, vinctum à militibus in magnam Romam duci, cibum bestiarum, in spectaculum plebis futurum. *Act. Sincer. S. Ignat.,* ap. Ruinart.

vénérable vieillard passe sous les fouets des *venatores* qui le poussent dans l'arène. A sa vue les cent mille spectateurs battent encore des mains ; les lions poussent d'affreux rugissements. Ignace se met à genoux et dit : « Je suis le froment du Seigneur ; il faut que je sois moulu par les dents des bêtes pour devenir le pain pur de Jésus-Christ. » Il a parlé ; et voici deux lions qui se jettent sur lui, et qui le dévorent en un moment, sans rien laisser de son corps que les plus gros et les plus durs de ses os.

Le martyr est immolé ; peuple féroce, es-tu satisfait? Non ; comme le tigre que le sang altère, Rome, qui vient de boire avec délices quelques gouttes du sang chrétien, veut en boire jusqu'à l'ivresse. Elle le voudra encore pendant deux siècles, et une armée de martyrs viendra, sur les pas d'Ignace, expirer dans l'amphithéâtre. Bats des mains, peuple insensé, trépigne de joie à la vue de leurs tortures ! Tu ne sais pas que leur mort victorieuse ébranle les autels de tes dieux et fera bientôt crouler ton Capitole et ton Colisée lui-même ! En attendant, on voit au nombre de ces glorieux champions, tour à tour entrés dans l'arène, Eustache, capitaine de cavalerie sous Titus, au siége de Jérusalem, général des armées romaines sous Adrien, et avec lui son épouse et ses deux fils, nobles rejetons des plus anciennes familles ; les illustres vierges Martine, Tatiane et Prisca, toutes trois filles de consuls et de sénateurs ; le sénateur Julius ; Marin, fils d'un autre sénateur ; les évêques Alexandre et Eleuthère ; les jeunes princes persans Abdon et Sennon ; deux cents soldats à la fois, et une foule innombrable de héros et d'héroïnes de tout âge et de tous pays, dont le triomphe illustra ce Capitole des martyrs : souvenirs, émotions, enseignements profanes et chrétiens, le Colisée fournit tout cela. Ai-je tort de demander s'il est sous le ciel un livre plus éloquent et plus complet¹?

¹ Pour achever de peindre le Colisée, et la société païenne qui en avait fait sa demeure ordinaire, ajoutons que le jour ne suffisant pas aux spectacles, on les prolongeait pendant la nuit*. Le Colisée s'illuminait d'innombrables flambeaux, et les scènes de carnage recommençaient, continuaient, se prolongeaient pendant deux, trois et jusqu'à cinq jours et cinq nuits sans interruption**. On mangeait à l'amphithéâtre; les sénateurs, les chevaliers romains, les matrones elles-mêmes, transformés en gladiateurs, descendaient dans l'arène, et le péril couru par ces nobles combattants redoublait le plaisir des spectateurs. Aux combats de terre succédaient les batailles navales; on vit un jour l'arène remplie, non d'eau, mais de vin, et trente-six crocodiles avec plusieurs hippopotames lutter contre les gladiateurs montés sur des barques***. On a calculé que ce peuple, roi du monde païen, passait près des deux tiers de l'année au théâtre, à l'amphithéâtre et au cirque. On comprend maintenant toute la vérité de cette dégradante devise, résumé de sa vie : *Duas tantum res anxius optat, panem et circenses.* Quant à sa fureur pour les spectacles sanglants, les détails suivants, ajoutés à ceux qui précèdent, pourront en donner une faible idée. Les Romains ne pouvaient se passer des combats de gladiateurs; ils bâtirent des amphithéâtres dans toutes les villes importantes de l'empire; ils les introduisirent jusque dans leurs festins, ils y couraient avec plus d'ardeur qu'aux comices mêmes. (Strab., v, p. 121.) Cicéron, étant consul, fut obligé de porter une loi qui rendait inhabile le candidat qui, avant les élections, aurait promis au peuple un présent de gladiateurs, tant on était certain d'obtenir les suffrages en faisant une semblable promesse! Les triomphateurs, les édiles, les principaux magistrats, les riches citoyens et surtout les empereurs, se faisaient un devoir, pour être agréables au

* Venationes, gladiatoresque noctibus ad lychnychos dedit : nec virorum modo pugnas, sed et fœminarum. Suet. *in Domitian.*; Xiphil. *in id.*; Statius *in Sylvis*, etc.
** Cicer., *Epist. famil.* VIII, 1; Spartian., *Hadrian.*, 7.
*** Solin., 34; Dio, LV, p. 635.

21 Décembre.

Arc de Constantin. — Église de Saint-Clément. — Antiquité, forme primitive. — Le consul Flavius-Clemens. — Le pauvre paralytique. — Bibliothèques. — Bouquinistes. — Mendiants. — Traits de mœurs.

Les ossements de saint Ignace, recueillis avec respect par les frères qui l'avaient accompagné depuis l'O-

peuple, de prodiguer les gladiateurs. On en donna d'abord cinquante paires, puis trois cents, puis sept cents. Trajan en donna 10,000 ; on ne peut compter ceux que donnèrent Titus, Domitien, Héliogabale. Quelques-uns de ces monstres couronnés avaient une telle passion pour ces horribles fêtes, que dès le matin ils descendaient à l'amphithéâtre, et à midi, lorsque le peuple allait dîner, ils restaient dans leur loge, et, à défaut de gladiateurs désignés, faisaient combattre les premiers venus. (Suet. *in Claud.*) Jules César ne rougit pas de se faire le Laniste du peuple romain. Il entretenait à ses frais une école de gladiateurs. (Suet., *Cæs.*, 26.) Auguste adopta cette institution, et les empereurs possédèrent des gladiateurs toujours prêts à combattre à la demande du peuple. (Mart., *de Spect.* 22.) Jamais les prisonniers de guerre, les malfaiteurs, les esclaves fugitifs n'auraient pu suffire à cette effroyable consommation de victimes humaines : les chrétiens se trouvèrent là pour y suppléer. Qu'on juge de l'immensité de ces boucheries, prolongées durant plus de cinq cents ans, par le nombre des animaux amenés dans l'arène. C'est par milliers qu'arrivaient successivement, de toutes les parties du monde, les ours, les léopards, les rhinocéros, les taureaux sauvages. Scipion Nasica et P. Lentulus firent paraître dans leurs jeux 60 panthères et 40 autres animaux, tant ours qu'éléphants. (Tit.-Liv., 44, 18.) Scaurus donna 150 panthères ; Sylla, 100 lions à crinières ; Pompée, 600 lions, dont 315 à crinières, 410 panthères et 20 éléphants ; César, 400 lions ; Drusus, 20 éléphants ; Servilius, 300 ours et autant de bêtes africaines ; Titus, 5,000 bêtes en un jour ; Trajan, 10,000 pendant les jeux ; Domitien, 1,000 autruches, 1,000 cerfs, 1,000 sangliers, 1,000 rient, furent par eux reportés en triomphe à Antioche. Plus tard ils ont été rapportés à Rome et déposés dans la vénérable église de Saint-Clément, située à quelques pas de l'amphithéâtre. Afin de compléter nos impressions de la veille nous allâmes rendre nos hommages à ces restes tant de fois vénérables. Devant nous se trou-

chamois-girafes et autres animaux herbivores *. Pour subvenir aux dépenses des jeux, on frappait de lourdes contributions en argent sur les provinces; et pour avoir des animaux, on mettait l'impôt en nature. Les gouverneurs obligeaient leurs administrés à faire des battues générales, dont le produit s'expédiait à Rome, où ces animaux étaient amenés à grands frais, puis renfermés dans des cages et nourris dans des *vivaria*, jusqu'au moment où l'on en avait besoin. (Procop. *de Bell. Gothic.*, 1.) Enfin, ce gibier devint rare, et une loi fut portée qui défendit de tuer un lion en Afrique. (*Cod. Theod.*, t. VI, p. 92.)

Tel était le monde païen aux jours du Christianisme naissant. « Il faut, dit un écrivain distingué, que les témoignages soient unanimes, que toutes ces choses nous soient racontées parfois avec un faible mouvement de pitié, plus souvent avec un sang-froid indifférent, quelquefois même avec une joie enthousiaste (Plin., *Paneg.*, 33), par ceux qui, tous les jours, en étaient spectateurs ; il faut qu'une centaine d'amphithéâtres soient demeurés debout, que nous ayons pu pénétrer dans la caverne où l'on achevait les victimes, dans la loge où les lions et les tigres étaient enfermés à côté du prisonnier humain ; que nous ayons lu le programme de ces horribles fêtes ; que nous ayons ramassé le billet qui donnait droit d'y assister ; que les bas-reliefs antiques nous aient transmis l'image de ces épouvantables plaisirs, pour que nous puissions y croire, pour que le philosophe chrétien arrive à démêler dans le fond du cœur de l'homme cette fibre hideuse qui aime le meurtre pour le meurtre, le sang pour le sang **. »

* Plin., VIII, 45, 16; c. Solin., 26; Vopisc. *in Prob.*; Mart. *de Spect.*, 23, etc., etc.
** M. de Champagny, *les Césars*, t. II, p. 188.

vèrent de nouveau le Colisée et l'arc de Constantin. Sur la porte de l'amphithéâtre, par où entrèrent tant de héros chrétiens, on a placé une plaque de marbre qui redit la sainteté de ces lieux baignés du sang de nos pères. A l'exemple de tous les pèlerins catholiques, nous la baisâmes avec un respectueux amour, en demandant pour nos amis et pour nous la foi des martyrs.

Nous nous arrêtâmes ensuite devant l'arc de Constantin, pour terminer l'étude de ce monument capital. Ses trois arcades sont remarquables tant par l'étendue de leurs dimensions que par l'élégance de leur forme. La disposition des bas-reliefs et des statues est aussi d'un goût irréprochable. Quant à ces ornements même, les uns appartiennent à la meilleure époque, les autres annoncent la décadence de l'art. Les huit colonnes de marbre précieux, les statues, plusieurs médaillons d'une grande beauté proviennent des arcs de Trajan et de Marc-Aurèle; ce qui est d'un travail inférieur est contemporain de l'édifice.

Cette bigarrure donne lieu à une question importante : Si les artistes du quatrième siècle ont eu assez de goût pour élever un arc de triomphe dont les proportions et la disposition générale ne laissent rien à désirer, peut-on raisonnablement leur refuser le talent nécessaire pour en sculpter, au moins d'une manière passable, les ornements secondaires? S'ils l'ont eu, d'où vient qu'ils ont employé des pièces toutes faites? D'où vient surtout que le sénat, gardien sévère des monuments publics, a permis, a ordonné de mutiler les arcs de triomphe élevés aux empereurs qui furent les plus chères idoles des Romains, au profit d'un prince dont l'empire encore à moitié païen acceptait la domination plutôt qu'il ne l'aimait? De ce fait anormal on ne trouve qu'une explication. Dans l'arc de Constantin, comme dans la plupart des anciennes églises de Rome, la Providence a voulu que les monuments des persécuteurs eux-mêmes fournissent les matériaux d'un édifice destiné à perpétuer de génération en génération le triomphe éclatant du Christianisme, et la substitution miraculeuse de Rome à Rome dans l'empire éternel du monde [1].

Cette explication est d'autant mieux fondée que le sénat, si reconnaissant qu'on le suppose envers Constantin, se montrait encore bien éloigné de partager sa foi religieuse. L'arc même qu'il éleva en l'honneur de ce prince en fournit la preuve. Il est vrai, pour ne pas se rendre odieux ou ridicule en niant le miracle qui avait donné l'empire au fils de Constance, le sénat dit, dans l'inscription : qu'*il a vaincu le tyran par l'inspiration de la Divinité, instinctu Divinitatis;* ce mot amphibologique est le seul hommage que la vérité arrache aux Pères conscrits. Quant à la croix, emblème beaucoup plus énergique, vous ne la trouvez nulle part sur l'arc de Constantin. Pourtant le sénat ne pouvait rien faire de plus agréable à l'empereur que de graver sur ce monument le signe sacré auquel le vainqueur de Maxence se confessait redevable de la victoire. Cette omission choquante n'échappa point à l'empereur : « Mais, dit Eusèbe, n'osant heurter de front les préjugés du sénat, encore païen, Constantin pour se dédommager, fit placer la croix au sommet d'un obélisque érigé par ses ordres dans le centre même de la ville [2]. » Honneur au génie de Sixte V, qui a relevé le glorieux monolithe sur lequel la recon-

[1] Baron, an. 312, t. III, p. 64, n. 56.
[2] *Vit. Const.,* l. I, c. 33.

naissance du premier César chrétien grava l'inscription suivante :

HOC SALVTARI SIGNO, VERO FORTITVDINIS INDICIO,
CIVITATEM VESTRAM TYRANNIDIS JVGO LIBERAVI ET
S. P. Q. R. IN LIBERTATEM VINDICANS, PRISTINÆ
AMPLITVDINI ET SPLENDORI RESTITVI.

L'absence de la croix sur l'arc de Constantin est une indication précieuse de l'état social de l'empire à cette époque de transition. L'empereur et une partie du peuple sont chrétiens, mais le sénat et la haute administration demeurent païens. On est heureux de voir graver sur le marbre cette parole écrite dans les Lettres de saint Paul : que l'Évangile a commencé par les pauvres et non par les riches, par les faibles et non par les forts. De ce passage lent et difficile du paganisme à la foi, l'arc de Constantin me rappela un autre témoignage plus significatif encore que le précédent. Ce n'est pas sans étonnement qu'on lit dans les inscriptions et sur les médailles des premiers empereurs chrétiens le titre païen de *Souverain Pontife : Pont. Max.* Entre bien des preuves, il suffira de citer l'inscription du pont Cestius, près de l'île du Tibre :

DOMINI. NOSTRI. IMPERATORES CÆSARES
FL. VALENTINIANVS. PIVS. FELIX MAXIMVS. VICTOR. AC.
TRIVMF. SEMPER. AVG. PONTIF. MAXIMVS.

. . . .
. . . .

FL. VALENS. PIVS. FELIX. MAX. VICTOR. AC. TRIVMF.
SEMPER. AVG. PONTIF. MAXIMVS.

. . . .

. . . .
**FL. GRATIANVS. PIVS. FELIX. MAX. VICTOR. AC.
TRIVMF. SEMPER. AVG. PONTIF. MAXIMVS.**
. . . .
. . . .
PONTEM. FELICIS. NOMINIS. GRATIANI.
IN. VSVM. SENATVS. AC. POPVLI. ROM.
CONSTITVI. DEDICARIQVE. IVSSERVNT.

Quelle peut être la raison de cette étrange coutume dans laquelle plusieurs ont cru voir un reste d'idolâtrie? Elle est dans le fait signalé plus haut. Auguste, voulant réunir en sa personne la puissance suprême, se fit décerner le titre de Souverain Pontife; ses successeurs eurent soin de l'imiter, et, comme l'empereur actuel de la Chine, tous offraient réellement des sacrifices. A partir de Constantin jusqu'à Gratien, les maîtres du monde continuèrent à recevoir l'investiture du Souverain Pontificat. Était-ce pour en exercer les fonctions sacriléges? Nullement : ils prenaient ce titre afin de jouir des droits civils qu'il emportait avec lui. Les Romains, qui furent le peuple le plus religieux de l'antiquité, ne regardaient pas comme empereur celui qui n'était pas en même temps Souverain Pontife. De plus, le Souverain Pontife avait une puissance fort étendue, supérieure même à celle des consuls. Il pouvait empêcher la tenue des comices, ou annuler leurs délibérations ; empêcher le sénat de délibérer, suspendre l'exécution de ses décrets, défendre de déclarer la guerre, obliger même les consuls à donner leur démission [1]. On voit combien cette puis-

---

[1] Cicer., *De Nat. deor.*, lib. II; *De Legib.*, lib. II; Tacit., *De Morib. Germ.*; Valer. Max., lib. III, c. 2, 3.

sance pontificale était nécessaire aux empereurs païens, et pourquoi ils voulurent la posséder. Elle était peut-être plus indispensable aux empereurs chrétiens. Placés en face d'un sénat, d'une armée, d'un monde encore à moitié païen qui ne portait leur joug qu'avec peine, et toujours disposé à saisir le moindre motif d'entraver l'exercice de leur pouvoir, ils auraient vu leur action continuellement paralysée, si la puissance pontificale eût été entre des mains étrangères. Une fois les circonstances changées, ils renoncèrent à un titre désormais inutile [1].

Pour revenir à l'arc de Constantin, on remarque sous la voussure de la grande arcade deux médaillons en marbre de l'empereur, d'un bon travail : ils sont environnés d'étendards et surmontés de la Victoire qui tient la couronne sur la tête du vainqueur. Sur la frise des deux petites arcades on lit d'un côté : VOTIS X; de l'autre : VOTIS XX. Nouvel hiéroglyghe qu'il faut déchiffrer. Auguste, imité plus tard par Napoléon, se fit donner, par les suffrages du peuple, le suprême pouvoir dont il jouissait déjà de fait ; il ne le demanda même que pour dix ans, tant il semblait respecter la liberté romaine. Au bout de dix ans, il se le fit renouveler pour cinq ans, puis pour cinq autres, ainsi de suite, en sorte que le pouvoir lui fut continué toute sa vie. Bien qu'empereurs à perpétuité, les Césars suivirent l'exemple du divin Auguste [2]. Constantin, le trouvant établi, s'y conforma; et

---

[1] Bar., *Sup.*, p. 71, n. 48.
[2] Le passage de Dion mérite d'être cité : « Cæsar quo longius Romanos a suspicione regiæ potestatis sibi propositæ abduceret, imperium in suos decennale suscepit. Et cum primum decennium exivisset, aliud quinquiennium, atque eo circum-acto rursus aliud quinquiennium : post decennium, ac eo finito, aliud iterum decretum est; ita ut continuatis decenniis per totam vitam

la double inscription citée plus haut témoigne que *par les suffrages* Constantin a reçu le pouvoir du peuple, pour *dix ans*, pour *vingt ans*. La même inscription revient sur un grand nombre de médailles impériales antérieures et postérieures à l'ère chrétienne. Quelle page d'histoire que l'arc de Constantin, étudié si légèrement par les voyageurs actuels !

Entrés dans la rue de *San-Giovanni Laterano*, nous rencontrâmes bientôt l'église de Saint-Clément. La simplicité de l'architecture, la modestie, je dirais presque l'humilité des proportions, la conformité des parties essentielles avec les prescriptions apostoliques, la beauté des mosaïques, les vestiges précieux d'antiquité, les souvenirs, les reliques célèbres ; tout, dans cette église, intéresse le savant et attendrit le chrétien des derniers âges. Dédiée au pape et martyr saint Clément, disciple de saint Pierre et son troisième successeur, elle remonte aux siècles primitifs. Avec cet instinct de conservation qui distingue les Pontifes romains, Clément XI la fit restaurer sans toucher aux vénérables restes d'antiquité dont elle est dépositaire. Grâces lui en soient rendues, car on peut assurer avec vérité que cette basilique est la seule dans Rome qui conserve son ancienne structure.

Bâtie d'après les règles des constitutions apostoliques [1], elle présente l'abside, *concha*, ornée plus tard d'une superbe mosaïque ; le *presbyterium*, formant le

---

summam imperii obtinuerit. Quam ob causam posteriores quoque imperatores, et si non ad certum tempus, sed per omne vitæ spatium iis imperium deferatur, tamen singulis decenniis festum pro ejus renovatione agunt, quod hodie etiam fit. » Lib. LIII.

[1] Lib. II, c. 56.

ANTIQUITÉ, FORME PRIMITIVE. 397

chevet, espace semi-circulaire derrière l'autel, destiné à l'évêque et au clergé. Vous y voyez la chaire du Pontife plus élevée que les autres; les siéges des clercs; le ciboire, *ciborium, tegmen, tabernaculum,* tabernacle aérien soutenu par quatre colonnes; l'*ara*, ou table de marbre servant d'autel; dans cette table, la *confession*, lieu où reposent les reliques des martyrs; devant, les *transennæ*, balustrades de marbre à jour, servant de grilles pour protéger la confession. Dans le chœur, *bema*, les *ambons, ab ambiendo,* d'où l'on annonçait la parole divine; les *lectoria*, d'où se faisait la lecture des livres saints : on en compte trois, tous en marbre. Deux sont tournés vers l'autel : le plus petit, destiné à la lecture de l'épître; le plus élevé, à la lecture de l'évangile. Près de ce dernier est le candélabre *lapillatum*, c'est-à-dire en marbre, revêtu d'une marqueterie en mosaïque. Le troisième, tourné vers le peuple, servait à lire les prophéties de l'Ancien Testament. Des *ambons*, se prêchaient aussi les homélies et les discours adressés aux fidèles [1]. On remarque encore le *pastophorium*, lieu sacré où l'on conservait la sainte Eucharistie, comme l'indiquait saint Paulin; il est à droite et sert aujourd'hui de tabernacle pour les saintes huiles. A gauche était une armoire destinée à renfermer les livres canoniques. Saint-Clément présente encore la nef antique, *navis*, et au-devant de l'église le portique quadrangulaire, *porticus quadripartitus*.

Tels sont les principaux vestiges de notre vénérable antiquité qui se trouvent dans cette modeste basilique. Le souvenir de nos pères dont les mains ont fabriqué tous ces objets, la pensée des générations nombreuses

---

[1] *Hist. Tripartit.*, lib. x.

qui les ont vus, qui les ont entourés, qui les ont arrosés de leurs larmes et parfumés de l'encens de leurs prières, vous reportent aux beaux âges de l'Église et vous jettent dans une religieuse mélancolie. Monde du dix-neuvième siècle, qu'as-tu fait de la piété et de la foi de tes pères?

Distraits un instant par l'étude de l'antiquité, nous revînmes à la pensée qui avait dirigé nos pas. Vénérer le glorieux martyr au triomphe duquel nous avions assisté dans l'amphithéâtre, tel était le but de notre pèlerinage. Les ossements d'Ignace, brisés par les dents des lions, reposent sous le maître-autel avec ceux du pape saint Clément et de l'illustre martyr Flavius Clemens, cousin de Domitien, mis à mort par ce farouche persécuteur. Quel fervent *Credo* on récite là, agenouillé devant ce glorieux autel! Les monuments écrits manquaient pour constater le culte rendu par l'Église primitive au martyr consul et cousin des empereurs Titus et Domitien. En 1725, une antique inscription vint lever tous les doutes à cet égard. Gravée sur une table de marbre, elle fut trouvée dans l'église de Saint-Clément, sous le maître-autel, où elle recouvrait un petite châsse de plomb contenant des ossements, des cendres imprégnées de sang, un vase de verre brisé, deux croix, etc. Cette inscription est ainsi conçue :

FLAVIUS. CLEM. MTR.
HIC. FELICIT. E. TV.

« Flavius Clemens martyr, hic feliciter est tumulatus[1]. » Aux noms des plus illustres martyrs la vénérable ba-

---

[1] *Voyez* Mémoires relatifs à l'hist. eccl., par M. de Greppo, p. 178. — Cette inscription contient une troisième ligne qui a fort exercé les savants. Voyez le P. Zaccaria, *Dissert.*, etc.

silique ajoute des souvenirs également précieux pour le savant et pour le chrétien. Ici, l'hérésiarque Célestius fit sa rétractation entre les mains du pape Zosime ; ici, saint Grégoire le Grand prêcha plusieurs de ses belles homélies ; voilà le *jubé*, l'*ambon* sur lequel il est monté ; mais regardez au bas de l'église, à droite en entrant, et lisez l'inscription gravée sur la table de marbre incrustée dans le mur. Elle raconte en abrégé la touchante histoire que je vais redire :

Au sixième siècle vivait, à Rome, un saint mendiant nommé Servule. Paralysé dès son enfance, il ne pouvait ni rester assis, ni se tenir debout, ni porter la main à sa bouche, ni se tourner sur son pauvre grabat. Deux anges de charité veillaient sur lui : c'était son frère et sa mère. Chaque matin ils le portaient sous le parvis de l'église de Saint-Clément. Ses infirmités lui attiraient de nombreuses aumônes ; mais le vertueux paralytique, content du strict nécessaire, donnait à d'autres pauvres ce qui excédait ses besoins du jour. Modèle angélique de patience et de douceur, il était chéri et admiré des fidèles, qui s'arrêtaient volontiers pour causer avec lui. « Au nom de Jésus-Christ, leur disait-il, faites l'aumône à mon âme ! » Et par charité on lui lisait quelques chapitres des livres saints. Il écoutait avec tant d'attention qu'il parvint à apprendre par cœur toute l'Écriture. Une fois en possession de ce riche trésor, il passait son temps à chanter les louanges de Dieu. Loin de le distraire, ses souffrances ne faisaient qu'augmenter sa ferveur, et rendre plus pénétrants et plus suaves les accents de sa voix. Un jour qu'il était, suivant sa coutume, couché dans son lit, sous le portique de Saint-Clément, il eut connaissance de sa fin prochaine : « Mes frères, dit-il aux pauvres et aux pèlerins qu'il était dans l'usage d'assister, priez et chantez avec moi. » Et il joignit sa voix mourante à leur pieux concert. « Faites silence, mes frères, s'écria-t-il bientôt, faites silence : n'entendez-vous pas cette douce mélodie qui résonne dans les cieux? » A ces mots, il expira; son âme bienheureuse venait de commencer avec les anges le cantique éternel[1].

Au sortir de Saint-Clément, une pluie vraiment romaine vint nous assaillir et rendre impossible, pour le reste de la journée, les courses de longue haleine. Je pris donc, suivant ma coutume, le chemin des bibliothèques. Je l'ai déjà dit : pour connaître Rome, il faut l'étudier tout à la fois dans les monuments et dans les livres. De toutes les villes du monde, Rome est la plus riche en bibliothèques, et ces bibliothèques elles-mêmes renferment des manuscrits et des ouvrages qu'on chercherait vainement ailleurs. Qui ne connaît toutes les richesses que le savant cardinal Maï a récemment tirées de la Vaticane? La bibliothèque Passionei, celles de la Minerve et de la Propagande étaient mes galeries ordinaires : cette fois je les trouvai fermées; il y avait repos pour les bibliothécaires, à cause de la fête de saint Thomas. Ne pouvant trouver la science dans ses palais, je la cherchai dans les échoppes et dans les magasins en plein vent où elle étale ses grâces, ses rides, ses haillons et quelquefois ses richesses : nous nous mîmes à *bouquiner*.

Que les voyageurs se le tiennent pour dit, rarement ils feront fortune à ce métier. Les grands ouvrages sur l'antiquité, dont Rome était si riche, sont devenus la proie des Anglais et des Prussiens. On ne les trouve que

---

[1] Saint Grégoire le Grand a fait l'éloge de ce bienheureux paralytique. *Homil.* xv *in Evang.*, et *Dialog.*, lib. IV, c. 14.

par hasard, et toujours au poids de l'or. Les ventes publiques offrent seules quelques chances de bonnes affaires ; ordinairement, elles ont lieu plusieurs fois la semaine, et, comme à Paris, le catalogue se distribue d'avance. Au reste, messieurs les amateurs, ne vous découragez pas ; entrez chez les bouquinistes romains : si vous n'y trouvez pas les ouvrages que vous cherchez, par compensation vous y trouverez le *far niente* dans son beau idéal. Le bouquiniste de Rome est un type qui veut être étudié. Une boutique et une arrière-boutique, le plus souvent basses et obscures, sont encombrées de livres de tous les formats, entassés pêle-mêle et couverts de poussière. Dans un angle est assis un vieux Romain, quelquefois une vieille Romaine affectant, sur leur chaise de paille, la dignité de leurs aïeux dans leurs chaises curules.

Le *padrone* auquel nous eûmes l'honneur de parler descendait en ligne droite d'Horatius Coclès ; il avait hérité du trait caractéristique de sa noble famille. Une large paire de lunettes à ressort pinçait son vaste nez, et donnait à sa voix un ton parfaitement nasillard. Le journal du pays, le *Diario*, était entre ses mains ; sur ses genoux gisaient un *fazzoletto* et une large tabatière dont il faisait le plus édifiant usage : nous le saluâmes en entrant avec une politesse toute française. — *Padroni*, mes seigneurs, mes maîtres, nous répondit-il sans se déranger, sans quitter son siége, sans laisser son journal. — Avez-vous tel ouvrage? — *Ecco*, voilà ; et il nous indiquait de la tête trois gros *in-folio* étalés sur le comptoir : or, ces trois *in-folio* n'étaient autre chose que son catalogue. Je me mis à le feuilleter, et lui continua tranquillement sa lecture. Ayant trouvé un ouvrage qui me convenait, je lui en demandai le prix :

— Trente-trois piastres. — Impossible. — Sans ajouter un mot, un signe, il se renferma dans sa dignité et me laissa continuer mes recherches. — Et cet autre livre, combien en voulez-vous? — *Padrone*, sept *pauls*. — Je m'aperçus que le digne homme voulait exploiter le *Padrone*, car ce qu'il m'avait fait sept *pauls*, il finit par me le laisser pour trois. Nous sortîmes et il resta impassible sur sa chaise. Le sang nous bouillait dans les veines. Imagine-t-on de pareilles allures? En France, le marchand, le libraire, le bouquiniste dont les manières ressembleraient tant soit peu à celles-là, serait bien sûr de ne voir chez lui que les amateurs de curiosités. Aussi ne comprenons-nous rien aux douceurs du *far niente*, ni aux béatitudes de la sieste.

Sortis en devisant sur l'espèce de modèle qui venait de poser sous nos yeux, nous rencontrâmes à côté du *Gesù* quelques pauvres qui nous demandèrent l'aumône. Interdite à Rome par Léon XII, la mendicité a fini par s'y faire tolérer. On la rencontre souvent dans les rues, et vraiment le peintre de mœurs ne doit pas en être fâché : le mendiant romain est un type du genre. On lui donnerait volontiers l'aumône pour le plaisir de la lui voir demander, tant est pittoresque, logique, poétique, éloquente sa manière de vous arracher vos *baioques*. Du plus loin qu'il vous voit venir, il se lève de la borne sur laquelle il est assis, se découvre gravement, vous salue à plusieurs reprises de son large chapeau triangulaire, de la tête et de tout le corps. Son visage s'épanouit : le doux espoir brille dans ses yeux.

Aux mendiants des autres pays, la monotone litanie de l'indigence : *Faites-moi la charité ;* lui il a une collection de formules dont il fait usage suivant l'âge, l'état, les vœux présumés de la personne. Tantôt il commence par mettre hors de doute votre générosité, et, avant de savoir si vous exaucerez ses vœux, il vous appelle mon bienfaiteur, *benefattore mio;* tantôt il commence par rendre hommage à vos vertus, et il débute en vous appelant âme bénie, *anima benedetta;* d'autres fois il va chercher la fibre si délicate de l'amour-propre, et vous prodigue les titres d'*excellence*, de *seigneur illustrissime, révérendissime*. A-t-il déjà éprouvé vos bienfaits? Sa demande se formule en bénédictions. Vous l'entendez vous dire : « Béni soit le noble seigneur qui tous les jours marche d'un pas plus léger dans les rues célèbres de notre ville. Mes dévotes prières ont donc été utiles à ce seigneur incomparable. Comme il passait là devant moi, la première fois, faible et languissant!.. Ne serais-je pas un réprouvé, si la joie que je lui témoigne de sa santé n'avait pour but que d'en obtenir un présent? Non, digne homme, homme vertueux, passez ferme devant moi, ne regardez pas le plus pauvre de vos serviteurs, qui, cependant, priera toujours pour vous; quoique je mendie, je ne connais pas l'intérêt... »

Après vous avoir attaqué par les sentiments humains, il vous prend par votre cœur de chrétien : « Ame bénie, vous dit-il, faites-vous réciter une prière, faites-vous entendre une messe. » Et pour cela que vous demande-t-il? La langue italienne lui vient en aide et fournit à sa modestie les plus charmants diminutifs; ou bien il n'ose pas nommer la faveur qu'il implore, et il vous dit : « Ame bénie, une petite monnaie, *una piccola moneta;* » ou, s'il ose exprimer sa pensée, il vous demandera, non pas un petit sou, comme nos intéressants ramoneurs, mais la moitié seulement d'un petit sou : *Anima benedetta, un mezzo baiocco;* puis, avec un admirable talent oratoire, il oppose à l'exiguïté de sa demande la puissance des motifs. Réunissant en quelques mots tout ce que la religion présente de plus propre à émouvoir le cœur, il vous dit : « *Per l'amor di Dio, di Maria santissima, di Gesù sacramentato, delle anime del purgatorio.* » Vous êtes déjà fortement ébranlé; et, malgré la résolution stoïque de passer sans bourse délier, vous portez involontairement la main à votre poche. Mais ce qui vous donne le coup de grâce, c'est la poétique pantomime dont il accompagne sa prière. Le jeu vibrant de sa voix flûtée, l'attitude suppliante de son corps, le balancement réitéré de son grand chapeau; ses yeux doux, fixés dans les vôtres, sa tête gracieusement penchée sur l'épaule, l'air moitié timide, moitié rassuré de son visage, tout cela vous fascine et vous subjugue. Vous souriez, la baioque, le paul sont tombés dans sa main; et lui-même vous paye d'un sourire et d'un regard que vous n'oubliez jamais. M'est-il permis de le dire? Souvent nous nous laissions importuner pour assister à la répétition complète de cette scène.

Tel est le mendiant romain. Comme ceux de tous les pays et peut-être avec plus de vérité, il aime, il préconise celui qui donne, et déteste celui qui ne donne pas. On nous citait la manifestation de ce double sentiment dans deux occasions récentes. A la mort de la jeune et charitable princesse Borghèse, les pauvres de Rome fondirent en larmes. Le peuple détela les chevaux et conduisit lui-même le char funèbre à Sainte-Marie Majeure : le deuil fut vrai, universel. Il en fut autrement aux funérailles du prince de P...... qui passait pour avare. Les pauvres firent éclater leur mépris et leur ressentiment : ils huèrent; ils sifflèrent le convoi. Tant il est vrai que le peuple conserve toujours un sentiment profond des devoirs du riche; par instinct il sait ce mot apostolique : *Que l'abondance des uns supplée à l'indigence des autres.*

Si le mendiant romain a une manière propre de demander l'aumône, il en est aussi une particulière de la lui refuser. En France nous disons : « Je n'ai pas de monnaie; je n'ai rien; je ne peux pas vous donner; » en un mot, nous parlons. Le Romain ne prend pas tant de peine : il paraît en général redouter beaucoup les maladies du larynx. Accosté par un pauvre, il se contente d'élever à la hauteur du menton l'index de la main droite, avec lequel il fait un signe de négation, et passe son chemin sans détourner les yeux, sans hocher la tête, sans desserrer les dents. Je conseille au voyageur de ne pas oublier cette recette. Il évitera d'être reconnu pour un *forestiere*, et d'avoir à subir des demandes importunes, et peut-être indiscrètes. A la vue du geste national, le mendiant se dit aussitôt : *C'est un compatriote; il n'y a rien à faire;* et il s'éloigne. Je rappellerai en passant que le Napolitain a une autre manière de refuser : il renverse la tête en arrière, lève les yeux au ciel en faisant une petite moue, et tout est dit.

22 Décembre.

Notre-Dame de la Victoire. — Drapeaux des Turcs. — Jardins de Salluste. — Portraits des proconsuls romains. — Leurs richesses. — Leurs moyens de s'enrichir. — Réponse d'un barbare. — Via Scelerata. — Thermes de Titus, de Trajan, d'Adrien. — Saint-Pierre ès Liens. — Saint-Sébastien. — Le Moïse de Michel-Ange. — Souvenirs chrétiens, Saint-Léon, Saint-Pierre. — Église de Saint-Martin des Monts. — Peintures du Poussin. — Église souterraine. — Le pape saint Sylvestre. — Instruments de supplice des Martyrs.

Un beau soleil venait de s'élancer au-dessus des montagnes de la Sabine; la température était si douce que nous trouvâmes des légumes et des plantes en pleine végétation. Pour en finir avec le quartier *de' Monti*, nous prîmes notre route par la *Fontaine de Moïse* ou de l'*Acqua felice*. Dans le voisinage se trouve la charmante petite église de *Notre-Dame de la Victoire*, que le voyageur ne doit pas oublier. Toutefois l'or, le marbre, les riches peintures dont cette église resplendit du pavé jusqu'à la voûte, disparaissent devant des ornements plus précieux : j'ai nommé les étendards pris sur les Turcs, après la levée du siége de Vienne. Arborés aux quatre angles de la coupole, ils forment un baldaquin de gloire au-dessus de l'autel de Marie. Chose digne de remarque! Rome a toujours regardé la sainte Vierge comme la protectrice spéciale de la chrétienté contre l'islamisme. Ainsi, la miraculeuse victoire de Lépante est due à sa protection, et l'hommage de la reconnaissance romaine brille à l'église d'*Ara-Cœli*. Ici ce sont les étendards pris à Vienne, qu'on lui offre en tribut : ce fait semble cacher un mystère. Serait-ce que le mahométisme étant surtout la religion des sens, il appartient à la Reine des vierges de le combattre? Il y aurait là une de ces belles harmonies qu'on rencontre à chaque pas dans les œuvres de Dieu ; et je trouverais bien naturel que Rome, miroir éclatant où se réfléchissent les réalités du monde supérieur, n'eût point oublié celle-là.

Les églises de Notre-Dame de la Victoire et de Sainte-Suzanne occupent l'emplacement de la maison et du forum de Salluste : les *jardins* n'en étaient pas éloignés. Vrai séjour de volupté, ces jardins, si fameux dans l'histoire de la mollesse romaine, avaient été achetés, bâtis, ornés des dépouilles de l'Afrique. Usé de débauche, criblé de dettes, dégradé pour ses infamies du rang de sénateur, Salluste se lava de toute souillure en embrassant le parti de César. Pour *refaire* son nouveau courtisan, le vainqueur de Pompée lui donna le gouvernement de la Numidie. Le proconsul improvisé, pour employer une expression de Sénèque, *écorcha* tellement cette malheureuse province qu'il revint bientôt à Rome avec une fortune scandaleuse. Du sang et de l'or de ses *administrés* il bâtit un palais si magnifique et des jardins tellement somptueux, que Messaline elle-même daigna les habiter : cela dit tout [1].

En parcourant ces ruines, une foule de pensées vous obsèdent. C'est donc ici que le Verrès de l'Afrique démentait publiquement par sa conduite les préceptes de morale qu'il donne dans ses ouvrages ! Et cet homme, Dieu le pardonne à notre éducation, on l'offrit à ma jeune admiration comme un modèle d'éloquence et de bon goût ; on m'apprit à le regarder comme un sage, et on me tut les noms de Chrysostome et d'Augustin ! Au reste, dis-je à mes jeunes compagnons de voyage, Salluste n'a pas droit tout seul à notre indignation. Sa vie fut celle

---

[1] Tacit., *Annal.*, c. 13.

de tous nos auteurs classiques ; censeurs impitoyables des vices d'autrui, la plupart firent rougir l'humanité par le scandale de leurs mœurs. Proconsuls, généraux, gouverneurs de province, tous égalèrent Salluste par leurs débauches, et le surpassèrent peut-être par leurs rapines. Puisque l'occasion s'en présente, il n'est pas inutile d'étudier un instant, sous ce point de vue, la société païenne dans les hommes qui en étaient la personnification.

L'incroyable opulence des Romains, vers la fin de la république et sous les premiers empereurs, est un fait connu de tout le monde. Chaque sénateur recevait un traitement de cent vingt-cinq mille francs ; chaque chevalier, de cinquante mille ; mais ce n'était là qu'une bagatelle. On comptait à Rome environ vingt mille citoyens aussi riches que Lucullus [1]. Or, ce Xerxès en toge, *Xerxes togatus*, comme l'appelle Cicéron, ne soupait pas à moins de trente mille francs ; et il pouvait offrir l'hospitalité à vingt-cinq mille hommes. Crassus disait qu'on n'était pas riche quand on ne pouvait, de ses revenus, entretenir une armée [2]; ce qu'il disait, il le pouvait. Or, Crassus était moins riche que Sylla [3]. L. Domitius, successeur de César dans les Gaules, jouissait de quarante-huit mille arpents de terre [4] ; Antoine, le collègue de Cicéron, pos-

---

[1] Lucullus Romanus civis (quem Cicero et Cæsar Xerxem togatum appellabant) ad viginti quinque hominum millia honorificentissime hospitio excipere poterat; nec tamen ipse solus id potuit in urbe Roma, quandoquidem viginti civium millia et amplius in ipsa urbe comperta memorantur, qui cum Lucullo de divitiis contendere potuissent, ut ex vetustis monumentis. — Casal., *de Splendore Urbis*, etc., p. 422.

[2] Cicer., *in Paradox*.

[3] Quiritium post Sullam ditissimus. — Plin., lib. XXXIII, c. 10.

[4] Cæsar., *de Bello civ*.

sédait toute l'île de Céphalonie, dans laquelle il fit bâtir une ville [1].

Six bourgeois de Rome étaient à eux seuls propriétaires de la plus grande partie de l'Afrique; Néron leur fit couper la tête et se déclara leur héritier [2]. Cornélius Balbus donna en mourant vingt francs par tête à tout le peuple romain [3]. C. Cæcilius Claudius Isidorus disait, dans son testament, que, malgré les grandes pertes qu'il avait éprouvées pendant les guerres civiles, il laissait quatre mille cent seize esclaves, trois mille paires de bœufs, deux cent cinquante mille pièces d'autre bétail, sans compter ses terres, ses villas et ses maisons [4]. Dans sa villa particulière, Valérien comptait cinq cents esclaves, deux mille vaches, mille juments, dix mille brebis et quinze mille chèvres [5]. Gordien, encore simple particulier, avait d'immenses possessions dans toutes les provinces de l'empire. Pendant son édilité il donna douze fois au peuple romain des présents de gladiateurs, dont sa fortune privée fit tous les frais. Quelquefois il fit paraître cinq cents paires de gladiateurs; jamais moins de cent cinquante. Dans un seul jour il donna cent bêtes africaines; un autre jour mille ours de Germanie. Dans toutes les villes de la Campanie, de l'Étrurie, de l'Ombrie, de l'Émilie et du Picénum, il donna aussi de son argent des jeux publics qui durèrent quatre jours [6]. Pour abréger cette liste qu'il serait facile d'augmenter, con-

---

[1] Strab., lib. x.
[2] Plin., lib. xviii.
[3] Dio., lib. xlviii.
[4] Plin., xxxiii, c. 10.
[5] Vopisc. *in Valer.*
[6] Capitolin. *in Gord.*; et Cord. *in id.*

tentons-nous de nommer les deux Pline, Sénèque le Philosophe et Cicéron.

Outre les richesses que lui valait le commandement de la flotte romaine, Pline l'Ancien possédait d'immenses trésors. Nous le savons par son neveu : « Mon oncle, dit-il, étant le gouverneur de l'Espagne, aurait pu vendre un de ses ouvrages à Largus Licinius pour quatre cent mille écus ; mais il refusa, me disant qu'il ne savait déjà que faire de son argent [1]. » Pline le Jeune était incomparablement plus riche que son oncle. Sans en avoir été prié, il fit présent à la fille de Quintilien, le jour de son mariage, de cinquante mille écus [2]; Romanus Firmus, un de ses amis, reçut trois cent mille écus pour entrer dans l'ordre équestre [3], et Calvina, sa parente, une dot de cent mille écus [4]; Métellus Crispus, quarante mille; des enfants *ingénus, ingenui*, cinquante mille pour leur éducation [5]. Il possédait, en outre, de nombreuses villas, d'une magnificence royale. Ses deux villas de Toscane et de Lorento, sur les bords de la mer, où il composa ses ouvrages, étaient d'un luxe oriental. Il en avait plusieurs autres dans le Latium : une à Préneste, une à Tusculum, une à Tivoli; une autre, dont on lui offrait neuf cent mille écus [6]. Enfin, pour en agrandir une autre, il dépensa quatre-vingt mille écus d'or [7].

Sénèque le Philosophe, le précepteur de Néron, était

[1] *Epist. ad Marc.*, lib. III.
[2] *Epist. ad Quintil.*, lib. VI.
[3] *Epist.*, lib. I.
[4] *Epist.* 2 *ad Calvin.*
[5] *Epist. ad Canin.*, lib. VII.
[6] *Epist. ad Fabatum et ad Corelian.*, lib. III.
[7] *Ad Calvinium Rufum*, lib. III.

un moraliste *austère* qui flétrissait avec énergie les désordres de son temps, qui déclamait éloquemment contre les riches : « Jusques à quand, leur disait-il, reculerez-vous les limites de vos possessions? La terre qui suffisait à un peuple est trop petite pour un seul maître. Tout cela est encore trop peu; il faut que vos *latifundia* entourent des mers entières et que votre régisseur règne en même temps sur les rives de l'Adriatique, de la mer Ionienne et de la mer Égée [1]. » Or, Sénèque jouissait de plus de cent millions de fortune [2] : le pauvre homme !

Quant à Cicéron, pas un de nous qui ne le connaisse; pas un de nous à qui on ne l'ait présenté non-seulement comme un modèle d'éloquence, mais encore d'austérité républicaine et de désintéressement philosophique. N'est-ce pas lui qui a flétri Verrès, qui a écrit de si belles pages sur le mépris des richesses, et tant d'autres maximes de morale et de probité? Eh bien! arrachez le masque. Cicéron, né dans l'obscurité, artisan de sa propre fortune, et le premier homme de sa famille, comme il le disait un jour, possédait à Rome une maison de ville qu'il avait achetée de Crassus, environ six cent mille francs. Il possédait une villa royale à Tusculum, avec bains, mosaïques, théâtres, portiques en marbre, statues et autres accompagnements obligés du luxe antique; une autre à Formium (*Mola di Gaeta*), non moins somptueuse; une autre à Baïa, tellement riche que le sénat lui-même, peu rigoriste en pareille matière, en fut scandalisé; une maison à Pompéï; une autre villa à Arpinum, sa patrie; une autre près d'Agnani, sa villa d'Amalthée, qu'il appelle son *alma*; enfin, dans Rome même,

---

[1] *Epist.* 89.
[2] Tacit., *Annal.*, XIV.

sur le versant du mont Aventin, l'austère républicain était propriétaire de je ne sais combien de tavernes ou de boutiques, dont le loyer, montant à seize mille trois cent soixante-six écus, payait la pension de son fils, étudiant à Athènes [1].

Quelles étaient les sources de ces incroyables et rapides fortunes ? Il y en avait deux principales : l'usure et le gouvernement des provinces. On eût plutôt arrêté le Tibre dans son cours qu'on n'eût empêché l'usure chez les Romains. En dépit des règlements [2], tous la pratiquaient, même Caton; on prêtait au mois, à la quinzaine, à douze, à quarante-huit, à soixante pour cent [3]. Si le débiteur ne pouvait payer, il devenait l'esclave de son créancier qui, en le vendant, trouvait un sûr moyen de s'indemniser [4]. Mais pour prêter il faut avoir de l'argent : le grand moyen d'en amasser était le gouvernement des provinces. La perception de l'impôt était affermée à la compagnie des publicains : la durée des adjudications était de cinq ans [5]. La publicité et la concurrence adoptées pour l'adjudication du bail des impôts faisaient monter ce bail à un taux très-élevé, car la compagnie qui offrait davantage obtenait la préférence. On était d'autant plus hardi à pousser les enchères, que la perception, abandonnée toute aux fermiers, offrait d'immenses ressources, par son régime presque entièrement arbitraire. Les agriculteurs et les

---

[1] Cic., ad Attic., XVI, 1.
[2] Tit. Liv., VII, 42.
[3] Cic., de Offic., II, 25.
[4] Horat., I, p. 2, v. 14. Plut. in Caton., 45. Aul. Gell., XX, 1.
[5] Cic., ad Attic., VI, 2.

pasteurs savaient seuls ce qu'ils devaient payer; les autres contribuables l'ignoraient, attendu qu'on tenait secret le tarif légal de chaque impôt, ce qui donnait aux publicains le moyen de forcer le droit sans qu'on pût réclamer [1]. La rapacité des fermiers passe toute imagination. Pour payer l'impôt, on voyait des provinces où les pères étaient obligés de vendre leurs enfants; et les villes, les offrandes consacrées dans leurs temples, les tableaux, les statues des dieux : si tout cela ne suffisait pas, les malheureux citoyens étaient adjugés comme esclaves à leurs impitoyables créanciers. Ce qu'ils souffraient avant de tomber ainsi dans l'esclavage surpassait encore leurs maux : ce n'étaient que tortures, que prisons, que chevalets, que stations en plein air où, pendant l'été, ils étaient brûlés par le soleil, et, pendant l'hiver, enfoncés dans la fange ou dans la glace [2].

Complices ordinaires des publicains, les gouverneurs de provinces fermaient les yeux et bénéficiaient largement de leur criminel silence. Il fallait que la soif de l'or fût insatiable dans tous ces hommes, et qu'elle eût desséché leurs entrailles pour qu'ils commissent les exactions et les violences dont les a chargés l'histoire. En effet, l'État fournissait à chaque gouverneur de province des chars, des mules, des vaisseaux, des tentes, de l'argenterie, du blé, et tout ce qui était nécessaire à un équipage militaire [3]; de plus, ils avaient à leur disposition, pour les dépenses de leur mission et payer leur suite, une forte somme tirée du trésor public [4]. Sur cette somme appelée *vasarium* étaient encore

---

[1] Tacit. *Annal.*, III, 51.
[2] Plut. *in Lucull.*, 35.
[3] Cic. *in Verr.*, IV, 5 ; V, 32. Suet., *in Aug.*, 36.
[4] Cic. *in Pison.*, 35 ; *pro Arch.*

prélevées des gratifications pour tous les gens de leur suite qu'il leur plaisait de désigner [1]. Pour avoir une idée de la magnificence avec laquelle Rome faisait voyager ses proconsuls, il faut savoir que le *vasarium* de Pison, proconsul de Macédoine vers l'an 696, fut de trois millions six cent soixante mille francs [2] !

Il semble qu'il y avait là de quoi satisfaire la cupidité la plus ardente ! Détrompons-nous ; avant même d'entrer dans leur province, les gouverneurs se faisaient payer des indemnités légales dans tous les lieux où ils passaient [3]. Au lieu de suivre l'itinéraire le plus court, ils prenaient le plus long, afin d'avoir plus d'occasions de répéter leurs exactions [4]. Arrivés dans leur gouvernement, traînant à leur suite une foule d'amis et de domestiques, ils exigeaient des sommes considérables pour des festins et autre dépenses de cette nature [5]; c'étaient les plus modérés. Quant aux autres, pour satisfaire leur rapacité, la plupart créaient des impôts de tout genre et vendaient la justice [6]. Félix n'eut-il pas la barbarie de tenir injustement saint Paul en prison pendant deux années pour lui extorquer de l'argent ? Mais ce n'était là qu'une peccadille dans la vie de ces pachas corrompus et voleurs, dont Cicéron lui-même nous a tracé le portrait. « Nous envoyons dans les provinces, s'écrie-t-il, des hommes capables peut-être de repousser l'ennemi, mais dont l'arrivée dans les villes de nos alliés diffère peu de l'entrée des ennemis dans une ville prise

---

[1] Cic. *in Pison.*, 35 ; *pro Arch.*
[2] Cic., *id.*, *id.*
[3] Cic., *ad Attic.*, v. 12.
[4] Cic. *in Vatin.*, 5.
[5] Plut. *in Cat.*, 15.
[6] Cic., *pro Font.*, 7, 8.

d'assaut¹. Toutes les provinces gémissent, tous les peuples libres se plaignent, tous les royaumes crient contre notre cupidité et nos violences. Il n'est plus, jusqu'à l'Océan, aucun lieu si reculé et si caché où n'aient pénétré l'iniquité et la tyrannie de nos concitoyens. Le peuple romain ne peut plus soutenir non les armes, non les révoltes, mais les larmes, mais les plaintes de l'univers². »
« Qui a pu te pousser à la révolte? demandait Tibère à un chef de barbares. — Vous-même, répondit-il, qui envoyez, pour garder vos troupeaux, non des chiens, mais des loups³. » Ce mot résume toute l'histoire des proconsuls romains.

Deux traits achèveront de peindre cette oppression monstrueuse dont il nous est, à nous chrétiens, aussi impossible d'avoir l'idée que de comprendre la soif de sang que les boucheries de l'amphithéâtre ne pouvaient éteindre. Et d'abord, par une ironie cruelle, la tyrannie toute-puissante des gouverneurs allait jusqu'à exiger qu'on fût content d'eux. Oui, quand ils s'étaient bien engraissés dans une province, ils condamnaient encore les malheureux habitants à envoyer de solennelles députations à Rome, pour y témoigner de la bonne conduite, et porter au sénat le panégyrique officiel de leurs oppresseurs⁴.

Ensuite, ajoutant à la dérision la plus inqualifiable hypocrisie, ces affreux concussionnaires, revenus à Rome gorgés d'or, charmaient leurs loisirs en composant des traités de morale, des élégies sur les vices de

---

[1] *Pro leg. Manil.*, 5.
[2] Cic. *in Verr.*, III, 89.
[3] Dio, l. v, p. 653.
[4] Cic., *Ep. ad famil.* III, 8.

leur époque, ou des déclamations contre l'ambition et la cupidité des grands. N'est-ce pas du fond de ses jardins, cimentés du sang de la Numidie, que le *vertueux* Salluste écrivait à César : « Le plus grand bien que vous puissiez faire à la patrie, aux citoyens, à vous-même, à vos enfants, enfin à tout le monde, c'est de détruire la passion de l'argent, ou de l'affaiblir autant du moins que le permettent les conjonctures. Sans cela, en paix ou en guerre, il est impossible de mettre aucun ordre dans les affaires, soit particulières, soit publiques ; car, dès que la soif des richesses s'est emparée de nous, talents, esprit, rien n'est assez fort pour nous retenir ; le cœur même, ou plus tôt, ou plus tard, finit par succomber[1]. » Cicéron, Sénèque, Pline le Jeune, Caton, ne firent pas autre chose. Ce qui n'empêche pas ce dernier de s'écrier du ton le plus pathétique : « Les voleurs particuliers passent leur vie dans les chaînes et dans les prisons ; les voleurs publics sur l'or et la pourpre[2]. » Mais c'est assez. Il faut éviter, même en écrivant l'histoire ancienne, de tomber dans la biographie moderne. Puissent les détails qui précèdent nous pénétrer de reconnaissance pour l'Évangile, en nous faisant saintement trembler au souvenir de cette louve romaine qui, durant tant de siècles, déchira de ses dents de fer et broya de ses pieds d'airain le genre humain devenu sa proie !

Descendant des hauteurs du Quirinal, nous nous dirigeâmes vers l'église Saint-Pierre ès Liens. Dans notre itinéraire se trouvait l'antique voie *Scelerata*, où Tullia, femme de Tarquin le Superbe, fit passer son char sur le cadavre de son père. Bien des souvenirs surgissent de

---

[1] *Epist. 1 ad. Cæs.*, 10.
[2] Aul. Gell., XI, 18.

cette partie de l'Esquilin, occupée aujourd'hui par les deux églises de Saint-Pierre et de Saint-Martin des Monts. Les Thermes de Titus, ceux de Trajan et d'Adrien, le temple d'Esculape, bâti par Dioclétien, une partie des jardins de Néron, rappellent un des quartiers les plus célèbres de l'ancienne Rome. Aux chaînes que le prince des Apôtres porta comme Paul, comme son divin Maître, pour donner la liberté au monde, l'église que nous allions visiter doit son nom et sa célébrité. Elle passe pour avoir été originairement un oratoire dédié par saint Pierre lui-même au *Sauveur*. Brûlée dans l'incendie de Néron, et détruite pour faire place aux jardins de la Maison d'or, elle fut plusieurs fois restaurée, tant les chrétiens tenaient à marquer par un monument perpétuel le passage de l'Apôtre ! L'impératrice Eudoxie, épouse de Valentinien III, la fit entièrement renouveler; de là le nom de Basilique eudoxienne qu'elle a plusieurs fois porté dans l'histoire. Elle le changea en celui de Saint-Pierre *ad vincula*, lorsqu'elle reçut en dépôt la double chaîne dont l'Apôtre avait été chargé à Jérusalem par Hérode, et à Rome par Néron. Je donnerai plus tard l'époque et l'histoire de ce fait mémorable. Dans ce temple, un des plus vénérables du monde, l'artiste et le chrétien trouvent également de quoi admirer et s'édifier.

Voici d'abord l'antique et miraculeuse image en mosaïque de saint Sébastien. L'élégante inscription placée à côté de l'autel du martyr dit que cet autel est un *ex-voto* de la ville de Rome, subitement délivrée de la peste en 629; à gauche en entrant, une peinture contemporaine représente, au naturel, les affreux détails de l'épidémie. Auprès de ces monuments anciens, les temps modernes ont placé leurs chefs-d'œuvre. Au premier rang brille le mausolée en marbre du pape Jules II, un des plus célèbres de l'Italie : l'incomparable Moïse, de Michel-Ange, en fait le plus bel ornement. Le législateur hébreu est assis, les tables de la loi pliées sous le bras droit, dans l'*attitude de parler* (*nell' atto di parlare*) au peuple qu'il regarde fièrement, et dont il semble avoir à se plaindre. L'artiste n'a pas besoin d'autre modèle pour étudier les proportions et les poses du corps humain ; le médecin lui-même, en présence de cette statue, peut venir faire un cours d'anatomie : pas un muscle, pas une fibre saillante qu'il ne retrouve, et dont il ne puisse sans peine suivre la direction et déterminer la forme. Ce chef-d'œuvre est en marbre blanc, de hauteur colossale. Quant à l'inspiration, on regrette que Michel-Ange l'ait cherchée dans l'Olympe et dans l'histoire profane, plutôt que dans la Bible : on trouve que Moïse a la tête de César et la barbe de Neptune. Quoi qu'il en soit, j'avoue que jamais statue ne m'avait frappé d'une manière aussi vive ; en m'éloignant, il me semblait encore que Moïse me poursuivait du regard. Aussi tous les *cicerone* répètent que Michel-Ange, contemplant son œuvre après l'avoir achevée, lui déchargea un grand coup de marteau sur le genou en s'écriant : *Parle donc, puisque tu vis !*

Le marbre ne parla point à l'artiste. Plus heureux est le voyageur chrétien, à qui il est donné d'entendre, dans cette église, des voix amies dont les accents résonnent puissamment à son cœur. Catholicité de la foi, amour de l'angélique vertu, courage héroïque, charité divine plus forte que la mort, voilà ce que lui redisent et la mère des Machabées avec ses sept fils, chrétiens avant Jésus-Christ, dont les glorieux ossements reposent sous l'autel ; et le pontife martyr saint Saturnin; et les illustres vierges Barbe, Constance, Émérentienne, Agnès, Prisque, Marguerite, Julienne; et les vétérans de l'armée chrétienne Hippolyte, Nabore, Paul, dont les reliques enrichissent les différentes parties de ce vénérable sanctuaire. Il entend aussi la voix de saint Léon le Grand; car c'est ici que l'éloquent pontife, le vainqueur d'Attila et le sauveur de Rome, prêcha son premier sermon sur les Machabées. A toutes ces voix se mêle, comme accompagnement, le bruit des chaînes apostoliques, glorieusement portées par Pierre et par Paul, et arrosées des larmes de tant de millions de pèlerins. Nous aussi nous brûlions du désir de les voir et de les baiser; mais la triple serrure qui les protége dans leur châsse d'airain ne s'ouvre qu'avec la permission du Saint-Père : cette permission nous manquait encore.

Lorsqu'en sortant de Saint-Pierre on prend à droite une petite rue tortueuse, on arrive en peu d'instants à *Saint-Martin des Monts*. Cet église appartient aux grands Carmes. L'exquise propreté et le bon goût qui règnent dans toutes ses parties, la richesse de ses dorures, la beauté de ses pavés de marbre, l'élégance de ses colonnes, au nombre de vingt-quatre, toutes antiques, de marbres différents et d'ordre corinthien; mais surtout les fresques des bas-côtés, ouvrage immortel du Poussin, la mettent au premier rang des églises de Rome. Toutefois ce brillant spectacle ne fixe pas longtemps l'attention du pèlerin catholique. Au-dessous de cette église, resplendissante d'or et de marbre, il en est une autre parée seulement des rides de la vieillesse et des modestes atours de la pauvreté primitive; et celle-là attire le cœur. Le christianisme qui, aux temps des persécutions, se réfugiait partout, dans les souterrains, dans les antres, dans les ruines, vint un jour se cacher dans les Thermes ébranlés de Titus. Le pape saint Sylvestre célébra dans ce temple, d'un nouveau genre, deux conciles fameux : le premier, l'an 324, en présence de Constantin, de sainte Hélène, sa mère, de Calpurnius Pison, préfet de Rome; on y compta deux cent quatre-vingt-quatre évêques. Le second, composé de deux cent vingt-cinq Pères, s'y tint l'année suivante. Là fut confirmé, par l'autorité du siége apostolique, le concile général de Nicée ; là furent condamnés irrévocablement Arius, Sabellius et Victorin; là furent brûlés leurs détestables écrits [1].

A ces souvenirs précieux, l'église souterraine joint des monuments d'un grand intérêt : voyez-vous cette très-ancienne mosaïque? Ouvrage des premiers siècles, elle représente l'Ève mystérieuse à qui Dieu lui-même promit la victoire sur le dragon, c'est-à-dire, comme l'entendent les saints Pères, le triomphe de l'Évangile, la destruction des tyrans, la ruine des hérésies, le repos du monde à l'ombre de la croix [2]. Aux pieds de Marie est le pape saint Sylvestre. Heureux témoin du succès de la grande lutte, il s'empressa d'en rendre hommage à la Vierge victorieuse, en lui donnant un titre que, depuis quinze siècles, toutes les générations catholiques redisent encore dans l'effusion de leur amour reconnaissant: *Gaudium christianorum*, « joie des chrétiens. » Hommes infortunés! qui n'avez plus pour nos rites et nos prières le respect religieux commandé par la foi, apprenez du moins à leur conserver la vénération humaine que vous inspirent les monuments de l'antiquité. Saviez-vous que

---

[1] Mazzolari, *Basiliche sacre*, t. vi.
[2] Per te toto terrarum orbe constructæ sunt ecclesiæ. *S. Cyril. Alexand.*

cette simple parole constate un des plus grands faits de l'histoire ?

Au milieu d'autres peintures d'une date très-reculée, on trouve le dossier en pierre du trône pontifical de saint Sylvestre. Sa forme et ses dimensions accusent son âge de manière à ne laisser aucun doute dans l'esprit de l'archéologue exercé. Une petite châsse, soigneusement gardée, renferme la mitre, le manipule, l'étole et une sandale du même pontife. Pour faire de ce vénérable souterrain une page complète de notre histoire, il fallait que le saint pape reçût les honneurs de la religion dans le lieu même où il avait livré pour elle de si glorieux combats : cette condition a été remplie. Saint Sylvestre repose ici, environné d'un nombreux cortége de martyrs dont le sang défendit la foi que le pontife affermit par ses oracles. La table de Sergius II, fixée dans la muraille, dit : « Au temps du pape Sergius le Jeune, ont été placés, dans cet autel, les corps du B. Sylvestre, pape, et des BB. Fabien et Sotère, papes et martyrs; des saints martyrs Antimius, Sistanus, Pollion, Théodore, Nicandre, Crescentianus; des BB. vierges martyres Sotère, Pauline, Memmia, Julienne, Cyrille, Théopiste, Sophie, et de beaucoup d'autres dont les noms sont connus de Dieu seul. » Tous ces corps sacrés furent apportés de la catacombe de Sainte-Priscille, près de la voie *Salaria*.

Après avoir rendu nos actions de grâces à tous ces fondateurs de la foi et de la liberté du monde, nous vénérâmes un des instruments de leurs supplices. En avançant dans l'église souterraine, il nous fut donné de voir, de baiser et de soulever de nos mains une de ces pierres homicides, que les païens attachaient au cou ou aux pieds de nos pères, selon qu'ils les précipitaient dans les flots ou qu'ils les suspendaient à des arbres. Elle nous parut peser environ quarante livres, y compris l'anneau de fer qui la pénètre.

23 Décembre.

Boutiques de Noël. — Le Vatican. — Bibliothèque. — Livre d'Henri VIII. — Musée chrétien. — Inscriptions. — Musées païens. — Le Laocoon. — Histoire de cette statue. — Cartons de Raphaël. — Loges et Chambres de Raphaël. — Galeries. — La Transfiguration. — Histoire de ce chef-d'œuvre. — Les arts et la papauté.

De bienveillants amis avaient formé le complot de nous conduire, à notre insu, au palais du Vatican, afin de nous faire visiter la fameuse Bibliothèque. Sous prétexte de je ne sais quelle promenade, nous nous laissâmes prendre au piége, et à dix heures nous quittions la place de la Minerve au nombre de huit personnes. On nous fit traverser en zigzag les différents quartiers qui nous séparaient du Tibre : c'était une nouvelle conspiration ; mais comment nous en plaindre? nous avions le plaisir de voyager entre deux haies de charmantes boutiques, préparées pour les *bonnes fêtes*. Ces magasins improvisés, où se trouvait l'ensemble le plus varié de ce qui peut flatter le goût et la vue, étaient assiégés par un peuple d'acheteurs de sept à dix ans. Les petites crèches semblaient surtout fixer l'attention et provoquer d'ardents désirs ; c'est qu'à Rome le *presepio* occupe toutes les pensées, se trouve dans toutes les maisons. Pendant l'Avent et les fêtes de Noël, deux ou trois générations se réunissent chaque soir pour prier et deviser autour du berceau artistement paré et richement illuminé de l'Enfant de Bethléem. Pour le Romain plus peut-être que pour aucun autre peuple, Noël est une fête capitale, une fête de famille. Ainsi, dans la cité chrétienne, ce n'est pas la bonne année qu'on vous souhaite, c'est la bonne fête. Le *capo d'anno* n'est rien, Noël est tout. N'est-il pas, en effet, très-logique de choisir, pour s'offrir des vœux mutuels, l'anniversaire de l'événement le plus social, par conséquent le plus heureux qui ait marqué les annales du monde?

Ces pensées m'occupaient encore lorsque nous arrivâmes au Vatican. Salut, demeure auguste du vicaire de Jésus-Christ! salut, palais immense d'où sortent les oracles qui règlent la foi de l'humanité! salut, magnifique édifice, qui, par un glorieux privilége, doit l'existence au génie des plus fameux architectes des temps modernes! Bramante, Raphaël, Pyrrhus, Ligorio, Fontana, Maderno, Bernini, vos noms immortels brillent aux voûtes, aux galeries, aux portiques, aux murs de ce monument digne de vous, digne du souverain qui l'habite. Bâti à différentes époques, le Vatican est plutôt une réunion de palais qu'un palais unique. Il a 180 toises de long sur 120 de large. Ne pouvant visiter en un seul jour ce monde de merveilles, nous bornâmes notre étude aux parties avancées qui entourent les chapelles Sixtine et Pauline, ainsi que les appartements intimes du Père commun des chrétiens, qu'on peut appeler aussi le père des sciences et des arts. Notre première station fut à la Bibliothèque. La grande salle qui en forme le corps principal a 216 pieds de long sur 48 de large et 28 de haut. Elle est divisée en deux nefs par sept pilastres. Tout ce qui peut satisfaire l'esprit et les sens s'y trouve réuni avec un goût parfait. Le marbre, les peintures, les dorures brillent sur votre tête et sous vos pieds. Autour des pilastres et des murs sont disposées des armoires qui renferment les manuscrits. Sur ces armoires on a placé une partie de la grande collection des vases italo-grecs du Vatican. Dans l'espace qui les surmonte jusqu'à la voûte est peinte à fresque, d'un côté, l'histoire universelle de l'esprit humain, c'est-à-dire l'histoire des bibliothèques et des livres, depuis Adam jusqu'aux temps modernes; de l'autre, l'histoire complète de l'esprit chrétien, c'est-à-dire l'histoire de tous les conciles généraux avec les principaux événements ecclésiastiques, depuis Jésus-Christ jusqu'à Léon XII.

La Bibliothèque vaticane surpasse toutes les autres bibliothèques de l'Italie, et peut-être du monde, par le nombre des manuscrits grecs, latins, italiens et orientaux : elle en compte vingt-quatre ou vingt-cinq mille. On nous montra une Bible hébraïque, sur vélin, avec enluminures, la plus magnifique, sans contredit, qui ait jamais existé. Nous vîmes aussi un Virgile du cinquième siècle et un Cicéron de la même époque. Mais ce qui intéresse vivement, est le fameux livre d'Henri VIII, roi d'Angleterre, contre Luther [1]. A la fin de l'ouvrage, on lit ces paroles : *Anglorum Rex, Henricus, Leoni decimo mittit hoc opus ad fidei testem et amicitiæ, Henricus.* « Henri, roi d'Angleterre, offre à Léon X cet ouvrage en témoignage de sa foi et de son amitié, Henri. » La phrase tout entière est de la main de Henri VIII, dont le caractère et le cœur semblent se révéler dans son écriture longue, brusquée, irrégulière et entortillée. Quoi qu'il en soit, l'*Assertio* valut au royal apologiste le titre de *Défenseur de la foi,* que lui conféra Léon X. Croirait-

[1] En voici le titre : Assertio septem sacramentorum adversus Martinum Lutherum, edita ab invictissimo Angliæ et Franciæ rege et domino Hyberniæ, Henrico ejus nomine octavo; apud inclytam urbem Londinum in ædibus Pynsonianis 1521, 4 idus Julii, cum privilegio à rege indulto.

on que les successeurs protestants du prince schismatique conservent encore sur leurs monnaies cette glorieuse dénomination? Si jamais il vous tombe entre les mains une guinée britannique, vous y verrez, après les noms et les titres du souverain, ces deux lettres *F. D.*, *défenseur de la foi.*

A côté de cet ouvrage nous en vîmes un autre bien différent, du même auteur. Dans le même carton se conservent les lettres autographes que le prince libertin écrivait à Anne de Boleyn. Tant il est vrai que l'incrédulité est une plante qui prend racine dans la fange, ou, comme le disait le spirituel évêque d'Amiens, que *c'est toujours le cœur qui fait mal à la tête.*

De la Bibliothèque on monte dans deux galeries parallèles qui forment ensemble une longueur de quatre cents pas : elles renferment aussi des manuscrits et des livres. Dans le quatrième salon de la galerie, à gauche, est le musée sacré. Cette collection d'antiquités chrétiennes inspire un grand intérêt et produit une vive impression. On y conserve, entre autres objets, des peignes et des ongles de fer dont les bourreaux se servaient pour déchirer les martyrs. En présence de ces affreux instruments, on trouve qu'il est facile de croire à une religion dont les témoins ont bravé de pareils supplices. De la frayeur on passe à l'attendrissement lorsqu'on voit près de là les pauvres ustensiles des premiers fidèles : leurs calices en nacre, en verre; les cuillers et les chalumeaux avec lesquels nos pères buvaient le sang qui fait les martyrs. Des crucifix trouvés dans les catacombes, des peintures de tous les âges à peu près, appellent tour à tour l'attention de l'artiste et du chrétien. Parmi ces dernières nous contemplâmes avec bonheur une Vierge en demi-figure de Lippo Domenicano, le pieux et immortel auteur de la *Madonna del Velluto*. Suit un autre salon, appelé des Papyrus, parce qu'on y conserve plusieurs chartes écrites pendant le sixième siècle sur l'écorce de papyrus. Ce superbe salon, incrusté de marbres rares et orné de fresques de Mengs, ouvre sur la vaste salle des livres imprimés; celle-ci communique au cabinet des médailles.

Non loin de là est le *corridor des Inscriptions*. C'est un livre à partie double qui contient l'Histoire profane et l'Histoire sacrée, écrites sur le marbre. L'idée de cette collection d'inscriptions anciennes est due au pape Pie VII. Par les ordres du pontife, un des plus illustres savants des temps modernes, Cajetano Marini, fixa avec un ordre et un art merveilleux, dans les murs de l'immense galerie, d'un côté les inscriptions païennes, de l'autre les inscriptions chrétiennes des catacombes. Parmi ces dernières, il en est deux surtout qui me parurent exquises de simplicité, de foi et de pieuse mélancolie. La première est celle d'une illustre matrone, devenue, pour l'amour de Dieu, une de ces veuves si célèbres dans l'histoire de la charité primitive :

OCTAVIÆ MATRONÆ,
VIDVÆ DEI.

A OCTAVIE MATRONE,
VEUVE DE DIEU.

La seconde est celle d'une jeune enfant :

PEREGRINA VIXIT
AN. VIIII. M. VIIII D. V.

EN PÈLERINAGE ELLE A VÉCU
NEUF ANS NEUF MOIS CINQ JOURS.

Peregrina vixit!! que ces deux paroles expriment bien le mystère de la vie humaine ! Que l'homme est bien défini !

Nous parcourûmes successivement les nombreux musées qui font du Vatican le quartier général des arts, et dont les noms, chers aux catholiques, sont un hommage immortel à nos pontifes. C'est l'appartement *Borgia;* c'est le musée *Pio Clementino*, parce qu'il est dû aux papes Clément XIII, Clément XIV et Pie VI ; c'est le musée de *Pie VII* ou le musée Égyptien et Attique; c'est le musée de Grégoire XVI, ou le musée Étrusque. Léon X, Innocent XI, Jules II, et une foule d'autres souverains Pontifes vivent dans les immortelles collections qui attestent et leur goût exquis et leur amour généreux pour les arts. Il faudrait des volumes pour donner un catalogue détaillé de tous les objets précieux qui remplissent ces vastes salons. Sarcophages, statues, bustes, bas-reliefs de tout genre, bassins de marbre et de basalte, chars de bronze, vases, ustensiles, candélabres, groupes de toute forme: voilà de quoi se composent les magnificences païennes du Vatican. Parmi tant de chefs-d'œuvre il en est quelques-uns qu'on ne nous pardonnerait point de passer sous silence.

Dans le musée *Pio Clementino* nous admirâmes, comme tout le monde, le *Torse du Belvédère*. Ce superbe ouvrage de marbre blanc, trouvé dans les Thermes de Caracalla, est un fragment d'une statue d'Hercule en repos. L'inscription grecque placée à la base dit qu'il fut sculpté par Apollonius, fils de Nestor l'Athénien. Vinrent ensuite le *Méléagre* et le célèbre groupe *de Laocoon* avec ses deux fils dévorés par des serpents. Après avoir décrit ce dernier chef-d'œuvre, Pline ajoute : « Le Laocoon fut placé dans le palais de Titus, il est dû à trois sculpteurs rhodiens, Agésandre, Polydore et Athénodore[1]. » Mais qu'était-il devenu? Avait-il péri, comme tant d'autres monuments, dans les différents sacs de Rome? Les Barbares l'avaient-ils emporté? Nul ne pouvait répondre. Au commencement du seizième siècle, le pape Jules II fit exécuter des fouilles dans les différents quartiers de Rome. Un jour on annonce au pape que des ouvriers viennent de trouver dans les environs des *sept Salles* un groupe en marbre, d'un ciseau grec admirable. A cette nouvelle, les artistes et les savants accourent aux jardins de Titus; ils ont reconnu le Laocoon tel que Pline l'a décrit : l'enthousiasme est à son comble. Le soir toutes les cloches des églises sonnent pour annoncer l'heureuse découverte. Les poëtes ne dorment pas de la nuit; ils préparent, pour saluer le retour du chef-d'œuvre antique à la lumière, des sonnets, des hymnes, des canzoni : le lendemain Rome entière est en fête. La statue, ornée de fleurs et de verdure, traverse la ville au son de la musique; les dames sont aux fenêtres applaudissant des mains; les prêtres, rangés en haie, se découvrent à la vue du chef-d'œuvre; tout le peuple est dans les rues, accompagnant de ses chants joyeux le Laocoon qui fait son entrée triomphale au Vatican.

La statue placée sur son piédestal, Jules II se retire dans ses appartements; et alors commence une fête nouvelle où Sadolet, la tête couronnée de lierre, chante l'heureux événement dans une ode que tous les huma-

[1] Sicut in Laocoonte qui est in Titi domo, opus omnibus et picturæ et statuariæ artis anteferendum, ex uno lapide eum et liberos, draconum mirabiles nexus de concilii sententia fecere summi artifices Agesander, Polydorus et Athenodorus Rhodii. *Lib.* XXXVI, c. 6. — Ces artistes vivaient vers l'an de Rome 324.

nistes savent par cœur¹. Aux vers du poëte, la cour savante éclate en cris d'admiration : « Vive Sadolet! vive Virgile! » On avait oublié le Laocoon. Le soir, Sadolet trouva dans sa chambre un beau manuscrit de Platon : c'était un présent du pape. Quant à Félix de Frédis qui avait découvert la précieuse statue, le souverain Pontife lui donna une partie des revenus de la gabelle de la Porte de Saint-Jean de Latran, et le nomma notaire apostolique². C'est ainsi que, dans tous les temps, les papes se montrèrent les protecteurs magnifiques des artistes, et les amateurs éclairés des arts.

Dans un autre salon du même musée nous vîmes le célèbre *Mercure du Belvédère*, connu sous le nom d'Antinoüs; puis la *Dormeuse*, puis enfin le chef-d'œuvre de la statuaire antique, l'*Appollon du Belvédère*. Je dois dire que le nu déborde dans toutes les productions grecques et romaines, et qu'au Vatican, comme à Florence et ailleurs, il faut regarder sans voir. Aussi, malgré tout mon désir de m'enthousiasmer, je ne pus qu'admirer le talent supérieur des anciens dans la reproduction des formes, et l'expression de la beauté matérielle. Parfaits lorsqu'il s'agit de rendre tout ce que l'œil peut voir et la main toucher, les artistes païens sont nuls, ou presque nuls, dès qu'il s'agit de faire descendre le divin, le céleste dans leurs ouvrages. L'Apollon du Belvédère, par exemple, est une superbe académie, un magnifique jeune homme, un héros même, si vous le voulez; mais un dieu, jamais.

Si la sculpture représente noblement l'antiquité au palais du Vatican, avec non moins d'éclat la peinture y

---

¹ Ecce alto terræ, etc.
² Winkelmann, *Histoire de l'art*. Richardson, t. III, p. 711.

fait briller la gloire des temps modernes. Ici encore il faut renoncer à tout décrire, et même à tout nommer. Quand donc vous avez traversé la magnifique galerie des *Cartes géographiques*, ainsi appelée parce que les différentes parties du globe sont peintes à grands traits sur ses vastes parois, vous arrivez dans le salon qui renferme les célèbres tapisseries du Vatican faites sur les cartons de Raphaël. Si l'on admire le génie qui créa ces merveilleux dessins, comment ne point payer un juste tribut de reconnaissance au grand pape dont le regard pénétrant sut distinguer le génie de Sanzio, et dont les royales faveurs récompensèrent ses nobles travaux? Un jour Léon X appelle son artiste chéri : « Sanzio, lui dit-il, je veux orner les murs du Vatican de tapisseries semblables à celles que Florence exécute avec tant de supériorité; dessine-moi des sujets propres à inspirer l'ouvrier. »

Six mois après voilà ce qui se passait au Vatican : Le peuple romain, épris de l'amour des lettres et des arts, s'était précipité au palais pontifical pour entendre les vers d'Accolti. On applaudissait, on jetait des couronnes au poëte, lorsque le grand escalier retentit de pas d'hommes; le pape sourit, en signe d'intelligence : « C'est Raphaël qui arrive ; » Raphaël, grand seigneur, grâce aux bontés de Léon; devant lui s'inclinent les gardes du palais; il s'avance entouré d'un cortége de pages, dans toute la fleur de la jeunesse et de la beauté. A sa vue, se forme une double haie; l'un des cardinaux et de nobles romains, l'autre de théologiens et de savants, au milieu de laquelle passe l'artiste avec cette grâce que vous lui connaissez. Il fléchit le genou et baise l'anneau du pêcheur. Sanzio apporte douze cartons où il a représenté les traits principaux des *Actes des Apô-*

tres ; chacun des cartons est entouré d'une bordure en clair-obscur, où le peintre a placé quelques événements de la vie de Léon X. A la vue de ces merveilleuses esquisses, où Raphaël, pour plaire à son protecteur, avait dépensé tout ce qu'il avait d'imagination et de génie, il se fit, parmi les spectateurs, un de ces grands silences où l'âme et le sang semblent suspendus à la la fois; puis tout à coup les regards se portèrent des cartons sur le peintre, et le pape s'écria : « Divino ! » et tous les assistants répétèrent la même exclamation : « Divino [1] ! »

D'autres merveilles nous attendaient dans l'aile gauche du Vatican, qui regarde la ville. Construite par Raphaël lui-même, elle est l'heureuse dépositaire des peintures et des ornements faits de la main ou sous la direction du prince des artistes. C'est au second étage que les *Loges de Raphaël* laissent admirer ses immortels ouvrages. Lui-même, sculpté en marbre, règne dans ces galeries comme un roi dans ses États, je dirais presque comme un dieu parmi ses créatures. Les innombrables arabesques qui courent sur les pilastres et sur les frises révèlent la main brillante qui semait les chefs-d'œuvre comme

---

[1] M. Adin, *Vie de Luther*, t. I, p. 207. — On connaît l'histoire de ces cartons merveilleux, l'œuvre la plus parfaite de Raphaël, s'il en faut croire un juge éclairé comme Richardson, qui passent des mains d'ouvriers flamands dans celles de Charles I*er*, roi d'Angleterre. A la mort de cet infortuné monarque, ils sont mis en vente, adjugés à Cromwell, puis oubliés; puis jouet de quelques ouvriers qui les ont coupés, après l'avénement de Guillaume III, pour les copier plus aisément; et enfin, sous un prince éclairé, précieuses reliques de l'art, mis sous verre et exposés à l'*adoration* des artistes qui vont en pèlerinage les visiter à Windsor (Richardson, *Traité de la peinture*, t. III, p. 459).

en se jouant. Cinquante-deux fresques exécutées, d'après ses dessins, par Caravaggio, par Jules Romain, le plus illustre de ses disciples, etc., reproduisent les principaux traits de l'Ancien Testament. Celle qui représente *le Père éternel débrouillant le chaos* est tout entière de la main de Raphaël. Les œuvres de ce maître par excellence abondent dans les autres parties du Vatican, et surtout dans *les Chambres* qui portent son nom. Je citerai seulement l'*Incendie du Bourg-Saint-Esprit*, poétique représentation de l'incendie de Troie; l'*École d'Athènes*, où le peintre nous fait assister aux doctes leçons de Platon et d'Aristote; le *Parnasse*, avec Apollon entouré des neuf Muses; *Saint Pierre en prison*, lorsque l'ange fait tomber ses chaînes.

Après tous ces chefs-d'œuvre et une foule d'autres de Jules Romain, d'André Pacchi, du Poussin, du Guide, de Paul Véronèse, du Pérugin, du B. Angelico de Fiesole, etc., qui avaient fatigué notre admiration, il nous restait à voir le salon qui devait l'épuiser[1]. Cette galerie solitaire ne renferme que cinq tableaux, et pourtant elle est la plus riche de l'univers. A droite, en entrant, est la *Madonna di Fuligno*, chef-d'œuvre de Raphaël, représentant la sainte Vierge avec plusieurs saints; plus loin, le *Couronnement de Marie* après son assomption, seconde manière du même peintre; en regard, même sujet, peint par Raphaël et dessiné par Jules Romain; au fond, la *Communion de saint Jérôme*, du Dominiquin; enfin, en se retournant à droite, on s'extasie devant le premier tableau du monde, la *Transfiguration*, du divin Raphaël. Dans cette composition sublime, l'es-

[1] Cela soit dit sauf les réserves que j'ai exprimées à Florence, et que je maintiens à Rome, vis-à-vis l'école moderne.

prit, le cœur, le pinceau de Raphaël, tout est chrétien ; que n'en fut-il toujours de même !

L'histoire de cette œuvre capitale est peut-être le plus intéressant épisode de la vie de l'illustre peintre. Sébastien del Piombo s'était un moment posé le rival de Sanzio, dont plus qu'un autre il admirait le génie. Un jour il vient présenter au pape l'esquisse du Lazare, dont Michel-Ange a fait le dessin et que Sébastien doit revêtir de ce coloris dont il déroba le secret à Vecelli le Vénitien. Deux hommes pour vaincre Raphaël ! Michel-Ange et Sébastien del Piombo ; l'un enfantant la pensée, créant le sujet, imaginant le drame ; l'autre lui donnant la vie.

La Résurrection du Lazare, œuvre des deux maîtres, était le défi jeté au favori de Léon X. Sanzio se sentit le courage de lutter avec de tels hommes. Il prit son pinceau, s'enferma durant quelques semaines, renonça au pape, au Vatican, à ses amis pour travailler à son œuvre.

Le jour vint bientôt de juger les deux compositions ; mais à la vue de la *Transfiguration* Rome jeta un cri de surprise et d'admiration, et répéta avec Mengs : « C'est le type du beau idéal, le parangon de l'art, le chef-d'œuvre de la peinture, l'effort le plus sublime du génie de l'homme. » Sébastien del Piombo s'avoua vaincu ; mais quelle défaite [1] !

Telle fut notre première visite au Vatican. Que dire en sortant de ce palais enchanté, où le génie humain, élevé à sa plus haute puissance, brille, étincelle de toutes parts, et forme, dans ses manifestations multiples, comme une vision d'un monde supérieur qui vous absorbe et vous enivre ? Les paroles expirent sur les lèvres ; on ne

---

[1] Voyez *Vie de Luther*, par M. Audin, t. I, p. 268.

sait quel vœu former. Ah! puissent-ils voir les musées du Vatican! puissent-ils comprendre la pensée qui les forma tous les hommes égarés qui accusent l'Église romaine d'être l'ennemie des lumières! Peut-être changeraient-ils de langage en admirant tout ce qu'ont fait, tout ce que font encore les Pontifes pour la conservation des monuments antiques et pour le progrès des sciences et des beaux-arts! Voilà le premier vœu qui s'échappa de mon cœur de prêtre et de catholique. Quand voudra-t-on réviser le procès intenté à l'Église romaine par la Réforme, et rendre enfin justice à la papauté en cessant de faire mentir l'histoire! tel fut mon second désir.

Depuis trois siècles le protestantisme ne cesse de crier sur les toits : « Je suis l'émancipateur de la raison, le sauveur de la science, le propagateur ardent des lumières; à moi la gloire d'avoir découvert l'antiquité, créé le goût du beau, le zèle de l'investigation et d'avoir rallumé le flambeau du génie, que Rome éteignait; à moi l'initiative du glorieux mouvement qui entraîne le monde de merveilles en merveilles [1]. »

A ces paroles prétentieuses il ne manque qu'une chose, la vérité. Avant que Luther eût appris l'hébreu, avant que Mélanchthon enseignât le grec, avant qu'Ulric de Hutten écrivît ses pamphlets, avant que la peinture brillât sous le pinceau de Cranach, avant que le goût de l'antiquité eût pénétré dans la Germanie, en un mot avant que le mouvement philosophique, littéraire, scientifique, artistique se fît sentir au delà des Alpes, au delà du Rhin, au delà de la Manche, il était en pleine activité sous le beau ciel de l'Italie. Quand Léon X mourut,

---

[1] Tel est en substance l'éloge de Luther, prononcé par M. de Villers et couronné, en 1802, par l'Institut de France.

le 1ᵉʳ décembre 1521, le nom de Luther n'était connu que depuis quatre ans ; et bien avant que la Réforme fût sortie des langes souillés de son berceau l'Italie avait une épopée. Quand la France, l'Allemagne, l'Angleterre, l'Espagne ne comptaient aucun historien, l'Italie avait déjà Poggio Braccolini, Léonard Arétin, Bernard Corio ; puis elle montrait avec gloire Guicciardini, Paul Jove, génies animés au souffle de Léon X. Quand l'Europe septentrionale, poussée par la Réforme, brisait les statues et les chefs-d'œuvre des églises, lacérait les manuscrits des monastères, l'Italie professait un culte ardent et passionné pour l'antiquité et pour les beaux-arts. A Florence, le peuple, la tête nue, des branches d'olivier à la main, accompagnait processionnellement une Vierge de Cimabuë qu'on venait de retrouver ; à Ferrare, des portefaix répétaient les strophes de l'Orlando, et dans les Apennins des brigands s'inclinaient en signe de respect devant l'Arioste. Au moment où Luther donnait le signal de la révolte du sens intime, Bandinelli créait le groupe du maître-autel de Santa-Maria del Fiore, Ange Politien et Giovanni Picco della Mirandola descendaient en triomphe dans leurs tombeaux de l'église Saint-Marc ; et Buonarotti créait la Nuit, le Jour, le Pensiero et la statue colossale de David : Venise, Ferrare, Milan, Bologne, Parme, Ravenne, Florence et Rome, chaque cité italienne, en un mot, devenait un foyer d'art, de lumières et de sciences, qui allait envelopper de son réseau de flammes le monde entier [1].

Ainsi les dates et les noms propres établissent que le mouvement intellectuel parti de l'Italie et surtout de la Rome de Léon X traversa les Alpes pour se partager,

---

[1] Voyez *Vie de Luther*, par M. Audin, t. I, p. 256.

au pied des montagnes, en deux courants, dont l'un gagna l'Allemagne et l'autre la France ; en sorte qu'à la double gloire d'avoir donné à l'Europe sa foi religieuse et formé ses institutions politiques la papauté ajoute celle d'avoir communiqué l'impulsion scientifique au génie des temps modernes. Le soleil n'est pas plus éclatant que ce fait : l'histoire le dit, le Vatican le prouve. Ce n'est pas assez ; afin que la Réforme ou la philosophie antichrétienne ne puisse jamais jeter à la face de Rome le reproche si spécieux d'obscurantisme, la papauté va jusqu'à prendre, sous les Pontifes de la maison de Médicis, les allures de la science mondaine ; elle réchauffe dans son sein l'antiquité profane ; elle prodigue l'or et les honneurs à ceux qui l'exhument de sa tombe; puis, lorsqu'elle a imprimé le mouvement, on la voit rentrer dans son calme ordinaire et se renfermer plus étroitement dans sa mission religieuse : au pape artiste et littérateur succède le pape théologien, Adrien VI à Léon X !

Heureuse de voir les intelligences exercer leur activité dans toutes les parties de la science, la papauté se contente alors de diriger leur action. Attentive à encourager leurs efforts, fidèle à couronner leurs succès, elle n'est pas moins vigilante pour réprimer leurs écarts. Reine quand elle récompense et reine quand elle punit, elle se montre toujours l'épouse du Dieu des sciences et l'organe de la vérité. Cette position intellectuelle de Rome me semblait parfaitement représentée dans les trois édifices qui entourent la place Saint-Pierre : à droite, le palais du Vatican ; à gauche, les prisons du Saint-Office; entre deux, l'église du Prince des Apôtres. Le christianisme, lumière du monde, boussole des esprits, règne glorieusement à Saint-Pierre ; de sa main droite il protége un palais magnifique où il glorifie les sciences, les arts, les lumières, en un mot le génie humain dans toutes ses manifestations normales ; tandis que sa main gauche pèse sur une prison obscure, triste, étroite, où il enchaîne le génie de l'erreur qui a voulu opiniâtrément ternir l'éclat de la vérité et retarder, en l'égarant, la marche de l'intelligence.

24 Décembre.

Le Palatin. — Palais des Augustes. — Le *Lararium*. — Temples des dieux et des empereurs. — Statue d'Apollon. — Chrétiens de la maison de Néron. — Le *Septizonium*. — Saint-Sébastien *alla Polveriera*. — Jardins. — Forum. — Villa Palatina. — Église de Saint-Bonaventure. — Le B. Léonard du Port-Maurice.

Sortis hier de la vieille Rome, nous y rentrâmes aujourd'hui. Il nous parut intéressant d'étudier, la veille de Noël, les palais des Césars dont l'Enfant de Bethléem, encore dans sa crèche, ébranla les fondements : à neuf heures nous étions sur le Palatin. Des sept collines, disent les auteurs, celle-ci fut la première habitée. Évandre y fonda une bourgade qu'il appela *Pallanteum,* du nom de la ville d'Arcadie, son ancienne capitale. Les cinq premiers rois de Rome y fixèrent aussi leur habitation. Sur la fin de la république ces modestes demeures firent place aux maisons somptueuses des Gracques, de Cicéron, de Claudius, de Catilina, de Marc-Antoine et d'Auguste lui-même, qui y naquit le 23 septembre, l'an 62 avant l'ère chrétienne [1]. A tous ces titres la colline prit le nom de Palatin, *mons Palatinus,* qu'elle conserve aujourd'hui. Elle le mérita bien mieux encore

---

[1] Quelques-uns disent qu'il naquit à Vellétri.

lorsque les successeurs du premier des Césars l'eurent couverte de leurs palais d'or et de marbre. Là dormirent Tibère, Caligula, Claude, Néron, Domitien [1]; et leurs ombres effrayantes semblent encore errer parmi ces ruines désolées, pour commander au voyageur l'étonnement et la crainte.

De tous les édifices qui couronnaient le Palatin, le plus imposant était le palais Augustal, siége de l'empire et séjour de la majesté romaine, *Sedes romani imperii* [2]. Ce palais, modeste d'abord, développa bientôt ses proportions et revêtit la plus incroyable magnificence. Un superbe escalier y conduisait du Forum par le coteau de la Victoire, *per clivum Victoriæ*. De chaque côté de la porte principale s'élevaient perpétuellement deux lauriers, dont les têtes soutenaient, en se rapprochant, une couronne de chêne. Le sénat avait accordé cet insigne honneur à Auguste, *vainqueur des ennemis* et *sauveur des citoyens* [3]. Il parut bon aux successeurs de ce prince de s'attribuer le même privilége; et quels que fussent leurs titres à cette distinction, ils n'avaient pas à craindre l'opposition du sénat. De vastes portiques en marbre de Lacédémone et en porphyre entouraient la demeure impériale, dont ils défendaient l'accès au vulgaire, mais non aux douleurs et aux noirs soucis. Combien de fois leurs voûtes silencieuses virent, pendant la nuit, Caligula, tourmenté par les insomnies de la débauche, errer comme un insensé et appeler à grands cris le retour de

---

[1] Suet., c. 5. — Stat., Sylv., lib. III.

[2] Victor., *de Region.*

[3] Tunc decretum fuit laurum poni ante ejus ædes regias, et coronam querceam superponi tanquam inimicorum victori et servatori civium. Dio, lib. LIII. — Plin., lib. XV, c. 30; lib. XVI, c. 4.

la lumière ¹ ! Des thermes à l'usage de la cour avec le *Lararium*, ou chapelle domestique des empereurs, formaient le corps avancé des bâtiments. Alexandre Sévère a rendu célèbre le *Lararium* impérial. Dans la partie la plus intime ce prince avait placé, au milieu des empereurs divinisés, des dieux et des grands hommes, Notre-Seigneur Jésus-Christ, Abraham et Orphée, auxquels il venait chaque matin offrir des sacrifices ². Par ses ordres, le palais même proclama d'une manière éclatante la supériorité de la morale évangélique. Sur une des façades il fit graver cette divine sentence : *Ne faites pas à autrui ce que vous ne voudriez pas qu'on vous fasse à vous-même* ³. Plus loin s'élevait la fameuse tour d'Héliogabale, prince extravagant et débauché, qui avait dit : « Je veux que ma mort elle-même soit magnifique. » Et, en guise d'échafaud, il avait fait bâtir une haute tour, pavée de pierres précieuses, afin que le jour où il se précipiterait il se cassât pompeusement la tête ⁴. On voyait ensuite la bibliothèque Tibérienne, puis les appartements revêtus d'or, d'ivoire et de diamants où s'accomplirent les incroyables scènes qui composent la vie intime des Césars.

Autour du palais régnait une ceinture de temples dédiés aux dieux et aux hommes. En premier lieu, voici le

---

¹ Magna parte noctis vigiliæ, cubandique tædio, nunc thoro residens, nunc per longissimos porticos vagus, invocare identidem, atque exspectare lucem consueverat. Suet., c. 50.

² Lamprid., *in Alexand. Sev.*, c. 29 et 31.

³ Quam sententiam adeo dilexit ut et in palatio et in publicis operibus præscribi juberet. *Id.*, 51.

⁴ Fecerat et altissimam turrim, substratis aureis gemmatisque ante se tabulis, ex qua se præcipitaret, dicens etiam mortem suam pretiosam esse debere. Lamprid., *in Heliog.*

temple de Jupiter Stator, que son antiquité rend si respectable aux Romains; puis le temple de la bonne Déesse, fameux par ses abominables mystères; plus loin le *Sacrarium* des prêtres Saliens. C'est là que les douze jeunes patriciens institués par Numa gardaient les boucliers sacrés, auxquels on croyait attaché le salut de l'empire, et les auspices, et les ceintures de cuivre, et le bâton augural, et les autres objets de la superstition romaine [1]. Enfin le temple d'Apollon, célèbre par la statue gigantesque de ce dieu, devant laquelle les poëtes venaient réciter leurs vers et dont la base servit longtemps à renfermer les livres sibyllins [2]. Ce colosse, dont la tête se voit encore au Capitole, était de bronze et avait au moins cinquante pieds de hauteur. Aux temples des dieux se joignaient les temples des hommes. Auguste était honoré dans le temple que Livie lui avait érigé [3], Caligula dans celui qu'il s'était dédié à lui-même [4]; enfin tous les empereurs recevaient des adorations dans un temple commun [5].

Ainsi Rome avait deux Panthéons, celui des dieux et celui des Césars. Or, croirait-on que sur ce Palatin, dans ce cœur de la puissance et de la superstition romaine, dans le palais même des persécuteurs, le christianisme naissant eut des serviteurs dévoués. Des chrétiens dans la demeure de Néron, l'humilité et la simplicité dans le séjour de l'orgueil et du luxe, la chasteté et l'innocence dans un lieu de débauches et de prostitution, la mansuétude et la charité dans le repaire de la cruauté et des crimes les plus odieux, quel contraste!

[1] Valer., lib. VIII.
[2] Suet., *in Aug.*, c. 31.
[3] Plin., lib. XII.
[4] Suet., *in Calig.*, c. 22.
[5] Suet., *in Galb.* — Vospisc., *in Tacit.*

quelle merveilleuse puissance du christianisme! Ces chrétiens de la maison de César nous sont connus par les lettres mêmes de saint Paul [1], et leurs noms chéris vinrent fort à propos se présenter à mon souvenir pour faire une agréable diversion aux tristes pensées que réveille la vue du Palatin.

Mais comment l'Apôtre put-il parvenir à jeter quelques grains de la bonne semence jusque dans la cour même de Néron? C'est là un problème dont la solution pique vivement la curiosité. Les détails suivants sont de nature à éclaircir, en partie du moins, cet intéressant mystère. Le nom chrétien était connu à Rome dès le temps de Tibère; on sait que cet empereur voulut faire mettre Notre-Seigneur au nombre des dieux. Saint Paul avait parcouru, en prêchant, les principales villes de l'Asie; il avait séjourné dix-huit mois à Corinthe. Les Juifs, qui se montraient partout ses ennemis acharnés, le traînèrent devant le tribunal de Gallion, alors proconsul de l'Achaïe, l'accusant d'enseigner une doctrine contraire à leur loi [2]. Or, ce magistrat romain, *Junius Annæus Gallio*, était le frère aîné de Sénèque, précepteur de Néron [3]. Inévitablement le gouverneur entendit souvent parler de ce Juif énergique et disert qui se formait de nombreux prosélytes et dont les doctrines agitaient sa province. Homme instruit, il est à présumer que, dans sa correspondance, Gallion entretint son frère de ce prédicateur d'une philosophie nouvelle et sublime,

---

[1] Salutant vos omnes sancti, maxime autem qui de domo Cæsaris sunt., *Philipp.*, IV, 22.

[2] *Act.*, XVIII, 1, 17.

[3] Tacit., *Annal.*, VI, 3; XV, 73. — Dio Cass., *Hist. Rom.*, LX, 688; LXI, 699.

et que la réputation de saint Paul avait pu ainsi le devancer auprès de Sénèque et lui inspirer le désir de le connaître : tant il y a que les meilleurs esprits ne mettent point en doute les relations de l'Apôtre, pendant son séjour à Rome, avec le précepteur de Néron [1].

Ce n'est pas tout : en arrivant à Rome, saint Paul fut, selon l'usage, remis entre les mains du préfet du prétoire avec les autres prisonniers. On ne peut guère douter qu'il ne lui ait été présenté, plus d'une fois peut-être; car l'Apôtre attendit deux ans son jugement. Or, dans ces audiences, comme à celles de Félix et de Festus, comme dans sa prison même, Paul ne cessait d'annoncer l'Évangile. « Je suis en prison; » écrit-il lui-même, « mais la parole de Dieu n'est point enchaînée; si bien « que mes fers sont connus dans tout le prétoire [2]. » Le préfet du prétoire était alors le célèbre Afranius Burrhus, associé avec Sénèque dans l'éducation de Néron. Il partagea longtemps avec lui la faveur ou du moins la confiance du tyran, et il paraît que ces deux hommes d'État marchaient assez de concert. Les relations qui existaient entre eux ne peuvent donc guère permettre de douter que Burrhus n'eût parlé à Sénèque de ce captif si remarquable, ne lui eût inspiré le désir de le connaître et ne lui en eût fourni les moyens, qui d'ailleurs n'étaient pas difficiles, le zèle de l'Apôtre devant le disposer favorablement à de telles entrevues [3].

Ainsi s'expliquent sans effort les entrées de saint Paul au palais impérial. Entendue, commentée, discutée, soit par les gardes de Burrhus ou par Burrhus et Sénèque,

[1] Voyez *Mémoires Eccl.*, par M. de Greppo, p. 88.
[2] *Philipp.*, I, 13.
[3] De Greppo, p. 103.

soit par les courtisans et les officiers qui assistaient aux interrogatoires, sa parole rencontra des cœurs dociles. Parmi les glorieuses conquêtes qu'elle fit à la cour on cite entre autres les saints martyrs Torpès et Évellius. Le premier était un des grands officiers de l'empereur [1]. A peine sa conversion fut-elle connue que Néron lui ordonna de sacrifier aux dieux. Sur son refus, Torpès, battu de verges, étendu sur la roue, expira, montrant jusqu'à la fin une sérénité de visage qui jeta dans l'admiration tous ceux qui en furent témoins. De ce nombre était Évellius, conseiller de l'empereur. Touché lui-même de la grâce, il demanda le baptême et ne tarda pas à rejoindre dans la gloire le saint martyr dont il partagea les supplices après avoir admiré la constance [2].

Parmi ces chrétiens de la famille de Néron il faut encore, suivant toutes les probalités, compter la célèbre Pomponia Græcina. Cette matrone, l'ornement de la cour impériale, était femme d'un guerrier distingué. Son mari Aulus Plautius, revenant à Rome, où il triompha des Bretagnes, la fit comparaître devant un tribunal de famille comme coupable d'attachement à une superstition étrangère [3]. Plautius la déclara innocente ; mais elle passa sa vie dans une tristesse continuelle, portant tou-

---

[1] Magnus in officio Cæsaris Neronis fuit. *Martyr. Adonis*, 17 maii.

[2] Cujus (Torpetis) constantiam et virtutem quidam consiliarius Neronis, Evellius nomine, inspiciens, Christo testimonium reddidit. *Id., id., Martyr. Rom. Ib.*, 11 maii.

[3] C'est ainsi que les auteurs païens ont coutume de désigner la religion chrétienne. — Pomponia Græcina, insignis femina, Plautio, qui ovans se de Britanniis retulit, nupta, ac superstitionis externæ rea mariti judicio permissa. Tacit., *Annal.*, XIII, 32.

jours des vêtements de deuil : voilà bien la chrétienne telle qu'un païen pouvait la représenter [1]. Mais le triomphe de l'Apôtre, ou plutôt le miracle du christianisme, fut de pénétrer jusque dans les appartements intimes de l'empereur et d'aller chercher une brebis dans l'antre même du lion. Néron avait une courtisane qu'il aimait à la fureur : saint Paul la convertit [2]. Quelle était cette nouvelle Madeleine? Les uns ont prétendu que c'était Sabina Poppæa, les autres Acté : on en est réduit aux conjectures.

En avançant vers le nord du Palatin on rencontrait le *Lupercal*, grotte célèbre, au pied du figuier ruminal, sous lequel furent trouvés Rémus et Romulus. A gauche, non loin de *l'escalier du beau rivage, ad gradus pulchri littoris*, Rome conserva pendant plus de mille ans la cabane champêtre où son fondateur passa ses premières années [3]. Près de ces lieux s'élève aujourd'hui l'église de Saint-Théodore. Au couchant de la royale colline s'étend la vallée du *Grand Cirque*, marquée par un beau souvenir chrétien. Un jour, c'était sous Dioclétien, on vit dans le lieu appelé l'Hippodrome ou le Manége des empereurs le capitaine de la première compagnie des gardes prétoriennes attaché à une colonne. Par l'ordre du prince, les soldats lui décochaient des flèches et criblaient de

---

[1] *Voyez* M. de Greppo, p. 75 et suiv.

[2] Cette conquête lui coûta la vie. S. Chrys., *adv. oppug. vit. monast.*, I, 3; op. t. I, p. 48; Greppo, *id.*, p. 30 et suiv.

[3] Sed eorum vita pastoralis et operosa erat, casisque sæpe in montibus factis arundineis et ligneis operiebantur; quarum una tiam meo tempore perdurat in parte a Palatio in Circum versa, casa Romuli dicta, quam adhuc sacrarum rerum custodes tuentur, nil magnificentius adjungentes; sed si aliquid aut cœli injuria aut senio periclitatur, reliqua fulciunt, labefactatas res primis similes resarcientes. Dyon., lib. I.

blessures leur brave commandant. Quel était son crime ? il était chrétien. Quel était son nom? il s'appelait Sébastien. Quel était son pays? Il était Français [1]. Chrétiens et Français, deux fois compatriotes du martyr, comment n'aurions-nous pas été vivement émus en foulant cette terre glorieusement abreuvée de notre sang?

Sur la pointe orientale du Palatin s'élevait le *Septizonium* de Septime Sévère. Chaque empereur faisait des augmentations ou des embellissements au palais Augustal. Pour en décorer l'entrée du côté du mont Cœlius, Septime Sévère fit construire un superbe édifice à sept portiques, élevés les uns au-dessus des autres et soutenus par sept rangs de colonnes de formes différentes [2]. On dit que les *bacheliers*, les *licenciés* et les *docteurs* de l'époque venaient y recevoir leurs grades, marqués par chaque étage [3]. En 1216, le *Septizonium* était encore assez bien conservé pour loger le sacré Collége qui élut Honorius III [4]. Aujourd'hui il n'en reste pas de vestiges ; le palais impérial même, les temples des dieux et des hommes, toutes ces puissantes constructions romaines qui décoraient le Palatin ont entièrement disparu ; des ruines informes, couvertes de ronces, attestent seules la grandeur romaine dans le centre même de sa majesté, *Sedes romani imperii*. Les jardins Farnèse et la villa Palatina, remarquables par quelques fresques de Ra-

---

[1] Le père de saint Sébastien était de la Gaule narbonnaise, sa mère de la Gaule cisalpine ; voyez Mazzol., *saint Sébastien*, t. VI, p. 238.

[2] *Descript. urb. Rom.*

[3] Locum *septem soliis* septem ordinibus columnarum constructum ubi dicitur, quod gradatim adscendentibus et merentibus dabatur gradus scientiarum. *Id., id.*

[4] Card. Aragon., *in Vita Greg. IX*, t. III, p. 2.

phaël, occupent en grande partie le plateau de la colline ; et de paisibles jardiniers cultivent des artichaux et des petits pois dans le temple d'Apollon, dans le palais d'Auguste, sous le portique de Caligula et sur l'Hippodrome si bruyant des empereurs. Ici, comme ailleurs, le christianisme seul reste debout. Vainqueur des Césars, il a planté sur les ruines de leur palais ses colonnes triomphales. L'église de Saint-Sébastien *alla Polveriera* consacre le lieu même où le commandant des gardes prétoriennes remporta sa glorieuse victoire, et sur le côté opposé du Palatin, vers l'emplacement du *Septizonium*, s'élève, svelte, gracieuse, l'église de Saint-Bonaventure.

Là nous attendait un miracle semblable à celui qui nous avait si vivement frappés dans l'église des Capucins. Sous le maître-autel dort du sommeil des justes le B. Léonard de Port-Maurice. L'infatigable missionnaire du Bolonais et des montagnes de l'Italie mourut ici, en 1751, à l'âge de quatre-vingt-quinze ans. Il nous fut donné de voir de près le saint de Dieu miraculeusement préservé de la corruption du tombeau : on dirait un vieillard prêt à se réveiller. Dans le tombeau du héros chrétien repose, comme l'épée victorieuse à côté du guerrier, l'effrayante discipline encore teinte de son sang. Elle explique en quelque sorte l'incorruptibilité du saint corps, et semble dire éloquemment : Voyez ! celui qui sacrifie sa vie en ce monde pour Jésus-Christ la retrouvera glorieuse en l'autre. Deux armoires, suspendues de chaque côté de la nef, contiennent le grand crucifix et l'image de la sainte Vierge que le saint portait toujours avec lui dans ses missions. Le couvent, dont l'église forme le centre, est habité par les frères du bienheureux apôtre, les Franciscains de la réforme de saint Pierre d'Alcantara. Ces religieux sont l'édification de Rome ; sous leur bure grossière vit la pauvreté, la mortification, l'humilité, l'obéissance et la pureté des premiers fidèles. Évidemment la Providence a voulu que, dans les derniers âges du monde, le christianisme régnât sur le Palatin couvert de ruines, aussi pur, aussi victorieux de la chair et du monde qu'aux siècles primitifs, alors que le palais de Néron cachait cette redoutable colline sous l'éclat éblouissant de sa magnificence : avis à ceux qui proclament la mort du catholicisme.

Rappelons, en finissant, que la veille de Noël est à Rome un grand jour de jeûne. Le peuple, imitant les premiers chrétiens, s'abstient de toute nourriture *jusqu'aux étoiles*, c'est-à-dire jusqu'à la nuit : alors commencent de joyeux repas de famille. On s'invite et on se réconcilie; oui, on se réconcilie, c'est un fait. Le souper, servi en maigre et accommodé à l'huile, se prolonge jusqu'à minuit; quand sonne l'heure solennelle, la table se couvre d'aliments gras, et l'on continue de se réjouir. Cet usage est tellement enraciné qu'il n'y a point de messe de minuit à Rome, sinon dans quelques communautés. La première se dit à Sainte-Marie Majeure, vers les deux heures du matin.

25 Décembre.

Messe papale. — Hallebardiers. — Esprit de conservation de l'Église romaine. — Entrée du Saint-Père. — Pourquoi le souverain Pontife ne porte pas de crosse. — Épée. — Chapeau ducal. — Épîtres et Évangiles chantés en grec. — Consécration. — Le Saint-Père communie assis, le Diacre debout, pourquoi? — Sainte-Marie Majeure. — La Crèche. — Détails. — Description.

Le beau jour de Noël, jour que j'avais tant désiré de voir à Rome, se montra tel que je l'aime pour être en harmonie avec la fête. En France et dans les pays du

Nord, je veux qu'il soit bien froid, bien glacial ; que les étoiles étincellent sur l'azur du firmament ; que la neige crie sous les pas, afin d'exciter dans les cœurs une plus tendre, une plus vive compassion pour l'Enfant divin qui grelotte et qui pleure sur la paille, dans sa crèche ouverte aux quatre vents. A Rome et dans les pays chauds, à défaut de glace et de neige, je veux un brouillard plus ou moins épais, plus ou moins pénétrant, et de la pluie plus ou moins froide, plus ou moins abondante : nous fûmes servis à souhait.

A huit heures nous étions au Vatican. Qu'il me soit permis de le dire à l'éloge de notre curiosité, nous y fûmes des premiers. Or, ce jour-là il est convenu qu'on ne va pas à Saint-Pierre pour prier, mais pour regarder; à moins que regarder ne soit aussi prier, ce que je croirais volontiers, du moins pour le catholique respectueux qui assiste aux cérémonies papales. Quoi qu'il en soit, nous nous mîmes à regarder. Le premier objet qui fixa notre attention furent les hallebardiers du pape, dont une compagnie entra peu après nous et vint prendre position en avant de la Confession de saint Pierre, afin de garder l'enceinte réservée. Rien de plus pittoresque et de plus gracieux que leur uniforme : haut-de-chausses noir, rouge et jaune ; cuirasse ronde du moyen âge, avec brassards articulés ; fraise autour du cou, casque rond en acier, surmonté d'un panache rouge ; large baudrier jaune, et longue hallebarde à l'antique : on dirait la résurrection des temps chevaleresques.

Ce spectacle, si nouveau, servit de thème aux réflexions suivantes : Voyez comme Rome est essentiellement conservatrice ! Qu'on parcoure tous les États de l'Europe, nulle part on ne trouvera, si ce n'est peut-être dans la poussière des musées, ce costume d'un temps qui n'est plus. Seule, la ville éternelle le garde et l'expose au grand jour comme une page d'histoire que chacun peut lire. Plus d'une fois, sans doute, les touristes musqués du dernier siècle durent sourire à la vue de cet immuable et gothique uniforme; mais l'intelligent artiste de notre époque l'admire et l'étudie, tandis que le chrétien bénit la pensée qui préside à sa conservation. Cette pensée romaine se manifeste partout, aussi bien dans les petites choses que dans les grandes. Ces ordres religieux dont les fils posthumes parcourent les rues et les ruines de la cité pontificale, tels, par exemple, que les Trinitaires et les chevaliers de Malte, que sont-ils aux yeux de l'observateur? sinon la traduction vivante de la même pensée. Il vous semble que la loi devrait sanctionner une suppression déjà opérée de fait; votre zèle vous égare. Comme Dieu, Rome crée et conserve, mais elle ne détruit pas; elle garde tous ces ordres *surannés* comme les reliques d'un passé vénérable, comme les anneaux de la chaîne traditionnelle. Il est vrai, le Trinitaire n'ira plus à Tunis porter la rançon des captifs; mais il rachètera d'autres prisonniers, les prisonniers du péché : il travaillera dans le ministère des âmes. De même le chevalier de Malte ne tirera plus sa glorieuse épée contre le mahométisme; mais il accomplira auprès du chef de la chrétienté de nobles fonctions, en attendant que les dangers de la foi ou les intérêts de l'humanité l'appellent à de nouveaux combats.

Le même esprit de conservation se manifeste dans les monuments de l'antiquité. Si l'Autriche, la France, l'Angleterre, la Russie, ou n'importe quel autre peuple était maître de Rome pendant cinquante ans, il est fort à craindre que tout y serait bouleversé. Le génie de chaque peuple, l'activité des uns, l'incurie des autres, les collisions politiques, l'esprit mercantile et industriel compromettraient rapidement l'existence de la plupart des ruines monumentales. Sous la garde de l'Église elles n'ont rien à craindre. Le génie de la conservation le plus attentif, le plus intelligent veille sur elles ; et Rome demeure un incomparable musée où les usages et les choses de tous les temps, soigneusement conservés, sont offerts à l'étude et à l'admiration du monde entier.

De là naît involontairement une réflexion plus haute : il n'en faut pas douter, cet esprit de conservation est évidemment providentiel, et l'Église qui le manifeste semble dire à ses enfants : « Si je mets tant de soins à sauver de l'oubli et de la destruction des usages et des monuments d'un intérêt secondaire, quelle pensez-vous que doit être ma sollicitude pour conserver intact le dépôt sacré de la foi? Fiez-vous à votre mère ; elle ne laissera rien périr de votre divin patrimoine. »

Le temps avait fui, il était plus de neuf heures; la basilique s'était remplie d'une foule immense, lorsqu'un coup de canon annonça le départ du Saint-Père. Sorti de ses appartements, l'auguste vieillard descendit, par l'escalier intérieur du palais, dans une chapelle latérale de l'église. Bientôt on aperçut, dominant toutes les têtes, un dais brillant d'or et de soie, puis deux larges éventails de la plus grande beauté, glorieux souvenir de la magnificence impériale ; et sous ce dais, assis sur la *sedicula gestatoria*, éclatante d'or et de pourpre, le vicaire de Jésus-Christ, la tiare en tête, glorieux emblème de sa triple dignité de père, de roi et de pontife [1]. Il

---

[1] En la mettant au Pontife le cardinal lui dit : « Accipe tiaram « tribus coronis ornatam, et scias te esse Patrem, Regem et « Christi Vicarium, etc. » Les Italiens appellent la tiare *Triregno*; c'est un beau mot.

s'avançait majestueusement, porté sur les épaules des officiers de sa maison, en grand costume rouge. Le sacré Collége ouvrait la marche, la garde noble formait la haie et suivait le cortége, qui vint s'arrêter sous nos yeux, derrière la Confession de saint Pierre. Après avoir déposé la tiare et fait une courte adoration au pied de l'autel, le souverain Pontife monta sur un trône placé à droite, entonna *Tierce*, prit la mitre et s'assit. Pourquoi la mitre succède-t-elle à la tiare? Ce mystérieux changement commença pour moi une longue série d'énigmes dont la solution tourmenta beaucoup mon esprit Je compris assez promptement que, si le Saint-Père était roi sur la *sedicula gestatoria*, à l'autel il n'était que pontife, et la substitution de la mitre à la tiare s'expliqua d'elle même. Mais deux nouveaux hiéroglyphes m'intriguèrent bien autrement, l'un que je voyais et l'autre que je ne voyais pas. Le Saint-Père, l'évêque des évêques, ne portait pas de crosse; j'eus beau chercher, cet attribut distinctif de de la charge pastorale ne figurait nullement parmi les insignes : pourquoi cela? première énigme.

Deux prélats domestiques, précédant le Saint-Père, portaient, l'un une superbe épée à poignée d'or, *stocco*; l'autre un chapeau ducal, *cimiero*, de velours cramoisi, doublé d'hermine, orné de perles et entouré d'un cordon d'or avec une colombe au milieu, symbole du Saint-Esprit : l'épée et le chapeau furent déposés sur le coin de l'autel, où ils restèrent pendant la messe : pourquoi tout cela? seconde énigme.

Je cherchai autour de moi quelque OEdipe capable de m'expliquer ce double mystère : mes efforts n'eurent pas de succès. La messe commença, continua, finit; et ce chapeau, cette épée, cette crosse ne me sortirent pas de la tête. Je confesse ma distraction; pour l'expier, je me condamnai à de longues investigations sur la cause qui l'avait produite, et afin d'épargner la même peine à ceux qui viendraient après moi, je vais donner le mot de la double énigme.

Le pontificat de saint Pierre à Rome dura vingt-cinq ans. Quoique nos histoires gallicanes ne nous disent rien des travaux de l'Apôtre durant ce long séjour, on sait très-bien qu'il ne resta pas les bras croisés. Les anciens monuments, les archives et les traditions des églises d'Italie nous parlent à chaque instant des voyages du pêcheur de Galilée, des missionnaires qu'il envoya dans toutes les parties de la péninsule et même au delà des Alpes; tels, par exemple, que saint Front dans l'Aquitaine et saint Materne dans la Germanie[1]. Avec ce dernier partirent pour Trèves saint Eucher et saint Valère, tous trois disciples du prince des Apôtres. Au bout de quarante jours Materne mourut. Un de ses compagnons d'apostolat revint aussitôt à Rome en donner la nouvelle à saint Pierre, et le prier d'envoyer un nouvel ouvrier à la place du défunt. L'Apôtre se contenta de lui dire : « Prenez mon bâton, touchez-en le mort, et vous lui direz de ma part : Levez-vous et prêchez. » A l'ordre de celui dont l'ombre seule guérissait les malades, le miracle fut opéré : Materne sortit plein de vie du tombeau, continua sa mission et devint le second évêque de Trèves. En mémoire éternelle de ce miracle, les successeurs de saint Pierre ne portent point de bâton pastoral, excepté dans le diocèse de Trèves, quand ils s'y trouvent. Ce fait, qui n'a rien d'étonnant lorsqu'on connaît et la puissance miraculeuse des Apôtres et la nécessité des prodiges pour

---

[1] Fogginio, *de romano divi Petri Itinere et Episcopatu*, in-4°, *Exercit.* XIII, XIV, XIX.

ENTRÉE DU SAINT-PÈRE.   453

accréditer la foi naissante, repose d'ailleurs sur d'illustres autorités. Je n'en citerai que deux, le pape Innocent III et saint Thomas d'Aquin ; le premier fut le plus grand homme de son siècle, et le second la raison la plus saine et la plus forte du moyen âge[1]. Heureux de

[1] Voici leurs paroles : Innocent III dit : « Romanus autem
« Pontifex pastorali virga non utitur, pro eo quod beatus Petrus
« Apostolus baculum suum misit Eucherio, primo episcopo Tre-
« virorum, quem una cum Valerio et Materno ad prædicandum
« Evangelium genti teutonicæ destinavit. Cui successit in epis-
« copatu Maternus, qui per baculum sancti Petri de morte fuerat
« suscitatus. Quem baculum usque hodie cum magna venera-
« tione trevirensis servat Ecclesia. » *De Sacrif. Miss.*, c. VI. Le même Pontife, écrivant au patriarche de Constantinople, répète le même fait. *De sacra unct.*, cap. unic., *versus fin.* — Le docteur angélique s'exprime ainsi : « Romanus Pontifex non utitur ba-
« culo, quia Petrus misit ipsum ad suscitandum quemdam disci-
« pulum suum, qui postea factus est episcopus trevirensis, et
« ideo in diœcesi trevirensi Papa baculum portat, et non in
« aliis. » *Q.* 3, *art.* 3, *distinct.* 24, lib. IV. — A cette raison historique les auteurs ajoutent plusieurs raisons mystérieuses pour expliquer l'absence de la crosse entre les mains des souverains Pontifes ; voici la principale : « Quia per baculum designatur
« correctio sive castigatio ; ideo alii pontifices recipiunt a suis su-
« perioribus baculos, quia ab homine potestatem recipiunt. Ro-
« manus Pontifex non utitur baculo, quia potestatem a solo Deo
« recipit. » *De Sacr. Unct. ad verb.* Mystic. Voyez aussi Durandus, *Rationale div. offic.*, lib. III, c. 15 ; Alzedo, *De præcellent. Episcop. Dignit.*, p. I, c. 13, n. 70 ; Hieron. Venerius, *De Exam. Episcop.*, lib. IV, cap. 20, n. 21 ; Barbosa, *De Offic. et Potest. Episcop.*, p. 1, tit. 1, n. 14, etc., etc. — Dans la Dissertation *ad hoc* qu'il a placée à la fin de ses *Monim. veter.*, l. III, p. 209, le savant Ciampini fait très-bien observer que la *Ferula*, espèce de bâton droit qu'on présentait aux Papes le jour de leur élection et qu'on trouve gravé sur les anciens tombeaux, n'est pas une crosse, mais l'emblème de leur pouvoir temporel. — Puisqu'il est

ma découverte, j'admirai de nouveau l'esprit de conservation qui fait la gloire particulière de l'Église de Rome, et je bénis ma mère de nous avoir gardé dans un de ses usages le souvenir des faits miraculeux accomplis autour de notre berceau.

Mais que signifiaient l'épée et le chapeau ducal? L'explication de cette nouvelle énigme vint encore aboutir à un tribut d'admiration et de reconnaissance. Dans les siècles les plus reculés, alors qu'eut lieu l'incarnation du christianisme dans les nations européennes, le droit de la force dut se régler sur le droit moral. Instrument de passions personnelles, d'oppression publique et d'iniquité dans le monde idolâtre, le glaive devint, aux mains des princes et des guerriers chrétiens, une arme destinée à protéger la vérité, l'équité, l'ordre social. Cette nouvelle mission *du fer* fut sans cesse rappelée à ceux que Dieu chargeait de la remplir. Et voilà que la nuit même où l'Enfant-Dieu vint briser toutes les tyrannies son Vicaire bénit une armure, qu'il envoie à l'empereur, au roi, au prince, au guerrier qui a vaillamment combattu ou qui doit combattre les ennemis de la vérité, de la justice et de la paix du monde. Au seizième siècle Sixte IV appelait déjà cet éloquent usage *une coutume*

---

ici question de la crosse épiscopale; je ne puis résister au plaisir de citer les vers suivants d'un auteur du moyen âge, sur la signification de cette houlette spirituelle et sur l'usage que le pontife doit en faire :

> In baculi forma, præsul, datur hæc tibi norma :
> Attrahe per primum, medio rege, punge per imum ;
> Attrahe peccantes, rege justos, punge vagantes ;
> Attrahe, sustenta, stimula, vaga, morbida, lenta.
>
> *Gloss. De Sacr. unct.*, c. unic.

venue des Saints-Pères; et de fait les siècles antérieurs avaient vu Urbain VI donner l'armure sacrée à Fortiguerra, président de la république de Lucques ; Nicolas V au prince Albert, frère de l'empereur Frédéric ; Pie II à Louis VII, roi de France. Rome continue de bénir chaque année le glaive et le chapeau du guerrier chrétien ; et, s'il y a lieu, le Père commun des nations l'envoie au prince, au capitaine qui s'en est rendu digne par ses exploits et par sa conduite [1].

Si dans ces usages préliminaires j'avais pu lire une page de notre belle antiquité, la messe pontificale me la révéla presque tout entière. Après la confession au pied de l'autel, le Saint-Père vint prendre place sur un trône préparé au fond du chœur, immédiatement au-dessous de la chaire de saint Pierre. A droite et à gauche, sur des estrades doublées de rouge, siégeaient les membres du sacré Collége ; j'en comptai vingt-quatre en chasuble et mitre blanches richement brodées. Derrière les cardinaux on voyait les évêques, les chefs d'ordre et les prélats ; au-dessus de ces longues stalles régnaient deux rangs de tribunes, les tribunes supérieures réservées aux princes et aux ambassadeurs, les autres occupées par les personnes munies de billets. On ne peut dire combien est imposant ce spectacle, vraiment catholique.

En mémoire de l'antique union de l'Église orientale et de l'Église occidentale, en témoignage perpétuel de la catholicité de la foi qui a parlé et doit jusqu'à la fin parler toutes les langues, l'épître et l'évangile furent chantés d'abord en latin par deux ecclésiastiques de Rome, puis en grec par un sous-diacre et un diacre

---

[1] Costanzi, *Istituzioni di Pietà di Roma*, t. 1, p. 8.

arméniens revêtus de leur magnifique costume oriental. Le moment de la consécration approchant, le Saint-Père descendit de son trône. Après l'accomplissement du redoutable mystère, l'auguste vieillard prit la sainte victime dans ses mains vénérables, et, l'élevant au-dessus de sa tête, il la présenta aux quatre points du ciel; puis, avant de la replacer sur l'autel, il donna silencieusement la bénédiction à l'univers. Ce silence profond, les cheveux blancs du vicaire de Jésus-Christ, toutes ces têtes de princes et de rois inclinées jusqu'à terre, la vue de l'auguste victime élevée entre le ciel et la terre, tout cela produit dans l'âme une impression qu'on est heureux d'avoir éprouvée, mais qu'on ne peut rendre.

Avant la communion, le Saint-Père revint à son trône; et l'on vit le cardinal-diacre quitter l'autel et lui apporter, précédé de flambeaux, le Corps adorable du Sauveur. A ce moment solennel tout le monde tomba prosterné, même un Anglais que j'avais à ma droite. Le Saint-Père assis, les mains jointes, la tête respectueusement inclinée, prit la sainte Hostie et se communia lui-même; puis, en prenant une autre, il l'offrit au cardinal-diacre, qui communia debout de la main du vicaire de Jésus-Christ. Le diacre revint à l'autel, d'où il apporta, avec les mêmes cérémonies, le précieux Sang, dont le Saint-Père but avec un chalumeau d'or, suivant l'usage de la primitive Église, après quoi le diacre absorba le reste de la même manière. Cette double communion ressuscite les premiers âges de l'Église et du monde. Dans le Pontife assis sur son trône voyez le Fils de Dieu *assis* au milieu de ses Apôtres et leur distribuant le pain de vie; dans ce diacre recevant debout l'Agneau divin voyez l'Israélite, au moment de franchir la mer Rouge, mangeant debout et dans l'attitude du voyageur l'Agneau pascal, viatique de son pèlerinage et gage de sa délivrance. A ce spectacle, l'intelligence du chrétien, son cœur, son être tout entier surabondent d'une joie douce, intime, profonde : quatre mille ans d'amour viennent de passer sous ses yeux.

La messe finie, le Saint-Père fut reporté dans ses appartements sur la *sedicula gestatoria*, du haut de laquelle il bénissait, en traversant l'immense basilique, le peuple innombrable accouru pour le voir. Tous les cardinaux, la mitre en tête, précédaient le souverain Pontife, suivi des évêques, des prélats et de la garde noble, qui fermait la marche. Il nous en coûta de nous arracher à ces tribunes d'où nous avions contemplé le plus beau spectacle de notre vie. Pourtant il fallut en descendre; comme toutes les joies de ce monde, la pompe auguste avait disparu.

Lorsque nous étions partis pour Saint-Pierre, on nous avait dit : « Ne vous laissez pas trop absorber; prenez garde; il se rencontre inévitablement dans les cérémonies papales des fils de Romulus passionnés pour les foulards de leur prochain. »

Préoccupés de ce que nous avions vu, de ce que nous avions senti, je ne sais comment il nous vint à l'esprit, en nous jetant dans la foule, de prendre certaine mesure de sûreté. Grâce à Dieu, aucun de nos voisins ne se trouva dans le cas précité, et nous sortîmes sains et saufs avec armes et bagages.

Délivrés des filous, nous tombâmes aux mains des *vetturini*. La pluie continuait de tomber par torrents : à Rome comme à Paris, un jour de fête et de mauvais temps les fiacres sont rois. Après avoir longtemps attendu, cherché, supplié, nous rencontrâmes enfin une de ces majestés populaires, qui voulut bien s'engager à nous rendre chez nous moyennant cinq pauls et demi. Le soir, il nous fallut de nouveau implorer les potentats du carrefour ; car les cataractes du ciel étaient toujours ouvertes, et nous voulions à tout prix visiter Sainte-Marie Majeure. Ce jour-là seulement la crèche du Sauveur est exposée à la vénération des fidèles.

Il était environ quatre heures lorsque nous arrivâmes à la basilique Libérienne. Suivant l'antique usage, le souverain Pontife y chantait les vêpres ; plus de mille flambeaux illuminaient l'église et faisaient étinceler ses dorures : Jamais l'or du Nouveau Monde ne brilla d'un éclat plus vif. L'office terminé, la garde pontificale fait évacuer l'église, dont les portes sont fermées. Il n'y reste qu'un petit nombre d'élus : grâce à un de nos amis, nous en faisons partie. Encore un peu, et il va nous être donné de voir de nos yeux la crèche de Bethléem, touchant témoignage de l'amour d'un Dieu devenu notre frère.

Dès l'origine, les chrétiens de la Judée entourèrent d'un respect et d'un culte empressé les lieux et les objets sanctifiés par la présence ou l'attouchement du Sauveur. A mesure que l'Évangile étendait ses conquêtes, la reconnaissance et la foi amenaient dans la Palestine des troupes nombreuses de pèlerins venus de l'Orient et de l'Occident. L'impératrice sainte Hélène s'y rendit en personne et fit revêtir la crèche de lames d'argent et la grotte sacrée des marbres les plus précieux[1]. Au temps de saint Jérôme l'affluence était si

---

[1] Euseb., *Hist.*, lib. III, c. 41 et 43.

continuelle et si nombreuse que le saint docteur écrivait de Bethléem : « On accourt ici du globe entier ; la ville ne désemplit pas d'hommes de toutes les nations [1] ; il ne se passe pas de jour, pas d'heure que nous ne voyions arriver des troupes de frères qui nous obligent à faire de notre silencieux monastère un caravansérail [2]. » Gardée avec plus d'amour que l'arche d'alliance, avec plus de respect que le *Tugurium* de Romulus, environnée par des générations non interrompues de chrétiens fidèles, couverte des baisers de plusieurs millions de pèlerins, arrosée de leurs larmes brûlantes, la crèche quitta l'Orient à l'invasion du mahométisme. Ce fut la seconde année du pontificat du pape Théodore, l'an 642. Rome la déposa dans la basilique Libérienne [3] avec le corps de saint Jérôme, également apporté de la Palestine : elle ne voulut pas que le saint docteur, gardien vigilant de la crèche pendant sa vie, en fût séparé après sa mort [4].

Or, si la vieille Rome fit consister une partie de sa gloire à conserver la chaumière de Romulus, jugez combien la Rome chrétienne se montre plus heureuse

---

[1] De toto huc orbe concurritur ; plena est civitas universi generis hominum, et tanta utriusque sexus constipatio ut quod alibi ex parte fugiebas hic totum sustinere cogaris. *Epist.* XIII, ad *Paulinum.*

[2] Nulla hora nullumque momentum in quo non fratrum occurramus turbis, et monasterii solitudinem hominum frequentia commutemus. *Id.*, c. VII *in Ezech.*

[3] Voyez les deux savants auteurs de l'*Histoire de la Crèche*, Giov. Batelli et Fr. Bianchini, *De Translat. sacr. Cunabul. ac Præsep. Dom.*, etc. Voyez aussi Cancell., *Notte di Natale*, c. XXVI, p. 88 ; Benoît XIV, *De Die Natali*, etc.

[4] Arringhi, *Rom. subterr.*, t. II, p. 269, édit. Paris, in-fol.

et plus fière de posséder le berceau de l'Enfant-Dieu[1]? La crèche est son trésor, son bijou; elle fait son bonheur, sa gloire. Elle la garde avec un amour jaloux, elle l'entoure d'une vénération que les siècles ne peuvent affaiblir; elle la conserve dans un coffre d'airain et ne l'expose aux regards qu'une fois chaque année. La nuit qui précède ce jour tant désiré du pèlerin catholique, la crèche est d'abord placée sur un autel dans la grande sacristie; l'encens le plus exquis brûle en son honneur; puis les quatre plus jeunes chanoines de Sainte-Marie prennent la précieuse relique sur leurs épaules, et, précédés de tout le clergé, ils la transportent solennellement à la chapelle de Sixte V. Après la messe de l'Aurore ils viennent la reprendre et l'exposent sur le tabernacle du maître autel. Tout le clergé se rend ensuite à la chapelle Borghèse, située vis-à-vis celle de Sixte V, pour y découvrir la miraculeuse image de Marie; c'est une manière d'inviter la divine Mère à contempler le triomphe de son Fils et à jouir elle-même de son propre triomphe. Oh ! si jamais vous allez à Rome, ne manquez pas de vénérer cette image de Marie. Elle est la même qui fut peinte par saint Luc, suivant la tradition[2]; la même que Sixte III voulut honorer, suivant le désir de son cœur, en faisant faire les précieuses mosaïques de l'abside et en renouvelant la basilique dans presque toutes ses parties; la même au pied de laquelle les saints papes Symmaque, Grégoire III,

---

[1] Porro Christi natalis nobile monumentum, ex ligno confectum..... Roma possidet, eoque multo felicius illustratur quam tugurio Romuli, quod intextum ex stipula eorum majores ad secula de industria conservaverunt. *Baron*, t. I, an. I, n. 5.

[2] Baron., an. 530.

Adrien Ier, Léon III, Paschal Ier passaient les nuits en prières; la même devant laquelle Clément VIII venait, dès l'aurore, pieds nus, offrir l'auguste sacrifice; la même à laquelle l'illustre Benoît XIV ne manquait aucun samedi de rendre ses hommages, en assistant au chant des litanies Lorétaines¹. Le souvenir de tant de prières, de tant de larmes, de tant de témoignages éclatants de foi et de piété porte à une indicible confiance, et nous serions restés prosternés au pied de cette image tant de fois vénérable si la crèche n'eût donné un autre cours aux sentiments de nos cœurs.

Lors donc que tout fut prêt, deux chanoines de Sainte-Marie Majeure descendirent la crèche du tabernacle et la déposèrent sur un petit autel portatif. Le cardinal protecteur s'avança, et le premier vint rendre ses hommages au divin berceau; le clergé le suivit; notre tour arriva, et je pus voir de près, voir de mes yeux la pauvre crèche où Marie coucha le Sauveur du monde, enveloppé de langes!!! La crèche ne conserve plus sa forme primitive Les cinq petites planches qui en formaient les parois sont réunies ensemble. Les plus longues peuvent avoir deux pieds et demi de longueur sur quatre ou cinq pouces de largeur; elles sont minces et d'un bois noirci par le temps. Ce berceau à jamais vénérable repose dans une châsse de cristal, montée sur un cadre d'argent émaillé d'or et de pierres précieuses, splendide offrande de Philippe IV, roi d'Espagne. La vénération terminée, on dressa le procès-verbal, constatant l'identité de la crèche et les détails de la cérémonie; après quoi, la sainte relique fut renfermée dans le

---

¹ Costanzi, lib. II, p. 27.
² Cancellieri, *Notte di Natale*, c. XXVI, p. 89.

trésor, pour n'en sortir que l'année suivante à pareille époque.

Notre journée était complète. Tout ce que la religion a de plus majestueux, la messe papale; tout ce qu'elle a de plus attendrissant, la crèche, avait été sous nos yeux. Aussi notre cœur était content, mais content comme il ne peut l'être qu'à Rome, le jour de Noël, quand on a vu, d'un œil chrétien, le double spectacle que je viens de dire.

26 Décembre.

Saint-Laurent *hors des murs*. — Saint Laurent *in fonte*. — *In panisperna*. — *In Lucina*. — Basilique de Saint-Laurent *hors des murs*. Le Capitole et le *Santo Bambino*. — Les petits prédicateurs.

Dans la liturgie catholique un grand miracle succède à la naissance du Sauveur : le lendemain de Noël, on célèbre la fête de saint Étienne, protomartyr. L'héroïsme élevé tout à coup à sa plus haute puissance par la grâce de l'Enfant de Bethléem est une preuve admirable de sa divinité. Chaque année l'Église redit ce miracle aux générations qui passent : une bonne occasion de le sentir plus vivement se présenta. L'excellente princesse W... m'offrit sa voiture si je voulais aller célébrer la messe sur le corps de saint Étienne dans la basilique de Saint-Laurent *hors des murs*. La proposition fut acceptée avec reconnaissance. Il faut savoir que Rome n'a rien épargné pour réunir sous ses ailes maternelles les plus grands saints et les plus illustres martyrs de l'Orient et de l'Occident : bénédiction à la Providence, qui lui inspira cette pensée deux fois salutaire! Les corps sacrés qui reposent en paix sous la garde de la ville éternelle depuis longtemps peut-être seraient oubliés ou profanés s'ils fussent restés en d'autres lieux ; de plus, dispersés par toute la terre, ils ne seraient que des témoins isolés. Réunis à Rome, autour du Vicaire de Jésus-Christ, ils forment un concile œcuménique permanent, dont la voix domine tous les bruits et dissipe tous les sophismes de l'erreur : pour montrer la catholicité de sa doctrine il suffit à Rome d'ouvrir les tombeaux.

C'est au sixième siècle, sous le pontificat de Pélage Ier, que le corps de saint Étienne, en grande partie du moins, fut transporté de Constantinople à Rome [1]. On devine facilement la place qu'il dut occuper, et un même tombeau réunit les deux illustres diacres, Étienne, la gloire de Jérusalem, et Laurent, la gloire de Rome.

Sortis par la porte Tiburtine, nous arrivâmes vers les huit heures à Saint-Laurent *hors des murs*. Pour bien comprendre cette basilique, il faut rappeler quelques-uns des souvenirs qui s'y rattachent. Au troisième siècle, vers l'an 259, sous le pontificat de saint Sixte II et sous le règne de Valérien, l'Église de Rome avait pour archidiacre un de ses plus glorieux enfants. Sommé par le préfet de livrer les trésors des chrétiens, Laurent se hâte de les verser dans le sein des pauvres ; puis il rassemble un peuple entier de boiteux, d'aveugles et d'infirmes, et dit au préfet : « Voilà les trésors des chrétiens. » Irrité de ce qu'il regarde comme une dérision, le magistrat ordonne de saisir l'archidiacre et de lui faire expier dans les plus horribles tortures son mépris pour les ordres de l'empereur. Laurent est jeté en prison, puis rôti tout vivant sur un gril, aux regards de Rome païenne, qu'enivre de joie ce spectacle d'un nou-

[1] Mazzol., t. VI, p. 131.

veau genre. Laurent se rit des flammes et des bourreaux, prie pour le salut de Rome et expire en chantant. La prière du martyr est exaucée ; Jupiter descendra bientôt du Capitole, et l'aigle romaine cédera la place à la croix sur le diadème de César.

Or, ce drame illustre entre tous ceux qui, durant trois siècles, s'accomplirent dans la grande Rome, l'Église a pris un soin particulier d'en perpétuer le glorieux souvenir. Des monuments consacrent les différents lieux où commença, continua et finit la sanglante épopée.

Sur le mont Viminal est l'église de Saint-Laurent *in fonte*. Elle marque la place où l'illustre diacre baptisa saint Hippolyte, son gardien, avec toute sa maison : sur la même colline vous trouvez encore Saint-Laurent *in Panisperna*. C'est là que le saint souffrit l'horrible supplice du feu. Au centre de Rome vous avez saint Laurent *in Lucina*. Bâtie par sainte Lucine, illustre matrone dont le nom brille comme un diamant dans les fastes de l'Église primitive, cette église conserve l'affreux instrument sur lequel Laurent consomma son holocauste. Nos yeux ont vu ce gril!! Formé de grosses barres de fer, il peut avoir 2 mètres de longueur sur 1 mètre de largeur ; six pieds de 20 à 22 centimètres de hauteur environ servaient à le fixer dans la table de marbre dont je parlerai bientôt et sur laquelle était un lit de charbons enflammés. A côté du gril on voit encore trois vases, dont deux contiennent du sang, et le troisième de la chair rôtie du glorieux athlète.

Comme autant de stations, ces différents sanctuaires vous conduisent sur les traces du martyr, jusqu'à l'église qui lui sert de tombeau. Une dame romaine, plus illustre encore par sa sainteté que par sa naissance, sainte Cyriaque, possédait une terre appelée le champ de Véran, *ager Veranus*, hors de Rome, sur la voie Tiburtine. Elle s'empressa de l'offrir pour la sépulture de Laurent, et après trois jours de veilles le glorieux dépôt y fut placé. C'est là qu'environ quatre-vingts ans plus tard, l'an 330, Constantin fit bâtir la basilique vénérable que nous étions venus visiter. Le pieux empereur déploya pour l'embellir sa magnificence accoutumée. Le tombeau du héros chrétien, surmonté de l'arc triomphal, fut entouré de colonnes de porphyre et d'une grille en argent du poids de mille livres. Au-devant de la crypte brûlait une lampe à dix becs, de l'or le plus pur, pesant trente livres; au-dessus se balançait une couronne d'argent ornée de cinquante dauphins en argent, pesant aussi trente livres. A ces riches ornements se joignait l'accompagnement ordinaire de chandeliers et de vases sacrés en or et en argent [1].

Restaurée plusieurs fois par les souverains Pontifes, la basilique conserve néanmoins de précieux vestiges d'antiquité. Sous les portiques on remarque les anciennes peintures de saint Laurent baptisant saint Hippolyte; en avant de la crypte vous admirez les deux ambons, pour la lecture de l'épître et de l'évangile pendant les synaxes; au-dessus de la crypte, sur l'arc triomphal, brille la belle mosaïque du pape Pélage II. Elle représente Notre-Seigneur assis sur un globe, d'une main tenant la croix, de l'autre bénissant le monde; à sa droite on voit saint Pierre, suivi de saint Laurent avec un livre ouvert dans lequel on lit : *Dispersit, dedit pauperibus;* puis le pape Pélage. A la gauche du Sauveur, saint Paul, saint Étienne et saint Hippolyte; enfin vous vous arrêtez devant la crypte elle-même. On y descend

---

[1] Ciamp., *Monim. Veter.*, t. III, p. 111; id., t. II, p. 101.

par huit marches; elle est soutenue par douze colonnes, dont les quatre premières sont en marbre vert, les autres en marbre de Paros. L'autel en marbre où reposent saint Laurent et saint Étienne est entouré d'une belle grille en fer.

Dans le mur à droite on voit, sous des barreaux croisés, la pierre sur laquelle fut grillé saint Laurent. Elle est percée de six trous pour recevoir les pieds du gril. Vers le milieu elle porte encore les marques très-reconnaissables du sang brûlé et de la graisse fondue : « Il n'y a pas à s'y méprendre, nous disait un médecin distingué qui nous accompagnait. » D'autres objets plus respectables se présentent encore ici au voyageur chrétien : je veux parler des martyrs qui reposent dans la crypte. Outre saint Laurent, saint Étienne, saint Hippolyte, avec sainte Concorde, sa nourrice, et dix-neuf membres de sa famille, tous baptisés par saint Laurent, voici trois papes, saint Zozime, saint Sixte III et saint Hilaire; saint Justin, prêtre et martyr, qui donna la sépulture au grand archidiacre; enfin, sainte Cyriaque, propriétaire du camp de Véran, devenue si célèbre dans les fastes sanglants de la primitive Église. Saint-Laurent *hors des murs* rappelle encore un souvenir qu'un voyageur français ne saurait oublier. C'est ici que le pape Honorius III couronna empereur de Constantinople Pierre de Courtenay, comte d'Auxerre. Après avoir offert l'auguste victime sur cet autel des martyrs, nous visitâmes l'entrée des catacombes, et nous rentrâmes dans Rome.

Quelques heures plus tard j'étais sur le Capitole, dans l'église d'Ara-Cœli. Pourquoi revenir dans ce lieu déjà visité? Ah! c'est qu'après avoir admiré la veille les pompes du Vatican on est curieux d'assister le lendemain aux joies naïves du *Presepio*. Afin que tous les âges aient leur part de bonheur dans la Nativité de l'Enfant divin, il est d'usage à Rome de laisser prêcher les petits enfants dans l'église d'Ara-Cœli. La statue du *santo Bambino*, si célèbre et si vénérée des Romains, y est exposée pendant l'octave dans une chapelle parfaitement décorée. Entouré de tous les personnages qui furent témoins du mystère, l'Enfant Jésus resplendit de diamants et de pierres précieuses. Au pilier voisin s'appuie une petite chaire à prêcher; c'est là que les jeunes Romains et même les jeunes romaines de sept à dix ans viennent dans leur naïf langage bégayer les louanges du petit Jésus. Deux mois avant la fête, père, mère, frère et sœurs, tout le monde est en mouvement dans les familles. Les uns composent, les autres font répéter au jeune enfant le petit sermon de Noël.

Lorsque j'arrivai, c'était une petite fille qui occupait la chaire : à en juger par sa taille, elle pouvait avoir huit ans au plus. Elle parlait avec beaucoup d'onction et de vivacité; le geste était naturel, le ton juste est varié : c'était un petit Bossuet. La péroraison fut pathétique. L'orateur tomba à genoux, étendit ses petites mains vers le *santo Bambino*, lui adressa une naïve prière, puis donna la bénédiction absolument comme un vieux prédicateur. Ainsi qu'aux savantes conférences des PP. Lacordaire et de Ravignan, un mouvement approbateur se manifesta dans le nombreux auditoire, que le respect dû au lieu saint empêcha seul d'éclater en applaudissements. Les *petits prédicateurs*, comme on dit à Rome, se succèdent dans la chaire d'Ara-Cœli pendant toute l'octave, depuis dix heures du matin jusqu'à trois heures du soir : et toujours il y a foule. Je ne sais ce que nos chrétiens philosophes pensent de cet usage. Pour moi, outre le plaisir très-légitime qu'il procure aux enfants, il me semble de nature à produire d'utiles résultats. Les prédications enfantines de l'Ara-Cœli font vivre longtemps dans les familles la pensée de la crèche et déterminent plus d'un acte de vertu. Pour avoir le bonheur de célébrer les louanges du *santo Bambino*, il faut être sage ; pour accompagner le jeune prédicateur, il faut encore que les frères et sœurs plus âgés soient sages. Or, avec le caractère de l'enfance, on comprend tout ce qu'une semblable promesse est capable d'obtenir. Moi-même je conduisais par la main un petit garçon de sept ans, qui disait dans son naïf langage : *Je marcherais bien dans le feu pour entendre les petits prédicateurs.*

Aujourd'hui ce n'était pas au travers du feu qu'il fallait passer, mais bien à travers des torrents d'eau ; car il pleuvait admirablement. Néanmoins les marches du Capitole étaient couvertes de monde et toutes les parties de l'église encombrées. A voir toutes ces figures rayonnantes, je ne sais où il avait le plus de bonheur : ou dans le cœur de l'enfant qui, à peine sorti du berceau, venait bégayer les louanges de l'Enfant-Sauveur ; ou dans le cœur de l'aïeul aux cheveux blancs qui, pendant le sermon, laissait de temps en temps échapper de grosses larmes, ou souriait à son petit ange, jusqu'à ce qu'il pût le serrer dans ses bras avec un renouvellement de tendresse. Pour nous, qui nous piquons de philosophie et de bon goût, nous avons supprimé tous ces usages qui sentent la simplicité et la vieille bonne foi de nos pères, et nous croyons avoir fait des merveilles. Peut-être qu'en y regardant de plus près on trouverait que nous avons réussi à rendre la religion bien froide, bien sèche, bien austère sans la rendre plus respectable ni plus aimable.

Quoi qu'il en soit, ayons assez d'équité pour ne pas condamner des usages reçus ailleurs, uniquement parce qu'ils choquent nos préjugés nationaux.

27 Décembre.

Le mont Cœlius. — Une maison des anciens Romains. — Église et monastère de Saint-André. — *Triclinium* des pauvres. — Souvenirs. — Saints Jean et Paul. — Les Religieux passionnistes. — Villa Mattei. — Casernes des soldats étrangers. — Église de la Navicella. — Saint-Philippe de Néri. — Maison de sainte Cyriaque. — École de gladiateurs. — Grande Boucherie. — Église des quatre Saints Couronnés. — Saint-Étienne le Rond. — Peintures. — Forum de Trajan.

Des sept collines sur lesquelles Rome est assise il nous en restait deux à explorer, le Cœlius et l'Aventin. Passant sous l'arc de Constantin et suivant la voie Triomphale, nous arrivâmes de bonne heure au pied du mont Cœlius. Cette colline est la plus longue et la plus irrégulière de toutes. Appelée d'abord *mons Querquetulanus* à cause des bois de chêne qui la couvraient, elle reçut, sous Tarquin l'Ancien, le nom de Cœlius, en mémoire de Célé Vibenna, capitaine des Étrusques, qui vint au secours des Romains. Voici l'inventaire abrégé des anciens monuments qu'on y trouvait :

En première ligne se présente la maison de Mamurra. Ce chevalier romain, né à Formium, devint préfet des ouvriers de Jules César dans les Gaules, *præfectum fabrorum*. A ce métier il gagna, comme tant d'autres, une fortune considérable, qu'il vint dépenser en luxe de tout genre et en constructions somptueuses. De ce nombre était une superbe maison sur le mont Cœlius. « Le premier d'entre les Romains, dit Pline, Mamurra fit revêtir de marbre toutes les parties de sa maison ; pas une colonne, dans ses nombreux portiques, qui ne fût de marbre de Caryste ou de Luna[1]. » Mais que fais-je? Pourquoi ranger parmi les monuments romains la maison de Mamurra, puisque Rome en possédait beaucoup d'autres non moins somptueuses? Telles étaient en particulier celles de Pompée dans les Carènes[2], de Caïus Aquilius sur le mont Viminal; de Q. Catulus, le vainqueur des Cimbres; de l'orateur Crassus, achetée depuis par Cicéron[3]; de Scaurus, toutes quatre sur le mont Palatin[4]; de Lépidus[5] et de bien d'autres encore.

Quoi qu'il en soit, la maison de Mamurra peut nous donner une idée des habitations romaines. Entre la rue et la façade de l'édifice était une place appelée *Area* ou *Vestibulum*, afin que ceux qui venaient le matin saluer le maître du logis ne fussent pas obligés d'attendre sur la voie publique. Au milieu s'élevait ordinairement une statue de bronze représentant le propriétaire[6]. La porte d'entrée, à double battant, revêtue d'airain et ornée de *bulles* ou gros clous à tête dorée[7], ouvrait sur le *Prothyrum*. Tel était le nom du passage qui conduisait de la

---

[1] Primum Romæ parietes crusta marmoris operuisse totius domus suæ in Cœlio monte Cornelius Nepos tradidit Mamurram Formiis natum, equitem romanum, præfectum fabrorum C. Cæsaris in Gallia.... Namque adjecit idem Nepos cum primum totis ædibus nullam nisi e marmore columnam habuisse, omnes solidas e Carystio aut Lunensi.

(Plin., lib. XXXVI.)

[2] Patercul., II, 77.
[3] Cic., *Pro Domo*, 24, 44.
[4] Plin., XVII, 1.
[5] *Id.*, XXXVI, 6.
[6] Macrob., *Saturn.* VI, 8. — Tacit., *Annal.*, XI, 35.
[7] Cic., *in Verr.*, IV, 56. — Plaut., *Asin.* II, 4; v. 20.

porte extérieure à la porte intérieure [1]; à droite et à gauche étaient les *Cellæ* ou loges du portier et du chien [2]. Ce portier, *ostiarius*, était un malheureux esclave retenu comme le chien par un forte chaîne [3]. L'extrémité du *Prothyrum* communiquait, au moyen de la porte intérieure, avec une vaste cour carrée, entourée de colonnades en marbre et formant portique : c'était l'*Atrium*[4]. On nommait *Cavædia* les portiques adossés à l'habitation; la partie vide de la cour, *Impluvium*; le bassin de marbre qui occupait le centre, *Compluvium*, parce que dans les maisons qui n'avaient pas d'eaux vives il recevait les eaux de pluie versées par les *Cavædia* [5]. C'était une heureuse conception que ces portiques couverts, adossés à la maison, avec laquelle ils communiquaient de tous côtés, et où l'on pouvait se promener à l'ombre. Il en faut dire autant du bassin de marbre placé au centre et d'où jaillissaient des eaux vives qui entretenaient la fraîcheur. Le luxe se joignait à l'agrément; les portiques étaient ornés de peintures à fresque et enrichis de statues de marbre et de bronze [6], et l'*Impluvium* couvert d'une voile de pourpre, afin de l'abriter des rayons du soleil [7].

Trois pièces ouvraient sur le fond de l'*Atrium*. Celle du milieu, appelée *Tablinum*, contenait les archives de la famille; les deux autres, placées à droite et à gauche et appelées *Alæ*, renfermaient les images des aïeux.

---

[1] Macrob., *Saturn.* II, 13.
[2] Petron., 28.
[3] *Id.*, 64.
[4] Festus, v. *Atrium*.
[5] Plin., XIX, 1. — Varro, lib. L, IV, p. 38. — Mazois, *Ruines de Pompéi*, t. II, p. 35.
[6] Vitr., VII, 2.
[7] Plin., XXXV, 5.

Chaque portrait était placé dans une niche séparée, *Armarium*. Une inscription, gravée sur la base, rappelait les titres, les honneurs, les belles actions de celui dont l'*Armarium* conservait l'image [1]. Partout chez les maîtres du monde on trouve les marques d'une profonde vénération pour l'autorité paternelle : le lien de famille fut le véritable secret de la puissance romaine.

Autour de l'*Atrium* régnaient les *Triclinia* ou salles de festins. Ici se révèle en mille recherches ingénieuses le sybaritisme des Romains. D'abord les *Triclinia* étaient disposés et multipliés suivant les saisons de l'année [2]. Il y avait des Triclinia d'hiver, exposés à l'occident; de printemps et d'automne, à l'orient; d'été, au septentrion [3]. Chacun portait un nom particulier, tel que le triclinium d'Apollon, celui de Mars, etc. Dans les triclinia d'hiver les lits étaient incrustés d'or et d'ivoire [4]; dans ceux du printemps et d'automne, ornés de plaques d'argent ou d'écaille de tortue [5]; dans ceux d'été, ils étaient de bois d'érable et de cètre avec les encoignures et les jointures en baguettes d'argent [6]. La garniture des lits se composait de matelas rembourrés de laine des Gaules, de plumes ou de duvet de cygne; de coussins recouverts de soie ou de pourpre; de housses magnifiques, les unes brodées de différentes couleurs, les autres enrichies de dessins représentant des chasses avec tout leur appareil. On faisait venir ces housses de Babylone; une seule coûtait quelquefois jusqu'à cent mille

---

[1] Tit. Liv., x, 7; xxx, 45. — Tacit., *Annal.* xiv, 17, etc.
[2] Vitr., lib. l, vii, p. 90.
[3] *Id.*, vi, 7.
[4] Plaut., *Stich.* ii, 2, v. 53.
[5] Varr., lib. l, viii, p. 110.
[6] Plin., xxxiii, 11.

sesterces, c'est-à-dire 63,666 fr. 66 c.[1] Ajoutons que les *Triclinia* étaient ornés de colonnes de marbre ou d'albâtre, pavés en mosaïque, tendus en étoffes attaliques et décorés de statues d'un grand prix, servant de candélabres pour les repas de nuit. Des voiles, arrangées en forme de tentes militaires, pendaient à la voûte, au-dessus de la table du festin, pour la garantir de la poussière[2].

C'est qu'en effet les tables ne le cédaient ni en magnificence ni en variété aux lits tricliniaires[3]. Portées sur un seul pied, d'argent, d'ivoire, d'airain ou des bois les plus rares, elles offraient aux regards éblouis toutes les merveilles de la sculpture[4]. Les plus recherchées étaient en cètre, arbre qui croît en Mauritanie[5]. La première qui parut à Rome appartint au *modeste* Cicéron; il l'acheta un million de sesterces, 204,583 fr. 53 c. Asinius Gallus en paya une onze cent mille sesterces, plus de 225,000 fr. A la mort du roi Juba, deux de pareil bois se vendirent, l'une douze cent mille sesterces, 245,500 fr., l'autre un peu moins. Il existait dans la famille des Céthégus un de ces cètres héréditaires, qui avait coûté quatorze cent mille sesterces, plus de 300,000 fr.[6]. Avec une pareille somme on aurait pu, je ne dis pas nourrir bien des pauvres, hélas ! les Romains n'y pensaient guère, mais acquérir un vaste domaine. Les

---

[1] Plin., VIII, 48. — Cic., *Tuscul.*, III, 19. — Mart., XIV, 161; Id., III, 40.
[2] Plin., XXXVI, 25. — V. Max., IX, 15. — Lucret., II, v. 24. — Serv., *in Æneid.*, I, v. 701.
[3] Rome au siècle d'Auguste, t. I, p. 137.
[4] Juv., *Sat.* 11, v. 122.
[5] Plin., XIII, 15.
[6] Plin., XIII, 15, 16.

Triclinia communiquaient à deux corps de logis, situés sur les côtés extérieurs de l'*Atrium* : c'étaient à gauche la cuisine, avec les *Carceres* et les *Equilia*, remises et écuries; à droite la *Pistrina*, lieu où l'on faisait le pain, avec des logements d'esclaves.

Tout ce qui précède constituait la partie publique de la maison, accessible aux clients ; venait ensuite la partie privée, où personne ne pouvait entrer sans invitation [1]. On y pénétrait par deux corridors appelés *Fauces*, ménagés de chaque côté du *Tablinum;* ils conduisaient au *Péristyle*. Ce portique, plus long que large et supporté par des colonnes, rappelait la forme de l'*Atrium;* mais ici on déployait plus de magnificence et de recherche. Une statue s'élevait en avant de chaque colonne, et des caisses de marbre où l'on cultivait des fleurs remplissaient les entre-colonnements. Le centre du portique, au lieu d'être une cour comme dans l'*Atrium*, était un parterre où la vue se reposait en tout temps sur la verdure. Des eaux jaillissantes, des tables de marbre, des plafonds en marqueterie ajoutaient encore à la beauté fabuleuse de ces demeures enchantées [2]. A l'extrémité du péristyle étaient les appartements des femmes, appelés *OEci* [3]. Inutile de dire que la pourpre, la soie, les pierres précieuses ornaient, dans toutes leurs parties, ces boudoirs de la mollesse. Puis venait la *Bibliothèque* avec l'*Exèdre*, grande galerie pour la réception des savants ; la *Basilique*, salon du palais; *les Bains;* le *Sphæristerium* ou jeu de paume; les *Aleatoria*, petites pièces destinées aux

---

[1] Vitr., VI, 8.
[2] Vitr., VI, 8. — Id., id., 4, III, 1. — Cic., *in Verr.*, I, 19. — Vitr., IV, 4. — Festus, v. *Plutei*, etc.
[3] Vitr., VI, 5.

jeux paisibles; les *Cubicula*, chambres à coucher et à travailler, avec des lits de cètre, de cèdre, de térébinthe, garnis de coussins de plume enveloppés dans des étoffes de soie, pour lire ou écrire, et d'autres pour dormir, garnis de couvertures en peaux de taupe [1]; le *Sacrarium*, petit oratoire qui existait dans presque toutes les grandes maisons; enfin le *Solarium*, superbe terrasse qui couvrait tout l'édifice et servait de promenoir [2].

Telles étaient à Rome les maisons des riches. Si brillante qu'elle soit, j'avoue que cette vision du passé ne séduit pas un instant; elle attriste et serre le cœur plutôt qu'elle ne le dilate; car elle montre l'homme, ce dieu déchu, cherchant uniquement son bonheur dans le bien-être matériel, et pour se le procurer ne reculant devant aucune iniquité, pas même devant le meurtre et l'esclavage de plusieurs millions de ses semblables. Aussi comme notre âme fut à l'aise lorsque, rentrant dans le présent, nous nous trouvâmes au monastère de Saint-André, voisin des lieux occupés jadis par la maison de Mamurra.

Cet antique asile de la science et de la vertu rappelle un de plus glorieux noms consignés dans l'histoire. Saint Grégoire le Grand apparaît ici environné de la triple auréole du génie, de l'éloquence et de la sainteté. Descendant de l'ancienne famille Anicia, Grégoire, devenu diacre de l'Église romaine, changea la maison de ses aïeux, située sur le *Clivus Scauri*, en un monastère dont il fut lui-même abbé [3]. C'est lui qui, traversant un jour le Forum, s'écria à la vue de superbes esclaves exposés

---

[1] Plin., VIII, 58.
[2] Vitr., VI, 8. — Plin., II, *epist*. 17.
[3] S. Greg., lib. VII, ep. 13.

en vente : « Quel dommage que ces belles créatures soient les esclaves du démon ! » Dès ce moment la conversion de l'Angleterre est résolue dans sa pensée, et Augustin, abbé du monastère de Saint-André, deviendra bientôt le missionnaire du pape Grégoire. Enfants d'Albion, visiteurs assidus de la ville éternelle, ne manquez pas de faire un pèlerinage en ce lieu : vous y verrez le berceau de votre foi et l'origine de ces longs siècles de gloire et de prospérité morale qui méritèrent à leur patrie d'être *appelée l'Ile des Saints*. Dans ce monastère vécurent saint Augustin, apôtre de la Grande-Bretagne; saint Laurent, archevêque de Cantorbéry ; saint Mellite, évêque de Londres et ensuite primat d'Angleterre ; saint Pierre, abbé de Cantorbéry, ainsi que plusieurs autres fondateurs de la civilisation britannique. Et vous qui portez si dignement le nom de Grégoire, pontife trois fois vénérable par vos cheveux blancs, par votre science profonde et par votre fermeté apostolique, pourrais-je oublier que c'est dans l'ombre de ce pieux asile que la Providence vint vous chercher pour vous conduire, aux applaudissements du monde chrétien, sur le trône de saint Pierre ?

Dans ces lieux où Mamurra, le chevalier parvenu, dormait sur des lits de duvet de cygne, nous vîmes la pierre nue qui servait de couche à Grégoire, le fils des sénateurs. Non loin de là s'élèvent la chaire d'où l'éloquent Pontife prononçait ses homélies et son autel privilégié pour les défunts. Près de l'église brille le petit sanctuaire appelé *Triclinium pauperum*, dans lequel le saint Pontife donnait lui-même chaque jour à manger à douze pauvres : la table de marbre sur laquelle il les servait existe encore. La muraille est ornée d'une jolie fresque, rappelant le miracle de Notre-Seigneur, assis un jour parmi les douze pauvres et apparaissant au charitable Pontife. La chapelle voisine est dédiée à sainte Sylvie, mère de saint Grégoire. Le plus bel ornement de cet oratoire est une inscription contenant la donation d'un grand nombre de plants d'oliviers faite par le saint pape pour fournir l'huile à brûler devant la Confession de saint Pierre. Veut-on savoir maintenant de quelle manière vivait ce fils d'illustre maison, ce religieux si prodigue envers les autres ? Une antique inscription, placée autrefois dans l'église de Saint-Saba, sur le mont Aventin, va nous l'apprendre : « Ici était l'habitation de sainte Sylvie, mère de saint Grégoire le Grand, d'où elle envoyait chaque jour à son fils, au monastère de Saint-André, une petite écuelle de lentilles pour sa nourriture ; *una scodella di lenticchie* [1]. »

Partant de la place qui est devant Saint-Grégoire, nous montâmes vers l'église des *Saints Jean et Paul*. Le premier objet qui frappe les regards est une haute tour dont la base, en gros blocs de travertin, accuse certainement une très-ancienne construction romaine. On croit que ces restes appartiennent à la *Curia Hostilia*, palais bâti en ce lieu par Tullus Hostilius, après y avoir transporté le camp des Albains. Cette tour est aujourd'hui le clocher du couvent des Passionnistes. Religieux admirables de sainteté et de zèle, soyez remerciés de l'accueil fraternel que vous faites aux pèlerins. Les Passionnistes portent la soutane noire avec la couronne d'épines brodée en blanc sur le cœur. Aux œuvres ordinaires du saint ministère ils joignent l'apostolat dans les pays étrangers, et de leur couvent sont partis les nouveaux apôtres de l'Angleterre. Ainsi, grâce sans doute aux prières de

---

[1] Mazzol., t. VI, p. 267.

saint Grégoire, c'est du mont Cœlius que descend aujourd'hui sur la Grande-Bretagne la lumière qui doit la tirer de la nuit de l'erreur, comme autrefois cette même lumière en descendit pour la tirer des ténèbres de la barbarie.

Précédés d'un frère qui tenait une torche à la main, nous pénétrâmes dans de vastes cavernes, servant, dit-on, de *vivarium* aux animaux réservés pour l'amphithéâtre. Une large citerne d'eau limpide abreuvait ces armées du désert, dont la nourriture descendait par des soupiraux pratiqués à la voûte, tandis que des galeries souterraines, creusées dans les flancs de la montagne, les conduisaient aux *Carceres* du Colisée. Tout au fond de ces sombres demeures est une nappe d'eau, vaste, profonde; c'était, suivant la tradition, un des réservoirs qui fournissaient les eaux nécessaires aux naumachies de l'amphithéâtre. Au-dessus de ces grottes formidables se trouvaient les prisons destinées aux chrétiens et aux malfaiteurs dont la mort devait amuser le peuple. Ce qu'on éprouve en voyant tout cela, à la lueur vacillante d'une torche, je n'entreprendrai pas de le dire; je répéterai seulement que la foi devient plus vive et qu'on croit sans peine à toutes les atrocités de l'histoire.

Mais d'où vient au couvent et à l'église des Passionnistes le nom des *Saints Jean et Paul?* Au quatrième siècle, deux illustres Romains avaient ici leur habitation. Officiers dans les armées de Julien l'Apostat, ils furent sollicités par ce prince de retourner au culte des idoles. Soldats de Jésus-Christ avant de l'être de César, les deux frères, se rappelant les glorieux exemples de la légion Thébaine, répondirent que leurs grades et leur vie étaient à l'empereur, mais que leur âme et leur foi appartenaient à Dieu. Désespérant de les vaincre, l'indigne rejeton de Constantin les fit égorger secrètement dans leur maison. En entrant dans l'église dédiée en leur honneur, on voit, à droite, une large table de marbre blanc, entourée d'une grille : elle marque le lieu même de leur supplice. Comme tous les pèlerins catholiques, vous vous prosternerez de grand cœur sur ce théâtre d'un immortel triomphe, où vous lirez comme nous l'inscription suivante :

LOCUS MARTYRII
SS. JOANNIS ET PAULI
IN ÆDIBUS PROPRIIS.

« Lieu du martyre des saints Jean et Paul dans leur propre maison. »

Puis, avançant de quelques pas, vous déposerez vos vœux et vos hommages devant la magnifique urne de porphyre placée sous le maître autel et qui renferme les corps des deux héros chrétiens. Près des Passionnistes se trouve la villa Mattei, une des plus belles *delizie* de Rome. Ses antiquités de tout genre méritent l'attention du voyageur, qui peut se flatter d'être parfaitement accueilli.

Continuant notre marche vers Saint-Jean de Latran, nous arrivâmes à la partie du Cœlius occupée jadis par les logements des soldats étrangers, *Castra peregrina*. Plusieurs inscriptions, trouvées en ce lieu, fixent les érudits sur l'emplacement de ces casernes fameuses dans l'histoire. Je n'en rapporterai que deux, dont la seconde, légèrement tronquée, se conserve au Musée du Collége romain.

COCCEIVS
PATRVINVS

PRINC.
PEREGRI
NORVM.

« Cocceius Patruinus, commandant des soldats étrangers. »

GENIO SANCTO
CASTRORVM
PEREGRINORVM
VR. ALEXANDER
ANALICLARIVS
VOD PEREGRE
ONSTITVTVS VOVIT
EDIL. CASTRORVM
M. LIBENS SOLVIT.

« Au génie tutélaire du camp des étrangers, Alexandre Analiclarius, édile du camp, a justement et avec joie accompli le vœu qu'il avait fait dans un pays lointain. »

C'est donc ici que les Romains logeaient les barbares appelés au secours de l'empire. De ce nombre fut, en premier lieu, la cavalerie flamande qui formait la garde d'Auguste [1] ; vinrent ensuite les soldats germains, janissaires de Caligula [2] ; puis les troupes illyriennes, enrôlées dans l'armée de Galba et qui se trouvaient à Rome le jour même où cet empereur fut tué [3] ; enfin les cohortes arméniennes, gardes du corps de Constantin. Ici vint

[1] Dion., lib. LIII.
[2] Suet., 58.
[3] Tacit., *Hist.*, lib. I.

expirer un des derniers défenseurs de la liberté germanique, le roi Conodomarius, fait prisonnier par Julien l'Apostat [1].

Sur ces lieux de bruit et de tumulte s'élève aujourd'hui la paisible église de Sainte-Marie *della Navicella*. Son nom lui vient d'une petite barque antique, *navicella*, qu'on y trouva et dont Léon X fit placer la copie devant l'église même. Cette barque était probablement un *ex-voto* offert, par quelque officier de marine, à *Jupiter redux*, dont le temple était sur cette partie du Cœlius et que les soldats invoquaient pour obtenir un heureux retour [2]. La superbe mosaïque du sanctuaire, qui resplendit d'or et d'azur, remonte au temps du pape saint Pascal Ier. On y voit le Pontife baisant le pied droit de la Reine du ciel et recevant la bénédiction de l'Enfant Jésus. Le Sauveur est debout dans le giron de sa Mère, pose majestueuse qui atteste ici, comme à Sainte-Marie Majeure, le dogme de la maternité divine. N'oublions pas que l'apôtre de Rome, saint Philippe de Néri, conduisait souvent en promenade ses disciples et ses jeunes pénitents à Sainte-Marie *della Navicella*, et que non loin de l'église l'aimable vieillard prenait avec eux une innocente récréation. Cette partie de la colline fut témoin d'un autre événement, dont le souvenir est bien cher au voyageur chrétien : elle vit le grand archidiacre de Rome, saint Laurent, retiré dans la maison de sainte Cyriaque, distribuer aux pauvres les trésors de l'église la veille de son martyre [3].

Quand on visite le mont Cœlius, la marche est arrêtée

---

[1] Amm. Marc., lib. xvi.
[2] Nard., *Rom. ant.*, p. 85.
[3] Mazzol., l. v, p. 329.

à chaque pas par des souvenirs ou par des monuments qui font passer tour à tour de l'histoire profane à l'histoire chrétienne. Ainsi nous venions à peine de quitter la *Navicella* qu'il nous fallut faire halte devant le *Ludus matutinus*. Cette école de gladiateurs, où l'on apprenait à tuer les hommes avec art, était voisine de la grande boucherie, *Macellum magnum*. Un nom, voilà tout ce qui reste de ces deux édifices, autrefois si bruyants et si chers aux Romains cruels et voluptueux. Il en de même du camp des *cinq Cohortes nocturnes*, établies par Auguste pour veiller pendant la nuit à la sûreté des habitants et porter secours en cas d'incendie. A ce double titre, elles rendirent de grands services : Rome était habituellement pleine de filous, et, malgré l'absence des cheminées, beaucoup plus exposée que nos villes aux ravages du feu [1]. Parmi tous ces débris d'un monde qui n'est plus s'élève un monument chrétien; car sur le large plateau du Cœlius, comme à la cime étroite du Capitole, l'Évangile arbore les trophées de sa victoire : voici la célèbre église des *Quatre Saints Couronnés*, cimentée avec les larmes et le sang des premiers fidèles. Restaurée par le pape Honorius Ier, elle fut enrichie, par saint Léon IV, d'un trésor de reliques insignes. Quatre urnes, dont deux en porphyre, une en marbre serpentin, l'autre en bronze, sont placées sous le maître autel, et renferment les ossements brisés des quatre titulaires et de cinq sculpteurs, tous martyrs.

Sévère, Sévérien, Carpophore et Victorin étaient frères. Sommés par Dioclétien de sacrifier aux idoles, ils expièrent leur refus par d'horribles tortures; mais ils

---

[1] Sur les *camini* des anciens, voyez la *Dissert. de Maffei*, dans le Recueil de Calogera, t. 47.

obtinrent la palme du martyre. Leurs corps, abandonnés aux chiens, furent respectés par ces animaux, et enterrés secrètement par les frères, sur la voie d'*Ostie*, à trois milles de Rome, puis rapportés au lieu où le monde catholique les honore aujourd'hui. Mais ils ne furent point rapportés tout seuls ; cinq compagnons de leurs combats, ensevelis auprès d'eux, devaient partager leur triomphe. Claude, Nicostrate, Symphronien, Castorius et Simplicius, sculpteurs célèbres, avaient été requis par le tyran d'employer leur ciseau à façonner des idoles. « L'artiste peut-il adorer l'ouvrage de ses mains? peut-il l'offrir à l'adoration d'autrui? » telle fut leur réponse ; elle méritait la mort. Jetés dans un noir cachot, soumis à de longues et effroyables tortures, les généreux confesseurs furent enfin renfermés dans des caisses de plomb et précipités dans le Tibre. Debout sur la rive, les chrétiens confondus dans la foule, épièrent le moment favorable pour les retirer du fleuve et leur donner la sépulture [1]. Artistes chrétiens, ne manquez pas de venir à leur tombeau ; croyez-le bien, des ossements des martyrs sort une vertu qui purifie le cœur et une flamme sacrée qui allume le flambeau du génie.

Pour achever notre pèlerinage sur le Cœlius, il nous restait à faire une dernière station ; elle n'était pas la moins intéressante. Au voisinage de la *Navicella* s'élève l'église monumentale de *Saint-Étienne le Rond*. Temple de *Jupiter étranger*, temple de Bacchus, temple de Claude, arsenal, salle de bains, voilà, suivant les différents archéologues, ce que fut dans l'origine cette construction païenne [2]. Quoi qu'il en soit, l'an 468 elle devint une

---

[1] Mazzol., l. vi, p. 293.
[2] Nard., p. 86.

église que le pape saint Simplicien dédia à saint Étienne protomartyr. Sous ces voûtes purifiées retentit la voix éloquente de saint Grégoire le Grand, dont la chaire pontificale est à droite, près de la porte d'entrée. Cette rotonde a deux enceintes circulaires, surmontées d'une coupole antique et soutenues par cinquante-huit colonnes. Mais tout cela disparaît devant un autre genre d'ornement que nulle église dans le monde ne partage avec elle. Sur ces murailles, d'origine païenne, est écrite à grands traits l'*Histoire sanglante du christianisme*. Ailleurs nous avons quelques feuillets épars des annales du martyre; ici elles sont complètes : ailleurs quelques bulletins de la grande bataille, ici le panorama tout entier. Hors des rangs de la glorieuse armée, apparaissent d'abord le roi et la reine des martyrs, Jésus et Marie; l'un expirant sur la croix du Calvaire, l'autre percée du glaive de la douleur : puis, à partir du massacre des Innocents jusqu'à la paix de l'Église, tous les supplices des martyrs sont peints à fresque autour de vous. De quelque côté qu'ils se portent, les regards ne rencontrent que des chevalets, des haches, des tenailles, des peignes de fer, des bûchers, des roues, des chaudières d'huile bouillante, des membres mutilés, des corps broyés, du sang, des bourreaux farouches et des victimes pleines de calme et de sérénité : ce spectacle est affreusement beau. Horreur, pitié, foi, amour, humilité, il n'est pas dans l'âme baptisée un noble sentiment qu'il ne réveille pas une fibre qu'il ne remue et ne remue profondément.

Le temps s'était rapidement écoulé, et nous nous hâtâmes de rentrer dans le centre de la ville par le quartier des *Termini*. Chemin faisant nous visitâmes le *Forum* de Trajan. Cette place superbe, où l'on ne voit plus que des tronçons de colonnes gigantesques et quelques piédestaux à demi brisés, était une des magnificences de l'ancienne Rome. Environ 2,000 pieds de longueur sur 650 de largeur formaient ses dimensions. Des colonnes de granit soutenaient les portiques dont les corniches, les arcs et les voûtes étaient en bronze, ainsi que les nombreuses statues qui les couronnaient. Mais le plus bel ornement du *Forum* était la colonne Trajane, surmontée de la statue de l'empereur. Haute de 132 pieds, cette colonne de marbre est couverte, de la base au sommet, de bas-reliefs dans lesquels on compte 2,500 figures, représentant les victoires de Trajan contre les Daces et leur roi Décebale. L'inscription révèle un fait vraiment digne de la puissante folie des Romains. Pour agrandir le *Forum* et en niveler la place, il fallut enlever du terrain de la hauteur même de la colonne !!! Ce prodigieux travail, joint à la magnificence du *Forum*, faisait dire à Ammien Marcellin qu'il n'était pas à désirer qu'on recommençât un pareil ouvrage [1]. Voici l'inscription :

SENATVS. POPVLVSQVE. ROMANVS.
IMP. CÆS. DIVI. NERVÆ. F. TRAIANO. AVG. GERMA
NICO. DACICO. PONT. MAX. TRIB. POT. XII. COS. XI. PP.
AD DECLARANDVM. QVANTÆ. ALTITVDINIS
MONS. ET. LOCVS. TAN.......BVS [2]. SIT EGESTVS.

« Le sénat et le peuple romain, à l'empereur César Trajan, fils du divin Nerva, auguste, germanique, daci-

[1] Cum ad Trajani forum venisset (Constantius), singularem sub omni cœlo structuram, ut opinamur, etiam numinum assertione mirabilem, hærebat attonitus per giganteos contextus circumferens mentem, nec relatu effabiles, nec rursus mortalibus appetendos. Lib. XVI.

[2] Tan..... bus, tantis molibus.

que, souverain pontife, douze fois tribun, onze fois consul, père de la patrie, pour marquer quelle est la hauteur de la montagne et du terrain qui a été enlevé pour ces grands édifices. »

En passant au *Forum* de Trajan, il ne faut pas oublier un souvenir chrétien qui s'y rattache : c'est dans la basilique où fut décidée la mort d'un grand nombre de leurs frères que Constantin, après sa conversion, vint adresser aux fidèles un touchant discours pour les exhorter à ne point user de représailles à l'égard des païens. Conservée par les soins des pontifes, la colonne Trajane est surmontée d'une belle statue de saint Pierre, en bronze, haute de 13 pieds romains. Sur la frise de la galerie qui l'entoure on lit, en grosses lettres d'or :

SIXTVS QVINTVS SANCTO PETRO APOSTOLO DONAVIT.

Jamais cadeau ne fut mieux adressé. Salut, immortel pêcheur de Galilée ! jouissez de votre victoire : vos ennemis eux-mêmes vous ont fourni le char de triomphe du haut duquel vous contemplez leur sceptre brisé, leurs monuments en ruines, leur gloire éclipsée. Salut aussi à vous, Église romaine ! dont la sollicitude conserve, en les sanctifiant, les ouvrages du paganisme : en cela vous ne constatez pas seulement votre immortel triomphe, vous rendez encore un service inappréciable à la science : soyez deux fois bénie !

28 Décembre.

Le Vélabre. — Saint-Georges. — Souvenirs de sainte Bibiane. — Arc de Janus quadriforme. — Le grand égout de Tarquin, *cloaca maxima*. — Les égouts de Rome en général. — Étymologie d'un mot fort connu. — Sainte-Marie-Égyptienne ou l'Église des Arméniens.

La dernière des sept collines, l'Aventin, nous restait à voir. De bonne heure nous partîmes avec l'intention d'étudier cette montagne non moins célèbre que les autres; mais nous restâmes en chemin. Un monde de souvenirs, de ruines, de temples, de monuments chrétiens et païens se rencontre sur la route et arrête le voyageur. Quand, arrivé au pied du Capitole par la rue d'Ara-Cœli, on tourne à droite, le quartier *della Ripa* se présente, et il faut y rester. Situé au midi de la ville, sur les bords du Tibre, ce quartier occupe l'ancienne région de l'*Aventin*, et en partie celle de la *Piscina publica*, de la *Porta capena*, du *Forum magnum* et du *Grand Cirque*.

Saluons, en passant, la maison de *sainte Galle* et l'église *de la Miséricorde*, double monument de la charité romaine, sur lequel nous reviendrons. Voici maintenant le *Vélabre*, dont le nom rappelle d'abord un douloureux souvenir : c'est sur les bords de ce lac fangeux que la vieille Rome déposait chaque nuit des monceaux d'enfants nouveau-nés[1]. Dans l'origine le *Vélabre* était un marais formé par le Tibre, qu'on traversait sur de petites barques pour communiquer avec

---

[1] Voyez là-dessus notre *Hist. de la Société domestique*, t. I, ch. XI.

l'Aventin[1]. Peu à peu les eaux, refoulées par Tarquin l'Ancien, firent place à des constructions solides. Dans leur lit desséché s'élevèrent successivement le marché aux bœufs, *Forum boarium*, le marché aux poissons, *Forum piscarium*, qui vit les neveux dégradés de Cincinnatus acheter un surmulet dix-neuf mille francs; le quartier d'Argilète, *Vicus Argiletus*, où Cicéron possédait de nombreuses boutiques, qu'il louait chèrement aux libraires, aux perruquiers et autres artisans, logés dans cette partie basse de la ville[2].

A l'entrée du *Vélabre* est la petite église de Saint-Georges, qui remonte au sixième siècle. Restaurée par les papes saints Léon II et Zacharie, elle possède, dans un superbe reliquaire, la tête du glorieux martyr dont elle porte le nom. Soldat dès l'enfance, saint Georges parvint à un grade supérieur dans les armées de Dioclétien, qui le somma vainement d'adorer les idoles : la couronne du martyre fut le prix de son invincible résistance. Le saint est représenté à cheval, terrassant un dragon, éloquent symbole qui nous dit à tous : « Enfants des martyrs, votre devoir est d'attaquer le serpent infernal, et votre gloire de le terrasser. Comme il fut avec vos pères, Dieu est avec vous ; ne craignez rien : *Georgi, noli timere, ecce ego tecum sum*[3]. »

A l'église Saint-Georges s'appuie un petit arc triomphal, en marbre, élevé en l'honneur de Septime Sévère par les banquiers, les négociants et les marchands de bœufs du *Forum boarium*. La même place portait en-

---

[1] Varr., lib. IV, 11 : *A vehendis retibus velabrum dictum, quod velis transiretur*. *Acron.*, Scholiast. — Horat., *Poetiq*.

[2] Mart., *Epig.*, lib. I, 3 ; id., lib. II. — Cic., *Epist. ad Attic.*, lib. I, 13.

[3] Mazz., t. VI, p. 278.

core le nom de *Forum tauri* à cause d'un taureau d'or placé vers le milieu[1]. C'est un mince détail dont je ne parlerais pas s'il ne rappelait un glorieux souvenir consigné dans les annales sanglantes de la primitive Église. Filles d'un père et d'une mère martyrs, sainte Bibiane et sa sœur, sainte Démétrie, lavèrent aussi leurs robes virginales dans le sang de l'Agneau. Démétrie mourut au pied du tribunal du préteur. Bibiane, expirée sous les coups, fut abandonnée aux chiens dans le *Forum tauri*; mais ces animaux, moins cruels que les hommes, respectèrent le corps sacré de la vierge martyre. Recueillies par les chrétiens, les dépouilles mortelles des deux sœurs furent enterrées près du palais Licinien, demeure de saint Flavien, préfet de Rome et chef de leur illustre famille[2]. Du reste, on comprend sans peine qu'ici, comme dans tous les autres quartiers de Rome, le sang de nos vierges et de nos martyrs était nécessaire pour purifier une terre souillée par tant d'infanticides et de superstitions cruelles. Vous rappelez-vous qu'avant d'entrer en campagne les Romains enterraient tout vivants un homme et une femme du pays auquel ils avaient déclaré la guerre? eh bien! c'est encore dans le *Forum boarium* que s'accomplissait l'horrible sacrifice[3].

Non loin de Saint-Georges subsiste un autre monument de la superstition romaine : c'est l'arc de *Janus quadrifrons*, ainsi appelé parce qu'il a quatre faces. Bien que dépouillé des statues de bronze et des bas

---

[1] A Foro boario, ubi aureum tauri simulacrum conspicimus. Tacit., *Annal.*, lib. xii.

[2] Mazz., t. vi, p. 178 et suiv.

[3] Boario vero in Foro Græcum Græcamque defossos, aut aliarum gentium, cum quibus res esset, et nostra ætas vidit, cujus sacri precationem, etc. *Plin.*, lib. xxvii, c. ii.

reliefs dont il était orné, cet édifice est néanmoins une preuve de la magnificence déployée par le peuple roi, même dans ses ouvrages de second ordre. Il est tout en marbre, d'une bonne architecture et d'une solide construction. Suivant Publius Victor, on avait coutume d'élever des arcs semblables dans les carrefours et dans les forum. Ils servaient, aux marchands, de comptoirs, de bureaux, d'abri contre le soleil et la pluie, d'autels pour certaines idoles, sans avoir pour cela rien de commun avec le temple de Janus.

En avançant de quelques pas, on arrive devant la plus ancienne merveille de Rome : le Grand Égout de Tarquin. La solidité de cet ouvrage tient vraiment du prodige : il y a quinze siècles passés que Pline s'en étonnait; que dirait-il aujourd'hui s'il voyait la *Cloaca maxima* toujours *inexpugnable?* Ni les constructions colossales qu'elles a supportées, ni le choc des eaux qui s'y précipitent des autres égouts ou qui refluent violemment du Tibre, ni les tremblements de terre, ni la chute des anciens édifices, rien n'a pu l'ébranler, *et tamen obnixa firmitus resistit* [1]. Debout devant l'embouchure, nous pûmes nous faire une idée de sa construction. Le fond est pavé de larges dalles parfaitement cimentées; les parois et la voûte se composent de gros blocs de tuf lithoïde, liés de distance en distance par des assises de travertin, toujours jointes ensemble sans chaux ni ciment. L'arc a douze pieds de largeur et autant de hauteur; en sorte qu'un chariot chargé de foin peut y passer, suivant l'expression de Pline, dont il est facile de reconnaître l'exactitude [2]. La

[1] Lib. XXXVI, c. 15.
[2] Amplitudinem cavis eam fuisse proditur ut vehem fœni longe onustam transmitteret. *Id.*, *id*.

longueur totale du Grand Égout était de 2,500 pieds.

Pourquoi ces proportions démesurées? Il n'est pas difficile de le comprendre; on voit que par sa position la *Cloaca maxima* était destinée à recevoir les eaux de la plupart des égouts particuliers. Or, l'abondance des fontaines qui arrivaient à Rome, l'emplacement de la ville sur sept collines séparées par des vallons, la grande quantité d'immondices, conséquence inévitable d'une immense population, rendaient nécessaires des égouts vastes et multipliés. Rome le comprit tellement qu'elle attacha une partie de sa gloire à l'établissement et à l'entretien de ces ouvrages. Nous voyons que ses plus illustres personnages ne dédaignèrent pas de s'en occuper. Les censeurs Caton et Valérius Flaccus dépensèrent des sommes énormes pour en faire pratiquer dans la région de l'Aventin et dans les autres qui en manquaient[1]. Agrippa, gendre d'Auguste, s'est immortalisé en faisant curer les anciens égouts, auxquels il en ajouta de nouveaux à ses propres frais[2]. Sa gloire fut légitime; car tous ces ouvrages étaient dignes de la majesté de l'empire.

« Grâce à ses égouts, larges, profonds, nombreux, dans lesquels roulent en bouillonnant de véritables fleuves, Rome, s'écrie Dion Cassius, est comme une ville bâtie dans les airs, et qui peut offrir le spectacle d'une navigation souterraine[3]. » « La magnificence de ces constructions souterraines est telle, continue Cas-

---

[1] Tit.-Liv., *Decad.* 4, lib. xi.
[2] Plin., lib. xxxvi, 15.
[3] Præterea cloacas operum omnium dictu maximum suffossis montibus atque urbe pensili, subterque navigata a M. Agrippa in ædilitate sua per meatus corrivati septem amnes, cursuque præcipiti torrentium modo rapere atque auferre omnia coacti. Dio, lib. xl; Plin., lib. xxxvi, c. 15.

siodore, qu'elle jette dans la stupeur, et éclipse tout ce que les autres villes peuvent offrir de plus merveilleux. Là vous verriez, sous les flancs entr'ouverts des montagnes, des fleuves, capables de porter des navires, se jeter avec impétuosité dans de larges étangs[1]. » « Trois choses me révèlent toute la magnificence de Rome, disait Denys d'Halicarnasse, les Aqueducs, les Voies et les Égouts. Je juge de l'importance des derniers non-seulement par leur utilité, mais encore par la grandeur des sommes qu'ils ont coûtées. On peut s'en faire une idée d'après le témoignage de C. Aquilius, qui nous apprend que le curage complet des égouts coûta aux censeurs plus de douze millions[2]. » Comme je l'ai dit, la plupart des égouts particuliers aboutissaient au forum romain; où commençait la *Cloaca maxima*, et versaient leurs eaux fangeuses dans ce *Duodenum* de la grande cité.

Cette circonstance rappelle un singulier souvenir, qui vint fort à propos nous égayer un instant. « Vous sortez du collége, dis-je à mes jeunes amis; vous savez le latin, le grec, la physique, l'algèbre, l'histoire universelle; dites-moi donc quel personnage célèbre a pris naissance au lieu où nous sommes? — S'il nous en souvient, il ne nous en souvient guère. — Vous m'étonnez! et votre manuel du baccalauréat? — Il n'en dit mot. — C'est une faute; car il s'agit d'un personnage fort connu de nos jours. — Vraiment? — Comme j'ai l'honneur

---

[1] Quæ tantum visentibus conferunt stuporem ut aliarum civitatum possint miracula superare. Videas illic fluvios quasi montibus concavis clausos per ingentia stagna decurrere. Videas structis navibus per aquas rapidas cum minima sollicitudine navigari... Hinc Romæ singularis quantum in te sit potest colligi magnitudo. *Lib.* III, *Ep.* 30.

[2] *Hist.*, lib. III.

de vous le dire. — Son nom? — Vous le saurez; mais avant son nom sa vie. Ici donc, au bord du Grand Égout de Tarquin, est né, il y a plus de deux mille ans, un personnage qui vit encore, qui parle toutes les langues, qui porte tous les costumes, qui habite simultanément Londres, Paris, Saint-Pétersbourg, Constantinople et Pékin; qu'on rencontre sur tous les chemins du monde, comme l'ancien Juif errant; faisant des niches à tout le genre humain et portant d'ordinaire des haillons en lambeaux et des souliers percés, bien que certains voyageurs affirment l'avoir vu couvert d'habits galonnés, à cheval et en calèche. — Voilà du nouveau? — Non, c'est de l'ancien; devinez. — Œpide y perdrait son grec. — Il ne faut que du latin, et quand on est bachelier... — Dame! on n'est pas sorcier. — Quoi qu'il en puisse être, voici le fait en question : pour un motif ou pour un autre, le petit peuple de Rome, les gamins, les filous, les ouvriers sans travail se tenaient volontiers à la jonction des égouts dans le Forum, les bras croisés, jasant, riant, lançant des pasquinades et des brocards aux vieux rentiers et aux jeunes fashionables, aux matrones et aux sénateurs. De là leur vint le nom de *canaille*, dont notre langue a hérité et que la plupart de ceux qui en sont dignes se jettent à la figure sans en connaître l'étymologie [1]. »

[1] Canalicolæ, forenses, homines pauperes dicti, quod circa canales fori consisterent. — Festus, v. *Canali*.

In medio propter canalem, ibi ostentatores meri,
Confidentes, garrulique et malevoli.

Plaut., *Curculio*, scen. I, act. IV.

Qui jurabat cavillator quidam, et canalicola, et nimis ridicularius fuit. *A. Gell.*, lib. IV, c. 2.

L'aspect de la *Cloaca maxima* et des autres égouts rappelle une pensée plus sérieuse. Tous ces fleuves souterrains, sur lesquels Rome païenne était bâtie, vérifient littéralement la prédiction de saint Jean lorsque, parlant de la grande prostituée, il la montre assise sur des eaux nombreuses, d'une main buvant une coupe pleine du sang des martyrs et de l'autre présentant à tous les peuples le vin de sa corruption [1]. C'est ainsi que les monuments romains ont le privilége de rendre un témoignage également incontestable à l'exactitude de l'histoire profane et de l'histoire sacrée.

Voulez-vous maintenant voir une autre construction presque aussi ancienne que le Grand Égout? Tournez à droite, et vous serez devant la petite église de *Sainte-Marie Égyptienne*. Elle présente un parallélogramme environné de colonnes, ayant quelque rapport avec la Maison carrée de Nîmes. Quelle fut, dans l'origine, la destination de cet édifice, dont la forme et l'architecture annoncent les temps voisins de Romulus? L'opinion la plus suivie dit que c'est le temple de la *Fortune virile*. Il aurait été bâti par Servius Tullius, sixième roi de Rome, en reconnaissance de ce qu'étant né esclave la fortune l'avait élevé à la dignité royale [2]. S'il en est ainsi, que Servius Tullius se console : en dédiant son temple à sainte Marie d'Égypte Rome chrétienne n'en a point changé la destination; elle n'a fait que l'ennoblir. Dans l'illustre pénitente de l'Orient elle consacre le passage miraculeux d'une servitude plus profonde à une dignité plus haute. Les reliques de la sainte reposent sous le maître autel, et sont l'objet d'une

---

[1] Meretricis magnæ quæ sedet super aquas multas, etc.
[2] Nardini, p. 379.

grande vénération. Depuis longtemps cette église est desservie par les Arméniens, qui, dans les jours de fête, déploient aux yeux de leurs frères d'Occident la majesté des anciens rites et la magnificence des costumes de l'Église orientale. Une inscription, placée à gauche, rappelle en termes touchants qu'un bon marchand arménien, étant venu se fixer à Rome, avait fait une fortune considérable qu'il distribua tout entière aux pauvres. Heureux le voyageur catholique dans la ville éternelle ! il ne peut entrer dans une église, visiter une ruine profane, mettre le pied dans la rue sans rencontrer un objet, un souvenir qui réveille en lui les plus grandes et les plus douces pensées de la foi.

29 Décembre.

Théâtre de Marcellus. — *Forum olitorium*. — Portique d'Octavie. — Saint-Ange *in Pescheria*. — Inscriptions remarquables. — Cirque Flaminien. — Couvent de Saint-Amboise *della Massima*. — Grand Cirque. — Dimension. — Description des jeux. — Sainte-Marie *in Cosmedin*.

Nous étions loin d'en avoir fini avec la ville basse, et malgré notre désir de monter sur l'Aventin il nous fallut encore rester dans la plaine. Le *Quartier Saint-Ange*, qui s'emmêle avec celui de la *Ripa*, ne nous permit pas de franchir ses limites. Il occupe en partie les anciennes régions de la *Via lata* et du cirque Flaminien. Le roi de ce quartier est le théâtre de Marcellus, dont les restes grandioses attestent les meilleurs temps de l'architecture romaine. Bâti par Auguste, pour éterniser la mémoire de son jeune neveu, il pouvait contenir environ trente mille spectateurs. Étrange vicissitude des choses humaines ! ses portiques, jadis étincelants de marbres polis, sous lesquels venait se reposer la mollesse romaine, sont aujourd'hui noircis par la fumée et divisés en compartiments obscurs, dans lesquels de laborieux forgerons gagnent leur pain du jour à la sueur de leur visage.

Entre le théâtre de Marcellus, le Tibre et l'antique porte Flumentane, c'est-à-dire dans l'espace qui sépare aujourd'hui le pont *di Quattro Capi*, le palais Jovelli et Sainte-Marie *in Portico*, se trouvait le *Forum olitorium*, marché aux légumes[1]. Il est fameux par sa colonne lactaire au pied de laquelle on déposait nuitamment, comme sur les bords du Vélabre, des milliers de petites créatures humaines[2]. Franchissant d'un pas rapide ce lieu de triste mémoire, nous arrivâmes au portique d'Octavie. Élevé à la sœur d'Auguste avec les dépouilles des Dalmates[3], ce monument a été conservé, du moins en partie, par la religion, dans l'église de Sainte-Marie *in Portico*. Aux mêmes lieux se trouve l'antique église de Saint-Ange *in Pescheria*, bâtie en mémoire de la célèbre apparition de saint Michel sur le mont Gargan, dans le royaume de Naples. Le pape Boniface II la consacra au glorieux archange le 29 septembre de l'an 439. Sous le maître autel reposent les reliques des illustres martyrs de Tibur, saint Symphorose et ses sept fils. L'ancienne inscription qui indique les restes vénérables des héros chrétiens conservés à *Saint-Ange* présente une particularité fort remarquable. Elle commence ainsi : *Nomina sanctorum quorum* BENEFICIA *hic requiescunt.* « Noms des saints dont les BIENFAITS reposent ici. »

---

[1] Varr., lib. IV. — Tertull., *Apol.*, 13.
[2] Festus, v. *Lactaria.*
[3] Dio, lib. XLIX.

Le mot *bienfait*, employé au lieu de *corps* pour désigner les reliques des saints, voilà certes une des figures les plus hardies de la rhétorique de la foi. Pour l'inventer, lui donner cours et la faire graver sur un grand nombre de pierres monumentales [1], on conviendra sans peine qu'il a fallu l'expérience la plus douce et la plus constante. Or, j'aime à penser que le voyageur sera heureux de connaître les *bienfaits* qui reposent à Saint-Ange *in Pescheria*. En voici la liste ; je transcris la vénérable inscription : « des SS. Pierre, Paul, André, Jacques, Jean, Thomas, Jacques, Philippe, Barthélemy, Simon, Thaddée, Jean-Baptiste, Sylvestre, Étienne, Lin, Laurent, Césaire, Nicandre, Celse, Euplius, Pierre, Marcellin, Valentin, Donat, Nicolas, Pancrace, Anastase, Judas, Théodore, Georges, Christophe, Alexandre, Érasme, Télius, Abacire, Jean, Domésius, Procope, Pantaléon, Nicaise, Cosme, Damien, Antoine, Léonce, Euprépius, Antipe, Anne, Élisabeth, Euphémie, Sophie, Thècle, Pétronille, Théodote, Théopiste, Auréa, Athanasie, Theucriste, Eudoxie. »

J'ai voulu citer en entier ce glorieux catalogue, où sont réunis tous les états et toutes les conditions, afin de présenter, une fois pour toutes, une remarque dont le sujet se trouve dans chaque église principale de Rome. Offrir des modèles et des bienfaiteurs à toutes les positions de la vie ; se montrer vraiment catholique par la sainteté comme par la foi, en un mot faire de chacun de ses temples une miniature du ciel, telle est, à n'en pas douter, la pensée intime qui a dirigé l'Église romaine lorsqu'elle a peuplé de saints et de martyrs, de toutes les hiérarchies, de tout âge, de tout sexe et de

---

[1] Mazzol., lib. VII, p. 228.

toute condition, ses nombreux sanctuaires. Connaissez-vous un dessein plus noble, une intention plus maternelle?

Saint-Ange *in Pescheria,* dont les habitants s'illustrèrent par de glorieuses victoires, touche à un lieu célèbre par des combats d'un autre genre : ici commençait le *cirque Flaminien.* Ce nouveau théâtre des joies bruyantes et cruelles de l'ancienne Rome couvrait l'espace occupé maintenant par la place *Margana,* le palais *Mattei* et la rue *des Boutiques obscures* : l'église *Sainte-Catherine des Cordiers* en marque à peu près le centre. Bâti par Flaminius, qui périt à la bataille de Trasimène, il devint fameux par les jeux qu'on y donnait en l'honneur des dieux infernaux [1].

Tous les abords inspiraient la frayeur. La plupart des démons adorés des Romains sous des noms divers, Jupiter Stator, Neptune, Vulcain, Junon, Diane, Castor, Mars, Hercule, présidaient aux combats, et leurs temples formaient comme une enceinte continue autour du cirque [2]. L'extrémité, qui répond au couvent *Specchi Tor di None,* était bornée par le temple de Bellone, déesse de la guerre, devant lequel s'élevait la fameuse colonne *Bellique.* Descendu du temple de Jupiter capitolin, où la guerre se décidait, le consul chargé de la soutenir montait sur la colonne *Bellique* et décochait une flèche ensanglantée contre le peuple ennemi [3]. Parti

[1] Festus, *Ludi taurii.*
[2] Victor, *in Reg.,* ix; Tit.-Liv., *Decad.* iii, lib. xviii; Id., *Decad.* iv, lib. x; Vitr., lib. iv, c. vii; Macrob., *Saturn.* lib. iii, c. iv.
[3] Ante (ædem Bellonæ) erat columna index belli inferendi. Vict., *in Reg.,* ix. Cumque hæc dixisset, hastam cruentam juxta Bellonæ templum in porticum contorsit. Dio., lib. vi.

du temple de Bellone, le général revenu de son expédition s'y présentait de nouveau à l'audience du sénat, qui lui décernait ou lui refusait les honneurs du triomphe [1].

Après toutes ces images de sang, on est heureux de rencontrer un souvenir plein de charmes et d'innocence. L'église et le monastère de Saint-Ambroise *della Massima*, qui s'élèvent sur la droite, remplacent la maison paternelle de l'illustre archevêque de Milan. C'est là qu'après avoir reçu le voile des mains du pape saint Libère vécut dans la compagnie d'autres vierges chrétiennes sainte Marcelline, la digne sœur, l'aimable institutrice de ses deux frères Ambroise et Satyre [2]. Revenus en arrière, nous passâmes devant le *Ghetto*, ou quartier des Juifs, dont je parlerai plus tard, et nous gagnâmes la vallée qui sépare le Palatin de l'Aventin. Mais comment la franchir au pas de course? trop de souvenirs retardent la marche du voyageur et commandent son attention.

Cette longue vallée, aujourd'hui toute couverte de ronces, de vignes, de ruines à fleur de terre, accidentée, tourmentée, excavée, informe, méconnaissable, était autrefois le grand Cirque : le grand Cirque! la merveille de Rome par son étendue, l'amour et la passion des Romains, qui ne demandaient pour être heureux que *du pain et les joies du Cirque!*

Fondé par les premiers rois de Rome, il grandit avec la cité. Telle était son étendue sous les empereurs qu'il occupait trois stades et demie de longueur sur quatre arpents de largeur et pouvait contenir trois cent

---

[1] Tit.-Liv., *Decad.* I, lib. IX, etc., etc.
[2] Bar., *Not. ad Martyr.*, 17 julii.

mille spectateurs assis [1]. Placés sur le versant du mont Aventin, nous nous figurions cet immense parallélogramme de 2,187 pieds de long sur 960 de large, terminé en demi-cercle [2]. De chaque côté régnaient deux rangs de portiques élevés l'un sur l'autre, décorés de colonnes et couronnés par une large terrasse. Des tavernes, des lieux de débauche, des passages qui conduisaient dans l'intérieur du théâtre occupaient les portiques inférieurs. Comme il dort entassé dans les bouges de Paris et de Londres, le petit peuple dormait sous leurs arcades, où, pendant les jeux, les spectateurs trouvaient un abri contre la chaleur et la pluie. Six tours carrées [3], dominant les terrasses, étaient réparties dans le pourtour de l'édifice, et servaient de loges aux personnages distingués. Des gradins en pierre, placés en amphithéâtre, régnaient sur trois côtés du monument, et le quatrième, coupé en ligne droite, était occupé par les *Carceres*, d'où s'élançaient les chevaux et les chars. Au-dessus des *Carceres* brillait le pavillon de l'empereur. Une forte grille séparait de l'arène les trois côtés, garnis de gradins; à la base de la grille circulait un *Euripe*, canal large et profond de 10 pieds, alimenté par des eaux vives et servant à inonder la lice pour les naumachies [4].

[1] ...... Duas tantum res anxius optat, panem et circenses. — ...... Eisque templum, et habitaculum, et concio, et spes omnis Circus est maximus. *Am. Marcell.*, lib. xxviii.

[2] Tarquinius primus in Circo maximo inter Palatinum et Aventinum montes sito primo circumquaque operta tecto fecit sedilia. Nam antea stantes spectare solebant furcis tabulata sustinentibus. Dion. Halic., lib. iii; Plin., lib. xxxvi, c. 15; id; *Panegyr. Trajan.*; Vict., *in Reg.*, xi.

[3] *Mæniana*.

[4] Varr., lib. iv, p. 48.

Le Cirque était divisé dans presque toute sa longueur par l'*Épine* [1], espèce de muraille haute de 6 pieds et large de 12. Sur cette muraille, où conduisaient des degrés ménagés aux deux bouts, s'élevaient l'autel du dieu *Consus* [2], deux petits temples du Soleil, les statues, en bronze doré, d'Hercule, de Cybèle, de Cérès, de Bacchus, de Séja, déesse des moissons, et de plusieurs autres divinités. Du centre de l'*Épine* s'élançait, à 120 pieds de hauteur, l'obélisque d'Auguste portant au sommet une flamme dorée, image du soleil, auquel il était dédié [3]. Cet obélisque est aujourd'hui sur la place du Peuple. Aux deux extrémités de l'*Épine* on voyait les trois *Bornes* [4] de pierre ou de bois doré autour desquelles devaient tourner les chars dont la carrière se trouvait tracée, de chaque côté de l'*Épine*, par des colonnes en forme de cyprès et surmontées de dauphins [5].

Tel était le grand Cirque, dont les imposantes constructions, ennoblies par la teinte safranée qui, sous ce beau ciel de Rome, annonce une antiquité vénérable, se détachaient vivement sur une arène jonchée de vermillon, couleur de sang, et de chrysocale, vert comme un frais gazon [6].

Pour animer le tableau, représentons-nous sur les gradins de ce colossal monument trois cent mille spectateurs! Puis, aux croisées, aux galeries, au sommet des plates-formes des palais qui s'élèvent en amphithéâtre

---

[1] Spina.
[2] Tertull., *De Spect.*, VIII; Plut., *Romul.*, 20.
[3] Dion., XLIX, p. 478.
[4] Metæ.
[5] Metasque imitata cupressus. Ovid., *Metam.*, x.
[6] Suet., *in Calig.*, 18; Plin., lib. XXXIII, c. 5. Isidor. Hisp. *Etym.*, lib. XIX, c. 17.

sur les flancs des trois collines environnantes, le Palatin, le Cœlius et l'Aventin, un nombre peut-être égal de spectateurs [1]. Peignons-nous ces spectateurs tous en habit de fête, tous couronnés de fleurs; cette foule immense, émaillée de femmes brillantes de parure : tantôt se levant comme un seul homme pour saluer le personnage aimé du peuple qui entre dans le Cirque; tantôt éclatant en cris, en murmures, en sarcasmes, en trépignements à la vue de l'homme qui a perdu la faveur populaire; puis passant de ces mouvements si passionnés et si tumultueux qu'on les prendrait pour les agitations et les mugissements de la mer en courroux [2] à un repos complet, à un silence profond, commandé par le cortége religieux qui descend des hauteurs du Capitole.

Voyez, en effet, sortir de la demeure redoutée du grand Jupiter la longue et solennelle procession qui se rend au Cirque en traversant le *Forum romain* [3]. En tête s'avance un char superbe, monté par le président des jeux : c'est Auguste, c'est Néron, c'est Caligula, c'est tel autre personnage, édile, préteur ou préfet, portant le costume rouge des triomphateurs. Une troupe de jeunes garçons de quatorze à quinze ans, les uns à cheval, les autres à pied, ouvrent la marche. Ils précèdent les cochers [4] conduisant les *Biges*, les *Quadriges*, les *Séjuges*, chars à deux, à quatre, à six chevaux, qui doivent figurer dans les courses.

Après les cochers viennent, dans un état presque complet de nudité, les athlètes destinés à combattre dans les

---

[1] Dio, lib. LVII, p. 696.
[2] Tertull., *De Spect.*, XVI.
[3] Dion. Halic., l. VII, c. 13.
[4] Aurigarii.

grands et les petits jeux. Ils sont suivis de trois chœurs de danseurs, le premier composé d'hommes faits, le second de jeunes garçons, le troisième d'enfants. Une tunique d'écarlate serrée avec un ceinturon de cuivre, une épée au côté, une petite lance à la main, un casque d'airain ombragé de panaches et orné d'aigrettes composent leur armure et leur costume. Ils exécutent des danses guerrières que dirigent, en les accompagnant, des joueurs de flûtes courtes, de harpes d'ivoire et de luths. Aux musiciens succèdent des troupes de *Satyres,* hideux personnages couverts de peaux de boucs serrées avec des ceintures, et cachant leur tête sous des crinières hérissées. Parmi eux on aperçoit des *Silènes,* autres espèces de monstres vêtus de tuniques à long poil et de manteaux de toutes sortes de fleurs. Tous ensemble contrefont, d'une manière grotesque, les danses les plus sérieuses, et provoquent, par mille contorsions, le rire des spectateurs [1].

Derrière les Satyre et les Silènes s'avancent une nouvelle troupe de musiciens et une foule de ministres subalternes du culte, portant dans leurs mains des cassolettes d'or et d'argent, où fume l'encens dont ils embaument les airs sur leur passage. Les statues des dieux, momentanément enlevées de leurs temples, accompagnées des différents colléges sacerdotaux, ferment la marche. Toutes ces statues en ivoire ou en riche métal, décorées de couronnes d'or et enrichies de pierres précieuses, sont placées, les unes sur des chars brillants d'ivoire ou d'argent [2], tirés par des chevaux superbes; les autres dans des litières fermées [3]. Des patriciens les escortent; et de

---

[1] Dion. Halic., vii, 13.
[2] Tensæ.
[3] Armamaxæ.

jeunes enfants, ayant encore leur père et leur mère, tiennent la bride des chevaux [1].

Le cortége entre dans le Cirque et en fait le tour au milieu du recueillement universel, interrompu seulement par les acclamations que poussent les différentes classes de citoyens lorsque la divinité protectrice de leur profession passe devant eux. Le tour du Cirque achevé, on place les statues des dieux dans l'édicule qui les attend non loin des *Carceres;* on les couche sur des coussins [2]; les sacrificateurs immolent des victimes, l'empereur fait des libations; Rome et l'Olympe, Jupiter et César sont au Cirque; les jeux vont commencer.

Déjà les chars sont sortis des *Carceres;* les quatre couleurs, le vert, le bleu, le blanc et le rouge, brillent sur les tuniques des cochers [3]; les coursiers impatients sont à peine retenus par la chaîne qui ferme l'entrée de la carrière; la foule avide tient l'œil fixé sur les chars; de téméraires paris s'engagent parmi les spectateurs; enfin, de la tente impériale un linge blanc [4] est jeté dans le Cirque : la trompette sonne, la chaîne tombe, tous les chars s'élancent à la fois. Leurs roues enflammées touchent à peine l'arène, les bornes sont évitées, tous reviennent intacts au point de départ; le peuple est mécontent. Une seconde, une troisième évolution recommence; un *agitateur* habile détourne brusquement son char sur celui de son adversaire, pousse sa roue contre la sienne, brise son essieu et fait tomber les chevaux sur l'arène; le peuple

---

[1] Cic., *De Arusp. resp.*, II.

[2] Pulvinaria.

[3] Prasinus, venetus, albus, purpureus. Buleng., *De Circis,* cap. XLVIII, *De Coloribus.*

[4] Mappa.

applaudit. Un char lancé à fond de train heurte contre la borne, il vole en éclats, le cocher est tué; le peuple bat des mains : à chaque mort les applaudissements redoublent.

Cependant la lutte se soutient entre les quatre couleurs; chaque faction excite ses cochers, lui donne des conseils, lui adresse des reproches; les spectateurs se lèvent, agitent leurs mains, secouent leurs tuniques, trépignent sur leurs siéges [1]; se lancent mutuellement des sarcasmes, des injures, des coups; le combat n'est plus dans l'arène, il est sur les degrés du Cirque; la mêlée devient quelquefois horrible : en un seul jour trente-cinq mille cadavres [2]!!!

Il connaissait donc bien les spectacles de la vieille Rome, le grand apologiste qui les peignit en trois mots : fureur, cruauté, impudicité [3]. Il aurait pu ajouter : folie, prodigalité, idolâtrie.

Pour ce peuple qui n'a pas de nom dans la langue chrétienne, les cochers devenaient des personnages, des héros, des demi-dieux. Les poëtes chantaient leurs victoires; les empereurs, les magistrats, le peuple entier leur décernait des couronnes, leur élevait des statues d'or et de bronze, les comblait de richesses et d'honneurs, et le marbre des tombeaux redisait leur gloire aux générations futures [4]. Les chevaux eux-mêmes partageaient ces honneurs insensés. Pour eux il y avait des couronnes,

[1] Varr., lib. II, *De Re rustica*. Voyez Bulenger, *De Circis*, p. 125. — C'est dans cet ouvrage spécial que se trouvent en grande partie les détails qui précèdent et qui suivent.

[2] Procop., *De bell. Persic.*, lib. I; Buleng., p. 129 et suiv.

[3] Voluptates circi furentis, caveæ sævientis, scenæ lascivientis, Tertull., *De Pudicitia*.

[4] Martial., *De Stat.*, lib. v, c. 26; Buleng., p. 146.

des statues, des crèches d'or, les gloires du consulat : affaiblis par la vieillesse, ils étaient, comme les vétérans de l'armée, nourris aux frais du trésor public; morts, une sépulture honorable les attendait au Vatican [1].

Au Cirque comme à l'amphithéâtre il fallait, pour attirer les spectateurs, varier les plaisirs. Des chasses vraiment fabuleuses par le nombre et la variété des animaux; des combats de gladiateurs; des combats d'hommes et de bêtes, la lutte, le pugilat, des naumachies sur une mer de vin [2] devaient tour à tour réveiller les sensations de ce peuple blasé. Peut-on voir le lieu qui fait naître tous ces souvenirs sans se rappeler Androclès et ce lion d'Afrique moins féroce que les Romains? C'est là, dans le grand Cirque, suivant Aulu-Gelle, que le pauvre esclave, exposé aux bêtes, fut reconnu et épargné par le noble animal auquel il avait arraché une épine lorsque, fugitif, il cherchait au désert un refuge contre la cruauté de son maître.

Il ne suffit pas d'avoir prodigué l'or, l'argent, le sang du monde entier pour divertir le peuple roi; il fallait encore le combler de richesses, afin de le remercier en quelque sorte d'avoir daigné prendre part à ces fêtes ruineuses : des loteries terminaient les jeux du cirque. On vit tour à tour Néron, Titus, Domitien, Adrien et les autres empereurs jeter à pleines mains dans l'arène des dés en bois, que les hommes, puis les femmes venaient recueillir et s'arracher. Chaque dé portait une inscription indiquant un objet qui était remis au sortir de l'enceinte. Suétone va nous dire quelle en était la na-

---

[1] Buleng., 148.
[2] Fertur in euripis vino plenis navales circenses exhibuisse. Lamprid., *in Heliogab*.

ture et la valeur : « Pendant les jeux qui durèrent plusieurs jours, Néron fit quotidiennement distribuer jusqu'à mille *billets* de loterie, avec lesquels on gagnait toute espèce de choses, des oiseaux, des vivres, du blé, des vêtements, de l'or, de l'argent, des perles, des diamants, des tableaux, des esclaves, des chevaux, des bêtes féroces apprivoisées, des navires, des maisons, des terres [1]. » Il en fut de même de ses successeurs [2]. Par compensation, l'on envoyait les vieux esclaves mourir de faim dans l'île du Tibre !

Si les jeux du Cirque étaient dignes de la société païenne, ils ne l'étaient pas moins des dieux qu'elle adorait. Croirait-on que les spectacles étaient des fêtes religieuses, les fêtes du ciel et de la terre, les fêtes de l'univers païen ? Et cependant il en est ainsi. « Le caractère religieux s'y montre partout; il ne faut qu'ouvrir les yeux pour l'y reconnaître. Il éclate et dans les dispositions de l'édifice, théâtre de cette *pieuse* solennité, et dans les exercices qui la composent. Regardez l'*Épine*, vous la voyez couverte de monuments religieux ; les *Carceres*, dont le nombre duodécimal vous rappelle les douze signes du zodiaque. Les Dauphins et les *Oves* de bois [3], dont sont surmontées les colonnes qui tracent la carrière, ont rapport au culte de Neptune ou Consus et à celui des dieux des coureurs et des lutteurs, Castor et Pollux, tous deux nés d'un œuf. Les cochers, habillés de quatre couleurs différentes, représentent les quatre saisons de l'année. Ils partent des douze *Carceres*, comme l'année passe par les douze signes du zodiaque, et les vingt-

---

[1] Sparsa et populo missalia omnium rerum, etc. Suet., *in Ner.*, c. XI.

[2] Buleng., *De Venat. circi.*, p. 110 et suiv.

[3] Colonnes en forme d'œufs ou de cyprès.

quatre courses qu'ils accomplissent sont les vingt-quatre heures du jour et de la nuit. Plusieurs autres détails n'ont pas un rapport moins sacré avec les mystères de la nature. Les *Biges*, attelés d'un cheval blanc et d'un noir, rappellent la course variée de la lune qui s'accomplit tantôt de jour, tantôt de nuit; les *Quadriges* sont une imitation de la course de Phébus; les chevaux de main sur lesquels les ministres du Cirque vont annoncer les courses figurent Lucifer, qui annonce le jour. Pluton préside aux *Triges* et Jupiter aux *Séjuges* [1]. »

Ainsi dans les jeux du Cirque l'idolâtrie coulait à pleins bords. Faut-il s'étonner si les Pères de l'Église ont tant de fois tonné contre ces divertissements? Après avoir duré sans interruption pendant des jours et des nuits, la fête finissait comme elle avait commencé. Longtemps après que le soleil avait quitté l'horizon, des milliers de torches venaient éclairer la foule immense qui sortait péniblement des portiques, et précéder la procession sacrée qui reportait dans les temples les statues des dieux, dont la présence avait sanctifié les spectacles [2].

Quand, debout sur les lieux mêmes qui en furent le théâtre, on a repassé dans son esprit ces trop coupables folies, un grand ennui saisit le cœur; l'âme fatiguée cherche un asile solitaire où elle puisse épancher sans contrainte les sentiments qui l'oppressent. Quel bonheur pour nous d'apercevoir, dans le voisinage, un sanctuaire de la sainte Vierge! Nous y entrâmes : c'était Sainte-Marie *in Cosmedin*. Dédiée à la douce *Reine du monde*, cette église vénérable s'élève non loin du Grand Cirque, comme pour rassurer le voyageur effrayé de ses souve-

---

[1] Cassiod., *Variar.*, III, 51 ; *Rome au siècle d'Auguste*, t. II, 232.
[2] Xyphil., *in Sever.*, p. 406.

nirs, en lui rappelant que l'humanité vit sous une autre loi : elle passe pour la seconde église de Rome consacrée à la Mère de Dieu. On la croit bâtie par les premiers chrétiens sur les ruines du temple de la *Pudicitia patricia*, dans lequel les seules femmes nobles et non remariées avaient le droit de pénétrer. Suivant la tradition, saint Augustin y enseigna la rhétorique avant d'aller à Milan, et les catholiques d'Orient, poursuivis par les iconoclastes, étant venus s'y réfugier, lui donnèrent le nom d'*École des Grecs*. Bien qu'elle ait été restaurée en 772 par le pape Adrien Ier et en 858 par le pape Nicolas Ier, cette basilique compte parmi celles qui conservent le mieux les formes primitives.

Toutefois son plus précieux ornement est l'image de la sainte Vierge, qui fut apportée de l'Orient, afin de la soustraire aux outrages de l'empereur iconoclaste Léon l'Isaurien. Au jugement des connaisseurs, cette image, chef-d'œuvre de la peinture byzantine, est si belle que Rome elle-même n'en a point qui l'égale. Elle est placée derrière le maître autel, et porte la fameuse inscription grecque : Θεοτόκος ἀειπάρθενος : « Mère de Dieu, toujours vierge. » Sous le chœur est une crypte primitive dans laquelle on descend par deux escaliers. L'antique inscription avertit qu'on y conserve le corps de sainte Cyrille, fille de l'empereur Dèce. *Beatæ Cyrillæ virg. et M. filix Decii*. Les hagiographes pensent néanmoins que l'illustre martyre était seulement une affranchie de l'impératrice, femme du persécuteur. Quoi qu'il en soit, tous les pèlerins s'empressent de baiser la pierre sur laquelle l'innocente victime fut immolée : elle peut avoir trois pieds de longueur sur deux de largeur, et quatre pouces d'épaisseur. Deux cents martyrs de tout âge, de tout sexe et de tout pays forment l'auguste cortége de la sainte

Vierge à Sainte-Marie *in Cosmedin*[1]. Nous les remerciâmes avec effusion d'avoir, par leur sang, délivré le monde des atrocités païennes, et nous rentrâmes pour analyser les impressions et les souvenirs de cette importante journée.

30 Décembre.

Mont Aventin. — Souvenirs païens. — Souvenirs chrétiens. — Église de Sainte-Prisque. — De Sainte-Sabine. — Histoire. — Mosaïque. — Saint-Dominique; son oranger. — Église de Saint-Alexis. — Histoire. — Prieuré de Malte. — Vue de Rome. — Le *Monte Testuccio*. — Ordre bizarre d'Héliogabale.

Traversant de nouveau, sans regarder ni à droite ni à gauche, dans la crainte de nous arrêter encore, une partie des régions visitées les jours précédents, nous arrivâmes de bonne heure au pied de l'Aventin. Par une rue étroite, ardue, sans pavé, nous gravîmes, du côté du Tibre, les flancs escarpés de la colline : les souvenirs surgissaient de toutes parts. A gauche nous laissions l'antre de Cacus, le fameux ou le fabuleux brigand qui fut tué par Hercule, dont il avait volé les bœufs[2]; devant nous se présentait l'emplacement des Thermes de Dèce et d'Héliogabale, tristement célèbres par les noms et les faits qu'ils rappellent[3]; de la maison de Vitellius, qui excita la fureur des Romains[4]; du temple infâme de la Bonne Déesse[5]; de Minerve, où s'assemblaient les comédiens et les poëtes[6]; de la Liberté, avec

---

[1] Constanzi, t. II, p. 44; Mazzol., t. VI, p. 136.
[2] Virgil., lib. VIII.
[3] Cassiod., *in Croni.*; Lamprid., *in Heliogab.*
[4] Tacit., *Hist.*, lib. III.
[5] Ovid., *Fast.*, lib. V.
[6] Festus, *in Scribas.*

son *Tabularium* contenant le code pénal des vestales infidèles[1]. A cette page défigurée de l'histoire profane succédèrent bientôt les titres mieux conservés de nos gloires chrétiennes. Ici habitèrent sainte Marcelle et sainte Sylvie, ces deux illustres matrones, dont la première tient une place si glorieuse dans les écrits de saint Jérôme[2], et la seconde dans la vie de saint Grégoire le Grand, digne fils d'une telle mère.

Jusqu'ici nous avions vécu de souvenirs; enfin la réalité commença. L'église de *Sainte-Prisque* nous ouvrit ses portes et ses trésors d'antiquités. Voisine du *temple de Diane* et de la *Fontaine des Faunes*, elle s'élève à la place même occupée par la maison de l'illustre martyre. Saint Pierre y reçut fréquemment l'hospitalité, grâce à deux néophytes, juifs de nation, Aquila et Priscille, attachés peut-être à la famille consulaire de sainte Prisque. Cette jeune vierge était âgée de treize ans lorsqu'elle fut baptisée par l'apôtre lui-même dans la demeure paternelle. Dénoncée à l'empereur Claude, on la conduisit au temple d'Apollon pour sacrifier aux idoles. Sur son refus, le juge la fit cruellement flageller, puis jeter dans une étroite prison. Amenée une seconde fois devant le tribunal, elle montra la même fermeté; en sorte que le tyran transporté de fureur ordonna de lui verser sur la tête de l'huile bouillante et de la précipiter dans un noir cachot, d'où elle ne fut tirée que pour être exposée aux bêtes; mais le lion qui devait la dévorer se jeta respectueusement à ses pieds. Ce spectacle ne put toucher les bourreaux, qui soumirent la jeune vierge aux tortures du chevalet, du feu et de la

---

[1] Tit.-Liv., *Decad.* v, lib. v; Festus, lib. v.
[2] *Epist.* 54, *ad Desider.*

faim; jusqu'à ce qu'enfin, honteux d'être vaincus par une enfant, ils l'entraînèrent sur la voie d'Ostie, où ils lui tranchèrent la tête, à trois milles de Rome[1]. Sainte Prisque est regardée comme la protomartyre de l'Occident[2]. Ainsi le premier sang régénérateur qui coula sur la vieille Rome fut un sang romain, un sang illustre, un sang virginal !

Dans la crypte on garde précieusement le vase avec lequel saint Pierre administrait le baptême. Restaurée par les papes Adrien Ier, en 772, et Callixte III, en 1455, l'église conserve une antique inscription qui rappelle sommairement les faits que je viens de rapporter[3].

Un sang non moins illustre purifia le lieu longtemps souillé par le temple de Junon *Regina*. Ce sang fut celui de sainte Sabine, martyrisée dans la maison de ses parents. Confiée aux soins d'une gouvernante chrétienne, Sabine reçut le baptême, fit un riche mariage, et fut enfin arrêtée comme chrétienne. Par ordre d'Adrien, Elpidius alla l'interroger : « N'est-ce pas vous, lui dit-il, qui êtes Sabine, illustre par votre naissance et par votre mariage[4] ? » — « Oui, c'est moi; mais je

---

[1] Baron, *Annot. ad Martyr.*; Martinelli, *Primo Trofeo della Croce*, c. XVIII.

[1] Mazz., t. VI, p. 269.

[3]   Montis Aventini nunc facta est gloria major
    Unius veri relligione Dei :
  Præcipue ob Priscæ, quod cernis, nobile Templum,
    Quod priscum merito par sibi nomen habet.
  Nam Petrus id coluit, populos dum sæpe doceret,
    Dum faceret magno sacraque sæpe Deo,
  Dum quos Faunorum fontis deceperat error
    Hic melius sacra purificaret aqua.
            Voyez Fogginio, p. 285.

[4] Tunc es illa Sabina et genere et matrimonio nobilissima?

rends grâces à Jésus-Christ, qui, par le moyen de sa servante Séraphie, m'a délivrée de la servitude du démon. » Le juge n'en demanda pas davantage ; et après divers tourments il fit trancher la tête à la noble accusée. Ses frères dans la foi, qui s'étaient empressés d'élever un oratoire sur sa tombe dans le *Pagus Vindicianus*, n'avaient garde d'oublier le théâtre même de son triomphe. En 425, un vertueux prêtre, nommé Pierre, Illyrien d'origine, y bâtit une église. L'inscription suivante rappelle la mémoire du charitable fondateur : « Riche pour les pauvres, pauvre pour lui, qui, méprisant les biens de la vie présente, mérita d'espérer la vie future. *Pavperibvs locvples, sibi pavper, qvi, bona vitæ præsentis fvgiens, mervit sperare fvtvram.* » Y a-t-il une inscription païenne qui vaille celle-là ? Mais que dire de cette autre, placée dans la même église pour le pieux cardinal Valentini ? *Vt moriens viveret, vixit vt moritvrvs.* « Afin de vivre en mourant, il vécut comme devant mourir. » Toute la philosophie de la vie humaine est renfermée dans ces courtes paroles.

L'église de Sainte-Sabine, si pleine de souvenirs, fut consacrée par saint Sixte III, et déclarée stationnale pour le mercredi des Cendres par saint Grégoire le Grand. L'illustre pontife y prêcha plusieurs fois ce jour-là, et les papes conservèrent longtemps l'usage de venir à Sainte-Sabine recevoir les cendres de la pénitence.

Les murs latéraux, la disposition des points d'intersection annoncent que l'église fut ornée de nombreuses mosaïques. Il en reste seulement deux beaux vestiges, dont le premier couronne l'abside. Quinze médaillons font le tour de l'arc ; le plus élevé représente Notre-Seigneur ; les autres contiennent des figures incertaines, auxquelles on trouve une légère ressemblance avec les images des empereurs dans les médailles. De chaque côté est une ville, que l'archéologie chrétienne reconnaît pour Jérusalem et Bethléem, les deux termes opposés de la vie mortelle de Notre-Seigneur; trois lampes sont suspendues à leurs voûtes, emblème de la lumière qui a jailli de la crèche, berceau de l'Enfant-Dieu, et de la croix, son lit de mort. Dans le ciel, au-dessus de la tête de Notre-Seigneur, voltigent neuf colombes, gracieux symbole de l'innocence et de la douceur du Dieu fait homme.

Au bas de l'église est l'autre vestige, non moins intéressant que le premier. Les quatre Évangélistes, avec leurs attributs, forment la partie supérieure du tableau. Sur les côtés, on voit à droite saint Pierre, à gauche saint Paul, tous deux prêchant l'Évangile. Au-dessus de la tête de saint Pierre s'échappe, du sein de la nue, la main à moitié fermée, symbole de la puissance divine, dont l'Apôtre est le dépositaire. Inférieurement à saint Pierre paraît une femme tenant un livre à la main ; sous ses pieds on lit les paroles suivantes qui expliquent la figure : *Ecclesia ex Circvmcisione; l'église de la Circoncision*. Au-dessous de saint Paul est une figure semblable avec ces mots, également clairs : *Ecclesia ex Gentibvs; l'église des Gentils*. Onction, simplicité, grandeur, tels sont les caractères de ces anciennes peintures. Vraiment, nos pères étaient mieux inspirés que les artistes modernes, qui, trop souvent, inscrivent sur les murailles de nos temples, avec un pinceau païen et un cœur mondain, des vérités dont ils n'ont ni l'intelligence ni le sentiment [1].

Dans la crypte, placée sous l'autel, reposent les corps

---

[1] Voyez Ciampini, t. I, p. 186 et suiv.

de sainte Sabine et de sainte Séraphie, vierge et martyre, sa gouvernante. A gauche, en entrant, on voit, fixée dans le mur, la pierre qui couvrait le tombeau des saintes martyres et sur laquelle saint Dominique avait coutume de faire oraison. Comment le glorieux fondateur des Dominicains avait-il choisi ce lieu de prières? La raison en est bien simple : le pape Honorius III possédait un palais contigu à Sainte-Sabine, dont il fit présent à saint Dominique, et le palais pontifical devint la demeure du religieux et une des plus illustres maisons de son ordre.

Sur la façade brille le nom des hôtes immortels qui l'ont habité : saint Dominique, saint Raymond de Pennafort, saint Thomas d'Aquin, saint Hyacinthe, la lumière de la Pologne, saint Pie V. Jugez de quelle frayeur religieuse on est saisi en franchissant le seuil de cette demeure tant de fois vénérable, en parcourant ces mêmes lieux que tant de saints et d'hommes de génie ont parcourus! Il nous fut permis d'entrer dans la chambre de saint Dominique, dont la forme n'a pas changé; elle peut avoir dix pieds de longueur sur six de largeur. Aujourd'hui c'est une chapelle richement décorée par les rois d'Espagne. Une légère distance la sépare de la modeste cellule habitée par saint Pie V, le pontife de glorieuse mémoire, le vainqueur de Lépante. Sous la conduite d'un religieux plein de cette douce affabilité qui caractérise tous les Dominicains que j'ai rencontrés, nous traversâmes les vastes cloîtres pour nous rendre au jardin. Là se trouve un oranger planté de la main de saint Dominique ; il est entouré d'une immense caisse en pierre qui rappelle les *plutei* des anciens ; cet arbre, six fois séculaire, porte encore des oranges. On voulut bien en cueillir sous nos yeux, et nous en donner comme souvenirs de piété. Nous les reçûmes avec reconnaissance et, je le dirai tout haut, nous les avons rapportées comme des reliques bien autrement précieuses que les feuilles des arbustes virgiliens ou les morceaux de marbre et de mosaïque enlevés aux monuments profanes, dont la plupart des voyageurs *éclairés* ne manquent pas de faire une ample collection.

Lorsqu'en sortant de Sainte-Sabine on tourne à droite, quelques instants suffisent pour arriver au couvent des Hiéronymites, où se trouve la belle église de Saint-Alexis. Le premier objet d'une juste admiration est le tabernacle du maître-autel, en pierres précieuses, don vraiment royal de Charles IV, roi d'Espagne. Mais ici les merveilles de l'art et la magnificence des princes sont éclipsées par l'éclat de l'humilité chrétienne. Antique palais d'Euphémien, sénateur romain et père de saint Alexis, l'église que nous visitions rappelle l'héroïsme d'une vertu plus difficile peut-être que le martyre. Voyez à droite, dans l'enceinte sacrée, ce puits étroit et profond ; c'est le même où le fils du sénateur puisait l'eau dont il s'abreuvait. Au bas de l'église, derrière une superbe grille, voyez cet escalier ; c'est le même sous lequel Alexis, revenu d'un long et mystérieux pèlerinage, vécut dix-sept ans, pauvre et inconnu dans la maison paternelle. Cet escalier est en bois, composé de dix marches et recouvert d'une gaze qui le protége contre la poussière, sans empêcher de le voir distinctement [1]. Une magnifique statue de marbre blanc représente le saint couché, tenant d'une main un crucifix et de l'autre un papier. Le sculpteur a voulu immortaliser la circonstance miraculeuse qui accompagna la mort du grand serviteur de Dieu. Voici le fait :

---

[1] Sous l'escalier même on lit l'inscription suivante : « Sub

Depuis dix-sept ans, le fils d'Euphémien et d'Aglaé vivait obscur et caché comme un pauvre ordinaire, sous l'escalier de la maison paternelle : la fin de son héroïque carrière arriva. Le Dieu des âmes humbles voulut faire éclater la vertu de son serviteur et glorifier solennellement devant les hommes celui qui pour plaire à Dieu avait si longtemps et si fidèlement évité leurs regards. Alexis meurt; aussitôt une voix mystérieuse retentit dans plusieurs églises de Rome, qui dit : *Quærite hominem Dei, ut oret pro Roma*, « *Cherchez l'homme de Dieu, afin qu'il prie pour Rome.* » La ville s'émeut; on s'agite, on s'interroge, on se met en prières pour demander à Dieu où est le saint qu'il faut chercher. La même voix se fait entendre : « *Cherchez l'homme de Dieu, afin qu'il prie pour Rome;* » puis elle ajoute : *In domo Euphemiani quærite*, « *Cherchez dans la maison d'Euphémien.* »

Le peuple s'y porte en foule; on trouve le saint pauvre, mort sous un escalier, un crucifix dans une main, un papier fermé dans l'autre. Vainement on veut lui ôter ce papier, dans lequel on présume qu'il a écrit son histoire. Le souverain Pontife, l'empereur, le sénat sont bientôt informés du prodige; ils accourent sur le mont Aventin : le père d'Alexis fait partie du cortége. Arrivé près du mort, le vicaire de Jésus-Christ lui ordonne, au nom de Dieu, de remettre le papier qu'il tient à la main : la main s'ouvre et laisse tomber l'écrit dans celle du

---

« gradu isto in paterna domo B. Alexius, Romanorum nobilis-
« simus, non ut filius, sed tanquam pauper advena receptus,
« asperam egenamque vitam duxit annis xvii; ibique purissimam
« animam Creatori suo feliciter reddidit anno ccccxiv, Inno-
« centio PP. I, et Honorio et Theodosio II imperatoribus. »

pape. Lecture en est faite en présence de l'empereur, du sénat, de tout le peuple, du père, de la mère, de l'épouse de saint Alexis. Qu'on juge de l'impression qu'elle dut produire sur ces derniers témoins en leur apprenant que ce pauvre, caché depuis dix-sept ans sous l'escalier de leur palais, était Alexis, leur fils, leur époux !

Rome entière fondit en larmes de douleur, de joie et, s'il était permis de le dire, d'admiration. Par respect pour le serviteur de Dieu, l'empereur Honorius et le pape Innocent Ier voulurent porter eux-mêmes le saint dans l'église de Saint-Boniface, qui, jointe au palais d'Euphémien, est devenue l'église de Saint-Alexis [1]. Son corps repose sous le maître-autel, dans une châsse magnifique, avec celui de saint Boniface, martyr. Non loin de là se voit l'image miraculeuse de la sainte Vierge qui manifesta aux habitants d'Édesse le mérite du bienheureux pèlerin et qui lui conseilla de retourner à Rome et d'y vivre inconnu dans la maison paternelle [2].

L'héroïsme chrétien que nous venions d'admirer et dans le courage d'une jeune vierge et dans l'humilité d'un noble jeune homme brille encore, sur le mont Aventin, dans une de ses expressions les plus sublimes : près de Saint-Alexis est le grand-prieuré des *Chevaliers de Malte*. Leur église, dédiée à la sainte Vierge, s'élève sur les ruines du temple de la déesse *Fauna* [3] ; c'est, comme on sait, un des titres nombreux que les païens donnaient à Cybèle. Faire honorer Marie au même lieu où se célébraient les mystères de la Bonne Déesse ! vraiment Rome est admirable de tact et d'intelligence. Sainte-

---

[1] Voyez les Bollandistes, 17 juillet.
[2] Mazzol., c. vi, p. 270.
[3] Nardini, p. 398.

Marie *Aventina* forme le milieu du prieuré, situé dans une position magnifique. Quand vous serez devant la porte principale qui donne sur l'esplanade plantée d'arbres verts, n'oubliez pas de regarder par le trou de la serrure : votre vue ira se reposer à une demi-lieue de là précisément sur le dôme de Saint-Pierre.

Du belvédère, bâti au fond du jardin, sur le bord escarpé de la colline, le coup d'œil est vraiment pittoresque. Au pied de l'Aventin passe le Tibre, roulant péniblement ses eaux jaunâtres vers le port des Romains ; sur la rive opposée se montre le grand hospice de Saint-Michel, puis le Trastevere, puis le Janicule à l'horizon et Rome sur la droite. A gauche, vers le sud-est, entre l'ancienne porte *Trigemina* et la porte d'Ostie, l'œil de la mémoire découvre le vaste port *Navalia*, *emporium* creusé par les Romains et entouré de superbes portiques, où venaient aborder les vaisseaux chargés d'apporter à Rome les productions et les dépouilles du monde. Aux mêmes lieux il aperçoit encore l'arsenal de la marine et les greniers publics [1], ainsi que le *Forum pistorium*, établi peut-être depuis que Domitien eut formé un collége de boulangers [2]. Plus loin s'élève, isolé au milieu de la vaste plaine, le mont *Testaccio*. Singulière montagne ! toute formée de décombres et de pots cassés, qui n'a pas moins de 163 pieds de hauteur sur 4,503 de circonférence. On s'accorde à dire que les terreaux enlevés par les anciens Romains, lorsqu'ils construisirent le grand cirque et les autres monuments de leur ville, forment les couches inférieures de cette colline artificielle ; les amphores cassées constituent la partie supérieure. Cette

---

[1] Tite-Live, *Decad.* v, lib. v.
[2] Sext. Aurel., *in Trajan.*

explication, d'ailleurs constatée par le fait, n'a rien qui répugne. On sait que les Romains faisaient un usage continuel et par conséquent une large consommation de vases de terre cuite, pour mettre les eaux, les vins, les huiles, les autres liquides et même les cendres des morts. Portés au même lieu pendant des siècles, ces fragments sont devenus le mont *Testaccio*.

A la base on a creusé de vastes caves d'une grande fraîcheur, dans lesquelles on conserve encore l'approvisionnement des vins pour la consommation de la ville : le *Testaccio* est la Râpée de Rome.

Lorsque vous regarderez cette montagne *de pots cassés*, si vous daignez vous souvenir qu'un jour Héliogabale, voulant connaître la grandeur de Rome, ordonna à ses esclaves de ramasser toutes les araignées de la ville, et qu'il en obtint dix mille pesant [1], vous aurez deux indications assez bizarres ou de la maladresse et de la malpropreté, ou de la prodigieuse multitude de la population romaine.

31 Décembre.

Fin de l'année. — Impressions. *Te Deum* au *Gesù.*

C'était le dernier jour de l'année. Graves partout les pensées qu'inspire ce temps qui fuit et qui nous emporte en fuyant; cette année qui va tomber dans l'abîme de l'éternité, comme la goutte d'eau dans les profondeurs de l'Océan ; cette scène du monde si capri-

---

[1] Servis imperasse ut omnes araneas colligerent in urbe; atque eos collegisse ad decem millia pondo, et subjecisse, vel hinc intelligendum quam magna Roma esset. — Lamprid., *in Heliogab.*

cieuse et si mobile, avec laquelle nous changeons nous-mêmes; ce monde enfin qui croule autour de nous, toutes ces pensées deviennent à Rome plus graves et plus solennelles. Pourrait-il en être autrement? D'une part, les objets qui vous environnent, c'est-à-dire l'image partout présente à vos yeux de la gloire humaine la plus grande, de la puissance la plus colossale qu'on ait jamais vue, défigurée, évanouie, cachée dans la nuit silencieuse d'un immense tombeau; d'autre part, les monuments chrétiens qu'on rencontre à chaque pas, debout sur les débris mutilés des théâtres et des *forum* ou sur le sommet élancé des sept collines; l'aspect de cette Église de Jésus-Christ qui seule, parmi toutes les catastrophes et toutes les révolutions des empires, demeure immuable; le rendez-vous au même lieu, le dernier jour de l'année, de deux mondes, l'un jadis redoutable géant, vainqueur des nations, et aujourd'hui cadavre pourri dans la tombe; l'autre jadis petit troupeau poursuivi jusqu'aux entrailles de la terre, et aujourd'hui roi assis sur le char de triomphe; cette double vue du néant de l'homme et de la grandeur de Dieu pénètre l'âme d'une frayeur religieuse, et, malgré qu'on en ait, on en vient à se dire à soi-même : Et toi aussi tu passes! pèlerin d'un jour; demain qui se souviendra de toi? Veux-tu vivre après la tombe, immortalise ton esprit, immortalise ton cœur, immortalise ta vie, identifie-toi à ce qui ne passe point. Que chaque année enlevée à ton existence terrestre aille s'ajouter à ton existence future; hâte-toi, aussi bien celle qui commence sera peut-être la dernière.

Conduit par ces pensées, les seules, ce me semble, qui s'harmonisent bien avec Rome à la fin de l'année, nous nous rendîmes au *Gesù*. Suivant l'usage, le souverain Pontife y vient lui-même le dernier jour de l'année, vers le soir, pour y donner une bénédiction et chanter un *Te Deum* solennel. Répandre une dernière fois la rosée féconde de la grâce sur le monde catholique, faire monter vers celui de qui descend tout don parfait un dernier hymne de reconnaissance, parfumer de l'encens de la prière l'année qui va paraître devant Dieu, tel est le but sublime de cette cérémonie.

Pour voir arriver le Saint-Père, une foule immense encombrait la place du *Gesù* et toutes les rues adjacentes. Ce ne fut pas sans peine que nous parvînmes à nous faire jour et à nous loger. Enfin, deux dragons arrivèrent au galop, et tout le peuple de se découvrir et de répéter : *Eccolo! eccolo!* le voilà! le voilà! En effet, bientôt parut la garde noble, en grand costume, puis la voiture pontificale attelée de six chevaux noirs conduits par deux postillons en livrée rouge. Le Saint-Père portait la soutane blanche, le rochet, le camail, l'étole et le chapeau rouge. Il nous fut possible de le suivre dans l'église et d'assister au *Te Deum;* mais, pressés par la foule, nous ne pûmes jouir qu'imparfaitement de la belle illumination. En sortant, le souverain Pontife fut salué par un cri que nul monarque au monde n'entendit jamais : *Santo Padre, la benedizione!* Saint-Père, votre bénédiction! répétait, à la vue de son père et de son roi, le peuple romain, véritable enfant gâté d'un gouvernement peut-être trop doux.

FIN DU PREMIER VOLUME

TABLE DES MATIÈRES

CONTENUES DANS LE TOME PREMIER.

	Pages.
Avant-Propos...	5
2 *Novembre* 1841. Départ de Nevers. Itinéraire. Villars. Saint-Parize. Saint-Pierre-le-Moutier...............	15
3 — Moulins. L'Église du Collége. Souvenirs. Un voyage en diligence et la vie humaine. Le progrès. Roanne. Tarare. Lyon..	22
4 — Départ de Lyon. Vienne. Tombeau de Pilate. Tournon. Valence. Viviers. Pont Saint-Esprit. Frères pontifes. Mornas et le baron des Adrets. Avignon. Aventure du soir.	28
6 — Arles. Saint-Trophime. Les Cloîtres. Saint-Césaire. Le Théâtre. L'Amphithéâtre. Les Conciles. Saint-Genès.	47
7 — La Mer. Notre-Dame de la Garde. Lazare. Marseille. Le Port. L'hôtel d'Orient...........................	51
8 — Marseille. Églises. Établissements de charité. Anecdote. Capucins,....................................	55
9 — Route de Marseille à Toulon.........................	58
10 — Vue du Port. Visite sur *l'Océan*. Le Bagne. Anecdote. Réflexions. Retour à Marseille.......................	62
11 —	71
12 — Navigation. Anglais. Cabine. Conversation........	72
13 — Cuisine italienne. Vue intérieure de Gênes. Influence française. Esprit religieux. Anecdote................	77
14 — Saint-Laurent. Le Sacro-Catino. Le Disco. Villa-Negroni. Palais ducal et Sara. Mœurs italiennes. Le coup de vent des morts.......................................	82
15 — Hôpital général. Chambre de sainte Catherine de Gênes. Église de Sainte-Marie di Carignano. Départ de Gênes. Novi..	88
16 — Alexandrie. Une Sœur grise. Souvenir. Champ de bataille de Marengo. Voghera. Le Risotto alla milanese. Rencontre d'un Père capucin...........................	92

17 *Novembre*. Aventure de Stradella. La Douane. Passage de la Trébie. Inscriptions. Plaisance. Aspect de la ville. Souvenirs. Hôpital.................................. 98
18 — Borgo San-Donino. Casa di Lavoro. Pont du Taro. Dames du Sacré - Cœur. Études cléricales. Vue de Parme... 104
19 — Cathédrale de Parme. Baptistère. Musée. Galerie. Bibliothèque. Intérieur de la ville. Église Saint-Quentin.. 106
20 — Départ de Parme. Douanier. Reggio. Modène. Muratori. Tiraboschi. Triumvirat. Bologne. Sainte Vierge. Procession du saint Sacrement...................... 113
21 — Sérénade. Image d'une ville chrétienne. Éducation. Tours des *Asinelli* et de la *Garizenda*. Université...... 117
22 — Madone de *san Luca*. Sa Fête. Campo Santo....... 122
23 — Prison du roi Enzius. Église Saint-Paul. Saint-Pétrone. Saint-Dominique. Sainte-Catherine de Bologne. Saint-Étienne. Anecdote sur Benoît XIV. Galerie....... 127
24 — Les Apennins. Costume. La marquise Pepoli..... 133
25 — Florence. Jardin de Boboli. Coup d'œil sur l'histoire de Florence... 137
26 — Baptistère. Cathédrale. Monuments du Dante, de Giotto, de Marcile Ficin. Statues de saint Miniat, de saint Antonin. Bénitiers. Saint Zénobe. Souvenir du Concile général. Campanile. Église Saint-Laurent. Chapelle des Médicis. L'Annunziata. Sainte-Madeleine de Pazzi. Inscription d'Arnolfo. Allumettes chimiques. Trait de mœurs.. 140
27 — Une surprise. Galerie du palais Pitti. Jugement sur la *Renaissance*... 148
28 — Anecdote. Le Palazzo Vecchio. Les Uffizj. Visite à M. le chanoine B..... État moral de Florence. Confrérie de la Miséricorde. Catéchisme de persévérance......... 160
29 — Demi-fête de Saint-André. Pia casa di Lavoro. Hospice Bigallo. Pia casa de Saint-Philippe. Hospice des Innocents. Sasso di Dante. Bibliothèque Laurentienne. Pandectes pisanes. Tombeau de Michel-Ange, de Galilée,

TABLE DES MATIÈRES.

	Pages.
de Machiavel, de Pic de la Mirandole. Anecdote	169
30 — *Novembre.* Tribune de Galilée. Pourquoi Galilée fut-il condamné ? A quoi fut-il condamné ? Départ pour Rome.	174
1er *Décembre.* Sienne. Cathédrale. Souvenirs de Sainte-Catherine. De Saint-Bernardin. De Christophe Colomb. Église de Fonte-Giusta. Établissement de mendicité. Chapelle solitaire. Idée de notre équipage. Radicofani. Souvenirs de Pie VII	180
2 — Bellarmin. Pontecentino. Acquapendente. Bolsena. Mirade. Montefiascone. Anecdote. Souvenir du cardinal Maury. Voie Cassienne. Lac Naviso. Viterbe. Le B. Crispino. Sainte-Rose. Monterosi. Apparition de la croix de Saint-Pierre. Campagne romaine. Ponte-Molle. Entrée à Rome	185
3 — Idée de notre itinéraire dans Rome. Visite simultanée de Rome païenne et de Rome chrétienne. Visite particulière de Rome chrétienne. Visite des environs de Rome et des Catacombes	193
4 — Les guides de Rome. Guides dans la Rome païenne, dans la Rome chrétienne, dans la Rome souterraine	195
5 — Les Pifferari	200
6 — Visite à Saint-Pierre. Souvenirs. Place Saint-Pierre. Obélisque de Néron. Trône de Saint-Pierre. Confession. Coupole. Enseignements	204
7 — Vue générale des deux Rome. Rome païenne. Son étendue. Ses voies. Sa population. Rome chrétienne. Sa position. Ses beautés. Ses institutions. Première entrevue du souverain Pontife. Bénédiction du saint Sacrement à l'église des Saints-Apôtres	214
8 — Fête de l'Immaculée Conception. Anecdotes, la comtesse de R..... Lord Spencer	232
9 — Saint-Jean de Latran. Classement des églises de Rome. Baptistère de Constantin. Obélisque. Triclinium de Saint-Léon. Scala Santa. M. Ratisbonne	234
10 — Projet d'une Académie ecclésiastique. Saint-Claude des Bourguignons	255
11 — Martyrs. Obélisque d'Auguste devant Sainte-Marie	

Majeure. Sainte-Marie Majeure. Origine. Ornements. Peintures. Porte Sainte. Anecdote. Monuments et souvenirs de ce quartier de l'ancienne Rome. Sainte-Croix en Jérusalem. Le titre de la vraie Croix. Sénat des Martyrs 257

12 *Décembre.* Bois Sacrés. Temples païens. Nymphées. Camp prétorien. Souvenirs de Néron et de Caracalla. Thermes de Dioclétien. Sainte-Marie des Anges. Martyrs. Capucins de la Conception. Cimetière. Le vénérable Crispino de Viterbe. 276

13 — La Chambre des grands hommes. 290

14 — *Vicus Patricius.* Arc de Gallien. Maison de saint Justin. Église de Sainte-Pudentienne. Souvenirs historiques. Bains de Timothée. Église de Sainte-Praxède. Mosaïque. Chapelle Borromée. Colonne de la Flagellation. Sénat des Martyrs. 293

15 — Grand Jeûne. Détails sur la mosaïque. Signification de ce mot. Différentes espèces de mosaïque. Histoire de l'art. Éléments du travail. Sa composition. Caractères imprimés sur les vêtements. Nimbes. 300

16 — Le Capitole ancien. Temple de Jupiter. Citadelle. Curia Calabra. Roche Tarpéienne. Intermontium. Trésors. Capitole moderne. Musée et galerie. Église d'Ara-Cœli. Révélation d'Auguste. Prison Mamertine. 306

17 — Forum : ce que c'est. Forum romain. Édifices. Basiliques. Temples. Tribune aux harangues. Comitium. Colonnes de Saint-Pierre et de Saint-Paul. *Secretarium Senatus.* Église de Sainte-Martine. Inscription de l'architecte du Colisée. Temple de Rémus. Église de Saint-Cosme et Damien. Pierre des Martyrs. Temple de Faustine. Temple de la Paix. Tradition. Temple de Vénus et Rome. Église de Sainte-Marie la Neuve. Souvenirs de saint Pierre et saint Paul. Mot d'un Anglais protestant. 327

18 — Nouvelle visite au Forum. Demeure du Roi des Sacrifices. Voie Sacrée. Souvenirs des grands hommes. Divers monuments. Pont de Caligula. Église de Saint-Théodore. Maison d'or de Néron. Arc de Titus. Édifices placés sur l'autre côté du Forum. Statue de la Victoire. Temple de Castor. Marché aux esclaves. Temple de Vesta.

TABLE DES MATIÈRES. 527

Pages.

Lac de Curtius. Temple de Junon Juga, du dieu *Aius Locutius*.. 339

19 *Décembre*. Chapelle papale. Le sacré Collége, division, origine, nombre, nom, dignité des cardinaux. Anecdote. Messe à la chapelle Sixtine. Cérémonies particulières. Vue de l'arc de Titus, du Colisée et de l'arc de Constantin réunis. Réflexions................................. 351

20 — La *Meta Sudans*. Le Colisée. Premières impressions. Description du Colisée. Description des combats. Martyre de Saint Ignace. Le Colisée. Capitole chrétien..... 368

21 — Arc de Constantin. Église de Saint-Clément. Antiquité, forme primitive. Le consul Flavius Clemens. Le pauvre paralytique. Bibliothèques. Bouquinistes. Mendiants. Traits de mœurs............................ 389

22 — Notre-Dame de la Victoire. Drapeaux des Turcs. Jardins de Salluste. Portraits des proconsuls romains. Leurs richesses. Leurs moyens de s'enrichir. Réponse d'un barbare. Via Scelerata. Thermes de Titus, de Trajan, d'Adrien. Saint-Pierre ès Liens. Saint-Sébastien. Le Moïse de Michel-Ange. Souvenirs chrétiens. Saint-Léon. Saint-Pierre. Église de Saint-Martin des Monts. Peintures du Poussin. Église souterraine. Le pape saint Sylvestre. Instruments de supplice des Martyrs........ 406

23 — Boutiques de Noël. Le Vatican. Bibliothèque. Livre de Henri VIII. Musée chrétien. Inscriptions. Musées païens. Le Laocoon. Histoire de cette statue. Cartons de Raphaël. Loges et Chambres de Raphaël. Galeries. La Transfiguration. Histoire de ce chef-d'œuvre. Les arts et la papauté... 422

24 — Le Palatin. Palais des Augustes. Le *Lararium*. Temple des dieux et des empereurs. Statue d'Apollon. Chrétiens de la maison de Néron. Le *Septizonium*. Saint-Sébastien *alla Polverlera*. Jardins. Forum. Villa Palatina. Église de Saint-Bonaventure. Le B. Léonard de Port-Maurice.. 437

25 — Messe papale. Hallebardiers. Esprit de conservation de l'Église romaine. Entrée du Saint-Père. Pourquoi le

souverain pontife ne porte pas de crosse. Épée. Chapeau ducal. Épîtres et Évangiles chantés en grec. Consécration. Le Saint-Père communie assis, le Diacre debout. Pourquoi? Sainte-Marie Majeure. La Crèche. Détails. Description.. 447

26 *Décembre.* Saint-Laurent *hors des murs.* Saint-Laurent *in fonte. In panisperna. In Lucina.* Basilique de Saint-Laurent *hors des murs.* Le Capitole et le *Santo-Bambino.* Les petits prédicateurs............................. 462

27 — Le mont Cœlius. Une Maison des anciens Romains. Église et monastère de Saint-André. *Triclinium* des pauvres. Souvenirs. Saints Jean et Paul. Les Religieux passionnistes. Villa Mattei. Casernes des soldats étrangers. — Église de la Navicella. Saint-Philippe de Néri. Maison de sainte Cyriaque. École de gladiateurs. Grande Boucherie. Église des Quatre Saints couronnés. Saint-Étienne le Rond. Peintures. Forum de Trajan......... 469

28 *Decembre* 1841. Le Vélabre. Saint-Georges. Souvenir de Sainte-Bibiane. Arc de Janus quadrifrons. Le grand égout de Tarquin, *cloaca maxima.* Les égouts de Rome en général. Étymologie d'un mot fort connu. Sainte-Marie Égyptienne ou l'Église des Arméniens................. 487

29 — Théâtre de Marcellus. *Forum olitorium.* Portique d'Octavie. Saint-Ange *in Pescheria.* Inscriptions remarquables. Cirque Flaminien. Couvent de Saint-Ambroise *della Massima.* Grand Cirque. Dimension. Description des jeux. Saint-Marie *in Cosmedin*.................. 495

30 — Mont Aventin. Souvenirs païens. Souvenirs chrétiens. Église de Sainte-Prisque. De Sainte-Sabine. Histoire. Mosaïque. Saint Dominique, son oranger. Église de Saint-Alexis. Histoire. Prieuré de Malte. Vue de Rome. Le *Monte Testaccio.* Ordre bizarre d'Héliogabale................. 510

31 — Fin de l'année. Impressions. *Te Deum* au *Gesù*. 520

FIN DE LA TABLE DU TOME PREMIER.

PIANTA DI ROMA
ANTICA E MODERNA

www.ingramcontent.com/pod-product-compliance
Lightning Source LLC
Chambersburg PA
CBHW071605230426
43669CB00012B/1840